관광학원론

박영제 · 홍경완 지음

대 왕 사

관광학원론

머리말

코로나19로 인해 전 세계 관광산업은 개점휴업 상태가 되기도 하였다. 2023년 코로나19가 종식되면서 세계인들은 그동안 소비하지 못했던 보복관광이 본격적으로 시작되었다.

관광은 이제 모든 사람들에게 선택이 아닌 필수조건이 되었다. 따라서 세계 각국마다 관광산업을 육성하여 외래 관광객들을 유치하기 위해 최선을 다하고 있다.

실례로, 사우디아라비아의 빈살만 왕세자는 화석연료의 종식을 예견하면서 국가적으로 관광산업을 육성하고 집중적으로 투자를 계획하면서 네옴시티 건설, 동계 올림픽 유치, 그리고 월드 엑스포까지 유치하는데 성공하였다. 이는 사우디아라비아를 세계적인 관광도시로 만들기 위해 석유를 대신하여 외화를 벌어들이는 것을 목표로 하고 있는 것이다.

세계인들의 교육수준 상승과 YOLO, Healing, 건강 등에 많은 관심을 가지게 되면서 관광, 성형, 휴양, 쇼핑, 문화 등 소비성향이 바뀌고 있다. 특히 우리나라는 아름다운 자연과 문화유산 그리고 최근에는 K-pop과 함께 음식, 스포츠, 한글, 의료 등 전 세계적으로 K와 관련된 모든 산업이 세계인들로부터 선택받고 있다. 이러한 K열풍이 지속가능하게 발전할 수 있도록 해야 한다. 관광산업은 우리의 문화와 역사를 세계에 알리는 것은 물론, 세계인들에게 대한민국을 홍보함과 동시에 많은 외화를 획득할 수 있는 기회를 가져다준다.

본서는 관광학에 입문하는 관광학도들에게 필수적인 기본서가 되기 위해 최신 자료를 통해 이해하기 쉽게 집필하였다. 또한 관광학을 처음으로 접하는 관광인들이 이해하기 쉽고 반드시 알아야 할 내용들을 기본으로 하였으며, 향후 관광의 트렌드와 관련된 내용들을 조사하고 실제로 실행되고 있거나 향후 실행되어야 할 내용들로 채우기 위해 최선의 노력을 하였다.

본 저자 역시 학부시절에 관광학원론 강의를 듣게 되면서부터 신라호텔 근무와 미국 유학 그리고 박사학위까지 받게 된 계기가 되었다. 이처럼 관광학원론은 좋은 교재를 선택하여 명강의를 하는 것 그리고 열심히 공부하는 관광학도까지 삼위일체가 되는 것이 중요하다.

본서는 명강의를 하기 위한 최고의 교재로서 이해하기 쉬운 최신 내용과 앞으로의 관광 트렌드까지 파악할 수 있는 교재가 되기 위해 심혈을 기울여 집필하는데 노력하였다.

본서의 구성체계는 제1장 관광의 이해, 제2장 관광의 역사, 제3장 관광객 행동, 제4장 문화와 관광, 제5장 관광과 환경, 제6장 관광자원, 제7장 관광사업, 제8장 호텔업, 제9장 여행업, 제10장 복합리조트와 관광 이벤트, 제11장 카지노와 MICE, 제12장 관광교통, 제13장 관광정책으로 구성되어 있다.

본 교재로 명강의를 하시는 교수님과 미래 우리나라 최고의 관광학자와 관광전문가가 되기 위해 열심히 공부하는 관광학도들에게 최고의 기본서가 되기 위해 지속적으로 연구할 것이다.

2024년 2월

저자

차례

제6장 [161]

관광자원

제7장 [199]

관광사업

제12장 관광교통 [323]

제13장 관광정책 [351]

01

관광의 이해

1장 관광의 이해

제1절 관광의 기본 개념

1. 관광의 어원

관광이라는 말의 어원은 중국 주 시대(기원전 12세기～기원후 3세기)의 『역경(易經)』 가운데 "관국지광 이용빈우왕(觀國之光 利用賓于王)"이라는 구절에 그 유례를 두고 있다. "나라의 빛을 보러가는 것은 왕에게 귀한 손님으로 접대받기에 좋다"라는 주(周)나라의 한 구절에서 유래한 것으로 보이며, 한 나라의 훌륭한 문물을 관찰하거나 동시에 보여준다는 뜻으로 그 지방의 풍속, 제도, 문물을 두루 관찰한다는 뜻을 담고 있다.

관광은 1746년 'turn'이 1760년 'tour'로 바뀌었으며, 'turn'과 'tour'는 라틴어의 'tornus'에서 파생되었다. 영어의 'tourism'은 'tour'에 학설, 주의, 사상 등을 의미하는 접미사 'ism'이 붙어 완성된 용어이다. 관광현상이 사회발전과 경제발전에 따라 급속도로 현대사회의 한 현상으로 자리 잡게 되어가는 과정에서 개별적인 의미의 Tour나 Tourist를 대신하여 Tourism으로 발전하게 되었다. Tourism을 사용한 것은 현대사회에서 관광이란 현상이 모든 사람에게 중요하게 인식되고, 관광사업 및 시설이 체계화되면서 자연스럽게 발생한 용어라고 할 수 있다.

관광이라는 어휘가 우리나라에서 최초로 사용된 공식기록으로는 고려 예종 11년으로 사회적・문화적 활동으로서 상국을 초빙하여 문물제도를 시찰하는 것이었다.

2. 관광의 정의와 기본 속성

관광은 영리추구의 목적이 아닌 휴양이나 기분전환 또는 자기계발을 위한 일시적인 이동을 말한다. 관광을 통해서 외국과의 문화교류 및 국제친선에 유용할 뿐만 아니라 자국을 해외에 널리 알리게 되면서 국가 이미지를 높이게 된다.

현대사회가 고도로 전문화・분업화되면서 인간은 하나의 기계부속품처럼 조직화 되고 물질만능의 풍조 아래 소외되며, 단조로운 생활을 영위하게 되면서 인간성과 자아의 상실이라는 사회병리적인 현상에 봉착할 위기에 처해 있다.

이와 같은 사회・환경 속에서 관광은 현대인의 정신적・신체적 활동으로 등장하게 되었으며, 관광의 중요성이 새롭게 인식되는 이유가 여기에 있다.

관광을 협의의 관점과 광의의 관점으로 정의하면 다음과 같다.

협의의 관광은 자신이 살고 있는 거주지를 벗어나서 반드시 다시 돌아올 목적으로 이동하는 것이며, 영리를 목적으로 하지 않고 휴양・유람 등의 위락적 목적으로 여행하는 것이다. 즉, 관광은 여러 가지 인간의 욕구 중 변화를 통해 일탈(벗어나고픔)의 욕구가 이동이라는 행위를 토대로 자기의 생활범주를 벗어나 새로운 환경 속에 노출됨으로 인해 심신의 변화를 추구하고 즐기는 인간활동의 일체라고 할 수 있다.

광의의 관광은 국제평화와 국민생활의 안정을 상징하고 항구적 평화와 국제사회에서의 상호 이해를 증진하는 것이다. 관광의 본질은 문화이며, 이념은 국제평화와 국민생활 안전을 도모하는 것이다.

〈표 1-1〉 **관광관련 용어**

용어	정의	특징
Tourism	관광여행, 관광사업	상업적 목적 여행
Tour	사찰 같은 곳의 여행	계획에 의한 여행
Sightseeing	(명승지) 구경, 관광, 관람	–
Travel	나라, 지방 여행	장거리 미지의 여행
Journey	비교적 장기간에 걸친 육로여행	기간, 수단, 목적에 관계없는 일반적인 여행

관광은 시대의 변화와 관광객들의 의식변화 등에 따라 지속적으로 진화하고 있다. 이에 대한 요소들을 살펴보면 다음과 같다.

첫째, 가처분 소득의 증대이다. 국민들의 교육수준이 높아지게 되면서 삶의 여유를 가지게 되고, 여가에 대한 의식이 강하게 작용하게 되었다. 가처분 소득의 증가는 관광과 관련된 소비로 확대되었다. 현대인들에게 있어서 관광은 남녀노소를 불문하고 선택사항이 아닌 필수사항으로 인식되고 있다. 관광으로 인해 현대인들의 스트레스 해소와 힐링을 하게 되면서 새로운 기분으로 사회생활을 시작할 수 있게 된다.

둘째, 위락공간 개발・확보 및 지방자치 시대의 관광진흥정책 형성이다. 정부와 지자체의 공동협력으로 국민과 지역주민들의 복지 향상과 여유 있는 삶을 지원하기 위해 다양한 휴양시설과 관광지를 개발하기 위해 많은 노력을 하고 있다. 특히 지자체는 지역을 홍보하고 국내외 관광객을 유치하기 위해 관광지 개발과 지역주민과의 협동으로 관광 매력물을 개발하고 있다.

셋째, 인간의 기본적인 삶 추구와 정신적・문화적 생활 충족을 위한 여가선용 추구이다. 현대인들의 삶은 여유로움을 추구하게 되고 여가를 즐기면서 살길 원한다. 다양한 관광여행과 여가활동을 하면서 정신적 스트레스 해소와 문화생활을 충분히 누리면서 살기를 바라고 있다.

넷째, 타지와 타국의 자연 및 문화환경을 체험하거나 휴양을 취할 충족욕구를 원한다. 자동차 보급의 확대와 교통수단의 발달로 인해 국내 여행은 때와 장소에 상관없이 원하는 시간에 언제든지 떠날 준비가 되어 있다. 이러한 이유로 많은 사람들이 이국적인 여행에 대한 동경이 많아지면서 해외여행이 발달하게 된다. 평소에 보지 못했던 풍경과 문화 및 관습을 경험하게 되고 다양한 해외 국가를 관광하면서 견문을 넓히기를 원하고 있다.

다섯째, 여가문화 발달로 사회규범의 변화와 즐거움을 추구하기 위한 가치관의 변화이다. 현대인들의 다양한 취미활동과 여가활동이 많아지면서 개개인의 여가문화를 개발하고 있다. 특히 최근에는 대형 SUV 출시와 캠핑카 보급의 증가로 각자의 개성을 살릴 수 있는 여가활동을 다양하게 즐기고 있다.

여섯째, 여성의 사회참여 및 여권신장, 가사의 자동화이다. 많은 여성들이 사회생활에 참여하고 여권이 신장하게 되면서 관광과 여가에 대한 소비가 증가하고 있다. 그리고 음식과 관련된 제품들이 간소화되고 신속하게 요리할 수 있는 제품들이 출시되면서 가사노동이 줄어들고 있다. 또한 가사활동을 간편하게 도와주게 되는 전자제품들이 출시되면서 관광・여가활동 시간이 점진적으로 증가하고 있다.

일곱째, 매스컴의 발달과 IT 기술의 발달로 인한 빠르고 쉬운 관광정보의 습득이다. 컴퓨터와 스마트폰의 발달로 인해 관광과 여가에 대한 많은 정보를 쉽고 간단하게 습득할 수 있게 되었다. 또한 다양한 정보의 제공으로 이를 쉽게 이용할 수 있게 되면서 국내외 관광정보와 음식과 관련된 정보들을 편리하게 얻을 수 있다.

3. 관광의 범위와 전제조건

1) 관광의 범위

현대인의 인간다운 삶을 추구하기 위해 등장한 관광은 그 범위를 다음과 같이 세 가지로 구분할 수 있다.

첫째, 관광은 일상 생활권을 일시적으로 떠나 타 지역의 경관・풍속・관습 등을 보고 듣고 배울 수 있다. 즉, Sightseeing을 주목적으로 하는 일련의 행동을 말한다. 이것을 우리는 관광에 대한 협의의 의미로서 관광여행이라 한다.

둘째, 관광은 일상 생활권을 일시적으로 떠나서 행하는 레크리에이션 활동이다. 이 활동은 신체활동이 중심이 되는 위락을 주목적으로 하는 활동이다.

셋째, 관광은 상기의 행동을 이행할 때 발생하는 일련의 사회적 현상이다. 즉, 상기의 Sightseeing과 레크리에이션 활동을 함에 있어서 부수적으로 발생하는 경제적 현상을 위시한 각종 사회적 현상을 모두 포함하고 있다.

2) 관광의 전제조건

관광을 하는 데 있어서는 다섯 가지 전제조건이 필수적이다. 일탈성, 목적성, 소비성, 한시성(회귀성), 그리고 체재성이다. 이에 대한 상세한 설명은 다음과 같다.

(1) 일탈성

관광의 기본적인 조건은 거주지나 일상 생활권을 벗어나는 일탈적인 이동이 있어야 한다. 그러나 타 지역으로의 출퇴근이나 가사 등을 위한 이동은 일상 생활권이기 때문에 관광으로 볼 수 없다.

(2) 목적성

관광은 견문, 위락, 휴양, 상용, 종교, 치료 등 여행의 목적이 뚜렷해야 한다. 하지만 식량을 구하기 위한 이동이나 단순한 떠돌이는 관광으로 볼 수가 없다.

(3) 소비성

관광은 소비가 수반되어야 하며, 그 소비는 관광지에서 취득한 돈이 아니어야 한다. 예를 들어, 무전여행 등은 관광으로 볼 수 없으며, 타 지역이나 타국에서 돈을 버는 행위는 취업에 해당하기 때문에 관광이라고 볼 수 없다.

(4) 한시성(회귀성)

관광은 일정 기간 또는 1년 이내와 같이 기간이 한시적이어야 하며, 반드시 거주지로 돌아올 목적으로 떠나야 한다. 장기간 또는 거주지로 돌아올 예정이 아니라면 관광이 아니라 이주에 해당된다고 할 수 있다.

(5) 체재성

관광은 타 지역 또는 타국에서 체재를 해야 한다. 만약 타 지역 또는 타국에서 체재를 하지 않고 교통수단에 의해서 단지 스쳐 지나간다면 그것은 관광이라고 볼 수 없다.

4. 관광의 구성요소

초기의 관광현상은 관광주체인 관광객과 관광객체인 관광자원의 상호작용으로 이루어지는 현상으로 관광구조의 2체계론으로 시작하였다. 이후 관광현상의 발전과 더불어 관광매체인 관광기업의 영역이 확대되고 관광매체의 역할이 강조되면서 관광현상의 독립된 체계를 구축하게 되었다.

현대사회에서 관광은 주목받는 사회현상으로 자리매김하였으며, 이 현상을 유지하고 존재시키는 구성요인은 크게 관광주체(관광객), 관광객체(관광대상, 관광자원과 시설, 관광지), 관광매체(관광사업자) 등 세 부문으로 구분된다. 특히 현대의 관광현상이 다양화됨에 따라 공공 부문의 역할과 기능에 대한 중요성이 강조되고 있으며, 이는 새로운 관광구조로 성장하고 있다.

관광현상이 발생하려면 관광의 주체인 관광객이 있어야 하고, 관광대상으로서 관광자원이 있어야 한다. 관광주체 · 관광객체 · 관광매체는 정치 · 경제 · 사회 · 문화 · 기술 · 보건 등의 여러 요인에 의해 많은 영향을 받게 되는데, 이를 관광환경이라 한다.

1) 관광주체(관광객)

관광주체는 관광을 행하는 주체인 관광객을 의미하는데, 이들은 관광욕구에 따라 관광행동을 유발하는 관광의 수요자나 소비자이며, 관광수요시장을 형성하는 주체적인 요소이다. 관광객은 일상생활로부터의 변화를 추구하는 욕구인 관광욕구를 갖게 되는데, 이는 심리적인 발생이며 본능적이다.

관광주체로서의 관광객은 관광에 대한 구매욕구에 의해 관광활동이 구체화된다는 점에서 관광객은 관광수요 또는 관광시장으로 인식된다. 관광주체가 가지는 사회 · 경제적인 여건과 관광동기는 관광수요를 구성하는 중요한 결정요인이 되기도 한다.

관광행동을 일으키는 데는 심리적 원동력과 심리적 에너지가 필요한데 전자는 관광욕구, 후자는 관광동기라 할 수 있다. 이러한 관광욕구와 관광동기는 대다수 사람의 심리에 자리잡고 있으며, 이를 근거로 관광수요시장을 형성하므로 관광선택에 있어 필수적이다.

① 관광주체(관광객): 관광을 하는 주체로 관광을 구성하는 기초가 된다.
② 관광욕구: 일반인을 관광행동으로 일으키게 하는 데 필요한 심리적 원동력이다.
③ 관광동기: 관광행동으로 옮기게 하는 심리적인 에너지이다.
④ 관광수요시장: 사람은 누구나 관광욕구와 관광동기를 가지고 있기 때문에 관광의 수요자 내지 소비자가 되며, 관광수요시장을 구성하게 된다.

2) 관광객체(관광자원)

관광객체는 관광대상을 의미하는데, 관광대상은 관광지나 관광자원과 관광시설 그리고 인적 서비스로 구성되는 복합체를 의미하며, 관광욕구를 충족시키는 관광행동의 대상물 전체를 의미한다.

관광주체인 관광객이 관광행위를 하기 위해 관광목적지를 결정하는 일은 관광에 있어서 가장 기본적인 선행조건이다. 그런데 관광목적지가 충분한 흡인력과 매력을 갖지 못하고 있다면 훌륭한 관광대상이라고 할 수 없다. 관광대상이 흡인력과 매력을 충분히 갖고 있더라도 관광객의 정보에 포착되지 못했을 경우, 이 또한 관광객의 의사결정 영역에 속하지 못해 관광을 하지 못하게 되는 결과를 초래한다.

관광주체는 관광객체를 보는 것에만 한정되지 않으며 보고, 듣고, 맛보고, 배우고, 행하고, 생각하는 모든 것을 포함하고 있다. 관광자원은 유형적 자원(자연·인문), 무형적 자원(유형문화재·무형문화재·기념물·민속자료) 등으로 구성된다.

관광시설은 하부시설(항만·공항·주차장·통신시설 등의 기반시설)과 상부시설(여행·행정·숙박시설 및 레크리에이션 시설 등)로 이루어진다.

관광목적지는 관광자원을 경험하게 할 뿐만 아니라 숙박·음식·위락·문화 활동 등 다양한 관광시설과 인적 서비스를 통해 관광객의 욕구를 만족시키게 된다. 따라서 관광목적지는 일상 생활권과 다른 심리적 차이와 특별한 해방감을 느끼게 하면서도 일상 생활권과 같은 공간기능을 수행할 수 있는 충분한 지원시설과 인적 서비스가 존재해야 한다.

① 관광객체(관광대상): 관광객의 다양한 욕구를 환기시키거나 욕구를 충족시켜주는 대상이다.
② 관광자원: 자연환경뿐만 아니라 인정, 풍습, 예절, 국민성, 민족성과 같은 무형적인 것도 포함하고 있다.
③ 관광시설: 관광자원을 살려서 관광객의 욕구 충족에 직접적으로 기여하는 숙박시설 등의 관광시설과 그에 부수된 서비스 등도 포함한다.

3) 관광매체(관광사업체)

관광매체인 관광사업은 관광의 주체와 객체 사이에 존재하여 사업을 경영하는 인간활동의 총체로서, 관광주체의 관광행위 발생을 촉진해 관광현상을 지속해서 창조한다. 또한 각종 구성요소의 적절한 조화와 발전을 도모하는 동시에, 이용 증대를 통해 경제적·사회적 효과를 목표로 행하는 조직적 인간활동이라 할 수 있다.

즉, 관광사업은 관광객을 위해 운송, 숙박, 음식, 운동, 오락, 휴양 또는 용역을 제공하거나 기타 관광에 부수되는 시설을 갖추어 이를 이용하게 하는 업으로서, 복합성과 입지의존성의 특성을 지니고 있기 때문에 공익성과 기업성을 동시에 가지고 있다.

관광사업은 공적 사업(관광정책, 관광행정 등)과 사적 사업(영리추구를 위한 사업적 활동)

으로 분류할 수 있다. 관광사업은 각종 관련 사업 및 공공기관, 공적 관광사업과 복합적으로 연계되어 있다. 관광자원이 있는 곳으로 이동해서 이루어지며, 기업목표인 이윤 추구와 국민복지적 차원에서의 공익성을 동시에 고려해야 한다.

① 관광매체: 관광욕구와 관광대상을 결부시켜주는 기능을 담당한다.
② 공간적 매체: 교통시설(도로・수송수단), 운송시설 등이 포함된다.
③ 시간적 매체: 휴게시설, 숙박시설, 편의시설 등이 포함된다.
④ 기능적 매체: 관광가이드 등의 통역안내원, 여행알선 업자 및 관광기념품 판매업자 등이 포함된다.

5. 관광의 분류

1) 국적과 국경에 의한 분류

① 국내관광: 관광자의 이동공간이 자국의 영토 내에서 이루어지는 관광현상을 말한다.
② 국제관광
ⓐ 국외＋외래＋외국인의 국외관광을 말한다.
ⓑ 국제관광은 관광객의 이동공간이 특정국의 국경을 넘어 이루어지는 관광현상이다. 국제관광은 교통수단의 발달, 정보통신의 발달 등으로 국가 간 경제・사회・문화 등의 교류가 활발해지면서 공간적 범위가 국제관광의 정의기준이 되었다.
ⓒ 국제관광의 종류는 자국의 영토 내에서 이루어지는 외국인의 관광행위와 자국민의 외국에서의 관광행위, 그리고 외국인이 또 다른 외국을 방문하여 이루어지는 관광행위이다. 또한 국제평화에 기여하는 측면이 강하며, 관광 송출국과 수용국 사이의 문화교류가 증진되면서 국민의 지식이 증대된다. 국제관광은 관광송출국 국민의 보건 향상에 기여함으로써 육체적 경험과 정신적 만족을 주게 된다. 이러한 계기로 국민경제적 효과가 크게 나타난다. 국제관광은 공간적・이념적 경계를 넘어서 이루어지게 될 때 국제관광이라 한다.
③ 국민관광: 자국민이 국내외를 관광하는 것(내부관광과 국외관광을 합해서 국민관광이라고 함)을 말한다.

[그림 1-1] 국제관광의 범위

2) 관광목적에 의한 분류

① 순수관광: 개인의 오락, 휴양, 레크리에이션, 견문 확대 등의 순수한 목적 행위로 관광을 하는 것(예: 유적지 답사, 수학여행, 유람 · 휴양 · 보건 · 요양여행 등).

② 겸목적 관광: 두 가지 이상의 다양한 목적을 가지고 여행하는 것(예: 사업〈출장〉과 관광, 회의와 관광, 종교와 관광, 쇼핑과 관광, 의료와 관광 등).

3) 지역 구분에 의한 분류(UNWTO 기준)

① 역내관광(Intra-regional tourism): 특정 지역에 속해 있는 관광객이 그 지역 내의 다른 국가로 이동하는 여행형태

② 역외관광(Inter-regional tourism): 특정 지역 내에 속해 있는 국가의 관광객이 다른 지역 내 다른 국가로 이동하는 여행형태

4) 관광활동 유형에 의한 분류

① 유동형 관광: 여러 관광지를 보고 돌아다니는 관광활동을 의미(예: 주로 자연 관찰지역 및 역사, 문화자원을 대상)

② 체재형 관광: 한 관광지에서 일정 기간 체재하는 유형의 관광형태(예: 관광휴양, 보양, 수련캠프 등 숙박시설이 완비된 종합휴양지 대상)

③ 목적형 관광: 구체적인 목적을 가진 관광활동(예: 스파 체험, 마사지, 온천 등 서비스를 즐기며 편안히 쉬면서 지친 마음을 회복하고 활력을 찾는 데 중심)

5) 여행기간에 의한 분류

① 당일관광: 관광목적지에서 1박 이상 체류하지 않고, 출발 당일 거주지로 되돌아오는 형태의 여행으로 가장 단순한 관광코스를 선택

② 숙박관광: 관광지에서 최소한 1박 이상을 체류하는 형태로, 단기숙박관광과 장기숙박관광(1주일 이상)으로 나눔.

6) 세계관광기구의 관광 분류

① 국민 국내관광: 특정 국가 거주자가 거주 국가 내에서 행하는 관광활동(예: 대한민국 국민의 제주도 관광)

② 외국인 국내관광: 특정 국가 거주자가 다른 국가에서 행하는 관광활동(예: 캐나다 국민의 한국관광)

③ 국민 해외관광: 특정 국가 거주자가 다른 국가에서 행하는 관광활동(예: 대한민국 국민의 이탈리아 관광)

지역적 개념을 적용한 유형 간 조합을 통해 국내관광, 국민관광, 국제관광으로 분류하게 된다.

① 국내관광: 특정 국가 거주 여부와 관계없이 특정 국가 내에서 이루어지는 관광활동(예: 미국인의 한국 관광, 대한민국 국민의 한국 관광)

② 국민관광: 특정 국가 비거주자의 국내관광과 거주자의 해외관광(예: 대한민국 국민의 스페인 관광, 대한민국 국민의 제주관광)

③ 국제관광: 특정 국가 비거주자의 국내관광과 거주자의 해외관광(예: 미국인의 한국관광, 대한민국 국민의 스페인 관광)

7) 기타

① 관광객의 형태에 의한 분류: 연령대별 / 남녀별
② 관광집단의 크기에 의한 분류: 소규모 / 중규모 / 대규모
③ 여행계획자의 형태에 의한 분류: 개인별 / 패키지별
④ 이용 숙박시설의 형태에 의한 분류: 민박 / 캠핑 / 리조트 / 호텔
⑤ 이용 운송수단에 의한 분류: 자동차 / 버스 / 기차 / 선박 / 비행기

제2절 관광과 유사 개념

관광과 관련된 유사 개념은 비교적 체계적으로 개념 규정이 명확하게 이루어져 있다. 그 대표성이 인정될 수 있는 놀이(play), 여가(leisure), 레크리에이션(recreation), 레저 스포츠(leisure sports)에 대한 상관성을 보면, 상호 간의 개념적 한계가 공통성과 상이성을 동시에 가지고 있다.

관광과 유사 개념들의 상관성과 핵심에 대한 범위를 보면, 놀이(play)가 가장 본능적인 개념이다. 이 개념에서부터 출발하여 규범적 · 제도적 · 공간적 · 활동적 범위에 따라 여가와 레크리에이션, 그리고 레저스포츠로 확대된다.

1. 놀이(Play)

놀이는 인간의 본능적이고 무조건적인 욕구를 반영하는 행동을 의미한다. 놀이는 문화의 한 요소가 아닌 문화 이전의 것이며, 문화는 놀이의 성격을 가지면서 그 기원에 놀이의 요소가 존재한다. 또한 인간의 생활양식 자체가 놀이 형식을 취하므로 놀이는 인간과 밀접한 상관관계가 존재한다.

1) 놀이의 기능

놀이의 기능은 개인이나 집단 등 구체적인 대상에 대해 알 수 있다. 놀이는 감정순화를 통한 정신적 발달과 신체적 발달, 사회성 향상, 지적 발달 그리고 문제해결능력 향상 등을 기대할 수 있다. 모든 사회생활과 집단에는 개인적으로나 집단적으로 갈등이 발생하게 된다. 이러한 갈등을 해소하는 데 가장 중요한 역할을 하는 것이 놀이다.

2) 놀이의 특징

놀이의 특징은 자유롭고 자발적인 활동이며 시공간의 한계가 없다. 또한 창조적이고 질서와 규율이 있으며, 사회성과 상징성 및 자기목적성을 가지고 있으나 불확실하고 비생산적인 활동이다.

3) 놀이의 효과

① 신체적 건강과 근육강화, 균형감각 그리고 리듬감 발달 등의 운동능력을 증진시킨다.
② 언어발달, 물리적 개념, 논리 및 수학적 지식과 개념을 습득하여 전반적인 인지발달에 도움을 준다.
③ 놀이과정에서 사회적 규칙을 익히고 공동체 의식을 기르며 사회성 발달을 도모한다.
④ 놀이환경을 창의적으로 해석하고 다양한 형태로 표현함으로써 창의성 발달에 도움을 준다.
⑤ 다양한 신체활동 놀이는 몸을 건강하고 튼튼하게 하여 또래와의 원만한 인간관계의 형성에 도움이 된다.

4) 놀이의 분류

놀이는 운동형, 지능형, 사회형 놀이로 분류된다.
① 운동형 놀이는 기초적 신체 운동능력이나 기능이 요구되는 활동이다. 예로서 달리기, 줄넘기, 공놀이 등이 있다.
② 지능형 놀이는 지적 사고의 능력이나 합리적인 선택이 요구되는 활동이다. 예로는 바

둑, 오목, 장기 등이 있다.

③ 사회형 놀이는 타인과의 상호작용이나 사회적 역할 및 지위를 수행하는 활동이다.

2. 여가(Leisure)

1) 여가의 정의

Leisure는 라틴어가 어원이며, 자유롭게 되다(to be free: 의무가 없는 상태), 허락되다(to be permitted: 자발적 선택), 평화, 조용함, 강제성 배제 등의 심리상태를 의미하며, 무료한 시간은 이에 해당되지 않는다.

① 시간적 정의: 1일 24시간 중에서 노동, 수면, 기타 필수적인 활동시간을 제외한 잉여시간의 개념으로 자유롭게 쓸 수 있는 시간을 의미한다. 개인이 노동, 가족, 그리고 사회의 의무로부터 벗어난 휴식, 기분전환, 혹은 지식의 확대, 자발적 사회참여, 그리고 자유로운 창조력의 발휘를 위해 이용되는 임의적 활동의 총체라고 할 수 있다.

② 상황적 정의: 경제적으로 자유시간의 영역에 속하며 참여자에 의해 회상되고 잠재적으로는 모든 영역의 의무나 노력을 포함하여 자기계발을 하게 된다.

③ 활동적 정의: 타인에 대한 기여를 하게 되는 자율적 활동경험으로서 기본 요건은 자발성과 임의성이며, 기능과 목적은 휴식・기분전환・자기실현이다.

④ 제도적 정의: 노동의 영역 밖에 있으면서 사회적 의무도 아닌 현상이지만, 노동환경은 물론 사회체계에 변혁을 가져다줄 기회를 내포하고 있다.

〈표 1-2〉 여가의 정의

시간적 정의	(가용시간 24시간)−(생리적 시간+근로시간+근로관련 시간)=여가시간
상황적 정의	자유정신, 자유의지란 심리적 해방과 마음의 평화
활동적 정의	여가활동이란 의무감에서 벗어나 자유롭게 즐길 수 있는 활동
제도적 정의	노동으로부터 해방과 재생산의 수단
포괄적 정의	가정생활, 노동 및 사회적 의무로부터 자유로운 상태 아래에서 휴식, 기분전환, 자기계발 및 사회적 성취를 위해 활동하는 자유재량적 시간

⑤ 포괄적 정의: 여가의 개념은 위와 같은 관점으로 정의할 수 있으며, 이를 수용하여 가정생활, 노동과 사회적 의무로부터 자유로운 상태 아래에서 휴식, 기분전환, 자기계발 및 사회적 성취를 위해 활동하게 되는 자유재량적 시간이라고 포괄적으로 정의할 수 있다.

2) 여가의 특성

현대사회에서의 현대인들은 반복되는 업무와 생활에서 지친 상태로 여가에 대한 필요성은 인식하고 있지만, 비용과 시간 부족 그리고 이어지는 업무로 인해 여가를 가질 여유가 없다.

여가는 일상과는 다른 활동을 하기 위한 것으로 적극적인 의미를 가지고 있으며, 전적으로 자신의 선택으로 이루어지면서 원하는 활동을 하기 위한 것이다. 여가활동 참가자는 직접적으로 즐거움이나 만족감을 주면서 자아실현의 욕구를 충족시킬 수 있게 된다.

여가활동은 다음과 같은 특성을 가지고 있다.

(1) 일탈성(비일상성)

일탈은 반복적인 생활이나 스트레스 해소 등 일상적인 활동에서 벗어나 일탈 욕구를 표현함으로써 주어진 현실을 극복하면서 창조적이고 활력적인 삶을 되찾을 수 있도록 한다. 현대인에게 있어서 일탈은 새로운 몸과 정신으로 다시 일상으로 복귀할 수 있도록 하기 때문에 여가로 인한 즐거움은 비일상성과 일탈성을 체험하고 만족하는 데 있다.

(2) 자유선택성

여가는 참가 여부가 전적으로 개인의 자발성에 근거하는 것으로 여가생활에서의 참여 패턴도 자유선택적 속성을 지니게 된다. 따라서 진정한 여가는 외부의 어떠한 강요나 압력이 첨가되지 않은 순수한 자신만의 결정으로, 자신이 하고 싶은 활동을 자유선택의 결과로 이루어지는 것이다. 그럼에도 여가를 즐기는 동안에도 사회적 제약을 받기도 하고, 대인관계의 의무나 집단적 규율을 지켜야 하는 경우가 발생하기도 한다. 하지만 이는 진정한 여가라고 할 수가 없다.

만약 타인으로부터 강요에 의해 여가에 참여했을 경우, 그것은 완전한 여가가 아닌 준여가(semi-leisure)라고 할 수 있다. 준여가는 여가를 즐기는 과정에서 의무성, 목적성, 상업성 등의 비여가적인 요소가 포함된 것이다.

(3) 해방성

여가는 자신이 속해 있는 다양한 의무나 구속으로부터 벗어나야 하는 해방성을 가져야 한다. 진정한 여가는 여가행위의 대상 및 시간 그리고 가정과 사회로부터 어느 정도는 분리될 필요성이 있다. 시간적 의미로서의 여가는 생계유지나 기타 타율적 제약이나 심리적 압박에서 벗어나 해방된 시간으로서 일상생활을 유지하기 위한 필요성에 의해 제약을 받아서는 안 된다.

(4) 자기표현성

여가는 하나의 심신수양을 하는 진실 된 면을 가지고 있다. 진정한 여가는 참된 자아를 구속하거나 제약하지 않고, 최상의 만족을 느끼게 되는 활동이면서 인간의 참된 가치표현에 몰두할 수 있기 때문이다.

현대사회의 복잡한 일상적인 생활에 의해서는 진실한 자기표현성을 발휘하지 못한다. 따라서 여가는 진정한 자신의 가능성을 표출하게 되는 점에서 중요한 역할을 한다. 사람들은 여가로 인해 자신의 개성을 표현하게 되면서 인간의 가능성을 발휘하게 되고, 여가는 개성을 살릴 수 있는 주요 활동으로 나타나게 된다.

(5) 가치창조성

여가는 순수한 즐거움을 얻기 위해서 영위되는 가치창조적 활동을 말하며, 순수한 즐거움이란 즐거움 그 자체가 행위의 목적이 되는 것이다.

가치창조적 활동은 여가활동에 참여하는 것에서 느끼게 되는 기쁨과 보람 등을 가지게 되면서, 자신의 삶의 만족뿐만 아니라 일상생활의 질을 더욱 풍요롭고 밝고 희망차게 해주는 정신적 충족감을 느끼게 하는 것이다. 여가에 있어서 가치창조성이 중요시되는 이유는 개인의 삶의 질을 측정하는 수단으로 여겨지고, 현대인 대부분이 다양한 여가활동에 많은 투자를 하고 있기 때문이다.

(6) 자아실현

여가는 업무와 관련된 스트레스 해소는 물론 평소에 발달하지 못했던 자신의 잠재능력을 깨우게 되면서 자기발전과 자아실현을 추구할 수 있는 기회를 가지게 해준다.

자발적인 선택과 경험에 의해 이루어지는 여가는 자신에 대한 만족·충실·성취감으로 이어지게 되고, 새로운 도전과 사고력을 가지게 되면서 자신의 성취목표를 달성할 수 있게 한다.

3) 여가의 효과

여가활동은 만성피로를 가지고 있는 현대인에게 휴식과 즐거움을 제공함으로써 긍정적인 기분과 신선한 활력을 주게 되는 효과를 주게 된다.

여가시간을 통해 개인의 소양을 개발하고 다양한 활동을 통한 창조력 향상과 정신문화 성장에 기여하는 효과를 주게 된다. 또한 활발한 신체활동으로 인해 신체적·정신적 건강증진에 많은 영향을 주고 있다.

여가활동을 통해 개인과 사회에 주게 되는 효과는 다음과 같다.

〈표 1-3〉 **여가의 개인적·사회적 효과**

개인적 효과	① 즐거움을 주게 되면서 개인건강의 증진과 체력 향상에 기여한다.
	② 지적이고 심적·정서적인 면에 기여하게 된다.
	③ 원만한 인간관계를 형성하게 된다.
	④ 새로운 생활양식을 창조하게 되면서 건전한 생활 패턴을 가지게 된다.
사회적 효과	① 도시환경 개선에 도움을 주게 된다.
	② 국민 전체의 건강과 체력을 향상시키게 된다.
	③ 사회복지의 질적 향상에 도움을 주게 된다.
	④ 자연환경 보존에 도움을 주게 된다.

3. 레크리에이션(Recreation)

1) 레크리에이션의 정의

Recreation은 라틴어의 'Re-creation'이 어원으로 새롭게 하다(refresh), 재생(restore), 기분전환, 재건의 의미를 가진다.

레크리에이션이 이루어지는 영역은 시간상으로 여가시간에 이루어지고, 정서적 조건이나 사회적 역할은 일을 위한 재창조 및 회복의 수단이며, 자발적으로 선택하는 활동지향적인 특성을 갖는다. 레크리에이션 활동은 인간의 재생산 능력과 생활의 활력을 회복시켜 노동과 연결하는 사회기능적이고 교육적인 측면이 강하다. 즉, 레크리에이션은 노동으로부터 휴식을 취하고 기분전환하며 노동 재생산을 위한 활동이라 정의할 수 있으며, 자발적 참여를 통한 만족과 즐거움을 경험하는 여가의 한 부분이라 할 수 있다.

레크리에이션(recreation)이란 새로움을 창조하고 더 나아가 회복과 재생이라는 의미를 담고 있으며, 일상생활 속에서 노동활동으로 인해 생긴 스트레스를 레크리에이션으로 회복하는 것, 혹은 그러한 것을 위한 총체적인 활동이며, 삶의 질을 높이는 활동이다. 관광도 넓은 의미에서는 레크리에이션 활동의 하나이지만, 관광은 일상 거주지와는 멀리 떠나는 활동이라는 데 차이가 있다. 일반적으로 여가는 시간적 개념이 중요하지만 레크리에이션은 자유시간에 이루어지는 재생 및 사회적 편익을 증진하는 활동적인 개념에서 차이가 있다. 따라서 레크리에이션은 여가의 한 기능으로 정신과 육체 그리고 감정 등이 포함되므로 단순한 휴식과는 구별이 된다.

2) 레크리에이션의 특징

① 여가에 해당하는 활동이다.

② 여가에 영위되는 자발적인 활동의 총체로서 여가의 하위 개념이다.

③ 육체, 정신 및 감정의 활동을 포함하므로 휴식과 구별된다.

④ 개인적 향락과 만족의 추구이므로 노동의 동기와 구별된다.

⑤ 자발적 의사에 의해 참여한다.

⑥ 시간 · 공간 · 인원 등의 제한이 없고, 실행과 탐구라는 보편성을 지닌다.
⑦ 진지함과 목적의식을 가진다.
⑧ 선택의 범위가 다양하다. 운동, 게임, 음악, 무용, 일반적인 놀이, 무대예술, 사냥, 캠핑과 같은 야외활동, 취미활동, 사회적인 활동과 봉사를 포함하는 광범위한 활동이다.
⑨ 어떤 형태로든 활동에 따른 보상을 목적으로 하지 않으며, 활동을 통해 만족에 근본 목적을 갖는다.

레크리에이션은 여가에 참여할 수 있는 활동 및 노동과 관련되는 개념이며, 생산적 목적 지향의 여가활동, 일상 생활권 내에서의 반복성을 갖는 여가활동으로 인식된다.

여가와 레크리에이션은 전체적으로 조화된 생활을 목표로 하면서, 현실적으로는 일과 놀이를 분화시켜 별개로 여겨온 인류의 문화적 산물이다. 여가와 레크리에이션은 생활의 의미와 목적을 다시 찾는 시간이며 삶을 전체적으로 다시 바라보는 기회이다.

4. 레저스포츠

1) 레저스포츠의 정의

레저스포츠는 레저(leisure)와 스포츠(sports)의 합성어로서 레포츠(leports)로 많이 사용되고 있다. 레포츠는 여가시간에 자유롭게 즐기는 활동으로서 스트레스 해소와 기분전환 그리고 탈일상성에 재미와 즐거움을 느끼는 스포츠 활동이다.

레포츠는 국민복지를 실현하는 요소, 경제 활성화에 기여하는 순기능적 요소, 그리고 다양한 수요와 요구에 부응하는 차원에서 교육적 가치와 사회적 조화 및 개인의 건강과 오락을 주요 기능으로 한다.

레저스포츠는 여가시간에 이루어지는 순수한 여가활동의 스포츠로서 아마추어 선수나 프로선수와 같은 엘리트 스포츠 선수들은 의무적이거나 또는 직업적으로 실시하기 때문에 당연히 레저스포츠 범주에 포함되지 않는다.

2) 레저스포츠의 특징

레저스포츠는 일반적인 활동 스포츠에 비해 참가하는데 비용이 많이 들며, 자연친화적인 스포츠 참여를 선호하는 경향이 높다. 그 특징은 다음과 같이 설명할 수 있다.

첫째, 레저스포츠는 자연을 활용하는 경우가 많다. 자연을 벗 삼아 자연과의 동화를 추구할 수 있을 뿐만 아니라 자연으로 돌아가고 싶은 인간의 본능적인 욕구를 만끽할 수 있다. 하루가 달리 급변하는 정보화의 홍수에서 레저스포츠는 스트레스를 해소할 수 있는 유익한 방법 중 하나가 될 수 있다.

둘째, 레저스포츠는 모험이나 극기를 즐길 수 있다. 레저스포츠에 참여함으로써 자기 자신을 시험하기 위해 극기훈련에 참여하기도 하며, 배낭을 메고 목적지도 없이 고행의 여행을 떠나기도 한다. 또한 모험적인 스포츠 활동으로서 빙벽 타기나 암벽 타기에 만족하지 않고 익스트림 스포츠에 참가하게 된다.

셋째, 레저스포츠를 즐기는 데 계절의 구분이 줄어들고 있다. 과학기술의 발달로 인해 잔디 스키나 실내 스키, 윈드 크루즈 등 신종 레저스포츠의 등장으로 특정 계절에만 즐길 수 있었던 레저스포츠의 활동범위가 점차 넓어지고 있다.

제3절 관광형태의 발달

현대의 관광은 3차 산업의 꽃으로서 보이지 않는 무역, 굴뚝 없는 공장 등으로 비유되고 있다. 이는 타 산업에 비해 부가가치가 높고 자원소모율이 낮은 무공해 산업으로 외국과의 문화교류 및 국제친선에 유용할 뿐만 아니라 자연과 문화재의 보호·보존과 균형 있는 국토개발에도 기여하고 있다.

관광은 고대부터 발달하기 시작했는데, 일반적인 발전단계를 보면 관광활동이나 내용 등 관광 특성에 따라 투어시대(고대～산업혁명까지), 투어리즘(산업혁명 이후～제2차 세계대전), 대중관광 시대(제2차 세계대전 이후～1990년대), 신관광 시대(2000년대 이후) 등으로 구분할 수 있다.

1. 투어(Tour) 시대

고대부터 1830년대 산업혁명까지를 투어시대라 할 수 있으며, 크게 고대 그리스와 로마 시대, 중세시대, 르네상스 시대 이후 산업혁명까지의 시대로 구분할 수 있다.

고대 그리스 시대의 관광은 체육・요양・종교의 세 가지 동기로 이루어졌으며, 여행자들은 민가에 숙박하는 것이 보통이었다. 그 시대의 여행자는 제우스신의 보호를 받는 신성한 사람으로 인정하며 환대하는 관습이 있었다.

환대정신을 최고의 미덕으로 생각하였으며, 이 시기에는 관광사업이 존재하지는 않았으나 당시 민박에서 제공하는 환대정신이 두드러진 현상이라 볼 수 있다.

로마 시대로 들어서면서 관광현상이 근대와 유사한 형태로 이루어지게 된다. 로마 시대에는 관광활동이 번성하였으며 관광동기나 관광목적은 종교, 요양, 예술, 식도락, 등산 등 다양하였다. 특권층에 한정되기는 하였지만 관광할 수 있었던 이유는 군사용 도로의 정비, 치안 유지, 화폐경제 발전, 학문과 지식수준 발달에 따른 탐구욕 확대, 관광사업자(교통수단, 도로, 숙박시설)의 등장 등을 들 수 있다.

또한 로마 시대의 미식관광을 즐기는 사람들을 카스트로 노키아(식도락가)로 불렀으며, 미식에 따른 비만으로 인해 온천요양이 필요한 환자가 많아 요양관광이 중요한 관광형태의 하나로 자리 잡았다.

중세시대는 신과 교회의 권위를 중시하게 되면서 인간의 삶과 문화는 대혼란의 시기를 겪고 관광활동의 존재가치가 사라지게 되었다. 그러나 십자가 전쟁 이후 동서 교류의 계기를 마련하여 관광의 재도약이 가능하게 하는 기틀이 마련되면서, 동양에 대한 신비감과 함께 예루살렘은 종교관광의 최고 목적지가 되었다.

15~16세기 근대 유럽은 르네상스 운동의 일환으로 견문 확대를 위한 여행이 활성화되었고, 신대륙에 대한 탐험의 시대가 도래하게 되었다. 17~18세기 그랜드 투어(Grand Tour: 교양관광) 시대로 접어들면서 유럽의 귀족, 시인, 문호들은 지식과 견문 욕구를 충족시키기 위한 유럽 순방에 참여하게 되었다. 또한 특권층의 유학이 일반화된 유학생들이 귀국하면서 유럽의 전역을 경유하는 여행이 활발해졌다.

2. 투어리즘(Tourism) 시대

1830년 이후에는 산업혁명의 진전으로 유럽 철도의 조기 완성에 따른 교통수단의 발달, 경제활동의 활성화, 소득 증대, 인적 교류 증대는 상용여행을 급증시켰으며, 봉건제도의 붕괴는 일반인의 관광참여를 가능하게 하였다.

19세기에 들어와 숙박시설은 힐튼(Hilton) 등으로 인해 호텔 체인의 대형화 및 고급화가 이루어졌으며, 여행은 1841년 근대여행업의 아버지라고 일컫는 토마스 쿡(Thomas Cook)이 영리를 목적으로 단체여행을 조직하였다.

또한 산업혁명의 성공으로 공업 발달과 함께 대자본가가 양산되어 상용 여행자와 단체관광객이 급속도로 증가하였으며, 대서양의 호화여객선 등장 등은 미국과 유럽 각국 간의 왕래를 활발하게 하였다.

근대관광의 특색은 Tourism 이념의 확립, 관광의 광역화, 관광시설의 완비, 교통의 비약적 진보, 관광조직의 확립, 관광의 대중화 등으로 나타나는데 이를 구체적으로 살펴보면 다음과 같다.

1) Tourism 이념의 확립

1840년 초부터 제2차 세계대전 이전까지는 근대관광의 시대로, 고대나 중세와는 달리 종교적 동기보다는 지식욕이나 호기심이 주된 동기가 되었다.

산업혁명 이후 관광은 귀족과 부유한 평민의 지식욕을 충족시키기 위한 형태로 발전하였는데, 이 시기는 이윤추구를 목적으로 하는 기업이 등장하게 되어 중간 매체적인 서비스 사업이 태동하게 되었다.

영국의 토마스 쿡(Thomas Cook)은 여행알선업을 시작하여 영리를 목적으로 하는 단체여행을 추진하였다. 일반적으로 토마스 쿡 이전의 관광시대를 Tour의 시대, 이후의 시대를 Tourism으로 정의하고 있다. 1840년대 초기에 일어난 교통수단과 통신망의 경이적인 발달로 인해 관광사업이 대규모화되고, 관광이 역사적이고 집단적인 사회현상으로 변하면서 Tourism 용어를 사용하게 되었다.

2) 관광의 광역화

토마스 쿡은 단순히 예약업무에 머무르지 않고, 여행 그 자체를 알선하고 기획하여 여행객을 모집하는 여행알선업을 비즈니스로 행했던 최초의 인물이었다.

쿡의 가장 큰 공적은 '쿡의 법칙'이라 칭해지는 단체할인요금을 도입함으로써 관광대중화의 계기를 만들었다는 점이다. 쿡의 단체할인요금은 관광이 가격에 대한 수요의 탄력성이 높기 때문에 요금을 낮추면 수요가 증가한다는 점에 착안한 것이다. 또한 교통기관이나 숙박시설은 높은 고정단가로, 이용자를 늘리면 1인당 가격이 낮아져도 수익이 증가하므로 단체할인을 적용하면 이용자뿐만 아니라 교통업이나 숙박업도 만족할 수 있는 결과를 얻기 쉬울 것이라고 생각했다.

그리고 쿡은 많은 사람에게 여행을 권유할 목적으로 월간 여행안내책자를 발행하기도 하고, 호텔의 쿠폰제도를 도입하기도 하여 단체할인제도를 점점 유효한 것으로 만들어갔다. 더 나아가 교통기관과 숙박을 세트로 한 여행을 판매하고, 투어 컨덕터(tour conductor)의 배치, 팸플릿 제작, 수속절차의 대행 등 현재의 여행업에 많은 영향을 주었다.

3) 관광시설의 완비

19세기 중엽 Inn과 Tavern이 호텔로 변화되었고, 호화스러운 호텔은 파리 · 런던 · 바덴바덴 · 니스 등에서 호화스러운 숙박과 음식 제공 장소, 사교장소로 이용되었다.

미국의 관광산업은 호텔이 그 중심 역할을 하였는데, 버틀러 호텔이 저렴한 가격, 최고의 서비스 제공의 경영이념을 실현하였고, 힐튼 호텔은 호텔의 대형화 · 근대화 · 체인화에 공헌함으로써 관광산업 발전의 근본적 역할을 하였다.

4) 교통의 비약적 진보

19세기에 들어와 산업혁명의 소산물인 증기기관차가 등장해서 육로에서 여행자의 대량고속 이동을 가능하게 한 것이 쿡에 의한 여행업 탄생의 출발점이 되었다. 또한 해로에서 기선이 등장함으로써 여행자의 고속이동을 보다 용이하게 하였다. 그리고 버스 회사의 등장도 육상교통의 획기적인 발전을 이루게 하였다.

5) 관광조직의 확립

대중이 즐기기 위한 여행에 참여할 수 있게 됨에 따라 관광의 이용이 크게 확대되었는데, 유럽에 있어서 철도망의 급속한 확대는 사람들의 여행을 용이하게 만들었다. 또한 산업화는 즐기기 위한 여행을 가능하게 하는 시간적 · 경제적인 여유를 가진 사람들이 등장하게 되었다.

이와 같은 상황에서 토마스 쿡은 대중이 즐기기 위한 여행을 새로운 형태로 전개했는데, 금주동명대회(1841)에 참가한 사람들 570명을 모아 단체할인 전세열차를 운행해 싼 요금으로 여행할 수 있게 하였다. 1845년에는 단체여행을 조직화하여 교통기관과 숙박시설 알선을 전업으로 하는 여행대행업을 경영하였다.

3. 대중(Mass)관광 시대

토마스 쿡이 시작한 여행알선업은 점차 비즈니스의 지위를 확립하게 되고, 그 업무내용도 여행자의 욕구를 더욱 충족시켜줄 수 있게 되었다. 쿡은 '근대관광의 아버지'라 불리며 '즐기기를 목적으로 하는 여행'에 참가할 수 있는 사람들을 증대시켰다. 이에 따라 쿡의 등장 이후를 흔히 '근대관광 시대'라고 한다.

여행대리업의 최대 회사인 아메리칸 익스프레스(미국)가 설립되어 현재 사용되고 있는 것과 같은 구조의 여행자수표를 1891년에 발매해 안전한 여행 보급에 크게 공헌했다. 또한 대중이 즐기기 위한 여행에 참여할 수 있게 됨에 따라 관광의 이용이 크게 확대되었다. 유럽에 있어서 철도망의 급속한 확대는 사람들의 여행을 용이하게 만들었고, 산업화는 즐기기 위한 여행을 가능하게 하는 시간적 · 경제적인 여유를 가진 사람들을 등장하게 했다.

19세기에 들어와 산업혁명의 소산물인 증기기관차가 등장하여 육로에서 여행자의 대량 고속이동을 가능하게 한 것이 쿡에 의한 여행업 탄생의 출발점이 되었다. 또한 해로(海路)에 기선이 등장함으로써 여행자의 고속이동을 보다 용이하게 하였다. 버스 회사의 등장도 육상교통의 획기적인 발전을 이룩하게 하였다.

관광의 대중화는 제2차 세계대전 이후 도시화 · 공업화 · 정보화 등으로 사회가 진화하고 교통수단의 대형화와 정보의 공유로 한꺼번에 많은 관광객이 이동하는 시대가 되었다. 이러한 관광수요의 변화로 인해 관광 공급 부문에서도 지속적인 변화를 추진하여 관광 수용태세를 완비하게 되었다.

관광동기 또한 과거의 지식욕구 충족보다는 심신의 피로와 질병의 개선을 위한 보양과 즐거움을 찾는 경향이 더욱 강해졌다. 따라서 다양한 관광수요의 발생에 대응하기 위한 관광기업, 공공 부문, 국가 등의 사업주체의 움직임은 보다 적극적으로 바뀌고 있다.

현대 관광수요의 배경요인은 가처분소득의 증가, 여가의 확대, 자동차의 보급, 관광인식의 변화, 정보매체의 발달 등 사회 전반의 질적・양적 발전 등이다. 이러한 배경은 사람들의 가치관을 변화시키며, 재화나 시간의 사용방법과 이동방법 등을 개선해 관광소비행동에 지대한 영향을 미치게 하였다.

4. 신(New)관광 시대

21세기 선진국의 3대 주요산업은 지식정보산업, 환경산업, 관광산업이며, 이들은 가장 빠르고 주목받는 산업으로 분류되고 있다. 미래학자 존 나이츠 비츠는 미래산업의 흐름은 고도의 기술에 기초한 하이테크 산업인 IT(정보기술)와 BT(생명기술), 그리고 고도의 감성에 기초한 하이터치 산업인 CT(문화산업)와 TT(관광산업)가 주도할 것으로 예측하였다.

21세기 관광산업의 흐름은 관광주체의 변화 측면에서 보고 즐기는 관광인 정적・수동적인 관광형태를 벗어나 동적・도전적・모험적・적극적으로 즐기고 직접 참여하며 행동하는 참여형 관광형태가 주를 이루고 있다.

WTO(World Tourism Organization)와 WTTC(World Travel & Tourism Council)는 대량관광으로 인한 무분별한 관광개발과 지구의 환경파괴를 방지해야 한다고 하였다. 그리고 이에 대한 대안관광(alternative tourism)으로서 세계의 관광업계에서 SIT(특수목적관광)가 제기되고 있다. WTO에 의하면 SIT(Special Interest Tourism)는 "특정 관심사를 개발하고자 하는 특정 주제와 관련된 지역이나 장소를 방문하는 개별관광객 또는 단체관광객의 전문화된 관광"이다.

SIT의 활동별 유형은 다음과 같다.

① 문화관광: 문화유산관광, 미식관광, 건축관광, 와인관광, 문화예술관광, 종족생활, 체험관광, 종교관광, 축제관광, 문학관광, 한류관광 등

② 건강관광: 의료관광, 온천관광, 스포츠관광 등

③ 환경관광: 생태관광, 자연관광, 야생관광, 농촌관광, 전원관광, 녹색관광, 모험관광 등

④ 교육관광: MICE 관광 등

⑤ 유람선 관광 등

〈표 1-4〉 **관광의 현대적 의의**

구분	Old Tourism	New Tourism
관광객	• 패키지 관광상품과 유명 목적지 추구 • 관광경험이 적음. • 정적 관광과 안전감 추구	• 새로운 관광상품과 관광지 추구 • 관광경험이 풍부함. • 관광을 통한 자기표현 추가
정보통신 기술	• 일방통행형 기술 • 제한된 기술 • 단독 기술	• 상호 대화형 기술 • 모든 사용자가 이용 가능한 기술 • 통합기술
상품개발	• 가격경쟁 • 규모경제 • 수직 · 수평 통합	• 혁신을 통한 경쟁 • 규모와 범위의 경제 • 대각선 통합
기업경영	• 노동력을 생산비용으로 간주 • 수요 극대화 추구 • 판매 중시	• 노동력을 서비스 질의 핵심으로 간주 • 수급관리 균형 추구 • 고객의 욕구 파악 중시
산업여건	• 규제 • 경제적 성장 중시 • 불균형 성장	• 규제완화 • 산업구조 조정 • 성장의 한계

제4절 현대적 관광구조와 여행형태

1. 현대적 관광구조

현대적 관광구조는 관광객, 관광매력물, 부대시설, 기반시설, 교통 그리고 정보와 촉진으로 구분된다.

1) 관광객

관광구조는 관광의 주체인 관광객을 둘러싸고 있는 사회・경제적 배경과 심리적 요인에 영향을 받게 된다. 관광객은 관광을 목적으로 여행하고자 하는 사람을 총칭하며 일반 여행자와는 구별된다.

2) 관광매력물

관광객의 관광행동을 유발하고, 여행하면서 관광객이 즐기면서 이용할 수 있는 관광대상과 자원을 말한다.

3) 부대시설

관광매력물과 관련된 제반 시설로 관광객의 관광욕구를 더욱 효과적으로 충족시키고, 관광활동을 보장할 수 있는 각종 편의시설을 총칭한다.

4) 기반시설

관광자원의 보존과 개발, 지역주민들의 일상생활 기능을 지원하는 각종 기반시설로서 도로・상하수도・통신 등이 이에 해당된다.

5) 교통

교통은 관광의 본질적인 요소 중 하나로, 이동을 전제로 시작되는 인간활동이므로 관광과는 불가분의 관계에 있다.

6) 정보 · 촉진

신관광 시대의 도래에 따라 등장한 매우 중요한 관광 구성요소로서 관광객의 관광활동에 대한 전 분야에 걸쳐 아주 중요한 역할을 수행하고 있다.

2. 여행형태의 발달

1) 기본적 욕구를 위한 여행

역사를 통해 볼 때 대부분의 여행은 유희가 아닌 필요에 의해 이루어진다. 사람들은 생존을 위해 기본적인 욕구를 충족시키기 위해 여행하였다. 음식과 거주지를 찾기 위해 또는 적으로부터 피신하기 위해 여행을 하였다. 많은 사람들은 보다 나은 삶을 찾기 위해 여행하였으며, 금 · 은 · 보물을 찾기 위해 여행을 하기도 했다. 일부는 비옥한 토지를 찾기 위해 다녔으며, 그곳으로 가족들을 이주시키기도 했다.

2) 고대의 위락여행

많은 관광객들이 소아시아에 있는 에페소로 몰려들었고, 그곳에서 곡예와 동물 쇼, 요술과 마술 공연을 즐기기도 했다. 부유한 로마 사람들은 올림픽 게임과 연극 구경 및 페스티벌을 참관하기 위해 그리스로 여행을 하기도 했다.

3) 지적 여행

일부 사람들은 지적 호기심을 충족시키기 위해 자신이 살고 있는 세계 밖의 사람 및 물품을 보기 위해서 여행하였다. 중세 사람들은 수평선 너머에 무엇이 있는지 알고 싶어서 여행하였다.

4) 순례여행

중세시대 사람들은 신성한 도시와 신전으로 가기 위해 순례여행을 하였다. 그들은 성인에게 존경을 표시하거나 맹세를 이행하기 위해 순례여행을 떠났는데, 일부 순례자들은 삼베옷을 입고 속죄의 뜻으로 맨발로 걷기도 하였다.

1388년 리차드 2세는 영국 순례자들에게 프랑스로 여행하기 전에 허가를 얻고 허가증을 갖고 다니도록 요구하였는데, 그것이 패스포트의 시초가 되었다. 기독교인들이 이슬람교도로부터 성지의 통치권을 빼앗기 위한 십자군 원정이 가장 커다란 종교여행이었다.

5) 상용여행

무역을 위한 상용여행은 수 세기 동안 계속되었다. B.C. 1100년에서 B.C. 332년까지 존재했던 페니키아의 무역상들은 지중해 국가의 항구를 여행하였다. 중국과 인도의 초기 여행은 상업에 기초한 것이었다. 중세에도 상인과 무역상들은 상품을 판매하고 구매할 수 있는 장소로 끊임없이 여행하였다.

유명한 여행가인 마르코 폴로는 그의 일기에서 13세기 중국 베이징으로 상업적 여행을 했다고 기술하고 있다. 당시 중국에서 무역상들은 베이징 교외 지역에 그들을 위해 건립된 호스텔에 체류하였다. 어떤 호스텔은 보안상의 이유로 각각의 국적에 따라 특별히 건립되었고, 중국 황제는 고객의 이름과 출발 및 도착시간을 기록하도록 호스텔에 명령하였다. 이것은 현대 숙박계의 기원으로 볼 수 있다.

6) 요양여행

신체의 병을 치료하려는 생각이 여행에 영향을 미치게 되었다. 류머티즘을 치료하기 위해 로마 황제 카라켈러는 로마 북쪽에 위치한 온천지역으로 여행하였다. 스페인 탐험가 주안 폰세는 젊음의 샘을 찾던 중 미국의 플로리다를 발견하였다. 1800년대에 유럽 상류계층 사이에서는 독일의 여러 온천장을 방문하는 것이 유행하였다. 또한 지중해 연안과 아드리아 해안에 걸쳐 북서유럽의 귀족과 유한계급의 사치스러운 별장이 들어섰다. 이런 사람들은 하루 종일 광천수를 마셨고, 밤새도록 춤추며 연회와 도박을 즐기기도 했다.

7) 교육여행

역사적 · 문화적으로 중요한 목적지는 시대를 불문하고 여행자들을 끌어들였다. 이러한 여행이 17세기에 들어서면서 그랜드 투어의 시초를 이루었다. 영국의 젊은 귀족들은 교육을 목적으로 유럽 대륙을 여행하였다. 가정교사와 하인을 동반한 청년 신사들은 유럽, 특히 프랑스와 이탈리아의 성당과 성, 미술관 등을 방문하였다. 그들은 여러 외국어를 배우고 유럽의 귀족들에게 소개되었다. 이러한 그랜드 투어는 일반적으로 3년이 걸렸다.

8) 대중관광의 개막

18세기 후반에 일어난 산업혁명은 여행의 추이에 많은 변화를 초래하였다. 그것은 무역과 원자재에 대한 과학적 지식을 향상시켰으며, 한편으로는 제국주의의 세력을 고취시켰다. 부분적으로는 영국 및 프랑스 귀족사회의 신고전적 전원주의에서 유래된 자연을 찬미하는 낭만주의를 불러일으켰다.

소수 엘리트의 그랜드 투어 의미가 상실되면서 새로운 형태의 교통수단, 정치적 재편성으로 중산층을 위한 더 싸고 안전한 대중관광 시대가 개막되었다.

9) 대중관광 시대

오늘날 대중관광의 무대가 된 문화혁명은 제1차 세계대전에 의해 촉발되었다. 이에 따른 대변혁으로 소수 엘리트의 명승지를 없애버렸고, 많은 지배계층과 생활이 윤택해진 다른 유럽 귀족층들이 몰락하게 되었다.

1920년경 신흥 부유층인 미국인들이 파리뿐만 아니라 코트 다지르에 이르기까지 주요한 고객이 되었다. 소수 엘리트의 겨울 휴가 은거지였던 국제 휴양지는 여름 휴양지가 되었다.

이미 사람들은 자연을 겁내지 않았고, 하얀 피부도 동경의 대상이 아니었다. 플로리다와 카리브 해안에서 경험한 미국인들의 일광욕이 건강 측면에서 유행하게 되었다. 이 일광욕은 제1차 세계대전 때 비타민 D의 발견과 독일의 실험으로 장려하게 되었다.

자유가 만연되고 구시대의 고지식한 귀족층이 사라짐에 따라 1920년대 이후 생활의 모든 측면에서 관광객을 증가시키는 원인이 되었다. 검은 피부와 성적 매력을 결부시키는 경향은 보편적인 태도의 변화를 가져왔다. 이 기간에 민족관광과 인류학적 관점이 널리 퍼지게 되었다. 대공황에도 불구하고 자연에 대한 주제, 휴양, 민족에 대한 흥미는 이전의 문화적·역사적·교육적 동기에 부가하여 오늘날 대중관광의 기초가 되었다.

관광상식

관광객의 범주

관광객(Tourist)

일상생활 영역(심리적 영역)을 떠나 다시 돌아올 예정으로 이동 및 체재를 하면서 정신적·육체적 즐거움을 추구하는 관광소비자이다. 관광객은 국경을 초월하여 타국에서 유입된 방문자로, 방문국에서 24시간 이상을 체재하며 휴양, 휴가, 스포츠, 업무, 친척·친지 방문, 파견, 회의 참가, 연수, 종교 등의 목적으로 입국한 사람이다.

UNWTO가 규정하고 있는 관광객의 분류

- 세계관광기구(UNWTO)가 규정하고 있는 관광객의 정의는 많은 국가에서 관광객 통계 자료의 기준으로 사용하고 있으며, 각국의 통계자료는 취합되어 전 세계 관광객 통계자료로 이용되고 있다.
- 관광통계에 포함되는 관광객은 1박 이상 체재자와 당일 방문자로 구분하고 있으며, 당일 방문자는 지상에서 숙박을 하지 않는 것으로 규정하였다. 크루즈 여객, 국경지대를 넘나드는 상인, 그 지역에 비거주하는 항공사 및 크루즈의 승무원 등이다.
- 관광객으로서 1박 이상 체재자와 당일 방문자는 다음과 같은 여행의 목적이 뚜렷해야 한다.
  - 상용
  - 휴양, 레저, 레크리에이션
  - 친구 및 친척 방문
  - 교육 및 훈련
  - 보건 및 의료
  - 종교 및 성지순례
  - 쇼핑
  - 교통편을 이용하기 위해
  - 기타
- 비관광객: 관광통계에 포함되지 않는 비관광객은 다음과 같다.
  - 국경을 오가는 근로자
  - 국경을 오가는 계절적 근로자
  - 국경을 오가는 단기 근로자
  - 국경을 오가는 장기 근로자

- 유목민 및 망명자
- 통과여객
- 교통승무원
- 이주자
- 장기체류 학생, 환자 및 그 가족
- 외교관, 영사 주둔 군인 및 그 가족

방문자(Visitors)

자기의 통상 거주지가 아닌 국가를 방문하되, 그 주된 목적이 방문국 내에서의 활동을 하지 않는 사람

당일 관광객(Excursionist)

자기의 통상 거주지가 아닌 국가를 방문한 방문객으로, 방문국에서 24시간 미만 체재하는 사람(승무원도 여기에 포함됨)

통과 관광객(Overland Tourist)

육로나 선박을 이용하여 입국한 외국인 승객으로 A지역에서 B지역으로 이동하는 사이에 임시 상륙하여 관광하는 사람

국경 통근자

국경 가까운 곳에 거주하면서 다른 나라로 국경을 넘나들면서 통근하는 사람

통과객(Trans Passengers)

항공의 지정지역에 잠시 머무는 항공 통과여객이나 상륙이 허가되지 않는 선박의 승객과 같이 국경에 도착하기는 했으나 여권검사를 통해 공식적으로 입국하지 않은 사람

무국적자(Stateless Person)

신분을 증명하는 서류로 항공권 등의 Transport Ticket만 소지하고 있는 자로서 방문하고자 하는 나라에서 국적불명으로 인정하는 사람

장기 이주자

1년 이상 체재하기 위해 입국하는 자와 그 가족 및 동반자

단기 이주자

1년 미만 체재하되, 체류국에서 보수를 받는 취업목적 입국자와 그 가족 및 동반자

군인(Member of Armed Forces)

주둔하는 외국 군대의 구성원 및 그 가족과 동반한 사람

망명자(Refugees)

인종, 종교, 국적, 특정 단체의 회원 가입 또는 정치적 견해에서 기인한 박해에 대한 근거 있는 두려움 때문에 국적국에서 벗어나 있으며, 이로 인해 그 국적국의 보호를 받을 수도 없고 두려움 때문에 받고자 하지도 않는 사람

유랑자(Nomadic People)

정기적으로 입국 또는 출국하여 상당기간 체류하는 자 또는 국경에 인접하여 활동하는 관계로 짧은 기간 동안 매우 빈번하게 국경을 넘나드는 사람

외교관 및 영사

대사관이나 영사관에 상주하는 외교관 및 영사 또는 그 가족과 동반한 자

제5절 관광의 효과

관광의 효과는 일반적으로 경제・사회・문화・환경의 측면에 영향을 미치게 된다. 이를 지역적 관점에서 국내와 국외로 구분하고 있다.

국내에서의 효과는 경제성장, 국민소득의 증대, 조세수입의 증대, 고용과 근로의욕 증진, 국내 자원의 이용, 지역격차의 시정 그리고 환경보전 등이 있다.

국제적인 효과는 높은 외화획득으로 국제수지 개선, 관광객 상호 왕래로 국민의 교양 향상, 국제사회의 상호 이해와 국제친선 증진, 민간외교 촉진, 국가선전 및 홍보로 국위선양 기여, 국제간 경제교류 증대와 국제무역 진흥, 문화교류로 민족문화 창달, 세계평화 등이다.

관광을 통해서 얻을 수 있는 관광국의 효과는 다음과 같다.

첫째, 외화가득률이 높고, 관광을 통한 외화수입은 외국과의 좋은 관계를 유지하면서 수입의 증대를 이루게 된다.

둘째, 서비스 산업의 발달과 고용의 기회를 증대시킨다.

셋째, 관광객들의 지출은 관련 산업의 매출을 증대시키면서 고용 증대, 국제수지 개선, 국민의 소득 증대에 많은 영향을 미치게 된다.

1. 관광의 경제적 효과

관광객의 소비활동은 현지의 경제를 활성화하고 현지 주민의 생활 향상에 기여한다. 특히 관광 분야의 취업기회를 창출시켜서 그에 따른 소득 발생과 함께 정부의 조세수입도 증가하면서 지역경제 활성화와 지역발전에 크게 기여하게 된다. 외래 관광객인 경우에는 외화획득이 가능해져서 국제수지 개선에 크게 이바지한다.

관광의 경제적 효과는 관광이동에 따라 거주지와 관광수용지의 경제현상에 미치는 여러 가지 영향을 미치게 된다. 이에 따라 경제적 효과와 경제적 영향으로 구분이 된다.

경제적 효과는 관광활동이 국가, 지역, 국민에게 경제적으로 미치는 영향에 의해 나타나는 현상이다. 경제적 영향은 1차적 편익과 비용뿐만 아니라 2차적 편익과 비용이 포함된다.

〈표 1-5〉 **관광의 경제적 효과 분류**

특성에 따른 분류	• 부의 효과: 국민소득 창출 및 증대 효과, 고용 창출 및 증대 효과, 재정수입증대 효과, 국제수지개선 효과, 산업구조의 개선, 산업연관 효과(생산유발 효과, 수입유발 효과, 부가가치유발 효과) • 빈의 효과: 일시적 실업, 교통문제, 환경에 대한 비용, 주거 및 교육문제, 안전 서비스 증가, 관광관련 시설의 유지보수비, 기반시설 투자와 유지보수비
범위와 정도에 따른 분류	• 1차 효과(직접효과) －관광객이 최초로 지출한 비용이 관광객 거주국과 관광국의 관광산업에 미치는 직접적인 경제적 효과 －관광객의 지출로 인해 간접적으로 영향을 받는 관련산업 부문에서 소득과 고용이 창출되는 것. • 2차 효과(간접효과) －간접효과: 외래 관광객의 지출이 관광국의 경제에 주입되었을 때 나타나는 효과 －유발효과: 관광객의 지출 증가로 인한 관광국의 수입 증가로 가계 부문의 소득이 증가함에 따라 소비지출의 규모가 증가
효과 발생지역에 따른 분류	• 국제경제에 대한 효과: 국제동향, 관광 및 관련 산업 등 국제경제에 대한 효과 • 관광국에 대한 효과: 가계, 기업, 정부 등 관광국의 국민경제에 대한 효과 • 관광객 거주국에 대한 효과: 가계, 기업, 정부 등 관광객 거주국의 국민경제에 대한 효과

1) 외화획득 효과

외래 관광객의 소비는 수용국의 입장에서는 외화를 획득하는 것으로서 국제수지를 개선하는 데 크게 기여하고 있다. 외화획득 효과는 국민소득창출 효과로 이어지게 되면서 관광상품과 서비스 용역에 대한 수요와 소비가 발생됨으로써 생산과 소득에 순환적인 영향을 미치게 된다. 따라서 관광에서 유발되는 국민생산 및 소득의 효과는 순환생산 및 소득효과, 외화가득률로 설명된다.

2) 소득 증대

① 직접효과: 관광수입(관광산업체)
② 간접효과: 종사원 소득, 재료판매처 소득, 관련업소 소득
③ 유발효과: 의식주 해결, 교통비, 여가 활동비, 생활용품 구입

3) 지역경제 활성화

관광객의 소비는 지역경제의 활성화를 촉진한다.

4) 고용 증대

전 세계 인구 가운데 약 2억 1,200만 명이 관광업에 직・간접적으로 종사하고 있으며, 세계 고용인구의 9명 중 1명이 관광업에 종사하고 있다.

5) 직접고용

호텔, 외식사업, 항공사, 크루즈사, 여행사, 관광시설 등 관광업계에 종사하는 사람과 관광과 관련되어 있는 공공 부문에 고용된 사람

6) 간접고용

관광사업에 물품을 납품하거나 판매하는 업체, 이들 업체에 청소나 경비 등의 서비스를 제공하는 용역업체, 호텔과 레스토랑을 건설하거나 인테리어 업체, 항공기와 크루즈를 만드는 회사 등에 고용된 사람

7) 타 산업의 촉진

관광산업과 직접적인 관계는 없지만, 관광객의 기호에 따라 많은 영향을 미칠 수 있다.

8) 세수 증대

관광수입은 국가재정 상으로 보면 국세, 즉 직접세 및 간접세의 형태로 세수의 증대를 가져온다.

〈표 1-6〉 **관광수익의 세수 분류**

구분		항목	비고
국세	직접세	소득세	관광사업체 등의 매출 증대에 따른 소득의 증대
	간접세	부가가치세	관광사업체 및 쇼핑업체 등 매출액의 10%
		특별소비세	유흥음식점: (매출액+봉사료)×10%
		주세	주류가격에 포함되어 있음.
준조세		관광진흥개발기금	카지노 사업체의 매출에서 일정 부분 납부
		공항이용료 및 출국세	

2. 관광의 사회적 · 문화적 효과

관광의 비경제적인 효과를 총칭하여 관광의 사회적 · 문화적 효과라고 하며, 이는 인간의 정신활동에 미치는 영향을 말한다. 일반적으로 관광의 사회적 영향은 관광의 가치체계, 개인의 태도, 가족관계, 집단조직의 변화를 가져오는 하나의 원인이 된다.

관광현상은 사람들의 공간적 이동이 중요한 현상으로 관광객이 일정한 지역으로 유입되는 것은 필연적으로 그 지역주민의 생활과 사회적 · 문화적 구조에 다각적인 영향을 미치게 된다.

1) 국제 친선 및 평화 증진

① 언어, 인종, 정치, 종교적 장벽의 해소를 가져다주게 되며, 세계의 평화 증진에도 기여하는 산업이다.
② 관광 자체는 국가 간의 교류에 의해 이루어지므로, 상호 문화에 대한 이해와 친선을 도모할 수 있다.
③ 관광종사원은 외국 관광객과의 접점에서 우리나라를 홍보하고 가교 역할을 하는 민간 외교관이라 할 수 있다.

2) 교육기회의 증대

① 관광객을 수용하기 위해서는 해당 외국어의 구사 능력뿐만 아니라 관광사업체에서 필요로 하는 실무지식과 서비스인으로서 자질을 위한 교육이 필요하다.
② 관광산업이 발전할수록 교육의 기회는 증대된다.

3) 의식수준 향상 및 생활환경의 개선

① 접객 태도, 매너, 공중도덕 등 의식수준이 높아지면서 생활환경이 개선되는 계기가 된다.
② 세계의 관광객을 수용하기 위해서는 접객 태도, 공중도덕 등 좋은 모습을 보여주기 위해 노력하게 된다. 이에 대한 의식수준이 높아지면서 생활의 환경도 개선되는 계기가 된다.

4) 선진 문화 및 기술의 유입

세계의 관광객을 수용하기 위해서는 각종 관광 인프라 및 편의시설을 갖추고, 관광업체 등에 선진문화 및 기술이 도입되어야 안락함을 제공할 수 있다.

5) 관광의 부정적 영향

(1) 외화유출

외래 관광객의 유입은 외화를 획득할 수 있지만, 내국인의 해외관광은 외화를 유출하게 되는 것이다.

(2) 인플레이션 야기

관광목적지에서 관광수요의 증가는 지역의 물가를 상승시켜 인플레이션을 야기한다. 관광객들의 구매활동으로 인해 지역의 식자재나 생필품의 가격이 비싸지게 되면서 전반적으로 물가상승의 요인을 가져 온다.

(3) 경제적 종속관계 형성

관광지의 경우 대부분 현지자본보다는 외부자본으로 투자되어 있다. 후진국 관광지의 경우 일부 선진국들이 대부분 투자하여 운영되고 있으므로 그들의 경제논리나 환경에 따라갈 수밖에 없다.

(4) 경제발전의 불균형 초래

관광지의 경우 관광수입에 의해 지역의 경제발전을 도모하는데, 비관광지의 경우 상대적인 박탈감이 작용하여 지역 간 갈등이 조성될 수 있다. 이로 인해 제조업 등 2차 산업의 위축을 초래할 수도 있다.

(5) 사회적 · 환경적 비용의 발생

관광객의 쾌적한 관광활동을 보장하기 위해 들어가는 비용이다. 관광객의 유입으로 인한 교통 혼잡, 각종 질병 및 범죄의 발생, 화재, 수질오염, 공해, 소음, 유적지의 훼손 등을 막거나 개선하기 위한 비용을 말한다.

(6) 각종 질병 및 범죄의 발생

관광지에서는 관광객과 지역주민과의 교류로 인해 각종 질병이 발생할 수 있다. 또한 마약, 알코올 남용, 폭력, 강도 등 각종 범죄의 빈도가 높다. 특히 관광객은 범죄의 표적이 되기 쉽다.

(7) 퇴폐문화의 유입

관광지에서는 미풍양속을 해치는 퇴폐문화가 유입된다.

(8) 전시효과(Demonstration Effect) 발생

① 관광지의 지역주민이 관광객의 생활양식 및 행동을 모방함으로써 야기되는 태도, 행동, 가치관의 변화를 의미한다.

② 전시효과는 긍정적인 측면이 있으나, 지역 고유의 생활양식과 가치관이 사라진다는 점에서 부정적인 요소가 강하다고 할 수 있다.

③ 농어촌 젊은이의 경우 같은 또래의 관광객을 보면서 옷차림, 소비형태, 행동 등을 모방하고 싶은 심리로 인해 무작정 도심으로 진출하는 등 사회적인 문제가 야기되기도 한다.

〈표 1-7〉 관광의 경제 · 사회 · 문화적 효과

구분	긍정적 효과	부정적 효과
경제적 효과	• 국가경제, 지역사회 개발 및 국제수지 개선에 기여 • 국민소득, 조세수입, 고용증대에 기여	• 물가상승 • 기반시설 투자에 대한 위험부담
사회적 효과	• 국제친선 도모와 민간외교	• 범죄율 상승 • 주민의 양극화 • 전시효과
문화적 효과	• 역사유적 등을 보존, 보호	• 토착문화 소멸
기타 효과	• 환경적 효과 • 국가안보적 효과	• 비환경적 효과

3. 관광의 환경적 효과

관광에 있어서 환경은 단지 제약요소가 아닌 자원이며 기회가 될 수 있다. 관광개발과 환경보존과의 관계는 동전의 양면과 같은 것으로, 결코 양립할 수 없는 개념이다. 하지만 관광의 환경적 접근을 통해 관광자원의 급속한 훼손을 막는 수단을 개발할 수 있을 것이며, 지역시설의 토지이용밀도나 공간이용밀도 등을 최적화할 수 있다. 관광의 환경적 영향을 최소화하기 위해서는 관광자원 이용가치와 비이용 가치의 차이를 측정하고, 그 지역을 개발할지 보전해야 할지를 결정해야 한다.

1) 자연보호 및 생태계 보전

아프리카에는 몇몇 야생동물군의 보호 노력으로 멸종의 위기를 벗어났다. 이들 정부는 세계의 많은 관광객들을 유치하기 위해 멸종위기의 동물들을 보호하기 위해 노력하였으며, 관광개발자들은 아프리카의 자본을 보호계획에 투자하여 관광목적지의 자연경관을 보호하는데 힘쓰고 있다.

2) 사적과 기념물 등 보존관광자원의 이용가치 증대

지역의 관광자원 가치와 편익을 지역의 전통과 특성에 부합시켜 지역발전을 유도하여 관광자원의 이용을 극대화시키고 자연과 관광시설과의 조화가 이루어져야 한다.

4. 관광대상지역(국가)에 관한 효과

관광대상 지역 또는 국가에 대한 관광효과는 경제적 측면과 사회문화적 측면의 효과로 구분할 수 있다.

1) 경제적 측면

경제적 측면에서의 관광은 인간의 이동으로 이루어지므로 관광의 주체인 관광객이 찾아드는 지역과 국가에서는 반드시 그 지역주민 또는 국민과 여러 가지 형태의 교류 및 접촉이 이루어지게 된다. 그리고 이런 과정을 통해서 관광객은 관광비용을 지출하게 되고, 이 비용은 관광대상 지역 또는 국가의 경제발전에 기여하게 된다. 즉, 경제적 효과는 관광객이 관광지에서 지출하는 숙박비, 음식비, 토산품비, 오락비, 교통비 등에 의해 직접적으로 관광지에 파급된다. 또한 국제수지의 개선, 고용의 증대, 소득의 증대, 세수의 증대, 지역산업의 발달, 관련 산업의 도입 등과 같은 형태로 나타난다.

관광산업은 서비스 산업의 특성 때문에 외화획득률이 다른 어느 산업보다 월등히 높아 국제수지 개선에 크게 기여하고 있다. 관광산업은 복합산업으로써 관광객이 필요로 하는 서비스와 상품의 생산, 교통기관 · 숙박시설 · 여행의 알선을 비롯하여 식사비 · 오락 · 운동 등을 위한 각종 관련 산업을 유발하게 되면서 막대한 세수가 발생하게 되는데, 이는 국가재정에 크게 기여하게 된다.

관광 서비스 산업으로서 타 산업에 비해 월등하게 고용효과가 높은 산업이다. 고용증대 효과는 소득증대 효과를 발생하게 하고, 소득의 상당 부분이 가계소비 지출을 통해 지역산업에 파급되어 최종적으로는 지역발전의 효과를 가져 오게 된다.

2) 사회문화적 측면

사회문화적 측면에서의 효과는 관광객이 관광지역 주민과의 인간관계 형성을 통해 상호 문화교류를 활성화함으로써 나타나는 제반 효과를 말한다. 인간은 관광을 통해 관광지 주민과의 이해를 증진하여 상호 친밀해짐으로써 국민 총화와 협조를 이룩할 수 있다. 이는 국제간에서도 마찬가지로 관광객의 상호 왕래에 의해 국제친선과 문화교류 향상에 크게 기여하고 있다. 또한 외국인 관광객에게 우리의 역사와 전통문화를 소개함은 물론, 비약적으로 발전하고 있는 우리의 참모습을 보여줌으로써 국위를 선양하는 효과도 아울러 나타내고 있다.

5. 관광객에 대한 효과

관광을 통해 견문을 넓히면서 문화를 교류하고 고양을 향상함은 물론, 건강을 증진하는 등 인간의 기본적인 욕구를 만족시켜줌으로써 삶의 질을 향상시키는 사회・문화적 효과가 있다. 즉, 관광을 통해 미지의 세계에 대한 전통, 풍속, 관습 등을 이해함으로써 새로운 지식을 습득하고 자기를 계발하는 효과를 가지며, 심신의 단련과 피로 해소 등을 통한 건강증진 및 노동 재생산의 레크리에이션 효과를 기대할 수 있다.

6. 관광자원에 대한 효과

관광자원은 자연자원이든 인문자원이든 관광에 의해 새로운 가치를 발견하게 됨으로써 이용가치의 증대효과를 가져온다.

02

관광의 역사

2장 관광의 역사

제1절 세계 관광사

관광의 근원은 유목시대 이래 새로운 목초지로 이동, 물물의 교환, 이민족 간의 침입 등 인간의 이동현상에서 시작되었다. 고대 이집트에서는 신전순례 형태의 관광이 존재하였으며, 그리스 · 로마 시대의 올림픽 경기 참가, 온천지 요양, 신전 참배 등에서 오늘날의 체육, 요양, 종교 목적의 원형을 찾아볼 수 있다. 그 당시 여행하는 사람을 '신성한 사람'으로 환대하던 관습이 있었고, 이 같은 관습은 호스피탈리타스로서 최고 미덕의 하나로 여기면서 관광이 시작되었다.

1. 고대 이집트 시대의 관광

최초의 관광여행자는 기원전 4850년~715년 고대 이집트 파라오에 의해 나일강 주변으로 파견된 정부의 관리였다. 이는 새로운 지역의 방문에 대한 감흥을 기념비에 남기게 되었다. 파라오의 가신들은 나일강 일대뿐만 아니라 동쪽의 사막을 넘어 시나이 반도까지 여행을 했던 것으로 전해지고 있다.

피라미드에는 당시 이곳을 방문한 사람의 목적과 의미를 담은 여러 명의 낙서 등이 기록되어 있으며, 낙서의 주요한 내용으로는 신에 대한 종교적 목적과 단체교육 차원의 방문 등의 기록으로 전해진다. 피라미드와 스핑크스는 세계 최초의 관광 매력물로 인정받고 있다.

2. 고대 페니키아와 중국의 관광

기원전 1100년~900년경 페니키아인들은 그들의 제국 밖으로 교역을 하기 위해 큰 함선을 개발하였다. 당시 해상교통은 가장 신속한 교통수단이었으며, 해상을 통한 상용목적의 관광이 시작되었다.

기원전 8~9세기경에는 고대 중국과 서역 사이에 비단 무역을 계기로 중국 장안에서 시작하여 중앙아시아를 거쳐 지중해에 이르는 6,400km의 비단길이 열리게 되었다. 이를 계기로 육상을 통한 상용관광이 빠르게 확산되던 시기였다.

실크로드에는 캐러반서리라는 상인들의 숙소가 있었는데 중앙의 광장을 중심으로 숙박시설이 있었으며, 이로 인해 상업적 숙박시설이 본격화되었다고 할 수 있다.

3. 고대 그리스 제국의 관광

고대 그리스 제국(기원전 900년~200년경) 시대에는 관광이 유럽에서 본격적인 형태로 나타난 시기였으며, 통용 언어와 화폐가 개발되었다. 도시국가마다 관리들을 위한 숙박과 음식 등 서비스 시설이 등장하여 관광을 촉진시키는 계기가 되었고, 고대 이집트나 그리스 시대에는 도시 사이를 연결하는 교통요지에 포장마차 형식의 이동식 숙박시설 형태인 캐러밴이 등장하였으며, 그리스 각지에 신전이 건축되어 많은 참배객들이 종교적 목적의 관광을 하였다.

기원전 776년 이후 올림피아(Olympia)에서 열렸던 경기대회에는 많은 사람들이 여러 곳에서 참가하여 이를 즐겼던 것으로 전해진다. 그리스 신들의 신전들이 건축되었으며, 참배자가 많았던 것도 잘 알려져 있다. 데포이에 있는 아폴로의 신전이나 아테네의 제우스나 헤파이스토스의 신전이 관광명소로 유명했던 것으로 보인다.

그리스의 관광은 체육・요양・종교의 세 가지 동기에서 행해졌으며, 즐거움을 위한 여행의 목적이 된 최초의 것은 스포츠와 경기를 관람하는 것이었다. 그리스 시대의 여행자는 민가에서 숙박하는 것이 보통이었으며, 숙박시키는 쪽에서는 외래자를 모두 제우스신의 보호를 받는 '신성한 사람'으로 생각하고 후대하는 관습이 있었다. 환대의 정신은 호스피탈리타스로 그 당시 최고의 미덕으로 여겨졌으며, 이 말은 오늘날 호스피탈리티(hospitality)의 어원이 되었던 것으로 알려져 있다.

4. 고대 로마 제국의 관광

1) 개요

고대 로마 제국의 관광은 귀족과 부유층을 중심으로 자유로운 여행이 활발하였는데, 이들의 주요한 관광동기는 종교 · 요양 · 식도락 등으로 이루어졌다.

로마인들은 신화에 등장하는 각종 신전을 참배하였으며, 게스트로노움이었으므로 각지로 여행을 다니면서 포도주와 함께 맛있는 식사를 즐겼다. 가을에는 술의 신인 바커스(Bacchus)를 주신으로 하는 제례가 행해졌으며, 많은 사람들이 방문한 것으로 전해진다. 미식가들이 많았던 것으로 미루어 비만인이 생겨났고, 그와 함께 온천 요양을 필요로 하는 병자가 늘어났다. 이는 오늘날의 요양관광이라는 새로운 관광형태로 발전시킬 수 있었다. 남부 이탈리아의 바이아(Baia)는 요양관광의 중심지 중 하나가 되었고, 요양객을 위해 연극이 공연되었으며, 카지노 시설도 존재하였다.

고대 로마 폼페이 유적 중 아치형 숙박시설로 추정되는 건물의 형태는 상업적인 숙박시설이었던 것으로 짐작할 수 있으며, 장거리 여행자들을 위해 당시에는 Post house(우체국)로 불렸던 숙박시설로 추정된다. 맨션이라는 숙박시설은 상류층과 공용으로 출장을 다니는 관료들이 이용하였다. 로마 시대에는 공화정 · 제정 양 시대를 통해서 관광이 한층 번성했던 것으로 기록으로 전해지고 있다.

로마 시대에는 교통수단의 정비로 인해 관광이 활발해지는 계기가 되었다. 기원전 4세기에 건설되었다는 아피아가도를 비롯하여 로마의 중심 휘로로부터는 일곱 개의 가도가 동서남북으로 뻗었으며, 남쪽은 멀리 그리스로 뻗어나가는 해상교통으로 연결되어 있었다. 도로정비는 주로 전략상의 이유에서였다고 전해지고 있으며, 그것이 관광발전에 크게 기여했던 것은 명백한 사실로 인정되고 있다.

당시의 육상교통수단으로는 마차가 유일하였으나, 사람의 수나 목적에 따라 2인승 단거리용 2륜마차 키시움(Cisium), 3인용 2륜마차 카렛세(Calesse), 4인승 장거리용의 4륜마차인 프레토리움(Paretorium)으로부터 포장과 침대가 붙은 4륜차 카루카 도르미토리아 등 여러 종류의 마차가 있었다. 해상교통 또한 소형선과 대형선 등의 여러 종류가 있었던 것으로 전해지고 있다.

고대 로마 제국에 있어서 관광은 극히 일부의 계층에만 한정되어 이루어졌음에도 불구하고 발달한 이유는 다음과 같다.

① 치안의 유지가 잘되고 있어서 안심하고 관광여행을 할 수 있었다.

② 화폐경제가 보급되어 물물교환의 번거로움을 피할 수 있었기 때문에 행동반경이 넓었다.

③ 학문의 발달에 따라 지식수준이 향상되어 미지의 세계에 대한 동경이 증대한 것으로 전해진다.

2) 로마 제국의 붕괴와 관광

5세기 로마 제국의 치안은 문란해지기 시작하였고 도로는 황폐화되기 시작하였으며, 화폐경제는 다시 실물경제로 되돌아갔다. 이로 인해 관광에 있어서 악조건이 겹쳤기 때문에 오랜 관광의 공백시대로 빠져들기 시작하였다. 고대사회의 관광은 고대 이집트 · 그리스 · 로마 제국을 중심으로 발전하였으며, 관광여행 계층은 왕족과 정부관리 및 일부 상인의 부유층이었다. 관광의 목적은 출장, 종교, 교육, 상용, 스포츠 관람, 위락, 요양 등 다양하게 이루어졌던 것으로 알려져 있다.

고대 로마 제국의 멸망 원인으로는 사치와 퇴폐적인 목욕문화라고 할 정도로 과했다고 전해진다. 공중목욕탕이 처음으로 건립된 것은 기원전 2세기 무렵이었으며, 공중목욕탕은 대중을 위해 할 수 있는 것은 모두 책임지고 해준다는 황제들의 통치이념이자 상징이었다.

5. 중세사회의 관광

로마 제국 붕괴 이후 4세기 말에서 14세기 르네상스 운동이 일어나기 전까지의 약 1,000년 동안을 중세사회로 인정하고 있다.

로마 제국의 붕괴는 다양한 관광활동의 위축을 초래하였고, 중세사회는 교회를 중심으로 크리스트교 문화가 주류를 이루면서 정치 · 경제 · 사회 전반에 종교적 영향을 받게 되었으며, 봉건제도가 자리를 잡게 되었다.

관광활동은 예루살렘 및 로마 교황청 등지로 성지순례와 같은 종교여행이 주류를 이루고 있었다. 알베르게라는 순례자들을 위한 숙소가 있었는데 대피소 및 간이병원 역할도 하였으며, 오늘날에도 알베르게는 스페인 등지에서 여행객들을 위한 호스텔 및 게스트하우스와 같은 숙소의 명칭으로 사용되고 있다.

중세 말기에 있었던 200년에 걸친 십자군 전쟁은 종교적 · 군사적인 면에서 원래의 목적을 달성하지 못했지만 정치 · 경제 · 사회 전반에 지대한 영향을 미쳤다. 동방과의 교통이 열리면서 동서양의 통상무역 및 문화교류를 확대할 수 있었으며, 이들을 수용할 수 있는 인(Inn)이라는 숙박시설이 등장하여 근대사회에서 관광이 활발할 수 있는 계기를 마련하였다.

13세기 말 마르코 폴로는 아시아의 페르시아 · 티베트 · 고비사막 · 버마 · 인도네시아 · 인도 · 실론섬 등지를 여행하였는데, 이 여행기는 14세기 초 『동방견문록』으로 출간되어 유럽 사람들에게 아시아에 대한 여행의 욕구와 호기심을 자극하는 계기가 되었다.

〈표 2-1〉 **중세시대 관광의 특징**

연도	내용	특징
300년대 말	고대 로마 제국의 붕괴	교회를 중심으로 성지순례 등 종교적 관광의 성행
1096~1270	십자군 전쟁	동방과 교역의 확대 계기
1200년대 말	숙박시설 인(Inn)의 등장	교역상들의 숙박 해결
1271~1295	마르코 폴로의 동방여행	유럽인들의 동방에 대한 여행욕구 자극

• 교회를 중심으로 크리스트교 문화가 주류를 이룸.
• 정치, 경제, 사회 전반에 종교적 영향을 받음.
• 봉건제도가 자리를 잡게 됨.
• 관광활동은 예루살렘 및 로마 교황청 등지로 성지순례와 같은 종교여행이 주류

6. 르네상스 시대의 관광

중세 로마의 몰락 이후 14세기에 고대 그리스・로마 시대의 문예를 부흥하는 의미의 르네상스 운동이 이탈리아를 중심으로 일어났다. 이는 교회와 봉건사회 조직의 몰락으로 이어졌으며, 인문주의 즉 인간의 개성과 능력 및 존엄성을 강조하는 휴머니즘 사상으로 발전하여 인간과 현실에 대한 새로운 인식을 하게 되었다. 르네상스의 이러한 사상은 중세의 관광암흑기를 벗어나는 데 촉매역할을 하였으며, 고대사회 이후 관광이 다시 활기를 되찾는 계기가 되었다.

르네상스를 계기로 괴테를 비롯한 당시 저명한 작가와 사상가들이 유럽 대륙을 여행하면서 집필한 그들의 작품이 여행의 자극제가 되었다. 1613～1785년 사이에는 유럽의 귀족 및 문예가들을 중심으로 지식과 견문을 넓히고자 유럽의 여러 나라를 여행하는 것이 유행이었는데, 이를 교양관광, 즉 그랜드 투어(grand tour)라고 하였다.

그랜드 투어(17세기 중반～19세기)는 영국을 중심으로 한 유럽의 귀족 계층 자제들이 사회에 나가기 전에 프랑스나 이탈리아를 돌아보며 문물을 익히는 여행이었다. 특히 영국 상류층 자제들 사이에서 유행한 유럽 여행을 일컫는다. 19세기 후반에 증기선의 등장으로 세계여행이 점차 일반화되면서 귀족 계층의 특권으로 여겨지던 그랜드 투어는 서서히 막을 내리기 시작했다.

7. 산업혁명과 근대 유럽의 관광

18세기 중반에 시작된 산업혁명은 증기선・기차 등 교통수단의 발달로 인해 해상관광여행을 보다 용이하게 만들었으며, 대량관광의 발판을 마련하는 계기가 되었다.

관광은 근대의 경제적 풍요로움을 근본적인 원인으로 발생한 사회현상이며, 근대를 구체화하는 전형적인 사회현상이라 할 수 있다. 관광활동이 활발해지기 위해서는 관광을 받아들이는 사회규범의 침투, 즉 주위의 누구나가 어려움 없이 관광을 즐길 수 있는 사회환경을 들 수 있다. 관광을 유발시키는 모든 조건들은 경제적 풍요로움이 사회 전반에 걸쳐 확산됨으로써 성립하게 되는 것이다.

근대 이후 관광이 확대된 계기는 19세기 말 이후의 여행조건이 급속도로 발전할 수 있었던 이유는 다음과 같다.

① 교통의 혁신적인 발달

② 숙박시설의 정비

③ 관광관련 산업의 복합화와 발전

④ 관광정보의 보급

⑤ 이동의 저해요인 철폐 및 완화

유럽에 있어서 15세기부터 19세기 초까지는 르네상스, 대항해, 종교개혁, 미국의 독립, 그리고 계몽주의가 확산된 시기를 근세라고 할 수 있다. 근세는 근대의 기초가 구축되는 시대이며, 여행의 역사에서 관광의 역사로 전환하는 시기라고 할 수 있다.

유럽의 관광은 대항해 시대를 맞이하는 등 화려한 일면도 있었지만, 근대사회에서도 종교관광의 기조는 변하지 않았다. 산업혁명이 가져온 기술혁신의 하나인 철도의 발달은 영국에서 두드러져서 1850년에는 주요 철도망이 거의 완성되었다.

산업혁명을 계기로 영국인 목사였던 토마스 쿡(T. Cook)은 관광 분야에서는 최초로 여행업을 창설한 인물로, 다양한 아이디어로 단체관광 형태를 탄생시켰다. 즉, 패키지 투어를 처음으로 시도하였으며, 이러한 단체관광의 구조 하에 관광 대중화의 길이 열리게 되었다.

산업혁명은 증기선과 철도의 발명으로 관광이 일반 평민에게까지 확대되어 대중화되기 시작하였으며, 철도교통 발달을 기반으로 여행알선업이 최초로 실시되었다. 이로 인해 이윤추구를 목적으로 하는 기업의 등장과 서비스업이 시작되었다. 산업혁명은 대량관광의 발판이 되는 계기가 되었다.

관광상식

근대관광 시대

토마스 쿡(Thomas Cook)과 여행업의 출현

- 토마스 쿡의 활약에 의해 대중의 즐거움을 위한 여행은 새로운 형태로 전개되었다.
- 토마스 쿡에 의한 여행업의 창설은 처음에는 종교활동에서 시작되었다.
- 토마스 쿡은 인쇄업을 운영하면서 전도사 및 금주 운동가로서 활동하고 있었는데,

당시 도시노동자의 음주습관을 없애기 위해 관광이라는 건전한 레저활동을 노동자 계층에 인식시키며 금주운동을 펼치고 있었다.

- 여행과 관련한 토마스 쿡 최초의 업적은 금주운동 참가를 위한 단체여행의 주최였다.
- 1841년 철도회사와의 교섭을 통해 단체할인의 특별열차를 임대하여 570명 참가자들의 전 여정을 관리하여 성공적으로 끝마쳤는데, 이는 근대여행업의 효시라고 할 수 있다.
- 쿡에게 여행수속의 대행을 의뢰하는 사람이 속출하여 1845년에는 단체여행을 조직화하고 교통기관이나 숙박시설을 알선하는 것을 전업으로 하는 '여행대리업(excursion agent)'을 경영하였다.
- 토마스 쿡의 공적은 대중의 여행을 손쉽게 하는 것이었으며, '즐거움을 위한' 여행에 참가할 수 있는 사람들을 대중화시켰다는 점이다.
- 토마스 쿡을 '근대 관광산업의 아버지'라고 부르고 있으며, 토마스 쿡의 등장 이후를 '근대관광의 시대'라고 부른다.

토마스 쿡의 법칙

- 관광여행은 가격에 대한 수요의 탄력성이 높기 때문에 요금을 낮추면 수요가 증가한다.
- 교통 및 숙박시설은 고정비가 높아서 이용자가 많아지면 1인당 가격이 내려가도 수익은 증가하게 된다.
- 단체할인을 적용하면 이용자, 교통업자, 숙박업자 모두가 만족할 만한 결과를 얻을 수 있다.

토마스 쿡사의 활약

- 여행의 값싼 요금 제공
- Package Tour 상품 판매
- Tour Conductor 배치
- 팸플릿의 작성, 수속의 대행 등 현재의 여행업의 업무를 최초로 시행

관광상식

호텔의 발전

근대의 숙박시설

- 근대 초기의 숙박시설로는 중세기에 태동된 인(Inn)이 보편화 되었는데, 수면・음식・생명・재산보호에 관계되는 최저 필요조건만 갖추어 놓은 형태였다.
- 그 외 숙박시설인 터번 등이 있었다. '터번'은 선술집에 숙박시설을 갖춘 형태의 영업장소를 의미한다.
- 기업의 형태로 호텔이 등장하게 된 것은 18세기 중엽 이후부터이며, 세계 최초의 호텔은 1794년 건립된 미국의 시티 호텔이며, 오늘날 개념의 호텔 시초는 19세기 초 독일의 바덴바덴에 건립된 바디쉬호프이다. 1829년에는 170개의 객실을 갖춘 트레몬트 하우스가 미국의 보스턴에서 개관되었으며, 오늘날의 호텔 건축과 호텔경영의 모델을 제시하였다.
- 19세기 중반 유럽에서는 왕정이 공화정으로 바뀌고 귀족세력이 점진적으로 붕괴되어 사교모임이 궁전에서 밖으로 옮겨지게 되었으며, 새롭게 사교장으로 등장한 곳이 호텔이었다.
- 호텔은 사회성과 호화성을 강조하여 건물의 외관이나 내장, 가구, 인테리어, 기물, 직원의 복장, 서비스 방법 등이 궁전의 것을 흉내 내었기 때문에 호화로울 수밖에 없었다.
- 이 시기의 대표적인 호텔은 1850년 파리에 건립된 그랜드 호텔이다. 이 시기를 호화호텔의 시대라고 하며, 영어로는 그랜드호텔로 명명하는 것도 호화성의 성격을 잘 반영하고 있다.
- 호화호텔 시대의 대표적인 호텔경영자는 세자르 리츠였다. 그는 15세부터 호텔업계에 투신하여 당대 최고의 요리사인 에스코피에르와 사보이 호텔에서 함께 일하면서 전성기를 맞이하게 되었다.
- 1987년 호텔 리츠를 개업하면서 대성공을 거두고, 1899년에는 영국에 칼튼 호텔을 건립하였다. 이후 1902년 리츠 디벨롭먼트 컴퍼니를 설립하여 파리・런던・마드리드・리스본에 리츠 호텔 경영체인화를 추구하였는데, 다소 원시적인 형태이지만 세계 최초의 호텔 체인사업의 장을 열게 되었다.

상용호텔의 시대

- 20세기에 들어 상용여행이 더욱 증가하였으며, 그들을 수용할 수 있는 저렴하고 쾌적한 숙박시설이 필요하게 되었다.

- 유럽보다 실용적이고 합리적이며, 진취적인 사고를 가지고 있던 미국에서 상용호텔이 번성할 수 있었다.
- 상용호텔의 시대를 열게 된 사람이 '호텔의 왕'이라고 불리는 스타틀러(E.M. Startler)이다. 그는 13세부터 호텔 벨보이로 시작하여 1908년 미국의 버팔로에 300개의 객실과 욕실을 갖추었다. 당시로서는 거대한 스타틀러 호텔을 탄생시켜 미국 호텔산업의 새로운 역사를 전개하였다.

8. 미국의 근대관광

미국은 독립 이후 급속한 근대화를 이루어 19세기 말에는 영국을 제치고 세계경제를 주도하는 경제대국이 되었다. 경제발전으로 인한 중산층의 등장은 20세기에 들어서면서 관광붐을 일으키게 되었으며, 1910년부터 1920년까지 미국인의 유럽여행 붐을 조성하였다. 유럽에서도 미국 관광이 유행하여 유럽 대륙과 북미 대륙 간 왕래가 빈번해졌다.

대서양을 사이에 두고 양 대륙 간 교류가 증가하게 된 배경에는 대형화・고속화를 이룬 대형 호화여객선의 등장 계기가 되었다. 20세기 전반은 호화 대형 여객선의 시대라 할 수 있으며, 대형 여객선에 의한 관광은 하와이, 카리브해의 여러 섬, 아프리카, 아시아 등을 대상으로 하는 세계 주유관광의 확대를 실현시키게 되었다.

미국에서는 20세기 초 자동차 붐이 일어나 경제적 풍요로움과 중산층이 증가하면서 국내관광발전에 기여하게 되었다. 이른바 '유럽으로의 여행 시대'로 언급되고 있다.

9. 20세기의 관광

20세기에 들어서 자동차와 버스가 등장함에 따라 보다 좋은 도로가 필요하였고, 마침내 사람들은 미국 전역으로 차를 몰고 여행할 수 있게 되었다.

1950년대 말 최초로 대서양 횡단 여객기의 출항과 함께 빠르고 안락하고 저렴한 해외여행이 가능해졌다. 지난 70여 년간 여행의 양은 엄청나게 증가하였다. 이러한 증거는 교통수단의 발달로 인한 것이지만 경제적인 번영과 사회적인 변화도 여행증가에 크게 공헌하였다.

과거에는 부유층만이 위락여행을 즐겼으나 점차로 대부분의 사람들이 여행을 할 수 있게 되었으며, 학력이 높을수록 여행을 많이 하는 것으로 나타났다.

연간 유급휴가는 사람들에게 여행을 할 수 있는 여가를 제공하였고, 사람들의 수명이 연장되고 직장에서 은퇴한 사람들은 어느 때든 여행을 할 수 있다. 이처럼 수많은 사람들에게 여행은 좋은 생활과 깊은 연관이 있는 일상적인 기대가 되었다.

또한 최근 인터넷의 급격한 발달은 여행지와 여행상품에 관한 정보를 쉽게 획득하고 선택하기가 용이하게 되면서 관광을 활성화하는 데 기여하게 되었다.

제2절 한국 관광사

고조선 시대부터 조선시대에 이르기까지 특권층과 종교인을 중심으로 외교, 종교, 학문연구, 수양 및 부분적 교역활동 등 관광여행이 부분적으로 이어져 왔다. 하지만 왕권 중심의 전제주의 및 폐쇄적인 사회문화로 인해 관광은 자유로울 수 없었고, 발전에도 한계가 있었다.

우리나라가 본격적으로 관광에 눈을 뜨게 된 것은 1876년 일본이 운양호 사건을 발발시켜 강화도 조약을 체결한 것을 계기로, 부산항에 이어 원산항과 인천항이 개발되면서 시작되었다.

1. 통일신라시대

통일신라시대에는 장보고에 의해 당나라에서 신라방이 건립되면서 정치・외교 사절이나 유학을 하고 있는 신라인에게 숙소로 제공되었다. 『삼국사기』에는 숙박시설에 관한 최초 문헌상의 기록이 있다.

신라 소지왕 9년 우역제도의 실시로 생긴 역관이 시초가 되었으며, 관리들의 지방 순찰시 숙소로 이용된 기록이 되어 있다.

우리나라는 삼국시대에도 일부 특권층의 여행이 이루어졌다. 예를 들어, 임금이나 관료 및 승려나 학생으로 대표되는 지배계층은 외교나 학문 탐구, 수양을 위해 국내 명승지 및 국외로 나갈 수 있는 특혜가 주어졌다. 여행목적지는 중국 본토에서 서역, 페르시아에 이르기까지 매우 광범위했다.

정기적이고 공식적인 여행은 주로 정치적・외교적・군사적인 목적으로 신년하례・화친・서약・세공・왕위책봉 등의 동기나 목적이 대부분이었으며, 비정기적이고 비공식적인 여행은 산천구경, 신체단련과 수렵, 말 타기, 연회, 가무관람 등이었다.

한편 고구려, 백제, 신라 삼국은 불교문화권으로서 여행이나 관광활동도 불교가 정착되면서 산중의 사찰을 찾는 종교적인 목적의 순례관광이 생겨났다.

종교적 의미에서 사찰의 참배와 유명 사찰의 순례는 고대 유럽에서의 신전과 성지참배와 유사한 성격을 띠는 원시관광 형태라 할 수 있다.

통일신라시대 후기에는 청해진에 여러 곳의 청해관이 설치되어 무역관의 기능뿐만 아니라 신라・당나라・일본・중국의 무역선이 정박하고 상인들을 유숙・접대하는 숙박시설의 기능을 충분히 발휘하였다. 이것은 중국 산동 반도의 등주에 신라와 발해 사신들을 유숙・접대하던 신라관・발해관이 운영된 시기와 비슷하다.

삼국시대의 관광 형태는 일상 생활권을 벗어난 인간의 단순한 장소적 이동에서 출발하여 종교의식에의 참가, 무속신앙적인 산신각, 신목사당 등의 탐방, 사찰 행사 또는 민속행사에의 참관, 신라시대의 화랑도에 의한 심신수련 여행 등으로 요약할 수 있다.

삼국시대의 여행은 일반적으로 봄・가을철에 이루어졌으며, 여행기간도 5일・7일・10일・50일로 다양했다.

2. 고려시대

고려시대에는 역장, 역리, 역마를 갖추어 공문서 전달, 곡물의 수송, 공무로 왕래하는 관리들에게 교통 및 숙박의 편의를 제공하는 관영 숙박시설인 참역이 있었다.

원은 공무관리들의 숙식 외에 일반 대중의 역사로도 사용되었으며, 숙박시설의 효시로 기록되고 있다. 또한 객관은 송나라의 사신과 상인이 통과하는 길목에 설치되었던 일종의 무역을 위한 외국 사신들의 공관이 있었다.

통일신라시대에는 불교의 영향으로 주요 도시와 사찰을 연결하는 도로가 생겨났고, 고려시대에 들어서는 이것이 더욱 발달하여 전국 22개의 도로망과 528개에 이르는 역참이 생겨나면서 국민의 이동이 점점 늘어나게 되었다.

하지만 신분적 차별이 철저하여 여행은 귀족과 특권계층에만 한정되었다. 그 당시 귀족자제인 학생은 삼국시대와 마찬가지로 국내외로 유학 및 사냥, 뱃놀이, 격구, 바둑, 활쏘기를 즐겼다.

고려시대에는 외국 사신들의 숙소로 신장관을 운영하였다는 기록이 있다.

3. 조선시대

조선시대의 여행은 이전의 삼국시대 및 고려시대와 흡사하였다. 조선시대는 유교를 숭상하는 계급사회로서 양반, 중인, 상민, 천민 등 네 계층의 봉건적 신분제도를 엄격히 구분하였다. 양반인 사대부는 시와 풍류를 즐기면서 학문적 교양의 확대를 위해 단체여행에 참여하였으며, 점차적으로 평민계층의 여행과 여가활동이 부분적으로 나타나기 시작하였다.

여행자의 숙식을 해결하는 숙박 형태는 완전히 관용으로 출장 가는 관원들을 위한 관용여권인 역과 반관반민의 성격으로 평민이 관리하고 관용여행자의 숙식 외에 일반 민중이 이용하는 역사 그리고 빈자에게는 음식, 여행자에게는 약을 무료로 제공하였던 원 제도가 발달하였으나 임진왜란과 병자호란을 거치면서 유명무실하게 되었다.

그 후 객상을 숙박시켰던 객주와 여상을 숙박시켰던 여각 그리고 주막이 등장하여 그 기능을 담당하게 되었다. 이때의 객주나 여각은 상인을 대상으로 한 여관이었고, 주막은 임진왜란 때부터 성행하여 주로 시골의 길거리에서 술과 음식을 팔고 나그네가 쉬는 여관의 성격을 띠고 있던 대중적인 숙박 형태였다.

교통수단은 조선 초기에는 소나 말을 이용한 우마차나 유선 등에 불과하여 많은 사람들이 여행에 참여하거나 이용하지 못하였으며, 이마저도 매우 부족한 실정이었다.

① 『경국대전』에 의하면 전국에 537개의 역(驛)이 있었다.

② 관(館): 객사라고도 하였으며, 공무 관리들의 숙식과 고관 및 외국 사신을 위해 지방관아에 부설되어 운영되었다.

③ 원(院): 하급 숙박시설로서 설치되었으나, 이용범위가 극히 제한적이어서 점차적으로 폐지되었다.

④ 점(店): 원이 폐지되고 일반 여행자를 위해 발달하였으며, 주로 서민들이 이용(상인과 일반 여행자)하였다.

⑤ 객주(客主): 객상주인을 뜻하며, 물상객주와 보상객주로 나누어진다.

ⓐ 물상객주(物相客主): 지방 객상들을 위한 위탁매매를 주업

ⓑ 보상객주(褓商客主): 숙박을 전문으로 하였으며, 후에 객주조합을 결성하여 전국의 경제활동에 영향을 끼침.

⑥ 여각(旅閣): 객주와 같은 성질이나 창고와 마구간까지 갖추어 제법 규모를 크게 운영하였으며, 관헌이나 권력가들이 세력을 이용하여 지방 객상들을 장악하기도 하였다.

⑦ 주막(酒幕): 여관과 주점을 겸한 서민용 숙박시설로서, 주로 시장 근처에서 영업하였다.

4. 개항 이후~일제강점기 이전(1876~1910)

우리나라 관광의 본격적인 출발은 19세기 말이라 할 수 있다. 조선 말기 발발한 운양호 사건으로 인해 문호개방의 시대를 맞이하였다. 1876년에 일본과의 강화조약, 병자수호조약 체결을 계기로 부산항·원산항·인천항이 개항되고 많은 해외 열강과의 통상과 접촉을 통해 기존의 전통적인 여행에 많은 변화를 가져왔다. 개항과 더불어 외국과의 교역을 통한 경제적 침투와 함께 외국인이 입국하면서 기존 숙박시설의 모습이 변화하였으며, 근대적 여관이 서울·인천을 비롯하여 전국적으로 생겨났다.

우리나라에서 최초로 세워진 근대적 호텔은 인천의 대불호텔로 전해지고 있다. 3층으로 양식시설을 갖춘 이 건물은 일본인 소리 료쿠타로우가 1887년 착공하여 1888년에 완성한 호텔이다. 그리고 그 당시 영업이 번창하는 것을 본 청국인 이태라는 사람은 대불호텔 바로 길 건너에 있는 2층 건물의 아래층에 서양 잡화상을 하면서 2층에 스테워드 호텔을 개업하였다.

서울 최초의 서양식 숙박시설은 구한말 서울 정동에 세워진 손탁호텔이었다. 1902년 10월에 개업한 손탁호텔은 위층은 귀빈들의 객실로 사용하였고, 아래층은 보통 객실과 식당으로 사용하였다. 1909년에는 프랑스 여인이 고종황제로부터 하사받은 하남 호텔을 이화여고 정문 앞에 세웠다.

서양식 숙박시설들은 처음에는 인천·부산과 같은 개항장을 중심으로 발생하였는데, 철도교통의 발달로 전국의 주요 철도역 부근을 중심으로 번창해갔다. 이에 따라 개항 무렵에 흔히 볼 수 있었던 행랑과 짚신 신은 괴나리봇짐의 나그네, 그리고 보통 여염집과 다름없는 초가지붕의 여인숙 전경은 교통과 도시의 발달로 인해 점점 근대적인 관광사업 형태로 발전을 거듭하였다.

1) 인천항

인천항은 우리나라의 관문으로서 외국인의 입국을 담당하고 상인들이 오가는 무역항 역할뿐만 아니라 일본과 중국인의 집단 거류지가 형성되었다.

① 일본의 필요에 따라 교통, 숙박, 여행업 등의 관련사업 발달
② 1876년 병자수호조약: 부산, 제물포, 원산의 개항과 더불어 서구문물 유입
③ 1884년 일본인 다이부츠(대불호텔)는 외국 선교사와 상인을 대상으로 장사를 하기 위해 2층 규모의 일본식 목조건물로 숙박시설을 만들었다. 1888년 3층 규모의 서양식 호텔을 신축하여 개관
④ 대불호텔은 우리나라 최초의 호텔로 기록됨.
⑤ 1890년경 헝가리인 소유의 호텔 드꼬레를 비롯하여 오리엔탈 호텔, 터미나스 호텔 등이 개관하여 인천은 우리나라 초기 호텔을 주도하였다.
⑥ 1902년 개관한 손탁호텔은 당시 왕실의 손님을 접객하기 위한 영빈관이 있었다.
⑦ 1909년 프랑스인 호텔경영자 보에르가 손탁의 영빈관을 인수하여 손탁호텔로 명명하고, 일반인을 대상으로 실제적인 영업을 하였으며 호텔로 탄생하였다.

5. 일제 강점기 이후(1911~1945)

일본의 통치는 우리나라 관광산업에 커다란 변화를 초래하였다. 철도가 일본의 대륙침략 목적으로 부설되었고, 철도여행이 주를 이루게 되면서 1912년 부산과 신의주에 최초의 철도호텔이 세워졌다. 1914년 서울에 조선호텔, 1915년 금강산에 금강산호텔과 장안사호텔이 각각 세워졌다. 그 후 1925년에는 평양 철도호텔, 1938년에 당시 최대 규모를 자랑하던 서울의 반도호텔이 장안의 화제를 모으면서 개업하였다.

한편 일본은 노일전쟁의 승리로 인해 대륙진출이 활발해지자 1914년에 재팬 투어리스트 뷰로의 한국지사를 개설하여 관광사업 및 국제경제상의 중요성을 알리고 일제강점기 시대 동안 여행편의를 돌보게 되었다.

이때는 관광산업이 참으로 암울한 시기였다. 모든 관광시설은 일본인과 외국인을 위한 것이었고, 우리 국민은 여행이 극도로 제한되었으며, 관광사업 역시 일본인이 독점하고 있어 민족자본이 형성되지 못한 치욕의 시기였다.

① 1912년 경부선과 경의선 개통에 따라 부산과 신의주에 각각 철도호텔이 건립되어 철도여행객을 수용하였다.

② 1914년 64실 규모의 조선호텔이 건립되었는데, 재건축을 통해 오늘날까지 명맥을 유지하고 있다.

③ 1915년 우리나라 최초로 여행업무가 시작되었다.

④ 1916년 일본이 여의도, 대구, 울산, 평양, 신의주 등지에 간이비행장을 만들면서 지방도시를 연결하는 항공운송이 시작되었다.

⑤ 1936년 당시 한국의 최대 규모 호텔인 반도호텔은 8층 높이의 콘크리트 구조물로 111개의 객실을 보유했다.

⑥ 일제강점기의 우리나라 관광발전사는 관광의 사회적 현상이나 조류에 의한 것이 아니라 호텔 등의 관광사업체 위주로 진전되었다.

⑦ 일본의 편의를 위한 교통수단・숙박시설・여행업 등 외형적 발전은 있었으나, 주권을 상실한 대다수의 우리나라 국민들의 생활은 제한되어 있었다.

6. 해방 이후～1950년대 관광

해방이 되고 1948년 우리 정부가 수립되었으나 관광산업은 걸음마 단계에 있었다. 1948년 우리나라를 방문한 최초의 외국인 관광단이 2박 3일 일정으로 경주를 비롯하여 국내 주요 관광지를 여행하였다. 같은 해 서울과 온양온천 간 관광 전세버스 운행면허가 처음 발급되었고, 미국의 노스웨스트 항공사와 팬 아메리칸 항공사 등의 서울영업소가 조선호텔에 사무실을 차리고 영업을 개시하였다.

1950년에는 온양, 대구, 설악산, 서귀포, 무등산, 해운대 등지에 교통부 직영 관광호텔이 개업하였으나 한국전쟁으로 인해 곧 문을 닫았다.

그 후 전쟁에서 피해를 받지 않은 호텔들은 한국에 파병된 UN의 휴가를 위한 휴식과 위안의 장소로 사용되었다. 또한 한국의 풍광을 영화로 소개하는 정도의 것이었으나, 2박 3일의 카메라 여행을 조직하는 등 차츰 활기를 찾아갔다.

UN군의 휴가장병이 일본이나 홍콩 등지에서 지내던 휴가를 한국에서 지낼 수 있게 하는 R & R 지구로의 지정이 필요하였으나, UN군 당국에 의해 시설의 미비, 보안문제 등의 이유로 제외되었다가 1960년에 이르러 지정이 결실을 보았다.

제도적으로는 1953년 근로기준법이 제정·공포되어 모든 근로자에게 연간 12일의 유급휴가를 보장하는 법적 뒷받침이 만들어졌다. 1954년 2월 17일 교통부 육운국에 관광과가 설치됨으로써 한국관광을 육성·지도하는 기능을 수행하면서 한국관광이 처음으로 산실 역할을 담당하게 되었다. 1958년에는 온양·해운대·불국사 등에 철도호텔을 개업하게 되었으며, 관광 직행열차 및 관광버스 등도 운행하기 시작하였다. 이 무렵부터 관광에 대한 출입국 절차의 간소화, 국내외에 걸친 관광선전 등 관광행정 본연의 사무가 미미하게나마 실천에 옮겨지게 되었다.

1958년에는 대통령령 제1850호에 따라 중앙에는 교통부장관 자문기관으로 중앙관광위원회, 지방에는 도지사의 자문기관으로 지방 관광위원회가 설치되었다.

① 일본이 패망하자 1945년 10월 일본 여행사인 JTB를 인수하여 우리나라 최초의 여행사인 조선여행사가 설립되었다.

② 1948년 우리나라 최초의 항공사인 대한민국 항공사가 설립되어, 서울~부산, 서울~강릉, 서울~광주~제주 등의 노선에 취항하였다.

③ 1949년 미국 팬암 항공사가 시애틀~도쿄~서울을 연결하는 노선에 취항하였다.

④ 1958년 교통부장관을 위원장으로 하는 관광위원회가 발족하였다.

⑤ 1945년 해방 이후부터 1950년대까지의 관광은, 우리나라 최초로 여행사와 항공사가 설립되고 관광행정이 시작되었다. 하지만 정부수립 전후의 사회혼란과 6·25전쟁에 따른 정치·경제·사회적 불안 등으로 발전을 이루지 못했다. 이 시기를 우리나라 관광사의 암흑기라고 할 수 있다.

7. 1960년대 관광

① 1961년 우리나라 관광에 대한 최초의 법률인 관광사업진흥법을 제정・공포하였다.

② 1962년 민간 관광사업이 한계를 보이자 정부가 나서서 외화획득을 위한 관광사업과 국제수지 개선을 위해 정부출자의 국제관광공사와 대한항공공사를 설립하였다. 또한 유능한 관광안내원을 양성하기 위해 통역안내원 자격시험제도를 도입하였다.

③ 1963년 교통부 관광과가 관광국으로 승격되었으며, 관광외화를 획득할 목적으로 종합위락시설인 워커힐호텔이 당시 최대 규모로 개관하였다.

④ 일본은 1964년 자국민의 해외여행 자유화를 실시하였다. 1965년 한・일국교정상화는 일본 관광객에게 문호를 개방함으로써 우리나라 관광발전에 일대 도약의 계기를 마련하게 되었다.

⑤ 1967년 자연공원법에 따라 지리산이 우리나라 최초의 국립공원으로 지정되었다.

⑥ 1960년대 우리나라의 관광은 처음으로 정부의 적극적인 관광진흥시책과 제도에 의해 활기를 띠기 시작했다는 점에서 우리나라 관광의 태동기라고 할 수 있다.

8. 1970년대 관광

① 1971년 개통된 경부고속도로는 전국적으로 관광지 개발을 촉진시켰으며, 육상관광을 촉진하는 계기가 되었다.

② 1975년 열린 경제장관 간담회에서 관광산업을 국가전략사업으로 격상시키고, 수출산업에 준하는 세제감면 혜택과 금융・행정 지원을 제공하기로 결정하였다. 이후 신규 호텔건설이 증대하는 등 1974년에 있었던 1차 오일쇼크로 인해 침체되었던 관광산업이 재도약하는 계기가 되었다.

③ 1975년 종전의 관광사업진흥법을 폐지하고, 관광기본법과 관광사업법으로 분리 제정・공포하여 외화획득을 위한 국제관광 진흥정책에서 나아가 건전한 국민관광의 발전을 도모하겠다고 선언하였다.

④ 1975년 전후에 외국인 관광객을 유치하기 위해 경주 보문단지나 제주 중문단지와 같은 대규모 관광단지 개발에 착수하였다.

⑤ 1978년 우리나라 관광 역사상 처음으로 외래 관광객 100만 명 선을 돌파하고, 관광수입 4억 달러를 달성하였다.

⑥ 1970년대 우리나라의 관광은 경제성장과 더불어 관광산업을 국가전략산업으로 육성·발전시켜 관광수입국의 초석을 다졌다는 점에서 우리나라 관광의 성장기라고 할 수 있다.

9. 1980년대 관광

① 1982년 야간 통행금지 해제를 조치하였다.

② 시간제한 없이 관광을 즐길 수 있게 되자 외국인 관광객들의 심야 관광활동이 활기를 띠게 되었다. 일본인 관광객들의 주말여행, 즉 금요일 저녁에 한국에 와서 일요일 오후에 돌아가는 여행이 성행하여 관광수입을 증대시키는 기폭제가 되었다.

③ 1986년 관광사업을 폐지하고 관광진흥법을 제정·공포하였다. 종전의 규제 중심의 정책에는 민주적 정책으로 전환하는 계기가 되었다.

④ 1986년 아시안게임 개최, 1988년 서울 올림픽 개최

⑤ 제2민간항공인 아시아나 항공사가 출범하여 우리나라 관광산업 발전에 새로운 전기를 마련하였으며, 200만 명의 외래 관광객을 유치하였다.

⑥ 1989년 전국민 해외여행자유화 조치에 따라 관광산업을 국제화하는 토대를 마련하였다. 이후 내국인들의 해외여행이 폭증하자 국외여행업체가 급증하게 되었다.

⑦ 1980년대 우리나라의 관광은 1970년대의 초석을 바탕으로 여러 기회요인에 의해 외래관광객의 대량유치와 내국인 해외여행 자유화의 기반을 마련하였기 때문에 관광의 도약기라고 할 수 있다.

10. 1990년대 관광

① 1991년 외래 관광객 300만 명을 유치하였다.
② 1992년 중국과 수교하여 관광시장 다변화의 계기를 마련하였다.
③ 1993년 대전 엑스포 개최
④ 1994년 한국방문의 해 실시
⑤ 1997년 IMF 체제기간에는 국외여행사를 중심으로 호텔과 외식업체 등 많은 관광산업체가 도산하거나 구조조정을 겪었다.
⑥ 1998년 금강산 관광이 시행되어 남북관광 시대의 물꼬를 트는 역사적인 순간을 맞이하였다.

11. 2000년대 관광

① 2000년 외래 관광객 500만 명 유치, 관광수입 약 68억 달러를 달성하였다.
② 2001년 인천 신공항이 개항하여 동북아의 허브공항으로서의 역할을 하였다.
③ 2002년 한・일 월드컵이 개최되어 대규모 관광객유치는 물론 대외 이미지 제고에 큰 역할을 하였다.
④ 2004년 한류열풍이 최고조에 달하였으며, 고속철도 KTX가 개통되었다.
⑤ 2000년대 우리나라 관광산업은 재도약의 기회를 마련하였다.

12. 2010년대 관광

① 관광산업을 일자리 창출과 지역경제에 기여하는 신성장 동력으로 육성
② 외래 관광객 유치 확대, 고부가가치 관광산업 육성 등의 국제관광전략 추진
③ 외래 관광객 수요 급증에 대비한 관광산업 경쟁력 제고와 외래 관광객 유치 마케팅

강화

④ 방한 시장의 수요가 급증함에 따라 관광사업의 장기적인 국제경쟁력을 갖추기 위해 '2010~2012년 한국방문의 해' 사업을 계기로 외래 관광객 환대 서비스 캠페인을 본격적으로 실시하였다. 우리나라 외래 관광객 주요 시장인 중국 및 아시아 국가들을 대상으로 유치 확대를 위한 특별대책을 마련하였다.

⑤ MICE, 의료관광, 공연 등의 고부가가치 관광사업 육성

⑥ 2012년 외래 관광객 1,000만 명 유치, 2014년 1,400만 명 유치

⑦ 외국인 관광객이 대거 유치되면서 관광산업은 더욱 활성화되었으며, 관광선진국으로서의 발판을 마련하게 되었다.

⑧ 관광시장의 다변화로 인해 의료관광호텔업, 소형호텔업 등 관광숙박업의 종류도 다양해지고 관광 인프라도 확대되었다.

⑨ 2015년부터 관광호텔업의 등급을 종전 무궁화 표시에서 별 표시로 바꾸는 등 선진화를 도모하기 시작하였다.

〈표 2-2〉 **한국관광 발전사**

연대		내용	비고
개항 이후~해방 이전	1884년	인천 대불호텔 개관	우리나라 최초의 호텔
	1888년	인천 대불호텔 서양식으로 개조	
	1897년	서울호텔 개관	최초의 서울호텔
	1902년	손탁 사저	영빈관
	1909년	손탁호텔 개관	손탁 사저를 인수하여 호텔 영업
	1914년	조선호텔 개관	
	1915년	JTB 조선지사	최초의 여행업무 시작
	1936년	조선항공사 설립	최초의 정기항공노선 운항
해방 이후~1960년 이전	1945년	조선여행사 설립	우리나라 최초의 여행사(1949년 대한여행사로 변경)
	1948년	대한민국 항공사 설립	우리나라 최초의 항공사
	1952년	교통부에 관광계 신설	최초로 관광행정업무 담당
1960년대 (태동기)	1961년	관광사업진흥법 제정 · 공포	관광에 관한 최초의 법률
	1962년	국제관광공사 설립	현 한국관광공사
	1962년	관광통역안내원 자격시험 실시	

	1965년	PATA 총회 개최	최초로 대규모 국제회의 개최
	1965년	한·일 국교정상화	
	1967년	지리산 국립공원으로 지정	우리나라 최초의 국립공원
1970년대 (성장기)	1971년	경부고속도로 개통	관광지 개발 촉진
	1975년	관광기본법 및 관광사업법 제정·공포	국민관광발전 도모
	1978년	외래 관광객 유치 100만 명 돌파	
1980년대 (도약기)	1982년	야간통행금지 해제	심야 관광활동 촉진
	1988년	서울 올림픽 개최	대규모 관광객 유치
	1988년	아시아나 항공사 출범	복수항공 시대의 개막
	1988년	외래 관광객 유치 200만 명 돌파	
	1989년	전국민 해외여행자유화 실시	국외 여행업체의 급증 계기
1990년대 (침체기)	1991년	외래 관광객 유치 300만 명 돌파	
	1997년	IMF 체제	관광산업체 도산 및 구조조정
	1998년	금강산 관광 시행	남북관광 시대의 장을 열게 됨.
2000년대 이후 (재도약기)	2000년	외래 관광객 유치 500만 명 돌파	
	2001년	인천국제공항 개항	동북아의 허브 역할
	2002년	한·일 월드컵 개최	대외 이미지 제고
	2004년	KTX 개통	
	2004년	한류열풍 고조	
	2005년	APEC 정상회담	
	2009년	외국인환자 유치에 대한 등록법 신설	의료관광산업 육성의 계기
2010년대 (호황기)	2012년	외래 관광객 유치 1,000만 명 돌파	
	2014년	의료관광호텔업(메디텔) 육성	의료관광산업의 육성
	2015년	관광호텔업 선진화	관광호텔의 등급을 무궁화에서 별(★)로 표시
2020년대	2020년	코로나19 발생	관광업계 도산 및 위기
	2023년	코로나19 엔데믹 시행	국내외 관광객 해외여행 개시

자료: 이정학, 관광학원론, 제6판, 2021 참고하여 저자 재구성.

제3절 현대사회와 관광

1. 현대관광의 발전요인

예전의 우리나라 국민들은 먹고 살기가 힘들었고, 자식들 교육비와 결혼비용 그리고 노후 마련을 하기 위해 무조건 돈을 벌기 위해 살았다. 따라서 여가, 여행, 관광 등을 하기 위한 자금뿐만 아니라 조금의 여유를 가질 시간이 부족했다.

하지만 현대인들은 높은 교육수준과 새로운 세대들의 라이프스타일 변화, 그리고 생활의 여유뿐만 아니라 인생을 즐기면서 살아가기를 바라고 있다. 이는 곧 가족과 사랑하는 사람들과의 행복한 삶을 누리기 위해 다양한 취미, 여행, 관광 등에 소비하는 것을 주저하지 않는다는 것이다.

현대관광이 발전하게 된 요인을 살펴보면 다음과 같다.

1) 교통수단의 발달

예전과 비교해 지금은 다양하고 빠르고 편리한 교통수단들이 너무나 발달되었다. 특히 자가용의 대중화는 관광객들이 원하는 장소, 시간, 거리 등을 불문하고 언제 어디서나 여행을 떠날 준비가 되어 있다. 국내뿐만 아니라 해외 어느 국가든 마음만 먹으면 여행을 갈 수 있는 시대가 되었다. 교통수단의 발달은 많은 사람들을 자유롭게 여행할 수 있는 도구라고 할 수 있다.

2) 경제적 여건의 개선

현대에 이르러 경제가 발전하고 사람들이 경제적인 부를 가지게 되면서 국내외 여행을 자유롭게 할 수 있게 되었다. 해외여행으로 이국적인 문화와 관습을 배우고 느끼면서 보다 다양한 국가들을 여행하는 욕구를 가지게 되면서 경제적 · 시간적인 여유를 가지게 되었다. 여행으로 인해 많은 돈을 헛되이 소비하는 개념이 아니라 그만큼 또 다른 많은 것들을 얻을 수 있고 경험할 수 있기 때문이다.

3) 국가의 정책적 관심

1988년 이전에는 국민 누구나 해외여행을 할 수 없는 시기가 있었다. 하지만 '88 서울 올림픽' 이후 해외여행자유화가 시작되면서 우리나라 국민들은 누구나 여권과 비행기 표만 있으면 해외여행을 할 수 있게 되었다.

많은 외래 관광객의 유입으로 인해 외화획득이 많아지면서 국가에서도 관광에 대한 관심이 높아지고, 제조업이 아니어도 외화를 벌 수 있는 방법을 알게 된 것이다. 흔히 관광산업을 굴뚝 없는 산업이라고도 한다. 관광산업은 호텔, 항공, 여행사뿐만 아니라 거의 모든 산업과 연관되어 있기 때문에 국가경제 발전과 브랜드 이미지 향상에 많은 영향을 미치기 때문이다.

2. 대중관광과 대중소비사회

1) 제2차 세계대전 이후

① 1952년 제트여객기의 출현 및 관광버스와 자가용 등 교통수단의 대량 보급
② 대형호텔에서부터 모텔에 이르기까지 다양한 숙박시설의 등장
③ 보다 빠르고 안락하며 더 저렴한 형태의 국내외 관광 확대

2) 제2차 세계대전 이후~현재까지 미국 호텔산업의 특징

① 인수합병과 프랜차이즈를 통한 대규모 체인화
② 자동차의 보급으로 모텔급 수준의 호텔 발전
③ 매스컴의 발달은 미지의 세계에 대한 관광동기 자극
④ 다양한 관광정보 획득 가능
⑤ 가처분소득 및 여가시간의 증대
⑥ 관광환경이 크게 변화하여 대량관광 또는 대중관광의 시대 도래

3) 대중관광

① 관광이 대중화되면서 대량의 관광객이 발생하는 현상이 나타났다.

② 미국, 일본, 서유럽 국가들을 중심으로 대중관광이 시작되었다.

③ 제2차 세계대전 이후 경제발전으로 더욱더 고도의 근대화를 달성하고, 선진제국의 경제발전은 대중소비사회를 잉태하는 결과를 보였다.

④ 초기 대중관광은 패키지 투어에 의한 단체여행으로 실현되었고, 국제적인 차원에 있어서 대중관광 역시 단체여행의 형태를 가지고 있었다. 지구의 북반부에 위치하고 있는 경제선진국의 관광객이 지구의 남반부에 위치하고 있다. 제3세계 국가나 개발도상국 관광지를 집중적으로 방문하는 관광형태이다.

⑤ 1950년대에 최초의 신용카드 회사인 다이너스클럽이 등장하여 여행 시 현금 소지에 대한 위험과 환전에 대한 불편이 해소되었다.

⑥ 1954년은 제트여객기가 처음으로 출현하였으며, 1958년에는 보잉사가 B707을 생산하여 유럽과 미국 간을 제트여객기로 운항하였다.

4) 대중소비사회

① 대중소비사회는 공업생산력이 비약적으로 증대하여 대량생산과 대량소비의 경제활동에 의해 경제적 풍요로움을 실현하는 사회를 말한다.

② 대중소비사회는 1950년대 미국에서 출현하기 시작하여 1960년대에는 일본과 서유럽 제국에서도 형성되었다.

③ 대중소비사회의 특징인 경제적 풍요로움은 사회 전반에 걸쳐 폭넓게 침투하여 대중레저사회를 형성하게 되었다.

④ 부유한 유한계급층의 소유물로 인식되어 있던 레저가 일반 대중에게도 보급되기 시작하였으며, 그 중에서도 가장 인기 있는 레저가 바로 관광이었다. 이로 인해 대중소비사회에 대중관광이 발생하게 된 계기가 마련되었다.

5) 대중관광 시대의 개막

① 1960년대를 기점으로 미국과 유럽에서는 많은 사람들이 국제관광의 혜택을 누릴 수 있게 되었는데, 제트여객기가 출현함으로써 이를 이용한 관광객이 관광지에 모이게 되는 대중관광의 시대가 개막되는 시기였다.

② 북반부에 위치한 선진국들의 관광객은 남반부의 관광지를 찾았으며, 1950년대에는 225만 명이던 관광객이 1967년까지 1,600만 명으로 증가하였다. 이들 가운데 북미와 서유럽의 관광객이 약 80%를 차지하였다.

③ 국제 대중관광의 활성화를 배경으로 1960년대부터 관광개발에 의한 남반부 국가들의 경제발전에 대해 국제적으로 논의되기 시작하였다.

④ 남반부 국가에 있어서의 관광객 지출액은 1950년 5억 달러에서 1967년에는 30억 달러까지 급증하였다. 따라서 1960년대 후반부터 관광을 무형의 수출로 간주하게 되었으며, 관광개발이 외화획득과 경제발전의 유망한 수단으로 주목받았다.

⑤ 1960년대 후반 국제관광의 현저한 확대에 의해 관광이 지니는 의의를 다시금 인식하고, 국제관광을 촉진하기 위한 국제기관의 활동도 활발하게 되었다.

⑥ 국제연합(UN)은 1967년을 국제관광의 해로 정하고, "관광은 평화로 가는 패스포트"라는 슬로건으로 국제관광의 보급과 관광사업의 진흥을 도모하였다.

⑦ 유럽에서는 대중관광의 확대에 따른 '소셜 투어리즘'의 실현이 가능하게 되었다.

소셜 투어리즘(Social-tourism)

경제적 빈곤이나 신체적·정신적 장애 등의 이유에서 관광을 공유할 수 없는 사람들을 대상으로 관광을 즐길 수 있도록 제반 사회적 지원책을 수행하는 사상이나 활동을 말한다. 20세기 중반을 기점으로 하여 스위스와 프랑스를 중심으로 소셜 투어리즘이 시행된 이후 유럽 전체에 보급되어 대중관광 발전에도 기여하게 되었다.

6) 대중관광의 확대

① 1970년대에 접어들면서 국제관광의 경향이 더욱더 확대되었다.

② 1969년 점보 제트여객기가 정기항공노선에 취항하면서 국제관광의 대량화 및 고속화

가 급속히 진행되었다. 이 시기를 기점으로 북미와 유럽에 이어 일본도 국제관광객 송출국 대열에 뛰어들게 되었다.

③ 1970년대부터 10년간은 국제연합이나 세계은행 등 국제기관에 의한 국제관광 개발에 대한 지원이 강화되면서 국제 대중관광에 대응하는 관광지가 세계 각지에 정비되는 시기였다.

④ 1980년대에는 대중관광에 의한 문제점들이 제기되었지만, 국제관광의 확대 경향은 순조롭게 계속 진행되었다. 신흥공업 경제지역에 이은 동남아시아 국가연합의 여러 국가를 시작으로 하는 아시아 지역의 경제발전으로부터 1980년에는 ASEAN 회원국들이 새로운 국제관광객 송출국이 되었다. 1990년대에는 해당 국가에서 자국민을 위한 관광촉진 정책이 추진되었다.

⑤ 1990년대에도 선진제국과 아시아에서 송출되는 국제관광객 확대 경향은 계속되었다. 1997년에 시작된 아시아 통화위기로 경제성장이 조금 주춤하게 되었지만, 경제적 풍요로움을 획득한 아시아 여러 국가에서의 국제관광에 대한 관심은 계속 고조되고 있었다.

⑥ 항공산업을 비롯한 교통수단의 발달로 국제간의 교류는 더욱 확대되었다. 각 국가 마다 외화획득의 수단으로 관광산업을 육성하면서 국제관광이 활성화되었으며, 관광객을 수용하기 위한 관광개발이 활발하여 대량관광의 시대를 열게 되었다.

⑦ 소외계층에게는 관광이 여전히 부담스럽고, 무분별한 관광개발 및 대량관광은 환경파괴를 초래하였다. 세계 각 국가는 사회복지관광과 친환경적 관광개발에 관심을 가지게 되었다. 세계관광기구(UNWTO)는 1972년 비엔나 헌장을 통하여 관광은 일부 특권층만의 것이 아니라 모든 사람이 공유해야 한다고 공언했다. 1980년 마닐라 선언에서는 노동에 대한 휴가권 및 관광의 자유권을 인정하였으며, 1982년 아카풀코 선언에서는 유급 휴가제의 실시 등 관광의 기본권을 주장하였다.

7) 대중관광의 폐해

① 1970년대는 국제 대중관광 확대에 따른 문제점들이 제기되기 시작하였다.

② 관광지 문화의 변모, 범죄 및 매춘 발생, 환경오염 및 파괴 등이 대표적인 문제점이 되었다.

③ 관광지 지역주민에 대한 관광객의 경제적 · 사회적 우월성 그리고 선진국 기업에 의한 경제적 지배 등에 귀착하는 '네오 식민지주의' 혹은 '네오 제국주의' 문제가 제기되었다. 이런 문제는 근대가 안고 있는 '세계 시스템 구조'의 불균형이라는 근본적인 문제에 기인하고 있다.

④ 관광 분야에서 지구환경문제와 관련한 국제회의에서 제안된 '지속가능한 개발'에서 가져온 '지속가능한 관광'이라는 용어를 많이 인용하고 있다.

⑤ 새로운 관광이란 대중관광의 폐해를 극복하는 이상적인 관광형태의 총칭이라 할 수 있다.

8) 현대사회와 관광

① 1990년대 이후 관광이 사회와 환경에 미치는 부정적인 영향을 최소화하기 위해 다양한 논의가 진행되었다.

② 1989년 자연과 관광의 상호 의존관계를 강조하고, 관광발전은 자연보존이 전제되어야 한다는 취지의 헤이그 선언을 발표하였다. 이후 1997년 몰디브 말레이 선언에서는 관광과 환경의 조화를 위한 지속가능한 관광을 강조하였다. 이때부터 관광의 형태가 자연을 파괴하는 단체 패키지 대량관광 중심에서 벗어나 가족이나 개인 및 동호인 중심의 소규모 관광을 선호하는 경향이 나타났다.

③ 여행의 목적도 개성이나 취미를 살리고 체험과 모험을 지향하며, 특별관심 분야 위주로 여행을 하는 특별관심여행의 형태로 변하고 있다. 이러한 관광형태를 신관광이라 부른다.

④ 신관광의 구체적인 형태로는 문화관광, 생태관광, 자연관광, 녹색관광, 지속가능한 관광, 유연한 관광, 개별화된 관광, 전문화된 관광 등이 있다.

⑤ 새로운 관광의 발전 및 진흥은 대중관광의 문제에 대응하는 단체 및 기관, 즉 관광관련 국제기관, 각국의 정부관련 행정기관, NGO, 종교단체, 연구자 집단 등에 의해 지원되어 왔다. 이러한 새로운 관광에 대한 관심은 지속적으로 확대되고 있다.

03

관광객 행동

3장

관광객 행동

제1절 관광객 행동의 개념

1. 관광객 행동

관광객은 관광 상품이나 서비스를 소비하는 사람으로서 관광소비자이다. 관광소비자의 행동은 곧 관광객 행동 혹은 관광행동이다. 관광행동은 관광형태, 관광객 행동, 여행행동, 휴가행동, 휴가 패턴, 관광소비행동, 관광소비자행동 등 다양한 용어로 사용되고 있다. 문맥에 따라 관광소비자행동, 관광객 행동 혹은 관광행동이란 용어의 의미로 사용되고 있다.

관광객의 행동은 관광객이 관광을 하기 위해서 계획을 세우고, 관광지를 선택하고, 관광을 행하면서 자신의 욕구를 충족시킬 것으로 기대하는 제품과 서비스를 탐색하여 구매하고 사용・평가하는 일련의 실행 행동이다. 관광객 행동은 관광객에 의한 관광관련 행위의 총합이라 할 수 있다.

마케팅은 관광객의 구매의사결정 행동에 초점을 두며, 이에 따른 효과적 마케팅을 수립한다. 심리학은 관광을 통해 관광객이 얼마나 쾌락적 즐거움을 경험하느냐에 관심이 있다.

관광객 행동을 OECD 관광위원회에서는 매년 가맹국의 국제관광사업에 관한 개설과 관광통계를 내용으로 한 권위 있는 보고서를 간행하고 있다. 특히 인용되는 OECD 관광위원회의 정의에서는 "외국인 관광객을 통상 거주국 이외의 나라에서 최저 24시간 이상 체재하는 자로 규정하고 있다. 또한 당일 방문객은 그 밖의 조건을 구비하고 있어도 체재 24시간 이

[그림 3-1] 관광객 행동

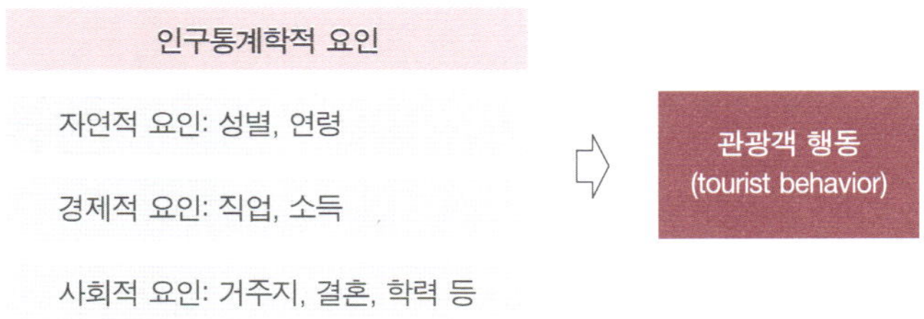

내의 휴가, 여행자 또는 체재자이다"라고 규정하여 관광객과 구별하고 있다.

이에 대해 여행을 하는 사람 모두가 아니라 즐거움을 위한 여행자를 관광객으로 보는 견해도 있다. 이것은 여행에 관한 목적이나 동기, 욕구 등의 심리적 요인을 중시하는 관점에서 접근하는 발상에서 비롯된 견해라고 볼 수 있다.

따라서 관광객 행동은 인간이 여행을 하려고 의도하여 계획을 세우는 단계에서부터 여행 중에 실제로 행하는 여러 가지의 행동을 포함하는 폭 넓은 개념이다.

2. 관광행동의 영향요인

관광을 인간행동 하나의 형태로서 이해하는 입장에서 말하면, 관광은 곧 관광행동이 되지만 일반적으로는 관광사업이 대상으로 하는 관광객의 이동, 체재, 레크리에이션 등의 행동을 총칭하여 관광행동이라 한다. 그리고 관광행동은 개인행동, 집단행동, 일반행동, 특수행동 등으로 분류할 수 있다.

관광행동은 관광활동과는 다르다. 관광활동이라 할 경우에는 관광객이 목적지 또는 여정 중에서 경험하고 관찰하는 여러 가지 활동을 말한다. 문화인류학적 관점에서 보면, 관광행동은 소비행동에 속한다고 보고 관광행동을 소비행동의 하나로 규정하기도 한다.

관광행동은 개인의 행동에 영향을 미치는 많은 요소가 있기 때문에 이를 설명하는 것이 쉽지는 않다. 관광객이 어떻게 의사결정을 하는가를 이해하기 위해서는 선택결정에 영향을 미치는 심리적 요인을 관찰할 필요가 있다. 관광의사 결정자는 개인적 영향 및 사회적 영향 등 양자에 의해서 영향을 받게 되는데, 개인의 내적 · 심리적 요인으로는 지각 · 학습 · 성격 · 동기 · 태도 등이다.

지각이란 관광객이 주변 세계에 대한 의미 있는 심상을 만들기 위해 정보를 선택하고 조직하고 해석하는 과정이다. 학습은 경험에 근거한 관광객의 행동변화를 말한다. 성격은 관광객이 행하는 행동의 형태이며, 경험과 행동을 질서 있게 연결시키는 지적구조를 말한다. 동기란 어떤 목적을 달성하기 위해 관광객의 행동을 유도하는 내적 총동력이라 할 수 있다. 태도는 어떤 대상, 사상 또는 타 관광객에 대한 긍정적이거나 부정적인 감정과 지식으로 구성되어 있다.

이러한 심리적 요인은 관광행동의 내적인 요소로 작용하지만, 그것은 외부의 영향이 없는 진공상태에서 일어나는 것은 아니다. 관광의사결정은 개인 외부의 힘과 타인에 의해서 많은 영향을 받는다. 타인에 의해서 발휘되는 영향을 사회적 영향이라고 하는데 여기에는 역할과 가족영향, 준거집단, 사회계급, 문화와 하위문화 등 네 가지가 있다.

3. 관광객 동기

1) 인간의 욕구 및 관광동기

관광동기는 관광의 주체인 관광객의 동기유발과정을 설명하고, 관광객의 관광목적 및 관광동기, 관광행위 결정과정, 관광자유형 등이 심리적 측면에서 형성된다.

인간의 욕구는 생리적이나 심리적인 안정을 위해 충족되어야 하는 기본적인 조건이 충족되어 있지 않은 상태를 말한다. 인간은 욕구의 충족을 위해 여러 가지 동기를 찾고, 이에 따라 관광으로의 동기를 가지면서 관광으로 욕구를 해소하기 위해 결정되는 중요한 관광동기가 이유라고 할 수 있다.

관광객의 관광 이유는 인간의 본능에 충실한 것이며 기본적인 욕구이다. 이러한 관광욕구 및 관광동기는 관광객의 관광행동을 일으키게 하는 심리적인 원동력을 관광욕구라 하고, 이를 행동으로 나타나게 하는 심리적 에너지를 관광객의 관광동기라 할 수 있다.

2) 매슬로의 욕구 5단계설

미국의 심리학자 매슬로(A.H. Maslow)에 의하면 인간의 행동은 욕구에 의해 동기가 유발되며, 이러한 인간의 욕구는 일련의 단계별로 배열할 수 있다. 즉, 인간의 욕구는 제1단계

[그림 3-2] **매슬로의 욕구 5단계설**

인 생리적 욕구로부터 안전의 욕구, 사회적 욕구, 자기존중의 욕구, 그리고 자아실현의 욕구에 이르기까지 모두 다섯 단계로 이루어져 있다.

그리고 사람은 하위단계의 욕구가 어느 정도 충족되면 다음 단계의 욕구를 추구하게 되며, 이미 충족된 욕구는 인간의 행동을 유발하는 동기부여의 기능을 갖지 못한다는 것이다.

생리적인 욕구는 의식주와 같은 인간의 생명 유지와 직결되는 욕구이며, 안전의 욕구는 육체적인 안전을 갖고자 하는 욕구이다. 소속과 애정의 욕구는 육체적 · 경제적인 안전을 갖고자 하는 욕구를 말한다. 소속과 애정의 욕구는 소외되지 않으려고 어떤 집단에 가입하고자 하거나 동료들과 친목을 갖고자 하는 욕구를 말한다.

자아존중의 욕구는 다른 사람들로부터 좋은 평가와 존경을 받고 싶어 하는 욕구이고, 제일 상위 단계인 자아실현의 욕구는 자기의 잠재적 역량을 최대한 발휘하여 창조적인 인간이 되고자 하는 최상위 욕구이다. 특히 자아실현의 욕구에 의해 유발되는 동기는 타율적인 것이 아니라 자율적이기 때문에 매슬로는 조직 속의 사람들도 자율적으로 조직을 위해 일할 수 있는 경우가 있음을 주장하였다.

이러한 매슬로의 욕구 5단계 이론은 뒷날 허즈버그, 맥그리거, 리커트, 아지리스 등이 제시한 성장이론의 기반이 되었다.

3) 관광행동 유발요인

인간의 관광행동을 유발하는 데는 여러 가지 요인이 작용하게 되는데, 이 중 관광행동을 발생하게 하는 가장 근본적인 요인은 인간이 가진 욕구이다. 이 욕구 또한 여러 가지 요인에 의해 작용하며, 관광을 통해서 충족되기도 한다. 관광욕구를 관광행동으로 나타나게 하는 데는 크게 내적 요인과 외적 요인으로 구분할 수 있다.

(1) 내적 요인

욕구 인간이 가진 욕구 중에서 생리적 욕구와 심리적 욕구 등 여러 가지 형태가 있다. 관광욕구는 인간이 태어날 때부터 가진 본능적인 것뿐만 아니라 친교, 애정 및 소속에 대한 욕구, 자신의 존경, 개인적 성취감 및 타인으로부터의 인정 욕구, 개인적 성장, 자아충실 및 자신의 가능성 실현과 관련되어 있다. 따라서 관광욕구는 인간이 가진 가장 기본적인 욕구 중 하나이다.

가치관 인간은 욕구를 충족시키려 할 때 가치관의 판단에 따라 그 수단을 결정하게 되는데, 개개인의 가치관은 개개인의 성격, 연령, 성별, 도시인과 지방인 등에 따라 다르며 문명의 발달, 자연의 변화, 주거환경의 악화 등으로 인해 시대변천에 따라 변화하기도 한다. 이처럼 가치관의 차이 내지는 변화에도 불구하고 관광행동은 인간의 욕구를 만족시켜주는 기본적인 수단이 되고 있다.

(2) 외적 요인

관광행동의 외적인 영향은 사회・경제적인 변수나 문화(집단・준거집단・사회계층・가족 등)에 의해 영향을 받게 된다.

① 가족: 가족구성원의 조언이나 충고는 문제인식을 야기하는 계기가 된다.

② 준거집단: 준거집단은 개인의 자아형성에 많은 영향을 주기 때문에 관광지의 이미지와 자신의 자아개념과 일치하는 관광상품을 구매하는 경향이 있다.

③ 마케팅: 관광객의 행동을 유발하기 위해 마케터들은 다양한 전략을 사용하기도 한다. 관광지나 관광상품의 새로운 특징과 타 관광지와의 차별화를 강조하여 관광객을 유인하기도 한다.

4) 관광동기 유발요인

관광동기는 인간의 내면에 잠재해 있는 관광욕구에 어떤 자극이 가해져 관광행동으로 나타내는 것이다.

① 교육 · 문화적 동기

② 휴양오락 동기

③ 망향적 동기

④ 기타 동기: 기후적 동기, 건강유지적 동기, 스포츠적 동기, 경제적 동기, 심신단련적 동기, 역사적 동기, 사회적 동기 등

〈표 3-1〉 **관광동기의 4가지 분류(매킨토시)**

구분	내용
신체적 · 물리적 동기	• 육체, 정신적 기분전환 • 건강목적 추구 • 스포츠 행사 참여
문화적 동기	• 외국, 관광지에 대한 호기심 • 역사적인 유적지에 대한 관심 • 미술, 음악, 건축 등에 대한 관심 • 국제적인 행사 참여
대인적 동기	• 친인척 방문 또는 새로운 사람과의 교류 • 새롭고 색다른 체험 • 자신의 사회적 환경으로부터 탈출
지위 · 위계 동기	• 교육, 학습, 사업, 직업적 목적 추구 • 취미활동 추구 • 자아 향상

관광동기를 일으키는 요인에는 추진요인과 유인요인으로 구분한다.

추진요인(push factor)은 여행의 패턴을 형성하는 성별, 소득, 교육수준 등의 개인적 변수뿐만 아니라 스트레스 등 심리적 동기를 포괄하고 있다.

유인요인(pull factor)으로는 관광객이 매력을 느끼도록 하는 목적 및 자원의 특징으로 나이트 라이프, 기후, 역사 유적지, 아름다운 해변, 문화행사 등을 나타낸다.

4. 관광 구매행동

상품을 판매하려고 할 때 외부시장 상황에 대해 우선적으로 구매과정에서 개별고객들이 마음속에서 무엇이 일어나고 있는지를 이해할 필요가 있다.

동기는 특정의 일을 하려는 욕구나 욕망으로 표현되는 개인에게 작용하는 내부적 요인이며, 지극히 개인적인 일이다. 사람들은 모두 동일하지 않기 때문에 똑같은 욕구나 구매동기를 가지고 있지 않다. 그리고 만약 동일인이라 할지라도 다른 시간에는 다르게 생각하고 느끼며 행동할 수 있다.

그러나 소비자 욕구를 충족시키는 과정에 있어서 많은 유사점을 발견할 수 있다. 각 개인은 한 가지 욕망을 다른 욕망보다 뚜렷이 나타내고 있고, 그러한 욕망들을 충족시키기 위해 기꺼이 돈을 지불하려고 한다. 소비자는 그들이 즐기고자 하는 어떤 편익과 이익을 결정하고 나서 선택된 이익을 약속하는 제품과 서비스를 구매한다.

관광사업자는 개인의 내부적·심리적 과정이 특정한 휴가 목적지와 그 목적지에서 특정한 형태의 상품에 대한 개인의 선택에 어떻게 영향을 끼치는가를 이해하는 것이 중요하다. 고객 동기와 욕구를 이해함으로써 관광사업자는 관광상품을 더 효과적으로 판매할 수 있으며, 구매자의 선택에 영향을 줄 수 있다. 그리고 고객을 더욱 만족시킬 수 있는 것이다.

5. 관광구매 결정요인

사람들은 어떤 이성적·감성적인 이유로 인해 특정한 관광상품을 선택한다. 이성적 의사결정은 다음과 같은 요인에 기초한다.

① 비용: 소비자는 한 도시에 있는 호텔 중 보다 저렴한 곳을 선택한다.

② 신뢰성: 고객은 신뢰할 만한 특정 공급자를 찾아내고 과거에 만족했을 경우, 이용했던 그 공급자를 다시 선택한다.

③ 편리성: 고객은 특정 항공사를 선택하는데, 그 이유는 그 항공사가 편리한 시간에 항공편을 제공하기 때문이다.

④ 서비스: 고객은 서비스가 뛰어나다고 알려진 휴양지를 선택하는데, 그 이유는 서비스가 고객에게 중요하기 때문이다.

그러나 관광상품의 구매가 단지 한 가지 이유로 인해 결정되는 일은 드물다. 사람의 감정 또한 관광상품의 선택에 강한 영향력을 미친다. 이러한 동기는 주로 즐거움, 휴식, 지위, 소속 등과 같은 개인적인 사항과 깊은 관계가 있다. 예를 들면, 어떤 사람은 다른 승객들과 쉽게 어울릴 수 있을 것이라고 생각하기 때문에 특정의 유람선 회사를 선택할 것이다. 또 다른 사람은 유람선 승선을 친구들에게 자랑할 수 있는 신분의 상징으로 보기 때문에 조금 더 고급스러운 상품을 선택할지도 모른다.

일반적으로 이성적 · 감정적 동기는 사람들이 특정 상품의 선택에 있어서 한 가지 이상의 이유를 가지고 있기 때문에 관광상품을 구입할 때 겹치게 된다.

6. 관광객 트렌드 변화

코로나19 영향으로 관광객의 관광 트렌드에도 많은 변화가 있었다. 트렌드의 사전적 정의는 사상이나 행동 또는 어떤 현상에서 나타나는 일정한 방향이다. 이는 어떠한 현상에서 일정하게 나타나는 변화를 말한다.

1) 가족과 함께하는 일상관광

안전이 중요시되면서 친구를 만나거나 지인을 만나기가 두려워진다. 오로지 가족단위의 소규모 관광활동이 증가되었으며, 대부분 가족단위 관광객을 볼 수 있다.

2) 근거리 관광수요의 증가

집 근교에서 가족과 함께 야외활동을 즐기는 생활관광의 선호 경향이 뚜렷하다. 근거리 야외활동, 자연친화적인 가족활동, 인기 관광지 몰링 현상이 있긴 하지만 많은 사람들이 모이는 장소는 자연스럽게 피하게 된다. 따라서 안전을 위해서 장거리 관광목적지보다는 집근처 친숙한 근거리 생활관광지에서 코로나19로 인한 후유증을 대부분 해소한다.

3) 레저 및 캠핑 수요의 증가

방문자 증가 장소로 레저활동이 가능하고 액티비티 관련 장소에 대한 선호가 뚜렷이 나타나고 있다. 수도권과 대도시 근거리 캠핑장을 중심으로 캠핑객이 증가하였으며, 이는 안전을 의식해 야외의 넓고 뻥 뚫린 공간에서 별도의 공간을 선호한다.

4) 청정지역 관광수요의 증가

감염병에 대한 안전을 의식하여 지방 곳곳에 청정지역을 선호하는 현상이 뚜렷해 보인다. 나로호 우주센터가 있는 전남 고흥의 방문객이 증가하는 추세를 보였으며, 남도민요의 고장 전라남도 진도와 전라북도 임실의 치즈피자 만들기 체험 방문객이 증가했다. 즉, 청정지역 이미지가 강한 장소와 단일가족의 관광객 수요가 증가하였다(실제 분석: 북촌 한옥마을, 전주 한옥마을, 안동 하회마을, 여수 오동도, 중문 관광단지 등).

5) 전통적 인기 관광지 기피현상 뚜렷, 미지의 공간을 찾아서

관광객의 개성이 뚜렷해지면서 기존의 유명 관광지보다 숨겨진 여행지로 찾아 떠나는 여행객이 증가하고, 사람들이 많이 몰리지 않는 곳으로 여행을 떠나고 싶어 하는 욕구가 증가하였다.

[그림 3-3] 관광객의 개인적 · 환경적 요인

관광객 행동의 이해는 직접적으로 관광 서비스 제공자에게 효과적 마케팅 전략 수립에 기여하게 된다. 따라서 관광 마케팅에 절대적으로 영향을 미치는 관광객 행동의 변화하는 모습을 이해한다.

관광
상식

Hudson의 행동 트렌드 10가지

1. **학습과 정신적 풍요**: 고유성, 직접 체험, 상호작용적 학습을 위한 관광(예: 역사 유적지, 미술관, 박물관 방문 등)

2. **민족 고유의 제품**: 고유한 토속 및 민족 음식 경험을 통해 문화의 다양성과 고유성 이해(예: 한국에서 인도・태국・멕시코 음식 경험, 음식관광 등)

3. **향수**: 사회의 급속한 변화로 인해 과거로의 추억 및 향수 증가(예: 고건축, 생활 유적지 방문, 영화 'Back to the Future'와 같이 기술의 발달로 과거 추억 재현 가능 등)

4. **건강에 대한 의식**: 고령화 사회 도래 및 베이비부머 세대의 확고한 건강의식(예: 스파, 온천, 트레킹, 등산, 건강식품 인기 등)

5. **맞춤 서비스**: 고객 맞춤형 여행상품수요 증대(예: 맞춤형 비행기 및 호텔 예약, 예술작품 감상, 와인 시음 등)

6. **편의성과 신속성**: 여가시간 부족과 IT기술의 등장으로 자신만의 서비스 추구(예: Drive Through 서비스 제공 햄버거 등 무인 체크인과 체크아웃 시스템 등)

7. **예측 불가능한 활동 향유**: 화산지역 방문 등과 같이 예측할 수 없는 상황 등에서 즐거움 추구(예: 2004 Mount, 화산폭발, 전쟁 등)

8. **영적 계몽**: 정신 고뇌로부터 일탈욕구 증가(예: 수녀나 승려의 사원이나 사찰 방문(템플 스테이 등)

9. **서비스 품질**: 고객만족은 항상 증가하므로 지속적 품질 향상 필요(예: 친절한 고객 응대, 제품의 기능 추가 및 향상 등)

10. **경험**: 체험, 경험 중시(예: 교육, 현실도피, 엔터테인먼트, 심미적 등)

관광객 행동 트렌드를 이해하고 관광객 행동의 특성을 파악해 볼 필요성이 있다.

제2절 관광 구매과정의 단계

구매동기가 복잡하고 특이하다 하더라도 관광상품의 구매과정은 일반적으로 욕구에 대한 인식, 정보탐색, 상품가치의 부여, 구매결정, 구매경험과 평가 등 다섯 가지 단계로 나누고 있다.

1. 욕구에 대한 인식

구매과정은 고객의 욕구나 욕망을 인식함으로써 시작된다. 잠재고객은 자신이 관광을 떠나거나 여행하고 싶어 한다는 것을 깨닫게 된다. 예를 들면, 어느 기업의 간부는 앞으로 참석해야 할 회의를 위해 항공권을 예약해야 하고, 어떤 가족은 그들이 해마다 휴가에 대해 생각하기 시작할 것이다.

구매과정은 사람들의 긴장을 생성하는 욕구와 욕망을 지니고 있으며, 이 긴장은 욕구와 욕망이 충족될 때 풀어진다. 이러한 욕구와 욕망은 긴장을 풀기 위해서 행동이 필요로 하는 동기가 필요하다. 이러한 욕구와 욕망은 어떤 형태의 이익을 추구할 것인가를 결정한다. 따라서 관광전문가는 특별한 욕구와 욕망을 충족시켜줄 수 있는 상품을 보증해야 한다.

2. 정보탐색

관광상품에 대한 욕구나 욕망을 인식한 후에 사람들은 정보를 탐색한다. 잠재 관광객은 개인적 지식과 외부자료를 참고로 할 수 있다. 개인적 지식은 과거의 경험, 친구나 매체를 통해 얻은 정보로 구성된다. 예를 들면, 친구로부터 특정 휴양지에 대한 경험들을 토대로 해서 개인적인 지식을 얻게 된다. 특정 관광상품이 어느 정도 욕구를 충족시킬 수 있는지 그 여부를 결정하는데 개인적인 지식이 불충분한 경우에는 외부자료를 참고로 할 수 있다.

외부자료에는 여행사, 책, 인터넷 자료, 유튜브, 고객평가 등 관광상품에 대해 정보를 줄 수 있는 모든 것이 포함된다. 어떤 사람들은 여행업자와 접촉하기 전에 인쇄자료로부터 정보를 모으려 하기도 하고, 다른 사람들의 조언을 받기 위해 여행사에 방문하기도 한다.

정보를 수집할 때 사람들은 그들의 욕구나 욕망을 만족시켜줄 수 있는 상품을 찾는다. 예를 들면, 호텔의 경우 위치, 객실의 수 및 규모, 가격 등 상품의 유형적인 측면에 대한 정보를 탐색하게 된다. 그리고 서비스의 질, 일반적인 분위기 등 호텔상품의 무형적인 측면에 있어서도 마찬가지이다. 일단 잠재 구매자가 내부적·외부적인 자료로부터 얻은 정보에 만족하면 구매과정은 계속 진행된다.

3. 상품가치의 부여

사람들의 태도와 신뢰성은 그들이 상품에 부과하는 가치에 대해 여행 및 숙박이 그들의 욕구를 얼마나 충족시켜줄 것인가 하는 가치에 대해 영향을 미친다. 사람들은 상품을 구매함으로써 얻게 되는 이익에 기준하여 상품에 가치를 부여한다.

일부 사람들은 상품의 다른 특성에 더 큰 가치를 부여하기도 한다. 예를 들면, 어떤 사람들은 익숙한 상품에 가치를 둔다. 그들은 그곳에서 제공하리라고 기대되는 내용에 대해서 잘 알고 있기 때문에 홀리데이 인에 머물기를 원한다. 한편 새로운 경험에 가치를 두는 사람들은 독립운영체의 시골 호텔을 선호하기도 한다.

상품에 대한 가치부여는 종종 유형적인 특징보다는 상품의 심적 이미지를 더욱 중요시하기도 한다. 잠재고객이 상품에 대해서 긍정적인 이미지 또는 부정적인 이미지 중 어떠한 의미를 갖느냐에 따라서 구매과정의 진행방향이 결정된다.

긍정적 이미지는 결국 구매와 사용으로 이어지게 되며, 부정적 이미지는 고객이 상품구매를 피하고 대체상품을 찾도록 만든다. 이러한 점에서 마케터의 목표는 긍정적인 태도를 유도하기 위해서 고객에게 유용한 정보를 제공하는 것이다.

4. 구매결정

구매결정단계는 판매자에게 가장 큰 관심사이다. 어떤 구매는 습관에서 나온 것이며, 어떤 구매는 의식적인 디자인에 의한 것이기도 한다. 그러나 모든 구매에 대해서 고객이 어떤 유형의 상품을 결정하는 과정을 반드시 거치게 된다는 것이다.

관광전문가에게 중요한 점은 구매결정이 동기와 직접적으로 연계된다는 것이다. 즉, 동기는 구매자의 심리적인 상태와 연계된다. 동기는 마케팅 노력, 특히 상품 디자인과 판매촉진을 통해 자극된다.

이 단계에서 소비자는 이전 단계를 통해 얻은 지식을 통합하여 선택하게 된다. 최종 결정은 상품의 형태, 상표, 가격, 시간과 유통경로의 선택 등을 포함하여 본질적으로 인식된 욕구를 충족시킬 수 있도록 만들어진다. 그러나 구매과정은 이 단계에서 완결되지 않는다. 고객과 마케팅에 대한 중요한 단계는 다음 단계로 이행된다.

5. 구매경험과 평가

구매가 이루어지고 여행이 끝난 후 구매과정의 마지막 단계는 구매를 평가하는 것이다. 호텔은 고객의 기대에 부응하여 행동하였는가? 항공사는 즐거운 탑승시간을 제공하였는가? 휴양지에서는 약속한 대로 즐거운 휴식이 제공되었는가? 이와 같이 평가단계는 관광산업에 있어서 특히 중요하다. 고객은 좋은 가치를 제공한 공급자를 다시 찾거나 그렇지 못한 공급자를 회피함으로써 이익을 얻을 수 있다. 그리고 관광산업은 고객에게서 받은 피드백을 활용함으로써 이익을 얻을 수 있다.

제3절 관광목적지 선택의 요인

사람들은 여행하려는 동기에 따라 목적지를 선택하게 된다. 예를 들어, 태양 아래서 한 주일 동안 쉬고자 하는 휴가객은 따뜻한 해안 리조트를 선택할 것이다. 이탈리아의 예술을 공부하고자 하는 여행객은 로마, 플로렌스, 베니스의 박물관을 방문하려고 할 것이다. 따라서 여행객의 목적지 선택에 영향을 미치는 요인은 다음과 같다.

1. 오락

오락을 위해 여행하려는 사람들은 성 토마스 해안에서의 휴식, 남부 캘리포니아에서의 파도타기, 힐튼 해드에서의 골프, 콜로라도에서의 스키를 선택할 것이다.

이곳들은 날씨, 해안이나 산악 등의 자연자원, 오락시설 등으로 인해 목적지로서 매력이 있는 곳이다. 오락여행은 쇼핑(홍콩), 도박(라스베이거스, 애틀랜타), 사교(나이트클럽에서의 무도) 등의 목적이 있다. 물론, 휴가자는 여러 가지 오락활동에 참여할 수 있는 기회를 제공하는 목적지에 매료된다. 예를 들면, 카리브해의 클럽메드 리조트에서 휴가자는 일광욕, 테니스, 수상스키, 쇼핑 그리고 다양한 놀이를 즐길 수 있다.

2. 문화

역사적 지역, 박물관, 미술관, 극장 등은 문화적 매력물의 예이다. 사람들은 전 시대의 생활상을 경험하고자, 유럽의 예술과 문화를 배우기 위해, 그리고 극장의 실연을 즐기기 위해 여행하려고 한다. 많은 여행객에게는 그 지역주민도 문화적인 매력이 된다. 몇몇 문화적 목적지는 이국적이다. 예를 들면, 알래스카의 에스키모 야영지, 중앙아메리카의 식민지 이전의 생활, 또는 하와이의 폴리네시안 문화센터 등이 그것이다. 사람들이 이러한 목적지를 찾는 공통점은 그들의 문화적인 관점을 풍부하게 이해하기 위해 여행하는 것이다.

3. 자연

많은 사람들은 훌륭한 자연경관을 보고 느끼기 위해 여행한다. 그들은 그 지역의 자연미를 보기 위해 그랜드 캐니언, 죽음의 계곡, 글래이셔의 국립공원 등을 방문한다. 자연으로 돌아가자는 욕망은 종종 휴가자들로 하여금 호텔 숙박시설의 편리함을 포기하기도 한다. 그 대신에 야영장, 여관 또는 주차장에 머무르기도 한다.

4. 교육

일부 여행객은 교육적인 가치 때문에 목적지를 선택하기도 한다. 예를 들면, 스페인어를 유창하게 말하기 위해 가족과 함께 마드리드에 머물 수도 있고, 옥스퍼드 대학에서 여름학기를 수강할 수도 있으며, 전문가이드와 함께 수학여행을 떠날 수도 있다.

5. 행사

사람들은 가끔 특별한 행사에 맞추어 휴가계획을 세우기도 한다. 특별행사에는 스포츠 행사, 기념행사, 연주회 또는 퍼레이드 등이 있다. 행사가 열리는 도시보다 그 행사 자체가 더 매력적이다. 예를 들어, 인디애나폴리스 500에 참여하는 사람들은 자동차 경주를 보러오는 것이지, 인디애나폴리스에서 지내기 위해 방문하는 것은 아니다. 만약 경주가 다른 곳에서 열린다면 사람들은 그곳으로 갈 것이다.

6. 건강

많은 사람들이 자신의 건강과 육체적 단련을 위해 여행하고자 한다. 사람들은 먼 곳의 온천이나 체중감량 캠프에 참석하기 위해 체재를 연장한다. 이러한 목적지들은 그곳에서 이용할 수 있는 시설뿐만 아니라 그곳의 자연경관 때문에 목적지로서 인기가 높다.

7. 종교

종교는 지난 수백 년 동안 여행의 가장 큰 동기가 되어 왔다. 초서의 켄터베리 이야기에 나오는 14세기 순례자들은 영국 남부의 성지로 가기 위해 여행을 떠났다. 현대사회의 순례자들은 바티칸, 예루살렘, 메카, 인도 등을 향해 여행을 떠난다.

8. 친구와 친지

많은 사람들은 친구나 친지가 있는 이유로 인해 목적지를 선택하기도 한다. 행사에 관계된 여행과 같이 목적지는 여행 동기에 비해 덜 중요하다. 휴가지는 오락, 문화적 경험, 사업 등의 이유로 목적지를 선택할 때도 친구나 친지가 있는 곳을 선택하기도 한다.

9. 사업

사업가 또는 전문 여행가들은 판매, 상담, 각종 회의참가 목적으로 목적지를 선택한다. 그들은 그곳에 꼭 가야 하기 때문에 목적지를 선정한다. 그럼에도 불구하고 회의 주최자들은 사업과 여가를 함께 즐길 수 있는 목적지에서 회의를 할 수 있도록 계획을 세우려고 노력한다. 예를 들면, 국제회의의 경우 골프, 테니스, 수영 그리고 기타 오락시설이 있는 리조트 지역에서 열리는 경우가 많다. 사업여행자는 사업여행기간 전후로 며칠간의 여유를 두어 미니 휴양여행을 할 수 있다.

10. 지역주민의 태도

목적지 선택에 있어서 고려해야 할 마지막 요소는 지역주민의 태도이다. 여행객들이 생각하는 목적지의 중요성을 조사한 여러 설문조사에서 지역 사람들의 친절성이 높은 평가를 받은 항목이다. 여행객들이 지역주민들로부터 환영받았다고 느껴지는 곳으로 다시 가고자 하는 경향이 있다.

여행객들은 오락적 목적만으로 여행하지 않고 교육적 가치만을 위해 여행하지도 않는다. 여행객들은 목적지에서 태양아래 눕기도 하고, 윈드서핑을 배우고, 체중을 조절하고, 교육세미나에도 참가하고, 지역문화도 경험하고자 하는 것이다.

그러나 접근의 용이성, 가격, 숙박시설의 적합성 등 다른 요소들도 목적지 선택에 영향을 줄 수 있다. 목적지가 매력적으로 보이더라도 그곳에 가기가 어렵다거나 숙박요금이 예산을 초과하면 많은 사람들이 꺼려할 수도 있다.

제4절 관광객 행동의 영향요인

1. 개인적 영향요인

관광객이 관광지를 선택할 때 개인적인 성향에 따라 행동이 달라지게 된다. 개인의 내적·심리적 요인은 다섯 가지로 나누게 되는데, 이에는 지각, 학습, 성격, 동기, 그리고 태도로 구분하고 있다.

1) 지각

지각에는 청각, 시각, 미각, 촉각 등이 포함되어 있다. 여행을 떠나기로 결심한 관광객은 TV 광고에서 나오는 제품을 보고 특정 지역을 떠올리게 되고, 이에 대해 아름답게 느끼면서 관광을 하고자 하는 강한 욕구를 가지게 된다.

2) 학습

학습은 관광객의 기억 속에서 필요한 것을 꺼내는 것이다. 학습을 받아들인 정보를 저장한 후 필요할 때 기억을 하는 것이다. 예를 들어, 얼마 전 뉴스에서 제주도에 강풍 소식을 접했다면, 제주도 여행을 다음으로 미루고 다른 곳으로 여행하기를 결정하게 되는 것이다. 이 결정에는 학습이 영향을 미치게 된 것이다.

3) 성격

성격은 인간이 가지고 있는 성질, 품성이자 인간을 특정 짓는 행동양식이다. 성격은 크게 내성형과 외향성으로 나누어지며, 관광지를 선택할 때도 성격의 차이가 나타난다. 내향적인 관광객은 여행지를 선택할 때도 비교적 사람이 많이 붐비지 않고 조용한 곳을 선호할 가능성이 높고, 반대로 외향적이라면 사람이 많고 파티가 열리는 여행지를 찾고 싶어 한다.

4) 동기

동기는 방향과 강도로 구성되어 있다. 관광객이 어떤 것(방향)을 얼마나(강도) 원하는가를 가늠해야 한다. 관광객이 지루함(방향)을 하루빨리 해결하고 싶었다(강도)면 당장이라도 여행을 떠나고 싶을 것이다. 반대로, 지루하기는 하지만 굳이 행동할 필요까지 느끼지 못했다면, 언젠가 여행계획을 세우겠지만 지금 당장 실천하지는 않을 것이다.

5) 태도

태도는 어떤 대상에 대해 일관되게 반응하는 학습된 경험이다. 즉, 대상에 대한 신념이라 볼 수 있다. 태도는 후천적으로 형성되는 만큼 성향과 다르게 다양한 자극에 의해 변할 수 있다. 태도의 특성상 직접 관찰이 불가능하나 질문이나 관찰을 통해서 간접적으로 추론할 수는 있다.

2. 사회적 영향요인

집단은 가족, 조직, 문화, 사회계층으로 나누게 된다. 사람은 타인과 관계를 맺고 집단을 형성하면서 서로 규범, 신념, 가치 등을 공유하게 된다. 소비자 행동에 영향을 미치는 요인 중에서 사회적 요인은 매우 중요한 역할을 한다. 사람들은 본질적으로 사회적 존재이므로 그들의 행동은 자신이 속한 그룹의 영향을 받는다. 사회적 요인으로는 준거집단(reference group), 인플루언서, 가족, 사회적 역할 및 지위이다.

1) 준거집단

준거집단은 개인에게 새로운 행동과 생활방식을 전파하고, 개인의 자아와 특정 제품 및 브랜드 태도에 영향을 미치며, 실질적인 브랜드 선택에 영향을 미치기 때문에 사회적 요인 중에서도 매우 중요한 집단이다.

준거집단은 크게 1차적 집단과 2차적 집단으로 나누어진다. 1차적 집단은 비공식적이지만 지속성이 강하고 소비자의 직접적인 상호작용을 하는 집단이다. 예를 들어, 가족, 친구, 동료 등이 1차적 집단에 속한다. 2차적 집단은 공식적으로 상호작용하지만 1차적 집단에 비해 지속성이 약하고 소비자와 직접적인 상호작용을 하지 않는 집단이다. 예를 들어, 유명인사, 동호회 등이 2차적 집단에 속한다.

2) 인플루언서

인플루언서의 사전적 의미는 영향을 주는 사람으로 디지털 시대에 소비자의 태도, 의견 및 구매결정을 형성할 수 있는 강력한 사회적 인물로 부상했다. 연예인에 비해 인지도는 낮지만 친근하고 매력적인 콘텐츠로 소비자 행동에 효과적으로 영향을 미칠 수 있다. 인플루언서는 팔로워들과 신뢰를 쌓을 수 있는 능력이 있으며, 특정 틈새시장이나 산업에 특화되어 지식이 풍부하고 신뢰할 수 있는 정보 소스로 자리매김한다. 소비자는 제품 및 서비스에 대한 추천, 리뷰 및 통찰력을 얻기 위해 인플루언서를 찾게 된다. 인플루언서의 의견과 경험은 중요하고, 소비자는 인플루언서를 동료나 친구로 여기며 친근감을 느낄 수 있다. 마케터는 자신의 제품이나 서비스를 진정으로 믿는 인플루언서와 협력하여 청중과 소통함으로써 보다 의미 있고 영향력 있는 방식으로 관광객 행동에 영향을 미칠 수 있다.

3) 가족

가족 단위는 사회화의 주요 원천 역할을 하고 개인의 태도, 가치 및 구매 습관에 영향을 미치기 때문에 소비자 행동에 지대한 영향을 미치게 된다. 가족은 가족구성원들에게 영향을 주는 1차적 준거집단으로 가족의 성향과 가족 구성이 중요하다.

가족의 성향은 부모의 종교, 집단, 정치, 개인적 성향 등이 자녀들에게 전달되면서 자연스럽게 내재화 된다. 이후 자녀들이 성장해 또 다른 세대를 구성해도 이러한 가족의 성향은 전달되어 이어지게 된다. 가족 구성이란 핵가족, 확대가족, 대가족, 1인가족 또는 편부모 가정 등으로 구분된다. 가족구성원의 변화로 인해 다양한 가족단위의 문화와 가치관이 나타나게 된다. 마케팅 관점에서는 가족 범주에 따른 상이한 니즈를 정확히 이해하고 분석하여 표적시장에 맞는 마케팅 전략을 수립해야 한다.

4) 사회적 역할 및 지위

사회적 역할과 지위는 개인이 사회에서 차지하는 위치와 그러한 역할과 관련된 기대치를 의미한다. 이러한 역할과 지위는 특정 사회적 지위에 적합하다고 간주되는 제품, 브랜드 및 행동의 유형을 지시함으로써 관광객 행동에 영향을 미치게 된다. 개인은 종종 자신이 원하는 사회적 역할과 열망에 부합하는 관광지를 찾게 된다.

3. 문화적 영향요인

문화, 하위문화 및 사회계층은 관광객 행동을 형성하는 데 중요한 역할을 한다. 문화는 개인의 욕구와 행동을 결정하는 가장 기초적인 요인으로, 개인은 성장하면서 가족과 주변 집단들의 영향을 받으며 사회의 공유된 신념, 가치, 규범, 관습 및 행동을 습득하면서 문화를 익히게 된다. 각 문화에 소속된 구성원들은 타 그룹과 구분되는 특성을 보이게 되면서 하위 문화 집단을 형성하게 된다.

이전에는 하위문화로 여겨지던 문화집단이 그 입지를 공고히 해 주류문화로 진화하기도 했다. 하지만 오늘날에는 다양한 문화집단이 빠른 속도로 생성되고 진화하면서 소비자 행동과 구매행동에 급진적인 변화를 일으키고 있다.

하위문화는 어떤 사회에서 지배적인 문화와 별도로 특정한 세대, 지역, 직업, 계층끼리만 공유하는 독특한 문화이다. 하위문화의 형성은 한 사회 안에서 특정 계층의 사람끼리 긴밀한 사회적 접촉 유지, 특정한 사회 · 문화적 환경에 접할 수 있는 기회를 가짐으로써 형성된다. 전체 문화에서 얻을 수 없는 욕구의 충족, 심리적 안정감 획득, 문화의 획일화 방지 그리고 전체 문화를 질적으로 향상시키게 된다.

따라서 관광객을 유인하기 위해서는 문화적 차이를 고려하고 대상 관광객의 가치와 신념에 부합하는 관광매력물, 서비스 및 메시지를 개발해야 한다.

04

문화와 관광

4장

문화와 관광

제1절 문화관광의 이해

1. 창조관광과 문화관광의 개념

1) 창조관광

창조관광은 기존의 문화나 자연자원에 창조성을 더해 고부가가치를 만들어내는 관광산업이다. 기존의 관광산업에 기발하고 창의적인 아이디어를 접목시켜 새로운 가치와 시너지를 창출하는 형태로서 관광벤처라고도 한다. 예를 들어, 농업, 환경, 의료, 정보기술(IT), 교육, 레저, 예술 등 다양한 영역을 관광과 접목해 복합 콘텐츠를 만드는 것이 관건이다. 대표적인 국내의 창조관광 사례로는 제주 올레길, 가평 남이섬 등을 들 수 있다.

창조적 관광환경 조성을 위한 관광산업 강화를 통해 창조관광의 기반을 마련할 수 있다. 관광의 각 단계에 걸친 관광객의 관광지 서비스 경험욕구 등에 대한 연구를 통한 개별관광객에 맞춤형 여행 코스를 개발하여 역사·자연·문화 등 지역자원을 활용한 다양한 관광콘텐츠 개발, IT와 관광산업의 복합 및 관광 분야 빅데이터 활용을 통한 스마트관광 서비스 강화 등이 대표적인 관광의 예이다.

(1) 창조관광의 정의

창조경제는 과학기술 및 정보통신을 기반으로 산업 부문 간 융합을 촉진하고, 이를 통해 새로운 부가가치와 일자리를 창출하는 경제 전략으로 정의된다. 이러한 창조경제 시대를 맞아 역사, 문화, 예술, 콘텐츠, 스포츠, 정보기술, 농업, 레저 등 모든 분야와의 복합 잠재력이 큰 관광산업의 역할과 중요성이 더욱 커질 것으로 전망된다. 나아가 창조적 복합을 통한 관광산업의 발전이 지속적으로 주목받을 것으로 예상된다.

창조경제 시대의 관광은 창조적 인재의 아이디어와 혁신을 통하여 새로운 관광상품을 생산하고, 타 산업과의 연계 및 복합을 통한 새로운 고부가가치를 창출해내는 것으로 서비스 육성이 무엇보다 필요한 실정이다.

제품기술 개발에 한정된 영역을 관광 서비스 및 관광자원개발까지 포함하도록 확대하여 경험과 감 대신 과학적이고 체계적인 방법을 적용한 서비스 개발 및 서비스 전달체계 개발 등을 통해 서비스 혁신을 도모함으로써 창조관광을 추진할 수 있다.

SKT의 인터넷 쇼핑몰 11번가는 서비스 분야를 통한 서비스 개발 사례로 기존 사용자에 대한 인류학적 분석을 통해 채팅과 쇼핑을 함께 하고, 웹상에서 판매자들이 별도의 고유매장을 가질 수 있는 쇼핑몰 콘셉트를 발굴하여 성공하였으며, 네이버는 사이트를 접속할 때 사람의 눈동자 흐름을 포착하여 주요 콘텐츠를 배치함으로써 서비스 전달체계를 개선하였다.

(2) 창조관광사업

창조사업이란 영리를 목적으로 직접 또는 간접적으로 관광객에게 재화나 서비스를 제공하는 사업이다. 관광사업은 이것이 가져다주는 사회적 · 문화적 · 경제적 효과를 종합적으로 촉진하기 위한 조직적 인간활동으로, 공격적 개념과 영리적 개념을 내포하고 있다. 따라서 관광사업의 구성원은 단순히 관광에 관계되는 기업뿐만 아니라 정부와 공공단체까지도 그 구성원으로 간주해야 한다. 즉, 관광사업은 경제외적 효과까지도 포함한 사업활동이라 할 수 있다.

관광행정기관은 정부관련 각 부처와 각 시도 · 군 단위의 관광행정기관이 관광시책의 입안과 집행을 담당하는 중심적인 기관으로 되어 있다. 공익단체인 지방기관에서도 당해 관광지의 운영과 발전을 위해 지역적 특성에 따라 활동하고 있다. 관광관련 기업은 관광객의 관광에 대응하는 직접적인 관광기업과 부차적인 행동에 대응하는 부차적 관광기업으로 구분된다.

오늘날 관광사업은 단순한 행락이나 유람이라기보다는 욕구불만의 해소, 피로 해소, 내일을 위한 휴식, 건전한 생활관의 고취와 같은 인간의 건강과 삶의 보람을 느끼게 하는 활력소가 될 뿐만 아니라, 노동 재생산력의 증진이라는 측면에서도 중요한 역할을 한다. 특히 관광산업은 다른 산업에 비해 자원소모율이 낮아 그 효용이 국민의 경제적 측면에서 비중이 크다. 동시에 무공해 산업으로서 문화적 측면에서는 자연을 보호하고 문화재를 보존할 뿐 아니라, 국토를 종합적으로 보전・정비하는 부수적인 효과도 크다. 따라서 오늘날 세계 각국은 관광산업을 국가 전략산업으로 육성하고 있다. 이처럼 세계적으로 주목받는 관광산업의 발전은 후기 산업사회의 지표가 될 것으로 예상된다.

2) 문화관광

(1) 문화의 개념

문화의 의미는 오늘날에는 두 가지 의미로 사용되고 있다. 하나는 교양 있고 세련되었으며 예술적인 면을 가리키는 것으로, 일반적인 개념이다. 즉, 교양 있고 세련된 사람을 두고 문화인이라 부르는 것이 여기에 해당한다. 다른 한 가지는 이보다 훨씬 광범위한 문화를 뜻하는데, 인간에 의해 이루어진 모든 것이 그 범주에 포함된다. 문화인류학이 대상으로 다루는 것은 이 넓은 의미의 문화이다. 구디나프(W.H. Goodenough)는 문화를 한 사회구성원들의 생활양식이 기초하고 있는 관념체계 또는 개념체계로 정의하고 있다.

(2) 문화관광의 정의

관광의 형태는 다양하다. 그중에서 문화관광은 문화자원을 대상으로 관광하는 형태이다. 문화는 관광자원의 한 부분으로서 관광객은 문화관광을 통해서 문화적 욕구충족, 즉 문화를 소비하는 것이다. 문화관광은 보고 즐기고자 하는 것이며, 결국 문화관광지는 이러한 경험을 통하여 타 문화의 이해 및 지식을 습득하고 정신적 풍요로움을 얻고자 하는 것이다.

문화관광의 전통적인 개념은 전통문화나 역사적 문화재에 초점을 두는 관광이라고 할 수 있으나, 현대적 개념에서의 문화관광은 새롭게 파생된 다양한 문화적 요소까지도 포함된다. 현대사회에서 관광의 한 유형으로 분류되는 문화관광은 문화의 소재를 중심으로 매우 다양하기 때문에, 그 개념은 문화관광 대상의 시대적 의미를 떠나 다양성을 흡수하여 적극적으로 해석할 필요가 있다.

문화관광은 에스닉 투어리즘과 같은 뜻으로 사용되기도 하는데, 에스닉 투어리즘(ethnic tourism)은 원주민 및 그들의 생활습관, 예능, 건축, 복식 공예품 등의 문화적 이국정서를 주된 관심과 흥미로 하는 관광활동의 형태를 말한다.

하지만 스미스는 에스닉 투어리즘과 문화관광을 구별하고 있다. 에스닉 투어리즘은 원주민들의 색다른 모습의 관습을 관광대상으로 하는 관광형태이며, 문화관광은 사람들의 기억에 남는 생활양식의 흔적 등을 관광의 대상으로 하는 관광형태라 할 수 있다.

관광의 형태는 다양하다. 그 중에서도 문화관광은 문화자원을 대상으로 관광하는 형태를 말한다.

2. 문화관광자원의 유형

1) 문화적 관광자원

문화적 관광자원은 민족문화의 유산으로서 보존할 만한 가치가 있고, 관광매력을 지니고 있으면서 역사적 가치와 예술적·학술적 가치가 높아 관광객의 관광욕구를 충족시키는 자원이다.

이는 문화재 자원과 박물관 자원으로 대별할 수 있으며, 문화재 자원은 조상들의 슬기와 예술성, 그리고 민족정신과 철학 등이 담긴 역사의 실증자료가 된다. 문화적 관광자원은 민족의 전통을 계승하는 것으로 민족문화 창조의 기반과 모체가 된다. 박물관 자원은 박물관에 소장된 조상들의 문화유산을 의미하는 것으로, 세계문화 역사의 흐름 속에서 민족의 위상을 알릴 수 있는 문화관광의 살아 있는 교육의 장 역할을 한다.

(1) 유형문화재

유형문화재는 건조물, 전적, 고문서, 회화, 조각, 공예품, 기타 유형의 문화적 소산으로서 우리나라의 역사적 또는 예술적 가치가 크다. 그리고 이에 준하는 고고학적 자료를 말한다. 우리나라는 사찰이나 고대 예술작품 등의 유형문화재를 많이 보유하고 있는데, 이들 중에서 국가가 중요하다고 인정되는 것은 국보와 보물 등의 중요문화재로 지정하고 있다. 국보와 보물은 관광자원성이 높을 뿐만 아니라 관광객 유치에도 큰 도움을 주고 있다.

(2) 무형문화재

무형문화재는 연극, 무용, 공예기술, 기타의 문화적 소산으로서 역사적 · 예술적 가치가 큰 것을 말한다. 우리나라에서는 이 중 중요한 것을 선택하여 중요 무형문화재로 지정하고, 그 보유자를 인정해 인간문화재로 지정하고 있으며, 정부에서 전수비와 발표회 보조금을 지원하고 있다.

(3) 기념물

기념물은 역사상, 예술상 또는 관광상 가치가 큰 것을 말한다. 패총, 고분, 성지, 궁지, 요지, 유물포함층, 기타 사적지와 명승지, 동 · 식물, 광물 등이 이에 속하며, 이 중 중요한 것이 명승 또는 천연기념물로 지정된다.

(4) 민속자료

민속자료는 국민생활의 추이를 이해하는 데 있어서 불가결한 것이며, 민속자료는 무형의 민속자료와 유형의 민속자료로 구별된다. 무형의 민속자료는 의식주 · 생업 · 신앙 · 연중행사 등에 관한 풍습이나 습관 등이 속하며, 이는 지정대상이 되지 못하기 때문에 기록으로 작성하여 보존한다. 유형의 민속자료는 의복, 기구, 가옥 등이 속한다.

2) 자연적 관광자원

자연적 관광자원은 자연환경을 대상으로 하며, 여러 관광자원 가운데 가장 원천적인 것이다. 지구상에는 기후조건에 따라 열대로부터 건조대 · 온대 · 냉대 · 한대 지방에 있고, 지형적으로는 산악에서 고원 · 평지 · 하천 · 계곡 · 폭포가 있으며, 지질구조상으로는 침식의 연대에 따라 빙하가 있고, 화산지형 등이 존재한다. 해양에는 섬이 있고, 지상에는 각종 수목과 동 · 식물이 서식하고 있으며, 해양과 하천에는 많은 어류가 살고 있다.

자연환경의 상태에 따라 지역차가 이루어지고, 이러한 현상이 관광욕구를 충족시켜줄 수 있는 관광대상으로서 자연적 관광자원이 된다. 자연적 관광자원의 가치는 도로와 교통수단 등의 개발조건과 결합하여 관광자원으로 가치를 발휘하게 된다.

관광자원 가운데 가장 원천적인 것이 자연적 관광자원이며, 산악 · 하천 · 해안 · 도서 · 계곡 · 목장 · 평야 · 고원 · 폭포 · 온천 · 동굴 · 화산 · 암석 등이 속한다.

(1) 산악관광자원

산악관광자원의 이용목적은 등산・하이킹・캠핑・스키・피서・보건・휴양・경관・전망을 즐기기 위해서이며, 시설에는 호텔・별장・스키장・캠핑장・온천장 등이 있다.

우리나라의 공원은 1980년 공원법이 자연공원법과 도시공원법으로 분리・제정되면서 자연공원과 도시공원으로 확립되었다.

자연공원은 자연생태계와 수려한 자연경관 및 문화유적 등을 보호하고 적절하게 이용할 수 있도록 하여 국민의 여가와 휴양 및 정서 생활의 향상을 기하기 위한 목적으로 조성된 관광지이다. 자연공원의 지정과 관리주체에 따라 국립공원・도립공원・군립공원으로 구분하고, 대상지역을 4개 용도지구별로 관리하고 있다. 이들은 대표적 산악관광자원이라고 할 수 있다.

국립공원 국립공원은 우리나라의 자연생태계나 자연 및 문화경관을 대표할 만한 지역으로서 자연공원법의 규정에 의해 환경부장관이 지정・관리한다. 세계 최초의 국립공원은 1872년 지정된 미국 옐로우스톤 국립공원이며, 우리나라 최초의 국립공원은 1967년에 지리산을 시작으로 1968년에 경주 등 3개 공원, 1970년에 설악산・속리산・한라산 3개 공원, 이밖에 1971~1978년까지 내장산 등 6개 공원, 1980~1988년까지 다도해해상 등 7개 공원을 지정하는 등 20개의 국립공원을 지정하였다. 우리나라 국립공원은 산악형, 해상해안형, 사적형으로 분류하고 있다.

도립공원 도립공원은 특별시, 광역시・도의 자연생태계나 경관을 대표할만한 국립공원 이외의 수려함, 자연풍경지로서 시・도지사가 관리하는 공원이며, 1970년 6월 경상북도에서 금오산을 최초로 도립공원으로 지정한 이래 1970년대에 13개소, 1980년대는 7개소가 지정되었다. 1990년 5개소와 2000년 들어 6개소 등 총 31개소를 지정하였으며, 전 국토의 1.07%를 차지하고 있다. 도립공원 위원회와 시・도 건설종합계획심의회 심의를 거쳐 환경부장관의 승인을 얻어 시・도지사가 지정한다.

군립공원 군립공원은 시・군의 자연경관을 대표할만한 국립공원과 도립공원 이외의 수려한 자연풍경지로 시・군 및 자치구에서 지정・관리하며, 1981년 1월 전북 순창군의 강천산을 최초 군립공원으로 지정한 이래 27개소가 지정되었으며, 전 국토 면적의 0.24%를 차지하고 있다. 군립공원위원회는 심의를 거친 후 도지사의 승인을 얻어 시장·군수가 지정한다.

(2) 내수면 관광자원

내수면 관광자원은 하천과 댐이 대표적이다. 우리나라 내수면 관광자원으로 이용되고 있는 대부분은 하천이며, 4대강 개발사업에 의해 조성된 다목적댐은 농업과 수력개발 등으로 이용되고 있으나, 댐의 수위와 경관이 아름다워 관광자원으로 많이 이용되고 있다.

인간은 하천을 중심으로 고대문화를 꽃 피웠고, 현대문명의 발달로 하천의 이용가치는 더욱 높아져 공업용수, 발전, 양어, 관광 등 다방면으로 이용하게 되었다. 육상이나 항공교통의 발전에 따라 하천교통은 쇠퇴해가는 것이 일반적 경향이기는 하나 라인강, 센강, 다뉴브강 등은 관광루트로 주목받고 있다.

우리나라 주요 하천들은 주요 산맥 사이를 흐르고 있어 산악관광자원과 연계되어 있을 뿐 아니라, 그 자체가 주요 경관을 이루고 있어 훌륭한 관광자원이 되고 있다. 우리나라의 경우 총 369개의 하천 중 국립 및 도립공원이나 관광지에 포함된 하천은 174개에 이르고 있으며, 다목적댐 및 호수관광, 낚시 및 보트 놀이 등은 하천에서 이루어지는 대표적인 관광형태이다.

한강 한강은 총 길이가 497.25km로 본류인 남한강과 지류인 북한강으로 구분되는데, 4대 하천 중 가장 유역 면적이 넓다. 한강 종합개발사업은 한강을 본래의 기능으로 회복시켜 맑고 푸른 '물의 공원'으로 만들고, 한강을 수상레저 스포츠의 여가공간으로 만들었다. 따라서 시민의 정서 순화에 기여하고 각종 운동장을 만들어 시민체력 증진을 도모하기 위해 한강 좌우 안의 자연집적지를 고수부지로 조성하여 공원화하였다.

한강 유역은 수도권을 포함하고 있어 정치·경제·문화 중심지를 이루고 있으며, 한강 관광유람선을 운항하고 수상스키, 요트, 보트, 윈드서핑 등 스포츠 및 레크리에이션 활동의 공간이 마련되어 관광지로서 관광자원의 가치를 발휘하고 있다.

낙동강 낙동강은 총 길이가 513.5km로, 강원도 태백산의 천의봉에서 시작하여 안동·대구·고령·창녕·김해·부산을 지나고 있다. 우리나라에서는 압록강에 이어 두 번째로 긴 강이며, 6·25전쟁 당시 낙동강 전투로도 유명하다.

낙동강 하류에는 철새도래지로 유명한 을숙도가 자리 잡고 있어 관광자원으로서 독특한 가치를 가지고 있다. 낙동강 유역의 댐으로는 안동댐 · 진양호 · 합천댐 등이 있다.

금강 금강은 총연장 길이 401km로, 전북 장수군 신무산 계곡에서 시작하여 무주를 거쳐 충북 영동 · 옥천을 지나 충남의 부강 · 공주 · 부여 · 강경을 거치고, 금강 하구의 장항과 군산에 이른다.

금강의 관광자원으로는 금강 중류에 해당하는 대청댐이 있고, 내륙의 바다로서 수상교통이 구비되어 있다. 또한 야생동물 보호, 담수어족 보존, 광대한 인공호수 주변에 여러 가지 형태의 자연경관이 펼쳐져 있고 본댐과 발전시설, 역조정지 등 유흥자원으로서 호반 휴양지로 큰 잠재력을 가지고 있다. 금강 유역의 댐으로는 대청댐과 금강 하구언이 있다.

섬진강 섬진강은 총길이 212km로, 전라북도 진안고원에서 시작하여 임실 · 순창 · 남원 · 곡성 분지를 거쳐 북쪽으로 흐르는 보성강과 합류하여 구례 분지를 지나 광양만까지 이르고 있다. 섬진강은 하류가 경상남도와 전라남도의 경계가 되어 흐르며, 유역 면적 또한 광대하고 수량이 풍부하며 급류가 많아 수력발전에도 용이하다.

섬진강은 인근에 화엄사 · 쌍계사 · 칠불암 등의 문화적 관광자원이 있으며, 남원과 지리산 및 한려해상 국립공원과 이웃하고 있다. 산악지대를 흘러 비교적 공해에 오염되지 않고 대도시를 관통하지 않아 강물이 맑고 깨끗하며, 관광자원의 이용에도 적합한 조건을 갖추고 있다. 섬진강 유역의 댐으로는 섬진강댐과 동복댐이 있다.

영산강 영산강은 총연장 길이 138.75km이며, 전남 담양에서 시작하여 자성 · 송정 · 나주를 거쳐 영암과 목포 사이에서 남해로 유입한다. 영산강 유역은 타 지역에 비해 한해와 수해가 많으며, 자연재해의 방지를 위해 상류에는 장성댐 · 담양댐 · 광주댐 · 나주댐, 하류에는 하구언을 조성하여 홍수와 한해를 근본적으로 막고 풍부한 용수를 공급하고 있다. 또한 가까운 섬들을 육지로 만들어 국토를 확장하고 있다.

제2절 문화관광축제

1. 축제의 개념

축제는 '경사스러운 날'과 '제사 지내는 날'의 합성어로 경사스러운 날을 기념하는 예술적 요소가 포함된 포괄적인 문화현상이다. 축제는 '경축하여 벌이는 큰 잔치나 행사를 이르는 말'로 정의할 수 있고, 전통축제뿐만 아니라 문화제, 예술제, 전국민속예술경연대회를 비롯한 각 지역의 문화행사까지 범위를 확대하고 있다. 따라서 현대적 의미의 축제란 공동주제와 관련된 이벤트의 연속이며, 공공주체적인 행사로 문화적인 활동의 다른 양상을 포함하고 있는 행사를 의미한다.

문화관광축제는 문화・관광・축제가 합성된 단어로, 해당 지역의 역사・문화적인 요소들을 중점으로 하는 축제라고 할 수 있다. 즉, 전국의 전통적인 문화요소들을 관광자원으로 활용하여 지역주민과 지역 방문객들이 서로 함께 어울려 즐길 수 있는 축제의 장이다. 이러한 문화관광축제를 통해서 해당 지역의 문화를 널리 알리고, 문화관광을 통해 그 지역의 경제 활성화에 도움을 줄 수 있는 초고부가가치 관광산업으로 성장하고 있다.

축제적 관점에서의 문화관광축제는 지역주민이 그 지역의 고유한 문화와 정서를 보존하고 발전시키면서 지역공동체에 대한 소속감을 높일 수 있는 지역 이벤트이다. 지역축제의 지역발전 측면에서 매년 대표적 축제를 선정하여 지원・육성하고 있는 문화관광축제는 지역주민의 참여하에 고유의 전통문화가 재현되면서, 관광객에게는 그 지역의 역사와 독특한 삶의 방식을 배울 수 있는 기회의 장을 제공하게 된다.

축제에 대한 개념의 정의는 이전부터 다양하게 진행되어 왔으며, 오늘날 지역 활성화의 일환으로 부가가치가 비교적 높은 관광산업이 고부가가치 산업으로 대두되면서 각 지역별 지역의 특색을 잘 나타낼 수 있는 축제들이 생기면서 오늘날의 문화관광축제로 발전하였다.

대한민국 정부에서는 1996년 정부 주도의 축제 육성사업을 시작하였는데, '이천도자기축제'를 시발점으로 8대 문화관광축제를 선정하였다. 정부는 1996년 본격적으로 문화관광축제 정책을 시행한 이래 1998년까지의 초기 단계에서는 축제의 내실화보다는 새로운 정책이 뿌리를 내리도록 여건을 조성하는 데 주력하여 현장평가를 통한 우수축제 육성보다 발전 가능성이 있는 축제를 문화관광축제로 지정해주는 저변확대 전략을 채택하였다. 그러나 경쟁이 배제된 초기의 양적 확대전략은 축제의 부실화를 초래할 위험성을 내포하고 있었기 때문에 1999년부터는 축제 간 경쟁을 유발하고, 우리나라 축제를 세계적 수준으로 발전시키기 위해 지역축제를 평가하여 그 결과에 따라 차등 지원하기 시작했다. 이러한 이유로 문화관광축제는 대표축제, 최우수축제, 우수축제, 유망축제 네 가지 등급으로 나누어 선정된다. 선정된 문화관광축제에는 등급별로 지원금이 차등 지급되며, 한국관광공사에서 홍보 마케팅 등으로 도움을 준다.

문화관광축제 대표등급을 5회 연속 유지한 축제는 '글로벌 육성 축제'로 분류하여 세계적인 축제로 성장할 수 있도록 지원한다. 따라서 문화관광축제는 정부의 지원을 통해서 내국인뿐만 아니라 외국인 방문객들이 함께 어울리는 화합의 장으로 변모할 수 있도록 노력해야 한다.

2019년도에 정부에서 선정한 문화관광축제는 총 41개이며, 대표축제에는 '무주반딧불축제'가 2020년에도 선정되었으며, '문경찻사발축제'와 '산청한방약초축제'가 최우수축제에서 대표축제 등급으로 승격되었다. 그 외 최우수축제 7개, 우수축제 10개, 유망축제 21개로 선정되었다.

2. 축제의 효과

관광수요의 증가와 함께 관광과 문화가 융합한 새로운 모습의 관광활동이 나타남에 따라 문화자원이 관광상품으로 활용되고 있는 실정에서 축제의 효과는 매우 크다.

1) 축제의 경제적 효과

축제는 지역경제 발전에 중요할 뿐만 아니라 관광발전의 필수조건이다. 이는 지역축제를 통해 지역 이미지가 개선되고 인식이 높아짐으로서 지역을 찾은 관광객이 증가하게 되면서, 이는 지역경제의 활성화로 연결된다. 경제적 효과는 지역의 차별성 있는 소재가 가지고 있는 경쟁력과 지역민의 기대, 축제 개최지역의 강한 축제 활성화 의지 등으로 다양한 효과를 극대화할 수 있다.

(1) 지역사회 발전

해당 도시의 레크리에이션 시설이나 관광시설을 확장하는 등 지역사회의 발전을 도모하고 긍정적인 이미지를 창조하여 지역의 문화활동을 활성화시키는 역할을 한다. 또한 지역개발형 축제는 지역의 관광효과와 이미지 강화 효과, 도시개발 촉진효과 등 다양한 효과를 발휘하고 있어 지역개발의 중요한 수단이 된다.

(2) 지역경제 활성화

축제를 개최함으로써 그 지역의 관광상품, 농·특산물 판매, 교통비, 숙박비, 식비 등을 포함한 관광객 소비지출 효과 및 그에 따른 지역주민의 소득증대효과, 지역축제 개최에 필요한 각종 지출로 인한 지역주민 고용효과 등이 지역경제 활성화에 기여한다.

지역의 특화산업을 주제로 한 지역축제는 관광객 유치뿐만 아니라 지역의 특산물 판매, 지역 특화산업의 이미지 강화 등 지역 특화산업의 발전에 직접적인 영향을 미치게 된다. 또한 지역축제는 지역 문화관광산업을 촉진시켜 지역경제 활성화에 기여하게 된다.

지역문화축제는 지역 내 소비 증가에도 큰 영향을 미치게 된다. 축제기간 동안 지역 내 음식점, 숙박업소, 기념품 가게 등은 수많은 관광객들의 방문을 받으며 매출이 상승하게 된다. 또한 지역 내 기업들은 축제기간 동안 판매를 위한 마케팅 활동을 전개하며, 지역경제를 활성화시키는 데 기여한다.

(3) 교육적 효과

문화예술과 관련된 축제는 문화예술의 감상수준을 높이고, 잠재적 문화관광객을 육성한다는 점에서 교육적 효과가 있으며, 정보와 인적 교류를 통한 해당 지역에 대한 국제적 이해를 증진시키는 효과가 있다.

(4) 지역 마케팅 효과

지역축제는 관광지 또는 지역이라는 장소에 대한 마케팅 전략이다. 지역축제는 관광매력물로 관광수요의 확대, 고품질 관광객의 유도, 관광객의 지출 및 체류의 연장과 같은 효과를 내포하고 있다. 또한 활력소로서 방문객 및 재방문 고객의 방문을 유도하고 이미지 메이커로서 관광매력물이나 시설의 긍정적인 이미지를 유도하여 촉매제로서 다른 매력물의 활성화를 돕기도 한다.

(5) 고용창출효과

문화이벤트로서 지역축제의 경제적인 효과는 관광객의 지출효과와 소득효과 그리고 고용효과로 설명하고 있다. 지역축제에 참여하는 관광객은 문화이벤트에 대한 직접 지출과 숙박비, 식비, 관광상품 및 특산품 판매수익, 인근지역 관광에 대한 지출 등을 통해 지역경제에 기여하는 한편, 대규모 지역축제관광을 중심으로 문화이벤트를 개최하기 위한 각종 투자는 고용·창출효과를 유발하게 된다.

지역축제의 개최를 통해 경제적 효과의 긍정적인 부분은 사회 · 문화적 효과와 환경적 효과에서의 부정적인 효과를 보완하고, 관광산업의 관광개발에 대한 정당성을 확보하는 데 중요한 역할을 하고 있다.

(6) 관광산업 활성화

지역문화축제는 지역사회에서 매년 수많은 관광객들이 참여하는 대표적인 문화활동 중 하나이다. 이러한 축제는 지역사회의 문화유산을 체험하고, 지역의 특색 있는 음식과 물건들을 구매하며, 지역을 둘러볼 수 있는 기회를 제공한다. 이를 통해 지역 내 관광산업이 활성화되면서 관광수입 증가와 지역 내 일자리 창출에 큰 역할을 한다.

이처럼 축제는 지역의 자연환경이나 문화유산을 활용하여 지역의 관광산업을 활성화하는 역할을 수행하고 있으며, 지방정부에서는 지역축제로 인해 평소보다 방문객이 소비하는 비용과 체류기간을 늘리는 데 촉매역할을 할 수 있도록 다양한 이벤트와 프로그램을 기획하고 있다.

(7) 국제교류 확대

국제교류를 통한 축제 참가자는 다양한 문화를 경험하며 서로 간의 문화적 경계를 허물게 되는 계기가 된다. 이를 통해 관광객들은 새로운 문화와 사고방식을 접하며, 자신이 가진 가치관과는 다른 것들을 이해하고 존중할 수 있는 능력을 키울 수 있다.

또한 축제 참가자들은 다른 나라의 사람들과 소통할 수 있는 기회를 가지게 된다. 다양한 문화적 배경을 가진 사람들끼리 서로 이야기하고 소통하면서 새로운 인연을 만들고 국제적인 네트워크를 형성할 수 있다. 이러한 국제적인 네트워크는 나중에 비즈니스나 학문 등에서 큰 도움이 될 수 있다.

2) 축제의 사회 · 문화적 효과

사회 · 문화의 긍정적인 효과는 지역주민들에게 자긍심을 고취하고 지역적 공감대를 형성하는 데 기여함으로써 지역공동체의 발전에 긍정적인 기능을 한다. 즉, 지역축제는 지역민들을 하나의 공동체적 삶의 공간으로 묶음으로써 지역공동체 발전에 순기능적인 역할을 수행한다.

(1) 공공재의 특성

지역축제는 지역주민들에게 단순히 오락과 문화의 수단만을 제공하는 것이 아니라 공공재의 특성을 가지고 있다. 따라서 지역주민들은 지역축제에 자발적으로 참여하여 지역사회에 대한 소속감과 자부심을 느낄 수 있고, 함께 참여한 지역주민과의 연대의식 및 지역사회에 대한 애향심을 느낄 수 있는 장으로서 활용되고 있다.

(2) 지역정체성 확립에 기여

각 지역은 그들만의 독특한 문화와 전통을 가지고 있다. 문화인류학자들은 문화를 이해하기 위해 사회의 축제현상을 주목했는데, 이는 축제를 통해 그 사회의 문화적 토대를 구성하고 있는 요소들을 이해할 수 있다.

지역축제는 지역의 특성을 내포하고 있어 한 지역을 다른 지역과 차별화하는 문화적 정체성을 실현할 수 있는 문화매체이다. 지역축제는 지역문화를 재생산하는 매체가 되면서 각 지자체는 축제를 통해 사회집단의 문화적 정체성을 표출한다. 지역주민에게는 지역문화를 계승 · 발전시키는 계기가 되며, 지역민의 문화수준 향상과 삶의 질을 높여주는 효과를 가져다준다.

(3) 삶의 질 향상

지역축제를 개최하고 준비하는 과정에서 기반 및 문화시설 등을 건설하게 되며, 개최 이후에는 지역주민들이 편의시설들을 이용할 수 있게 되면서 전반적인 문화시설 및 복지활동 기회를 제공하게 된다.

(4) 여가공간 활용

현대의 축제는 단조로운 일상에서 탈출하여 해방감을 경험할 수 있는 장을 제공하며, 억압되고 간과되었던 인간의 감정과 행동을 표현할 수 있는 여가공간으로서의 역할을 한다. 축제를 통해 문화적 향유 기회를 제공받은 지역주민들은 생활의 활력소 및 재생성을 얻어 일시적인 생활의 일탈을 통해 재미와 흥미를 느끼게 해준다. 이러한 경험들은 다시 일상으로 돌아왔을 때 새로운 몸과 마음으로 활기찬 일상생활을 시작할 수 있도록 한다.

3) 환경적 효과

환경적 영향에 대한 비중은 점차 크게 부각되면서 관광개발 성패에 우선적이고 지대한 영향을 미치고 있다. 물리적인 환경의 복구와 보호 및 보전을 위해 기여할 수 있으며, 역사적 건축물과 그 주변을 복구하고 국립공원을 비롯한 보호구역을 유지하고 설립하는 데 필수적인 재원과 유인책을 제공할 수 있다. 또한 관광은 용수공급, 환경정화시설 및 쓰레기 처리시스템 등 더 나은 기반시설을 확충하는 기회를 제공한다.

세계적으로 날씨가 추운 북부지역에 위치한 국가들은 관광의 장애요인인 겨울 기후를 스키 경주대회나 겨울 카니발, 심지어 추위를 참아내는 내한(耐寒)페스티벌 같은 동계이벤트를 개최하여 새로운 관광시즌을 창출해내고 있다. 반면에, 무더운 날씨의 남부지역에 위치한 국가들은 무더운 계절에 맞는 문화행사 등으로 계절적 변수를 극복하려는 시도를 하고 있다.

지역축제의 환경적 효과 요인은 긍정적 효과와 부정적 효과로 구분할 수 있다. 긍정적인 효과는 자연환경 그대로 축제의 테마로 지정한 경우 자연환경의 보존, 지역환경 조성설비로 인한 공간 구성적 매력 증가, 지역 내 문화유적지 등의 문화유산 보존 등이 있다.

부정적인 효과는 축제로 인해 발생한 쓰레기와 폐수 등의 환경오염 및 자연훼손이 대표적이며, 교통량의 증가로 대기오염과 소음공해, 연료사용을 위한 벌목 증가로 인한 생태계 파괴 등이 있다. 주로 축제를 방문한 방문객에 의해 영향을 받게 되며, 이는 생태관광의 개념과는 반대되는 영향으로서 그 축제지역의 테마와 환경을 구성하는 중요한 요소로 인식되고 있다.

3. 지역축제의 분류

1) 문화예술축제

문화예술축제는 다양한 장르 중 무용, 음악, 연극 등 주로 무대를 중심으로 이루어지는 문화예술 분야를 주제로 하는 축제이다. 문화예술 중 단일 장르로 개최될 수도 있고, 복합적으로 어우러져 개최될 수도 있다. 문화예술축제뿐만 아니라 모든 축제는 인간과 인간이 직접 만나는 문화적 · 예술적 특성을 갖는다.

문화예술축제는 기본적인 축제적 성격을 지니고 있으나, 문화와 예술이 핵심이 되어 중점적으로 이루어지는 프로그램을 구성하고 있는 축제라고 할 수 있다. 단지 공연 등의 관람형식과 참여 등이 이루어지는 공연예술과 구분된다.

2) 전통문화축제

전통문화축제는 지역공동체의 구성원들이 여러 세대에 걸쳐 축적해 온 고유문화를 정례적으로 표출하는 것으로, 선조들의 역사와 삶의 방식을 학습할 수 있다. 전통문화축제는 지역의 전통이나 역사성에 기반하고 있는 민속, 관습, 제례 등의 문화를 계승하고 보전하거나 역사적 인물을 추모하는 목적으로 개최되는 축제이다.

대표적인 전통문화축제는 남원춘향제, 화성문화제, 통영한산대첩기념제 등이다. 단, 도자기와 같은 전통공예 부문은 지역특산물축제로 분류하고 전통문화축제에서는 제외하고 있다.

3) 지역특산물축제

지역특산물축제는 지방자치단체의 경제적 이해와 관광객의 먹거리, 즐길거리, 볼거리 등의 요소들을 추가하여 지역에서만 접할 수 있는 다양한 특산물 등을 보고 체험하고 즐길 수 있는 축제이다.

지역특산물축제에는 지역의 고유한 특산물에 대한 우수성을 널리 홍보하고, 판매를 통해 지역 및 경제적 효과를 기대하며, 지역의 이미지를 관광객들에게 알리게 됨으로써 재방문의 기회를 제공할 수 있도록 한다. 지역의 특산물과 연계한 체험, 경험과 프로그램을 통해서 유기적인 연관성을 가지게 된다.

대표적인 지역특산물축제는 금산인삼축제, 하동야생차축제, 익산보석축제, 청주공예비엔날레 등이다.

4) 관광자원축제

지역의 자연과 생태 또는 지리적·산업적 특성에 의해 새롭게 개발된 지역축제이다. 관광자원축제는 지역 특성을 이용한 축제 아이템의 문화적 가치를 부여하고 지역의 특성과 축제와의 상호 연관성을 통한 지역 이미지와 브랜드가치의 상승으로 지역경제와 문화의 발전을 도모하는 것이다.

지방자치단체가 그 지역의 특색을 살려 얼마든지 새롭게 개발할 수 있으며, 관광객의 참여기회와 호응도가 높다는 점에서 참신한 아이디어와 차별화된 프로그램이 요구된다. 대표적인 축제로는 각종 철쭉제, 무안연꽃축제, 무주반딧불축제, 관광시즌문화축제 등이 있다.

〈표 4-1〉 **지역축제 유형의 분류**

구분	축제의 특성	축제 사례
문화예술축제	현대, 전통 및 예술장르의 표현이 주목적이 되는 정기적 행사	광주비엔날레, 과천마당극제, 춘천마임축제, 안동국제탈춤페스티벌 등
전통문화축제	지역 역사와 민속 등을 소재로 개최하되, 축제 본연의 화합 및 일탈의 원칙을 유지하는 축제	남원춘향제, 화성문화제, 통영한산대첩기념제 등
지역특산물축제	전통 및 현대의 지역 특산물 홍보가 목적이 되는 행사	금산인삼축제, 하동야생차축제, 익산보석축제, 청주공예비엔날레 등
관광자원축제	행락, 생태 및 문화관광을 위한 무형 및 유형 자원을 소재로 벌이는 축제	각종 철쭉제, 무안연꽃축제, 무주반딧불 축제, 관광시즌문화축제 등

4. 지역문화관광축제 현황

문화관광축제는 외국인 관광객의 유치 확대를 통한 세계적인 축제 육성 및 지역관광 활성화를 기본 방향으로 두고 전국의 독특한 주제를 바탕으로 한 지역축제 중 관광상품성이 큰 축제를 의미한다.

문화관광축제 선정은 각 특별시・광역시에서 3개 이내, 각 시・도에서 7개 이내의 축제를 추천하면 관광・축제 분야의 전문가들로 구성된 선정위원회에서 축제 프로그램 등 콘텐츠, 축제의 부가가치 창출효과, 국내외 관광객 유치실적 등을 기준으로 하고 있다.

〈표 4-2〉 2020～2023년 문화관광축제 목록(총 86개)

구분	문화관광축제(32개)	예비 문화관광축제(33개)	종료 문화관광축제(21개)
서울		한성백제문화제 관악강감찬축제	
부산	광안리어방축제	영도다리축제 동래읍성축제	
대구	대구약령시한방문화축제 대구치맥페스티벌	금호강바람소리길축제 수성못페스티벌	
인천	인천펜타포트음악축제	부평풍물대축제 소래포구축제	
광주		광주세계김치축제 영산강서창들녘억새축제	추억의충장축제(2021년)
대전		대전사이언스페스티벌 대전효문화뿌리축제	
울산	울산옹기축제	울산쇠부리축제 울산고래축제	
세종		세종축제	
경기	수원화성문화제 시흥갯골축제 안성마춤남사당바우덕이축제 여주오곡나루축제 연천구석기축제	부천국제만화축제 화성뱃놀이축제	이천쌀문화축제
강원	강릉커피축제 원주다이내믹댄싱카니발 정선아리랑제 춘천마임축제 평창송어축제 평창효석문화제 횡성한우축제	원주한지문화제 태백산눈축제	화천산천어축제 양양송이축제
충북	음성품바축제	지용제 괴산고추축제	영동난계국악축제
충남	서산해미읍성역사체험축제 한산모시문화제	강경젓갈축제 석장리세계구석기축제	보령머드축제 천안흥타령축제 금산인삼축제

전북	순창장류축제 임실N치즈축제 진안홍삼축제	부안마실축제 군산시간여행축제	김제지평선축제 무주반딧불축제 남원춘향제
전남	보성다향대축제 영암왕인문화축제 정남진장물축제	목포항구축제 곡성세계장미축제	진도신비의바닷길축제 함평나비축제 강진청자축제 담양대나무축제(2022년)
경북	봉화은어축제 청송사과축제 포항국제불빛축제	영덕대게축제 고령대가야축제	안동탈춤축제 문경찻사발축제 영주풍기인삼축제
경남	밀양아리랑대축제 통영한산대첩축제	알프스하동섬진강문화재첩축제 김해분청도자기축제	진주유등축제 하동야생차문화축제 산청한방약초축제
제주	제주들불축제	탐라국입춘굿축제 탐라문화제	

주: 1) 문화관광축제는 2년 단위 평가지정제로 운영하나 2019년 코로나19 상황으로 2020~2021년 지정 문화관광축제 2023년까지 지정 유예
2) 종료 문화관광축제는 문화관광축제 지정 일몰제(2010년) 적용 축제로 신규지정 제외 축제

5. 지역축제의 문제점과 활성화 방안

1) 지역축제의 문제점

국내 지역축제는 대부분 지역마다 약간의 차이만 있을 뿐 거의 대동소이하다고 볼 수 있다. 이는 각 지역축제가 국제적인 축제로 육성하기보다는 국내관광객을 유치하기 위한 홍보와 차별화가 되지 않은 일률적인 행사를 진행하기 때문이다. 또한 타 지역 관광객이나 외래관광객이 방문했을 경우 축제행사 외에도 볼거리, 놀거리, 먹거리 그리고 체류할 수 있는 숙박시설 등의 미비점이 너무 많다.

각 지자체는 다음에서 지적하고 있는 문제점들을 파악하고 타 지역과의 차별화된 콘텐츠를 개발할 필요성이 제기된다.

① 국제적 유명 축제 개발 미흡: 보령머드축제, 화천산천어축제, 진주남강유등축제, 부산불꽃축제 등

② 지역체류형 축제 관광객을 위한 숙박시설: 관광호텔 및 특급호텔, 리조트 등의 부족

③ 축제를 선도할 유관시설 및 교육기관 미흡: 대학 축제 및 이벤트 기획 운영 관련학과 미흡

④ 축제 이벤트 프로그램 개발의 미흡: 관광객 유치를 위한 지역대표 축제 및 이벤트 상품 개발 필요

⑤ 축제 활성화를 위한 적극적인 마케팅 활동의 부진: 세계축제 개최를 위한 해외 관광객 유치 활동 미흡

2) 지역축제의 활성화 방안

지역축제를 활성화하기 위해서는 앞에서 제시한 문제점들을 개선하는 것이 최우선과제이다. 각 지역의 차별화된 콘텐츠 개발과 스토리텔링으로 마케팅 해야 한다. 또한 다음에 제시한 지역축제의 활성화 방안을 고려하여 타 지역에서 모방할 수 없는 콘텐츠의 개발과 다양한 프로그램들이 적용되어야 한다. 이를 통해 국내 관광객 유치를 넘어 외래 관광객을 유치할 수 있는 K-축제로 발전될 수 있는 계기를 마련해야 한다.

(1) 축제 인프라 산업 육성

① 지역 음식 및 체험 프로그램 인프라 구축(음식문화축제를 국제화로 확대 추진, 각 지역체험 프로그램을 광역권 축제로 확대 개발 필요 등)

② 축제를 위한 지역 특산품 및 랜드마크 발굴 육성

③ 축제 개최를 위한 관광단지 인프라 조성 필요

④ 지역 전통축제 개발(한옥마을 지역 등)

⑤ 축제 참가를 위한 지역 숙박단지(호텔 및 리조트) 조성: 체류형 관광객 유치

(2) 축제 관광상품 개발 주력

① 축제 관광명소 개발(해양, 섬, 체험, 생태 등)

② 문화관광 콘텐츠를 활용한 축제상품 개발

③ MICE 산업과 연계한 축제상품 개발

④ 해양·레저산업 관련 축제상품 개발(국내 연안 크루즈 선사 제휴)

⑤ 지역관광상품과 연계한 축제상품 육성

6. 축제 활성화 효과와 성공요소

1) 축제 활성화의 효과

(1) 문화소통효과

축제 참가를 통한 사회·문화적 효과는 서로 다른 문화를 전달하는 매개체로서의 기능을 하여 상호 문화를 이해하는 것에서 발생하게 된다.

(2) 국제친선효과

축제 참가 및 국제교류를 통해 국가 간의 친선을 도모할 수 있고, 관광에 부과된 기본적 사명 중에서 국제친선의 증진은 국가 간의 상호 이해를 꾀할 수 있어 매우 중요시되고 있다.

(3) 지역홍보효과

지역축제 활성화는 개최지역을 내·외국인에게 홍보하는 효과를 꾀할 수 있으며, 오늘날의 축제는 단순히 경제적 효과만을 위해 발전시키는 것은 아니다. 특히 축제 활성화를 통한 지역홍보효과는 우리 지역의 우수성을 세계에 알리는 역할을 담당하고 있다.

2) 지역축제의 성공요소

소프트 파워의 중요성이 부각되는 오늘날의 축제는 지역문화의 가치와 의미를 상기시키는 것에서부터 출발해야 한다. 이러한 측면이 간과되고 오로지 상품화 또는 산업적 측면의 경제적 가치만 추구하게 되면, 결국 그 축제는 지속성을 담보하지 못한 채 우리 기억 속에서 사라지게 된다.

축제의 지속성을 기반으로 하는 지역 활성화는 전략적 기제로서의 축제가 되기 위해서는 다음과 같은 요건을 갖추어야 한다.

첫째, 지역이 보유한 자원을 발굴하고 콘텐츠화하기 위한 지역주민의 계획수립참여가 이루어져야 한다. 축제의 기획부터 개최까지 모든 단계에서 지역주민이 참여할 수 있는 인프라가 조성되어야 한다. 비록 실패의 여지가 많이 있다 하더라도 지역주민이 주체가 되는 구조적 개선이 이루어져야 지속성을 담보할 수 있다.

둘째, 정형화된 축제장의 형태에서 벗어나 지역의 특성을 반영할 수 있는 공간이 결합되어야 한다. 전통사회에 있어서 축제 장소는 바로 그 지역 자체였다. 마당 및 광장의 형태로 지역 자체가 바로 축제 공간의 역할을 담당하며 참여자들과 소통했다. 부스 형태의 획일화된 구조, 공연장 중심의 소통이 단절된 구조는 결국 전국의 모든 축제가 유사한 형태로 치러지는 결정적인 근거가 된다. 춘천마임축제와 같이 지역의 특성에 부합하는 공간들의 결합이 이루어져야 비로소 지역정체성 확립은 물론 지역 브랜드의 가치가 부각될 것이다.

셋째, 다양한 축제 콘텐츠의 기능이 복합적으로 이루어져야 한다. 축제를 구성하고 있는 다양한 콘텐츠들의 개별적 특성만이 부각되면 결국 축제가 주고자 하는 의미를 퇴색하게 하는 결과를 초래한다. 축제의 핵심 프로그램을 중심으로 보조 프로그램들을 유기적으로 연계할 필요가 있다.

넷째, 지역축제가 곧 지역을 상징할 수 있는 브랜드가치를 지녀야 한다. 함평나비축제를 대표적인 장소 마케팅의 사례로 꼽는 것은 나비가 이미 함평의 상징으로 자리매김하였고, 이를 기반으로 지역의 가치를 지속적으로 알리고 있기 때문이다. 브랜드가치를 내포하지 못하는 지역축제는 결국 지속가능성을 담보하지 못한다. 지속가능성을 확보하지 못한 축제는 자기소멸적인 일회적 축제로 전락하게 되는 것이고, 지역 특성을 반영하지 못한 축제가 된다. 지역 고유의 전통적인 자원이 아니더라도 차후에 지역을 상징할 수 있는 브랜드가치를 확보해야 결국 지역 활성화와 연결될 수 있다.

축제가 우리에게 주는 건강성을 기반으로 지역축제 또는 마을축제의 산업화가 이루어져야 한다. 단순히 축제를 방문한 관광객수, 지역경제에의 기여도 등 산업 측면만을 강조하는 것이 아니라, 지역문화의 탐구와 이해 등 인문학적인 접근이 수반되어야 한다. 다음으로 그 의미와 가치를 되새김질 할 수 있는 콘텐츠와 방안이 수립되어야 축제가 지니는 지역특화 전략의 기능을 온전하게 수행할 수 있다.

7. 지역축제의 기대효과

지역축제의 효과는 긍정적인 측면과 부정적인 측면으로 나눌 수 있으며 이를 경제, 사회·문화, 환경적 관점으로 구분할 수 있다.

1) 지역축제의 긍정적 측면

(1) 경제적 측면

① 축제를 통해 획득한 관광수입은 가득률이 높으며, 직접적 소비효과로서 숙박·교통·관광기념품·입장수입 및 기타 시설이용에 대한 수입 등이 있고, 간접효과로서 승수효과·고용효과·세수효과·지역개발 효과가 있다.

② 국제관광, 국내관광 등 모든 관광은 관광객과 관광대상을 결부시킴으로써 지역축제 대상지로서의 국가 또는 지역의 경제발전에 기여하게 된다.

③ 축제를 통한 지속적인 관광객 유치는 지역의 경제적 수입기반을 공고히 함으로써 결국은 지역경제 발전에 기여하는 것이다.

(2) 사회·문화적 측면

① 관광객들에게 관광참여동기를 자극하고 새로운 문물·의식·관습·제도를 경험할 수 있는 지적·문화적 욕구를 충족시켜 준다.

② 다른 지역의 전통과 문화유산을 경험함으로써 지역문화에 대한 객관적인 비교와 평가를 가능하게 한다. 특히 자기 고향이나 지역의 전통문화에 대한 자긍심과 다른 지역의 문화유산에 대한 이해의 폭을 넓혀 준다.

③ 축제는 직접적인 체험을 통해 문화를 접한다는 점에서 뛰어난 교육적 효과를 가지고 있다.

(3) 환경적 측면

지역축제의 활성화로 지역의 내재적 환경이 개선될 수 있다. 특히 교통·시설·문화·위생·정보시설 등 지역사회의 하부구조가 강화될 수 있다.

2) 지역축제의 부정적 측면

(1) 경제적 측면

지역축제의 준비와 개최 및 유지는 지역이나 개인의 경제적 부담을 가중시킬 수 있으며, 관광객에게는 소비지향적 태도를 부추기고, 지역주민에게는 축제를 개최하는 주체로서 물질만능주의를 확산시킬 수 있다.

(2) 사회 · 문화적 측면

전통문화의 변질과 지역의 사회병리현상(범죄 · 폭력 · 매춘 · 도박 · 알코올중독증 등)이 발생할 수 있으며, 지역주민에게 상대적 박탈감을 조성하고 지역이 보유한 문화유산의 고유자원성이 퇴색될 수 있다.

(3) 환경적 측면

지역축제를 즐기는 관광객이 과다하게 증가함으로써 중요 유적이 피해를 입을 수 있으며, 각종 쓰레기나 소음공해 등 환경오염이 가중될 수 있다.

05

관광과 환경

5장

관광과 환경

제1절 관광과 환경의 개념

1. 관광과 환경

1) 관광과 환경의 관계

관광과 환경은 상호 의존적이라 할 수 있다. 이는 공생적 관계 유지와 지속가능성과 생태관광의 개념을 묶는 데 공헌하고 있다. 관광객이 증가할수록 특정 환경의 보호 및 보전의 필요성이 제기되기 때문이다.

버틀러는 어떤 관광은 환경과의 연관성이 매우 적다고 주장하면서 관광과 환경이 상호 의존적이라는 관점이다. 이는 관광과 환경의 관계는 복잡하고 다양하며, 특히 비용요인(휴가비 등)이 많은 영향을 준다. 더욱이 관광과 환경 간의 관계는 관광형태와 휴양지 유형에 영향을 받기 때문에 그 유형이 매우 다양하다. 어떤 관광형태는 환경에 악영향을 주기도 하는데, 이때 관광지는 휴양지로서의 기능을 상실하거나 2류 관광지로 전락하기도 한다.

2) 관광이 환경에 미치는 영향

관광은 생산과 소비 형태가 다양하기 때문에 결과적으로는 환경에 많은 영향을 주게 된다. 예로서 호텔, 놀이공원, 해안 산책길과 같은 관광시설물 건설을 통해 생태계를 직접적으로 파괴할 가능성이 높다. 특히 관광개발은 해안, 산, 문화, 유적지처럼 환경적으로 예민한 지역에서 이루어지는 경우가 많다. 이러한 지역에서는 관광개발 전 과정에 걸쳐 환경오염과 침식이 진행되기도 한다. 환경파괴는 관광개발과 관광객의 방문에 의해 야기될 수도 있다.

환경적인 영향을 파악할 수 있는 가장 간단한 방법은 특정 환경 내에서 이루어지는 관광개발을 살펴보는 것이다. 예를 들면, 특별한 관광자원이 있는 해안지역은 지역 생태계가 광범위하게 파괴되어 있으며, 관광개발로 사구가 파괴 중이고, 해양놀이시설은 산호초와 해양생물에 해를 입히게 된다. 많은 휴양지에서는 정화처리 되지 않은 하수로 야기된 부영양화가 수질을 악화시키게 된다. 이러한 경우 관광은 환경에 영향을 주는 요소로서 관광환경과 관광체험의 질을 크게 떨어뜨리게 된다.

〈표 5-1〉 **관광이 환경에 미치는 영향**

영역	부정적 영향	긍정적 영향
종의 다양성	• 서식지 파괴 • 사냥과 관광기념품 제작을 위한 동물 살상 • 서식지 손상 및 종의 구성 변화 • 식생 파괴	• 동물 보호 • 보호 및 보전 지역 설립
침식 및 물리적 손상	• 토양 침식 • 관광자원 손상 • 기반시설 과부하(물 공급 등)	• 관광세입으로 관광지 보수 및 복원 • 기반시설 향상
오염	• 하수, 연료누출, 쓰레기로 인한 수질오염 • 대기오염(매연방출 등) • 소음공해(자동차, 관광지 술집, 클럽 등) • 쓰레기 발생	• 청소를 통해 관광지 매력 보전
자원기반	• 지하수 및 지표수 고갈 • 물 소비량 증가 • 지역 연료 고갈 • 지역 건축자재 고갈	• 새로운 공급원 개발
가시적 · 구조적 변화	• 농지의 전환 • 관광개발로 인한 자연경관 및 인공경관 훼손 • 새로운 건축 양식의 도입 • 도시기능 변화 • 인공환경 확대	• 비생산적인 토지 활용 • 경관이 좋아짐(도시결점 보완 등). • 시설의 현대화와 재활성화 • 쓰지 않는 건물의 재활용

2. 관광객의 환경적 영향요인

환경적 영향요인은 문화, 사회계층, 준거집단, 가족, 상황적 요인과 같은 외부에서 투어리스트의 의사결정에 영향을 미치는 요인들이다. 투어리스트는 특정 사회의 문화와 그가 속한 사회계층과 가족구성원 및 준거집단(reference group)의 일원으로서 영향을 주고받는다.

1) 문화

문화는 그 사회의 구성원들이 공유하는 정신적 · 물질적인 모든 것들로, 관습 · 가치관 · 법률 · 제도 · 도덕 · 의상 등의 문화적 소산이다. 문화는 인간들이 여러 시대를 거치는 동안 남겨놓는 사회적인 유산이며, 한 사회 특유의 라이프스타일을 반영한다. 따라서 문화는 사회적으로 학습되고 사회구성원들에 의해 공유되기 때문에 욕구충족의 기준이 되고 행동의 규범을 제공한다.

문화적 가치는 하나의 문화 내에서 가족이나 학교 등에서 사회적 상호작용을 통해 학습되고, 관광상품에 대한 사회구성원들의 반응을 표준화시킨다. 관광객은 어떤 문화적 배경 속에서 성장하고 살아가느냐에 따라 관광행동에 많은 영향을 받게 되므로 관광객들의 가치와 조화를 이룬 마케팅 전략이나 가치를 변화시킬 수 있는 프로그램이 필요하다.

2) 사회계층

사회계층이란 사회의 구성원들을 유사한 가치관이나 관심사, 행동 정도에 따라 구분지어 놓은 것이다. 동일한 사회계층 내의 사람들은 태도나 활동, 관심, 행동 패턴 등에서 동질성을 띠며 계층별 차이도 두드러지게 나타난다. 그 예로, 관광상품을 구매하는 데 있어서 하류층은 대부분 가격을 중시하나 상류층은 대부분 품질 및 디자인을 중시한다. 사회계층은 하나의 사회 내에서 동일한 지위를 가진 사람들로 구성되며, 지위는 타인에 의해 지각된 서열을 의미하는데, 이를 결정하는 요소는 직업 · 재산 · 소득 · 교육수준 등이다.

관광객은 자신이 속한 사회계층에 따라 가치관이나 행동에 영향을 받으며, 서로 다른 계층의 사람들끼리는 구매행동도 다르다.

3) 준거집단

준거집단은 관광객의 행동에 직접적 혹은 간접적으로 영향을 미치는 모든 집단을 의미하는데, 사람들은 학교 친구, 동창, 취미클럽, 직장동료, 종교집단, 지역사회에 이르기까지 다양한 집단에 관계되어 있다. 준거집단은 반드시 소속되어야 하는 것은 아니며, 소속되어 있지 않더라도 소속되길 원하거나 특별히 회피하고자 하는 집단도 준거집단이 될 수 있다.

관광객은 어떤 집단에 소속되어 생활하느냐에 따라 각기 다른 관광의사결정을 할 것이다. 관광객은 준거집단 구성원의 의견을 신뢰성 있는 정보로 받아들이는 경우가 많은데, 이를 준거집단의 정보적 영향력이라 하며 준거집단이 전문성이 있을 때 더 증가한다. 관광객은 자아 이미지를 강화 및 유지할 목적으로 준거집단을 이용하기도 하는데, 이는 특정 집단과 자신을 심리적으로 연관시키는 욕구에서 비롯되며 이 때문에 특정집단의 가치・규범・행동을 긍정적으로 받아들이게 된다.

준거집단은 관광객이 관광정보를 수집할 때나 관광상품을 선택할 때 영향을 미치게 되므로 마케팅 믹스에 활용해야 한다.

4) 가족

가족은 혈연집단으로, 가족 공동용 제품과 구매행동에도 영향을 미치게 되므로 관광객 행동 연구에서 중요하다. 가족의 구매행동을 의사결정단계에 따라 정보수집자, 실제 구매자 등으로 구분되며 관광상품 선택 시에 정보수집, 상표평가, 구매결정, 구매 후 평가 등 각 의사결정단계에서 가족들이 행하는 역할은 다르다.

따라서 관광상품에 대해 정보수집, 상표선택, 상품구매를 할 때 어떤 사람이 선택하는지를 파악하여 마케팅 전략을 수행해야 한다.

5) 상황적 요인

인간의 행동은 상황에 따라 변화하는데, 상황의 변화는 예측할 수도 있지만 불규칙적이거나 예측 불가능한 경우도 많다. 이런 경우는 조사에 의해서 어느 정도 예측이 가능하다. 관광객은 상황적 요인에 따라 관광의사결정을 하게 되므로, 관광마케터는 상황의 변화를 파악하여 마케팅 전략을 구사해야 한다.

3. 관광수용력

수용력이란 자연과 인공환경이 다양한 이용요구에 응할 수 있는 능력이라고 정의하고, 불안정을 비롯한 저하 및 회복 불가능의 훼손 등을 발생시키지 않으면서 외부의 변화를 흡수할 수 있는 체계 내의 고유 한계이다.

관광수용력은 관광목적지의 물리적·경제적·사회문화적 환경을 파괴하지 않고, 관광만족을 감소시키지 않는 범위 내에서 특정 관광목적지를 방문할 수 있는 최대한의 사람의 숫자로 정의한다.

관광수용력은 특정 지역의 관광매력, 관광 이미지, 감정반응의 일종인 만족 및 불만족, 접근-회피행동, (재)방문의도 등 매우 다양한 변수와 직·간접적인 영향관계에 있다. 따라서 특정 관광목적지의 관광수용력은 목적지 고유의 관광매력성과 더불어 목적지의 승패를 결정짓는 핵심적인 요소로 볼 수 있다.

관광이 대중화 되면서 급증하는 관광객들로 인해 관광자원의 훼손과 관광경험의 질적 하락이 초래되었고, 이에 대한 극복방안으로 관광수용력 개념이 등장하였다.

1) 물리적 수용력

물리적 수용력은 동시에 지역에 방문할 수 있는 관광객 규모의 산술적 한계를 의미하며, 일반적으로 이동에 불편함이 없는 정도의 수준을 의미한다. 즉, 지역의 공간적·시간적 한계를 말한다. 예를 들어, 도로 및 주차장의 수용능력, 시설이용 및 화장실 사용의 대기시간 증가 등이다. 물리적 수용력은 비생물적 측면을 강조한 것으로, 일정한 공간 내에 설치할 수 있는 인공 구조물이나 시설물 최적의 공간 규모를 의미한다.

2) 심리적 수용력

관광객 측면에서 기대하는 정도의 관광경험의 질적 수준을 유지하면서 수용할 수 있는 최대한의 관광객 수를 의미한다. 인간이 일정 수준에 대한 이용경험의 질을 유지하고 만족을 느끼기 위해 필요로 하는 환경적 조건이다.

3) 경제적 수용력

관광객의 방문이 과도한 물가상승이나 상권변화 등을 통해 지역경제에 부정적인 영향을 미치지 않는 범위에서 관광객을 맞이할 수 있는 한계이다.

4) 사회적 수용력

발생하는 지역정체성의 변화, 범죄의 증가 등 사회적인 변화를 견뎌낼 수 있는 한계이다.

5) 생물학적 수용력

지역의 자연환경이 견뎌낼 수 있는 한계를 의미하며 훼손의 속도가 자연환경 회복의 속도를 초과하지 않아야 한다. 즉, 일정수준 이상의 관광객이 입장하면 생태학적으로 악영향을 받는 것을 말하는데, 이를 위해서는 제한적 입장 또는 일정기간 자연휴식년제를 검토할 필요성이 있다.

6) 생태학적 수용력

자연생태계에서 자기회복능력이나 정화능력의 한계 내에서 인간활동을 흡수하고 지탱할 수 있는 위락활동의 최대 범위와 밀도를 나타낸다.

관광수용의 범위 안에서 관광객을 수용하면 관광자원의 최고 가치가 실현된다. 따라서 오버 투어리즘이 발생하면 관광수용범위를 초과하여 관광지의 매력이 없어지고 관광객의 만족도를 떨어뜨린다. 이로 인해 관광지의 이미지가 떨어지고 관광지의 지속가능성도 떨어지게 된다.

4. 오버 투어리즘(Over Tourism)

오버 투어리즘(과잉관광)은 지역주민과 관광객이 너무 많아 해당 지역의 삶의 질과 경험의 질이 용납할 수 없을 수준으로 떨어졌다고 느껴지는 목적지를 말한다. 이는 관광을 통해 더 살기 좋은 곳으로 만드는 책임관광(responsible tourism)과는 반대되는 개념이다. 오버 투어리즘으로 인해 주민 사생활 침해, 지가상승, 원주민 둥지 내몰림, 관광객에 대한 반감 등을 발생시킨다. 즉, 특정 관광목적지에서 관광객이 많아지면 오버 투어리즘이 발생한다.

과잉관광은 관광지에서 나타난 부정적인 영향으로, 방문객이 느끼는 삶의 질과 방문자 경험의 질에 미치는 부정적인 영향으로 정의되고 있다.

1) 오버 투어리즘의 현상

오버 투어리즘으로 인한 영향은 크게 어떠한 영향이 발생하고 있으며, 이러한 영향이 이해당사자에게 어떠한 방식으로 발생하고 있는지가 매우 중요한 문제로 부각되고 있다. 오버 투어리즘으로 인한 영향으로 젠트리피케이션, 관광과 관련된 현상으로는 투어리스티피케이션, 투어리즘 포비아, 관광공해 등과 같은 영향을 미치고 있다.

(1) 젠트리피케이션

젠트리피케이션(gentrification)은 1964년 영국의 사회학자인 루스 글라스가 런던 도심지역에서 일어난 저소득층 거주지역이 고소득·중산층의 거주지역으로 대체되는 도시변화 현상을 극복하기 위해 처음으로 사용되었다.

젠트리피케이션은 침체된 구도심에 활기를 불어넣기 위해 자본이 유입되면서 기존의 저소득층 주민을 몰아내는 현상을 말한다.

관광 젠트리피케이션의 긍정적인 피드백을 위해서는 자발적 협력과 공동체 관리를 통한 자원관리를 해야 한다.

관광 젠트리피케이션 현상에 대한 인과순환구조와 정책 지렛대 탐색을 북촌 일대를 중심으로 한 연구결과는 다음과 같다. 북촌 일대의 관광 젠트리피케이션 현상에 대한 문제의식 아래에서 북촌이라는 관광지에서 발생한 젠트리피케이션의 인과순환구조를 파악하였다. 관광 젠트리피케이션 현상의 구조와 원인은 ① 관광지 수용력의 한계, ② 상업화와 공간변화로 인한 빈익빈 부익부, ③ 자원관리와 공유지의 비극이라는 인과 피드백 구조로 나타났다.

관광지의 지속가능성이란 주민들의 자발적인 참여와 다양한 분야 간의 협업을 통해 점진적으로 이루어져야 함을 알 수 있다.

(2) 투어리스티피케이션

투어리스티피케이션(touristification)은 '관광지화 된다'라는 의미의 Touristify와 외부인이 유입되면서 월세나 임대료가 올라 본래 거주하던 원주민이 쫓겨나는 현상을 의미하는 Gentrification의 합성어로, 지역 내 관광이 활성화되면서 변화되는 마을 환경 때문에 주민이 쫓겨나거나 이주해야 하는 현상을 의미한다.

투어리스티피케이션은 삶의 공간에 대한 권리투쟁 현상이다. 관광객의 유입으로 관광지에 거주하는 이들은 사적인 영역에 대한 침범을 경험하게 되고, 이는 결국 질서의 파괴를 야기하게 된다. 이처럼 원주민이 공간에 대한 권리를 주장하는 현상은 에드워드 홀의 프로세믹스 개념으로 접근할 수 있다.

투어리스티피케이션 현상은 베네치아, 베를린, 바르셀로나 등 전 세계의 유명 관광지에서 공통적으로 발생하고 있다. 국내의 경우 서울 북촌 한옥마을, 서촌, 이화 벽화마을 등을 중심으로 발생되고 있다.

지역의 경제적 침체, 기반시설의 노후화로 인해 쇠퇴한 주거지역에서 그 지역만의 매력요소를 찾아 지역을 관광지화 함으로써 지역재생 및 활성화를 도모하는 지역관광계획은 다양한 지역에서 발견할 수 있다. 이러한 현상은 지자체나 지역사회 구성원이 관광의 부정적인 영향보다는 경제적 수익을 비롯한 긍정적인 영향을 기대하고, 관광산업을 도시재생 및 지역발전을 위한 수단으로 인지하고 활용하기 때문에 발생한다.

해남 땅끝마을을 대상으로 한 "마을의 관광지화가 주민들의 생활방식의 변화에 미치는 영향"의 연구에서는 마을의 관광지화는 지역사회의 경제적 활성화와 고용창출의 기회로 이어질 수 있지만, 기존의 어업 위주의 생활방식에서 서비스 산업으로 전환되면서 마을공동체가 분열되는 문제가 나타났다. 또한 전주 한옥마을의 관광지화를 통해 쇠퇴하는 도심이 관광으로 인해 활성화되는 측면이 나타났지만 주거기능이 약화되고 마을의 역사・문화적 가치 훼손 등의 부정적인 결과가 나타났다.

2) 오버 투어리즘으로 인한 영향

오버 투어리즘의 문제가 지속적이고 장기화 되면서 해당 도시 및 지역, 그리고 관광객들에게 여러 가지의 문제점 및 현상이 발생하고 있다.

첫째, 지역주민의 관점에서는 소속감과 장소감이 상실되거나 관광으로 인한 부동산 값이 상승하고, 임대료가 인상되면서 지역주민들이 지역을 떠나게 된다.

둘째, 관광객의 관점에서는 관광경험의 질이 저하되는 경우가 발생하고 있다.

셋째, 해당 지역의 측면에서는 공공장소가 개인화되거나 인프라의 과부하가 발생하며, 관광자원의 훼손과 파괴 등의 경우가 발생하게 된다.

관광지의 과도한 관광객 밀집도는 지역주민의 소외, 관광의 질 저하, 인프라 과부하, 자연훼손, 문화 및 유산에 대한 위협 등을 일으키게 된다.

환경적인 측면에서는 환경오염, 생태계 파괴, 쓰레기 증가, 소음공해, 교통체증 및 주차문제, 빛 공해 등이 포함된다.

경제적인 측면에서는 지역주민 중심의 경제에서 관광객 중심의 경제로 변화하면서 물가상승, 상권의 변화, 부동산 투기 및 임대료 상승 등을 일으키게 된다.

사회·문화적인 측면에서는 관광객과의 교류가 일상화되면서 지역정체성의 변화, 주민공동체의 붕괴, 상업문화 및 소비문화 침투, 전통적 가치 및 규범의 상실 등을 포함하고 있다.

따라서 과잉관광은 지역주민을 비롯하여 관광객 또는 방문객이 지나치게 많은 상태가 일정한 기간 동안 지속되어 해당지역 주민의 삶의 질과 관광객들의 경험의 질이 수용할 수 없을 만큼 악화된다.

관광객 증가에 따른 현재 거주지역에 관광객이 증가하는 데 대한 주민들은 어떠한 생각을 가지고 있는지에 대한 조사 결과 지역주민들은 관광객 증가에 대해서 부정적인 인식을 일부 가지고 있지만, 대다수가 관광객 증가에 여지가 있다고 인식하는 것으로 [그림 5-1]과 같이 분석되었다.

[그림 5-1] 오버 투어리즘에 대한 지역주민의 의견

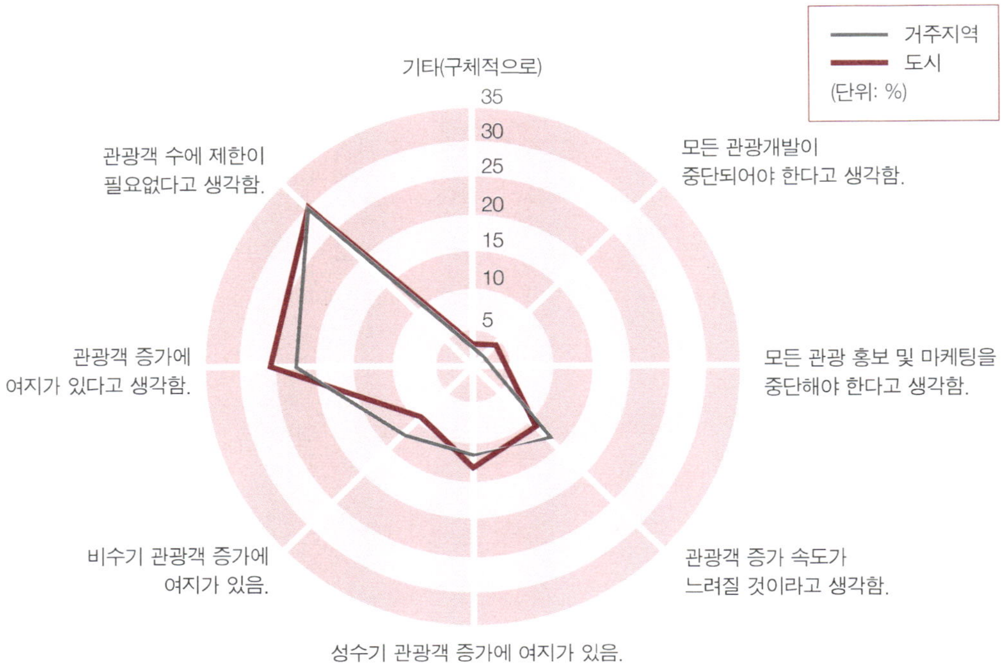

자료: UNWTO, Overtourism?: Understanding and Managing Urban Tourism Growth beyond Perceptions., 2018.

3) 해외 사례를 통한 오버 투어리즘 해결방안

오버 투어리즘 현상을 보이고 있는 개별국가 또는 도시는 나름대로 지속가능한 관광지 관리와 예방을 위한 정책적인 노력을 기울이고 있다. 여기에는 국가 및 도시별로 공통적으로 적용되는 대안 및 해결방안이 있으며, 국가 및 도시별 특성에 맞는 맞춤형 대응방안이 필요하다.

첫째, 방문객 수를 제한하는 방안이다. 특히 관광지의 전체 방문인원을 제한하거나 방문 시간대를 조정하며, 성수기 이용 시 방문을 제한하는 방안이다.

둘째, 사전예약시스템 도입을 통해 특정 관광지에서의 관광객 통제와 모니터링을 통해 지속가능한 관광지 관리의 가능성을 규명하는 것이다.

셋째, 호텔의 객실 수와 숙박업소 수를 제한하는 것이다. 특히 에어비앤비(airbnb)와 같은 공유 숙박시설이 난립함에 따른 관광객의 혼잡이 가중되고 있다.

넷째, 방문 관광객을 특정 관광지에서 덜 인기 있는 지역이나 덜 붐비는 지역으로 유도하거나, 덜 붐비는 지역에 랜드마크를 건설하는 방안이다.

다섯째, 광장(Piaza)으로의 접근을 제한하거나 관광세를 부과(입장료)하는 방안, 그리고 문화관광해설사와 동반 혹은 지역전문가와 동반한 투어를 진행하는 방안도 있다.

여섯째, 크루즈 선박의 크기와 한 번에 상륙할 수 있는 승객 수에 대한 제한이 관광의 지속가능성을 보장하는 방안이다.

일곱째, 혼잡비용을 적용하여 계절별 가격이 아니라 시간대에 따라 가격을 결정하며 명소, 박물관, 심지어 국립공원 등에 적용하는 방안도 검토된다.

오버 투어리즘은 모든 사람의 문제로 에이전트, 여행사, 유람선 운영자, CEO, 여행자, 지역사회 및 정부 모두가 해야 할 역할이 강조된다. 여행업계가 현지의 이해관계자와 협력하여 관광산업의 부작용을 보다 잘 측정하고 최소화할 수 있어야 한다.

〈표 5-2〉 **오버 투어리즘 관리를 위한 전략**

구분	내용
Strategy 1	도시 내의 관광객 분산
Strategy 2	관광객 시간 분산
Strategy 3	신규 관광명소 및 관광코스 홍보
Strategy 4	관련 규제 검토 및 조정
Strategy 5	관광객 세분시장 개선
Strategy 6	관광으로 발생한 지역사회 이익 보장
Strategy 7	주민과 관광객 모두를 위한 도시 경험 창출
Strategy 8	도시 인프라 및 시설 개선
Strategy 9	지역 이해관계자와의 의사소통 및 참여
Strategy 10	관광객과의 의사소통 및 참여
Strategy 11	모니터링 및 대응방안 마련

자료: UNWTO, Overtourism?: Understanding and Managing Urban Tourism Growth beyond Perceptions, 2018.

제2절 지속가능한 관광개발

1. 관광개발의 개념

관광개발의 개념은 두 가지 관점에서 파악할 수 있다. 하나는 관광자원개발의 관점에서 관광자원의 특성을 살리고 관광상 편의를 증진해 관광객 유치와 관광소비 증대를 목적으로 한 개발사업을 의미한다. 또 하나는 관광객의 관광욕구를 만족시켜주기 위해서 관광자원을 활용하고 관광관련 기능을 가진 관광시설을 설치함으로써, 관광행동을 가능하게 하고 촉진하기 위한 관광 레크리에이션 지역을 개발하는 것이다.

현대의 관광개발은 인간활동의 모든 영역과 연관되어 있다고 해도 과언이 아닐 정도로 관광의 내용이 다양화되고 있다. 현대의 관광사업에서도 관광개발을 단순히 관광자원만을 개발대상으로 간주하는 것은 그 내용과 개발 방향을 충분하게 소화하지 못한다. 현재 협의의 관광개발의 정의는 관광지에서 지역조직과 기업 등이 관광수요의 개척을 위해 관광자원에 변화를 주어서 관광의 흡인요소를 만들어내는 계획행위라 할 수 있다.

2. 관광개발의 접근방법

1) 공간구조론적 접근방법

지표의 자연공간에 인간이 접근하여 그 관광지가 갖는 관광자원의 가치를 충전함으로써 견인력을 갖게 되어 관광공간으로 변화시킨다는 관점이다. 관광공간으로는 주 공간, 활동공간, 사교공간, 설비공간 등으로 구분하고 여가활동을 위해 필요한 자유로운 활동공간으로 간주하고 있다.

2) 자원론적 접근방법

관광자원이 관광위락 유형을 결성한다는 견해로, 이 방법은 자원이 지니고 있는 요소 특성별로 계량적 방법을 이용해 정밀화시킴으로써 소규모뿐만 아니라 대규모 관광위락자원의 평가에 이르기까지 광범위하게 적용되고 있다.

3) 형태학적 접근방법

이 접근방법의 관광활동은 인간의 기본적인 욕구의 하나에서 유발된다는 견해로 행동의 동기, 선호하는 활동유형, 활동결과에 대한 체험 등 이용자 선호도와 만족이 관광개발 계획과정의 요소가 되어야 한다는 시각에서 출발한다. 이 방법은 인간의 욕구에 따른 형태 패턴이나 가치판단에 있어 객관성 있는 기준의 설정이 어렵다는 문제점이 있다.

4) 이용자－자원 상관 접근방법

이 접근방법은 수요의 형태와 공급의 여건들이 상호 균형적 조화에 의해 개발계획의 수단이 강구되어야 한다. 계획과정의 핵심적인 부분은 이용자 집단의 욕구와 자원의 성격이라는 두 차원에서 그들의 특성을 규명하고 양자의 상관성 속에서 관광지역을 창출하는 것이다.

5) 지역사회 지향 접근방법

이 접근방법의 본질적인 문제의식의 출발은 세계 유명 관광지가 모두 지역문화와 민족적 전통을 기반으로 하여 형성되었으므로, 관광객에 의한 새로운 사회와 전통적인 지역사회가 어떻게 융합할 것인가에 관점을 두고 진행한다.

6) 관광수용력적 접근방법

관광수용력은 관광공급대상의 세분화된 단위가 생물학적・자연적 파괴 및 관광체험의 감소 없이 해마다 제공할 수 있는 관광기회의 수라고 정의하고, 관광개발의 방향을 이에 근거하여 결정한다.

수용력적 접근은 관광활동을 수용해야 하는 자연과 시설의 원상 회복력과 평균적 이용률에 기초하고, 이들의 이용 및 남용에 대한 제한을 의미한다. 관광대상 자연과 시설의 고갈됨이 없이 이용할 수 있는 양을 결정하는 것이다. 따라서 이용의 극대화가 목표인 것이 아니고 최적의 적정 이용수준의 유지가 기본적 개발 마인드라고 할 수 있다.

3. 관광개발의 유형

관광개발의 접근방법은 관광자원개발과 관광사업개발의 조화와 조정의 범주 내에서 국토 및 지역개발과 도시계획의 큰 틀에서 학제적 접근방법으로 접근해야 한다. 관광개발을 관광목적지 내지 관광지 개발이라고 생각하는 경우에는 개발방법에 따라 몇 가지 유형을 가지고 있다.

1) 자연관광자원 활용형

관광의 매력성이나 관광자원이 없는 지역에서 관광개발을 추진하는 것은 어려운 일이다. 따라서 가장 일반적인 방법으로 자연의 혜택이나 귀중한 문화재 등을 중심으로 관광자원의 가치를 살리는 방식으로 관광개발을 진행하고 있다.

관광자원의 가치가 같은 종류의 다른 것과 비교하여 그 내용이 우위를 점할수록 관광개발은 쉽다고 할 수 있다. 관광자원은 자연 관광자원과 인문 관광자원으로 나눌 수 있으며, 자연관광자원 활용형으로서는 주로 자연의 감상, 온천, 피서, 피한, 스키, 해수욕 등 관광활동이 이루어지고 있다.

2) 인문관광자원 활용형

인문관광자원을 활용하는 개발방식으로는 우리 일상생활과 관련 있는 관습이나 풍속 및 유물, 유서 깊은 사찰이나 교회 등 역사적 유적지나 문화재 등을 활용하는 것이다. 인문관광자원을 활용으로 관광개발을 추진하는 경우 유의할 점은 자원의 가치를 충분히 보호하는 것이다. 관광개발이 자원가치의 보호에 대한 중·장기적인 계획과 구체적인 안건이 채택되어 있지 않은 경우에는 점차 관광자원의 가치가 감소하여 관광지로서 관광객의 유인력을 상실하게 된다.

3) 교통편 활용형

관광자원 활용형이 관광개발의 가장 일반적인 방법이지만, 관광자원의 비교우위성만으로 관광개발이 반드시 성공한다고는 할 수 없다. 관광객이 일상 생활권을 떠나 관광지까지 이동하는 문제, 즉 접근성의 문제가 현대에 있어서는 관광지의 가치를 드높이는 중요한 요인으로 작용하고 있다.

교통수단을 갖춤으로서 관광목적보다는 생활환경의 향상이나 경제활동의 추진 목적으로, 사회기반 시설을 갖추고 교통체계를 정비함에 따라 부수적으로 관광개발이 가능하게 하는 방법도 있다. 교통시설이용 상의 편의와 이점을 살리는 방법으로 고속도로의 인터체인지, 철도역, 도로변 휴게소, 항만과 공항 등의 시설은 관광자원으로서의 가치가 뛰어나지 않아도 관광개발이 가능한 부분이다.

4) 지명도 활용형

일반적으로 관광객이 어떤 장소를 방문하는 것은 그 장소가 관광자원으로서의 가치가 높은 것을 파악하고 있던지 혹은 그 가치가 널리 알려져 있기 때문이다. 관광자원으로서 비교우위성이 높다고 하더라도 사람들이 그 가치를 알지 못한다면 관광행동으로 옮겨지기는 어렵다. 반대로, 관광자원의 가치가 그다지 우수하지 못한 경우라도 지명도가 높아 널리 알려진 경우에는 관광개발이 가능하다. 이는 어떤 장소가 관광의 매력을 가진 장소로서 높은 지명도를 가질 경우 그것을 활용한 관광개발이 가능하다는 것을 의미한다.

5) 관광대상 창조형

관광개발을 하고자 할 때 특정 매력이 없는 대상일 경우에는 인위적으로 관광대상을 창조하거나 개발의 저해요인을 해소하는 개발방법을 실행할 수 있다. 이러한 유형은 다른 유형에 비해 가치창출이 어렵고, 관광의 대중화를 배경으로 하여 지역사회나 공공기관이 적극적인 관광개발에 편승하는 경우, 또는 탁월한 창조력을 가진 민간 대기업이 아니면 실현하기 어려운 경우이다. 간단히 말하면 새로운 관광대상을 창조하기 위해서는 공공기관이나 민간 대기업은 관광개발을 함에 있어서 인위적 관광대상 창조나 저해요인 해소를 위해 노력해야 실행이 가능하다.

6) 지역산업 활용형

지역 특성을 기반으로 하여 관광활동을 연계시킬 수 있는 개발형태로서, 지역산업인 관광농업·관광임업·관광업 등을 활용하여 관광지역 상품, 향토음식, 민속축제와 같은 이벤트를 관광상품으로 개발하는 방식이다. 이는 지방자치시대와 더불어 지역경제발전의 수단으로서 그 가치가 높게 평가됨에 따라 관광개발 유형에 있어 그 중요성이 강조되고 있다.

4. 지속가능한 관광개발

1) 지속가능한 관광개발의 개념

지속가능한 관광은 1980년대 후반부터 대안관광과 연관되어 있으며, 사람들은 지속가능한 관광을 녹색관광, 연성관광, 책임 있는 관광, 저영향 관광, 고유한 관광, 생태관광, 자연관광 등과 같은 개념들과 연계되어 있다.

지속가능한 관광은 친환경적·경제적·사회적·환경적 영향을 균형 있게 고려하여 지역사회와 환경을 보전하면서 관광을 유지하고 지속적인 발전을 추구하는 것이다. 지속가능한 관광개발은 궁극적으로 크게 환경적 측면, 사회·문화적 측면, 경제적 측면에서의 지속성을 추구하고 있다.

지속가능한 관광개발의 목표는 다음과 같이 세 가지로 제시되고 있다.

① 지역사회의 삶의 질을 향상시켜야 한다.

② 관광객에게 양질의 경험을 제공할 수 있어야 한다.

[그림 5-2] 지속가능한 관광개발 개념도

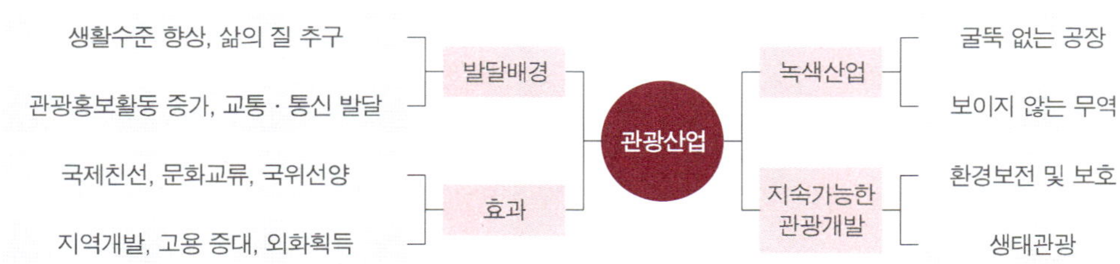

③ 지역사회 및 관광객이 공존할 수 있는 환경을 유지해야 한다.

이를 실현하기 위해서는 기존의 전통적인 관광개발 방식과 달리 지속가능한 관광개발에서는 주요 이해당사자 간 긴밀한 협력관계 유지가 전제되어야 한다.

브룬틀란트 보고서의 지속가능한 개발 개념으로는 종합적인 계획과 전략을 수립해야 하고 생태보전이 필요하다. 문화유산과 생물의 다양성을 보전할 필요가 있고, 다음 세대에서도 생산성이 지속될 수 있는 범위 내에서 개발되어야 한다. 또한 같은 세대 내 여러 계층 간 사회적 형평성이 있어야 하는 것이다.

지속가능한 관광개발에서는 관광이 지역경제개발의 중요한 형태이기 때문에 관광자원을 아끼며 효과적으로 관리하는 것이 중시된다. 동시에 관광객에게 직접 주의를 주며, 환경적으로 예민한 지역과 관광객이 방문하는 지역 공동체를 알릴 필요성이 있다.

최근 여가와 관광에 대한 관심이 커지면서 전 세계적으로 관광자원개발이 활기를 띠고 있다. 사람들의 흥미를 끌어 관광수입을 올릴 수 있는 모든 인공적·자연적 대상이 관광자원에 해당하지만 자연환경과 문화유산은 한 번 파괴되면 회복하는 데 오랜 시간이 걸리거나 회복자체가 불가능하기 때문에 체계적인 보호와 보전 및 관리가 이루어져야 한다.

지속가능한 관광개발의 하나인 생태관광은 환경훼손을 최대한 억제하면서 자연을 관찰하

[그림 5-3] **관광레저도시 개발목표**

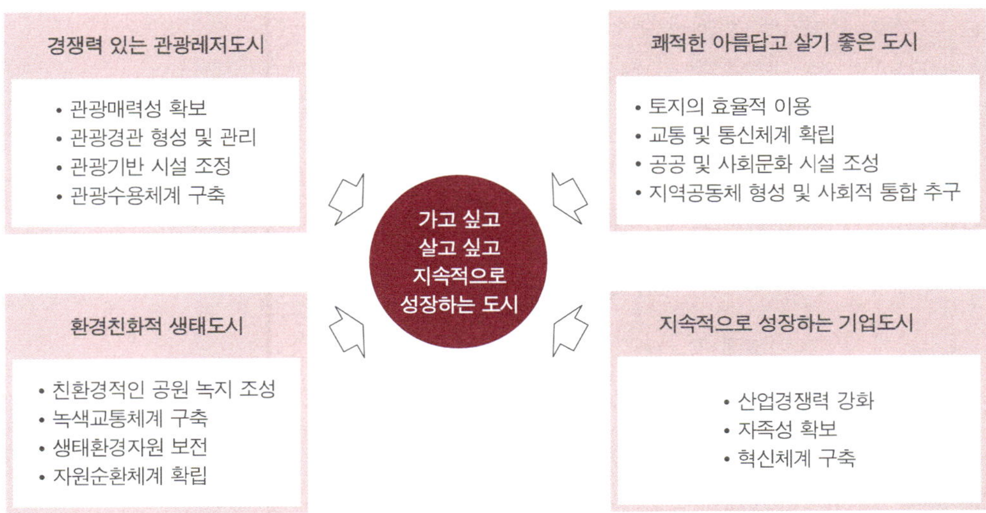

자료: 문화관광부, 지속가능한 관광레저도시 개발현황.

고 이해하며, 즐기는 여행방식 또는 여행문화이다. 친환경적인 관광을 통해서 자연환경을 보전하면서 지역사회의 소득증대에도 기여하는, 즉 환경과 경제를 동시에 고려하는 새로운 관광형태이다.

생태관광은 첫째, 환경변화의 피해를 최소화해야 한다. 둘째, 자연 그대로를 관찰해야 한다. 셋째, 친환경적 관광이어야 한다. 넷째, 도시와 농촌 간의 연계가 있어야 하는 특징이 있다.

2) 지속가능한 관광개발의 원칙(자료: WTO)

① 관광을 통해 자연과 공존하며 건강하고, 생산적인 삶을 영위할 수 있도록 해야 한다.
② 관광은 생태계를 보존 및 보호하고, 회복에 기여해야 한다.
③ 관광은 지속가능한 생산 및 소비 패턴에 기초해야 한다.
④ 관광은 평화 및 개발 그리고 환경보호와 상호관계를 맺어야 한다.
⑤ 관광산업에 영향을 주는 보호무역주의는 철회되어야 한다.
⑥ 관광개발과정에서 환경보호는 절대적인 요소로 여겨져야 한다.
⑦ 관광개발문제는 지역수준에서의 계획결정 과정과 시민의 적극적인 참여로 추진해야 한다.
⑧ 정부는 관광지와 관광객에게 영향을 주는 자연재해에 대해 경고해야 한다.
⑨ 관광은 원주민과 여성의 고용기회를 제공해야 한다.
⑩ 관광개발에는 지역주민에 대한 인식, 문화, 일체감이 반영되어야 한다.
⑪ 관광산업에 환경보전 국제법이 적용되어야 한다.

3) 지속가능한 관광개발의 기준

① 경제적 지속성: 지속가능한 관광은 사회・경제적 편익이 지속적으로 관광지역 사회 전체에 골고루 분배 및 제공되는 관광이어야 한다.
② 사회・문화적 지속성: 지속가능한 관광은 관광산업, 관광객, 지역사회 등 서로 간의 갈등을 감소시켜 생산적이고 조화로운 관계를 추구하는 관광이어야 한다.
③ 환경적 지속성: 지속가능한 관광은 관광자원에 대한 영향을 최소화하여 미래 세대의 자원이용기회를 보장시키는 동시에, 현 세대인 관광객과 지역사회의 욕구를 충족시켜

주는 관광이 되어야 한다.

④ 지속가능한 관광계획: 통합적 관광계획 수립으로 관광자원 보전 및 관리를 통하여 지역사회의 편익과 분배, 관광과 다른 경제 부문과의 통합 등을 추진할 수 있어야 한다.

⑤ 관광객과 지역주민을 위한 교육, 공공인식 프로그램: 지역주민들의 자발적인 참여를 유도하기 위해서는 지역주민을 대상으로 관광환경 윤리의식 교육 및 프로그램을 지속적이고 정기적으로 진행해야 한다.

⑥ 전문적인 양성과 양질의 서비스 제공을 위한 교육훈련: 관광산업의 양질을 높이기 위해서는 관광관련자의 전문훈련과 양성교육이 필요하다.

⑦ 대안상품 개발: 지속가능한 개발원칙을 준수할 뿐만 아니라 다양성을 추구하는 대안관광의 개발로 중・장기적으로 안정된 관광을 유지할 수 있어야 한다.

⑧ 모니터링 연구: 지속가능한 관광의 목적을 달성하기 위해서는 지속적인 연구 및 모니터링(환경・문화・경제적 영향)을 통하여 결과를 정책에 반영할 수 있어야 한다.

⑨ 지역주민의 삶의 질 향상: 자연환경과 공존하면서 지역주민의 삶의 질 향상에 기여할 수 있어야 하며, 관광 대상자의 사회문화부흥을 가져와야 한다.

⑩ 관광객 안전: 지속가능한 관광을 위해서는 관광객에게 국가 및 지역안전에 대한 문제를 해결해 주어야 한다.

⑪ 정보교환: 지속가능한 관광을 위해서는 국가 간, 지역 간 정보 및 기능, 기술의 교류가 이루어져야 한다.

⑫ 정부정책과 제도: 지속가능한 개발 기본원칙을 토대로 관광편익 및 비용의 효율적 분배를 위한 수단이 개발되어야 한다.

⑬ 지역참여: 관광계획 및 개발에 지역주민들이 최대한 참여할 수 있도록 하여 편익이 지역사회에 골고루 미칠 수 있도록 해야 한다.

⑭ 협력: 지속가능한 관광을 위해서는 정부와 지방정부, 공공과 민간, 지방정부와 관광산업 및 관광관련 기관 간에 협력체계가 강화되어야 한다.

4) 지속가능한 관광 성공사례

(1) 크로아티아의 다브로브니크

다브로브니크는 성벽으로 둘러싸인 오래된 도시로, 매년 수많은 관광객들이 방문한다. 하지만 너무 많은 관광객의 유입으로 인해 지역사회와 환경문제가 발생하게 되었다. 이를 해결하기 위해서 다브로브니크는 지속가능한 관광을 추구하기 위한 다양한 정책들을 도입하였다. 관광객의 유입을 제한하는 정책, 교통수단의 다양화, 환경보호를 위한 정책 등이 대표적이다.

(2) 호주의 유니버설 스튜디오스

호주의 유니버설 스튜디오스는 지속가능한 관광을 추구하기 위해 지속가능한 자원관리, 에너지 효율성 개선, 환경보호 등 다양한 노력을 기울이고 있다. 예를 들어, 재활용 가능한 종이컵과 종이 스트로를 사용하고 있으며, 에너지 효율을 개선하는 차세대 냉난방 시스템을 도입하였다.

(3) 뉴질랜드의 클라우드 랜드

클라우드 랜드는 자연과 문화를 접목시킨 장소로, 지속가능한 관광을 추구하면서도 다양한 액티비티와 문화 프로그램을 제공한다. 클라우드 랜드는 지속가능한 자원관리, 환경보호, 지역사회발전 등을 고려한 경영을 통해 지속가능한 관광을 추구하고 있다.

(4) 코스타리카의 에코관광

코스타리카는 자연관광을 유지하면서 지속가능한 관광을 추진하고 있다. 이러한 노력으로 코스타리카는 세계에서 가장 지속가능한 국가 중 하나로 꼽히며, 생물다양성 보전과 지속가능한 관광의 모범사례로 자리 잡았다. 코스타리카에서는 농업, 생태관광, 지역 커뮤니티 등 다양한 분야에서 지속가능한 관광을 추진하고 있으며, 이를 위해 법과 규제로 철저하게 관리하고 있다.

(5) 뉴질랜드의 에코투어

뉴질랜드는 깨끗하고 청정한 환경과 넓은 자연을 자랑하는 관광지로 유명하다. 뉴질랜드에서는 지속가능한 관광을 위해 '그린 글로브'라는 인증제도를 운영하고 있으며, 지속가능한 관광을 추진하는 기업들에게 이를 부여하고 있다. 또한 지역 커뮤니티와 함께 지속가능한 관광을 추진하는 노력도 이어지고 있다.

(6) 캐나다의 인디언 예약지 관광

캐나다의 인디언 예약지에서는 지속가능한 관광을 위해 전통문화를 살리고 활용하는 노력을 이어가고 있다. 이들은 자연환경을 지키는 방식으로 관광을 추진하며, 관광객들에게 인디언 문화를 체험할 수 있는 다양한 프로그램을 제공하고 있다.

(7) 에콰도르 갈라파고스 제도

에콰도르 갈라파고스 제도는 지구상에서 가장 순수한 자연을 보존하고 있는 섬으로 꼽힌다. 이곳에서는 과학적 연구와 관광산업이 병행될 수 있도록 지속가능한 관광을 도입하였으며, 보호 지역 내에서의 관광은 규제되고 있다.

(8) 캐나다 브리티시컬럼비아 주

캐나다 브리티시컬럼비아 주 휘슬러는 지속가능한 관광지로 선정되어 있다. 이 지역은 지속가능한 관광지로서 인증을 받고 있으며, 지속가능한 자원 관리, 지속가능한 이동수단, 지역민과 협력, 지속가능한 경영을 실천하고 있다.

(9) 스웨덴 아발스카 카누 여행

스웨덴 아발스카 지역에서는 카누 여행이 대표적인 지속가능한 관광상품으로 인기를 끌고 있다. 아발스카에서는 지속가능한 자연환경과 생태계를 보호하기 위해 다양한 규제와 관리 시스템이 운영되고 있다.

(10) 뉴질랜드 카이커

카이커는 뉴질랜드에서 인기 있는 지속가능한 관광상품 중 하나이다. 이 지역은 순수한 자연환경을 보호하기 위해 관리 및 규제체제가 운영되고 있으며, 관광객들은 지역민과의 문화교류 프로그램을 체험할 수 있다.

5) 지속가능한 관광 실패사례

지속가능한 관광은 지속가능한 발전과 보전을 목적으로 하는 관광형태로, 지속가능한 환경과 경제 및 사회적 측면에서의 발전을 추구한다. 그러나 지속가능한 관광의 아이디어가 처음으로 제시되었을 때부터 여러 실패사례가 있었다.

(1) 메사추세츠 브루어리섬

메사추세츠 주에 위치한 브루어리섬은 관광객 수요가 급증함에 따라 불법적인 건축과 쓰레기 처리 문제가 발생하였다. 이런 이유로 인해 섬의 생태계가 손상되었고, 그 결과 지속가능한 관광이 불가능한 상황이 되었다.

(2) 발리섬

발리는 인기 있는 관광지 중 하나이지만, 관광산업의 폭발적인 증가로 인한 문제점이 발생하였다. 현재 환경오염과 교통체증문제, 지역사회의 이익을 고려하지 않은 인프라 발전 등으로 인해 지속가능한 관광의 실패사례 중 하나로 꼽히고 있다.

(3) 카리브해 연안

카리브해 연안은 다양한 국가와 지역이 모여 있는 지역으로, 해양생태계와 관련된 문제로 인해 지속가능한 관광이 어려워졌다. 해양생태계가 매우 민감한 상태이기 때문에 적절한 관리와 보호가 이루어지지 않으면 관광산업으로 인한 피해가 더욱 커질 수 있다.

(4) 타이완의 야설악

타이완의 야설악은 인기 있는 관광지 중 하나이다. 그러나 관광산업이 발전하면서 이 지역은 지나치게 인파로 가득 차게 되면서 야생동물이 감소하고, 생태계가 파괴되는 등 지속가능한 관광의 실패 사례가 되고 있다.

(5) 노스 쇼어

노스 쇼어는 호주의 유명한 관광지로, 자연과 문화가 조화로운 곳으로 알려져 있다. 그러나 노스 쇼어 지역에서는 지속가능한 관광에 대한 인식이 부족하여 관광산업의 발전으로 인한 환경파괴, 지역주민과의 갈등 등 부정적인 영향을 초래하고 있다.

(6) 캄보디아 식물원

캄보디아 식물원은 캄보디아의 수도 프놈펜 근처에 위치한 지역주민이 운영하는 식물원이다. 하지만 지속가능한 관광을 위한 시설과 서비스가 부족하여 관광객의 수익을 추구하기 위해 동물들을 희생하는 등 윤리적인 문제가 발생하고 있다.

06

관광자원

6 장

관광자원

제1절 관광자원의 이해

1. 관광자원의 개념

자원은 정해진 기술과 사회적·경제적 조건 아래 인간이 유용하게 이용할 수 있는 자원과 환경 생태시스템을 포함한다. 자원(resource)은 한 가지 생성물을 생성하는 재료로서 이전에 창조된 사물을 가리켰는데, 20세기에 들어오면서부터 자산을 만드는 재료와 사물로서 자연과 노동력이라고 부른 경향이 짙어졌다. 따라서 자원은 자연이 부여한 것으로, 경제성을 지니고 있으면서 인간의 욕구를 충족시켜주는 것으로서 생산적 활동에 이용되는 모든 것을 의미한다.

관광자원은 관광시설과 함께 관광대상으로서 관광객의 욕구를 일으키고 충족시켜주는 목적물이며, 다양한 관광객의 욕구와 요구조건을 충족시킬 기회를 제공함으로써 관광활동을 촉진하고 관광산업의 파급효과를 창출하는 데 수반되는 유·무형의 요인 및 요소의 총체를 말한다. 그리고 관광자원은 관광객이 관광동기나 관광행위를 유발하는 대상으로서의 자원이며, 범위는 관광의 다양화로 인해 무한정하다.

또한 관광자원은 비소모성과 비이동성을 지니는 불가역성의 특성을 지니고 있으며, 관광자원은 접근성과 매력성, 이미지, 시설 하부구조, 유형 등에 의해서 가치가 결정된다. 관광의 가치적 측면에서의 접근성은 관광객이 여행하기 위해 출발지에서 목적지까지 도달경로에 대한 용이성을 말하는 개념으로, 관광객의 행동의사 결정에 매우 큰 영향을 준다. 관광객들은 물리적인 거리보다 시간과 비용 등에 의한 경제적 접근성에 더 영향을 받게 된다. 관광자원의 매력성은 관광대상을 선택하는 데 직접적인 영향을 미친다. 또한 매력적인 관광자원은 호기심을 유발하게 되므로 매우 큰 관광객의 흡인력을 지니게 된다. 따라서 매력적인 관광자원은 목적관광지의 흡인력과 직접적인 연관을 가지게 되며, 관광산업에도 영향을 미치게 된다.

관광자원의 이미지는 관광대상에 대해 지니고 있는 일련의 신념으로서 관광객의 관광자원에 대해 가지고 있는 이미지는 여행을 참여하게 만드는 중요한 요인으로 작용한다. 관광자원요소 중 관광시설은 관광편의시설, 숙박시설, 문화시설, 위락시설 등의 시설로서 관광객들에게 즐거움과 편의를 줄 수 있는 실질적인 요소이다. 따라서 관광시설 그 자체는 독립적으로 관광객을 유인하지는 못할지라도 목적지 관광자원의 가치와 이미지를 결정시키는 역할을 한다.

관광자원의 하부구조는 관광객이 관광대상에 접근하는데 이용되는 교통수단이나 시설과 부대 관광시설인 전기 · 통신 시설과 상하수도 시설 및 의료시설 등의 자원시설들이 하부구조에 해당한다. 하부구조도 관광시설과 마찬가지로 주된 관광활동의 목적대상은 아니지만 가장 기초적인 편의를 제공해주는 부대시설이다.

관광자원의 유형은 경관이나 자연, 고적과 같은 감상형과 휴양형, 오락형, 레저스포츠형 등이 있다. 이러한 관광자원의 유형은 관광객의 관광형태와 행동패턴에 영향을 주게 된다.

1) 관광자원의 정의

관광자원은 법 제도에 의해서 관광의 개념이 규정되고 관광자원이 개발 · 이용되고 있다. 관광자원을 생산적인 측면에서 보면 관광자원의 개념은 종래의 관광자원 개념과 법 제도상의 관광자원, 관광 서비스 생산요소로서의 관광자원의 개념과는 다르다.

(1) 관광 서비스 생산요소로서 관광자원의 개념

경제학 측면에서 보면, 자원이란 재화나 용역 서비스를 생산하는 생산요소를 의미한다. 관광은 서비스를 생산하는 요소를 의미한다. 관광은 서비스를 생산하는 요소가 곧 관광자원으로서, 관광 서비스는 생산과 소비가 동시에 일어나는 특성을 지니고 있다. 따라서 관광

서비스는 생산과 소비활동이라 할 수 있다.

재화와 서비스는 그 자체가 효용을 창출하는 최종 생산물이 아니라 효용을 창출할 수 있는 상품을 생산하는 생산요소로 본다. 따라서 재화나 서비스, 시간, 여행의 세 가지 생산요소에 의해 관광자원이 생산된다고 보는 견해이다. 이러한 관점에서 소비행위 모형이 성립된다.

관광자원의 생산요소는 다음과 같다.

① 자연적 매력: 폭포, 계곡, 동굴, 자연경관 등 유・무형의 가치

② 인문적 매력: 관광객의 관광욕구를 충족이 아니라 삶의 흔적과 모습이 관광욕구를 충족시키는 매력요소(민속, 성곽, 문화재, 행사 등)

③ 관광시설적 매력: 관광객의 단순한 편익 증진뿐만 아니라 관광욕구를 충족하기 위해 인공적으로 설치되는 시설

④ 공급처리시설: 공급처리시설은 상부구조와 하부구조로 구성된다.

ⓐ 상부구조(선택시설, 편의시설): 극장, 영화관, 카지노, 컨벤션, 나이트클럽, 커피숍, 카페 등

ⓑ 하부구조(지원시설, 보조시설): 화장실, 안내시설, 위험방지시설, 음수대, 소방시설, 상하수시설, 배수시설, 전기통신시설, 가스공급시설, 쓰레기 시설, 필수편의시설

⑤ 관광행위: 인력, 시간, 여행

(2) 법・제도적 관광자원의 개념

국립공원, 도립공원, 국보, 보물, 무형문화재, 관광지, 관광특구, 관광객이용시설업, 휴양업 등은 각기 다른 법・제도에 의해 개념이 정의되고 개발되어 관광객이 이용하도록 규정되어 있다. 이와 관련하여 자연공원법, 관광진흥법, 문화재보호법 등에 의해 관광자원의 개념과 지정절차 및 기준이 정해져 있다.

2) 자연공원의 지정기준

① 자연생태계: 자연생태계의 보전상태가 양호하거나 멸종위기 야생동식물, 천연기념물, 보호야생동식물이 서식할 것.

② 자연경관: 자연경관의 보전상태가 양호하여 훼손 또는 오염이 적으며, 경관이 수려

할 것.

③ 문화경관: 문화재 또는 역사적 유물이 있으며, 자연경관과 조화되어 보전의 가치가 있을 것.

④ 지형보존: 각종 산업개발로 경관이 파괴될 우려가 없을 것.

⑤ 위치 및 이용편의: 국토의 보전, 이용, 관리 측면에서 균형적인 자연공원의 배치가 될 수 있을 것.

2. 관광자원의 가치

관광자원은 관광대상의 소재가 되고, 관광시설은 관광자원을 관광대상화 하는 가치를 부여함으로써 그 자체가 유인력을 갖는다. 관광목적이 다양화되고 위락 및 스포츠 등이 증가하는 현대관광에서는 관광대상에 속하는 관광시설의 역할이 크게 강조되는 경향을 보인다.

관광시설은 관광지에 인위적・의도적으로 설치되는 접객상 필요한 시설을 통틀어 일컫는 것으로, 이는 숙박시설, 음식시설, 물품판매시설, 레크리에이션 시설, 문화 및 교육시설, 관광 안내시설, 공공 서비스시설 등이 포함된다.

또한 관광대상은 정보기능과 이동수단이라는 매개기능을 경유하여 관광지와 결합하게 된다. 잘 알려진 관광자원이라 할지라도 목적지에서 숙박시설의 예약이 되지 않고 교통편이 확보되지 않으면 관광행동으로 옮겨지는 데는 한계가 있다.

관광자원은 관광수요의 증가로 인해 한층 가치가 향상되고 있다. 여가시간의 증대와 도시화 진행에 의한 생활환경의 약화, 반복적이고 기계적인 일상생활에 의한 긴장감의 증가 등은 관광수요의 증가원인이 되고 관광대상인 관광자원의 가치를 높이고 있다.

관광자원의 가치를 높이는 방향은 다음과 같다.

① 매력성: 관광자원은 관광욕구를 가지고 있는 사람의 마음을 사로잡을 수 있는 힘을 지니고 있어야 한다.

② 유인성(견인성): 매력성의 강도에 비례하여 유인성의 크기가 결정되지만, 관광마케팅 활동을 통한 홍보가 자극이 되어 견인력을 높여야 한다.

③ 개발성: 관광자원은 개발로 인해 관광대상이 되므로, 개발은 발전으로 가는 변화과정

이 되어야 한다.

④ 보호·보존요구성: 관광욕구의 충족과 관광경험의 질을 유지하고 향상시키기 위해 관광자원은 보호·보존되어야 한다.

⑤ 가치의 변화성: 관광자원은 시간의 흐름, 공간관계와 같은 입지, 분포 및 상호작용에 가치의 변화를 가져오게 된다.

⑥ 범위의 다양성: 관광자원은 그 범위의 대상이 매우 다양하기 때문에 자원의 특성에 맞도록 개발되어야 한다.

⑦ 자연과 인공의 상호작용: 관광자원은 자연적인 것뿐만 아니라 자연에 인공을 가미하여 얻어지는 문화적인 것, 사회적인 것, 산업적인 것, 위락적인 것을 포함한다.

3. 관광자원의 분류

관광자원은 기본적으로 자연관광자원(유형·무형)과 인문관광자원으로 구분할 수 있다. 여기에 관광욕구를 충족시키기 위한 관광시설이 포함되어야 관광지의 역할을 할 수 있다. 또한 인간이 하는 서비스가 추가되어야 시설의 기능도 발휘할 수 있다는 점에서 관광대상에는 직·간접으로 인적요소가 포함되어야 한다.

관광자원을 합리적으로 이용·관리·보호하기 위해서는 구성요소별로 구조화할 필요가 있다. 그런데 관광자원을 인식하거나 분류하는 데 있어서 기준은 국가나 지역마다 다종다양하여 분류방법도 다양하다. 그중에서 자연적 자원과 상대적인 대응관계에 있는 인간이 만들어낸 자원인 문화적·사회적·산업적·유흥 등의 인문적 자원으로 분류된다.

자연적 자원은 자연생태의 소산으로 천연적인 것이며, 인문적 자원은 인간의 문화적 소산으로 매력을 지닌 인간이 창조해낸 자원이라 할 수 있다.

1) 관광자원의 분류기준

(1) 입지: 이용자 중심형 / 중간형 / 자원 중심형

① 이용자 중심형: 일과 후 쉽게 접근 가능한 소규모 공간 혹은 조형물. 일상 생활권에 위치

〈표 6-1〉 전국 관광자원 보유자료 총괄 결과표(2023년 기준)

자원		서울	부산	대구	인천	광주	대전	울산	경기	강원	충북	충남	전북	전남	경북	경남	제주	총계
문화	인물	0	0	1	0	1	0	1	2	2	1	7	1	9	5	6	1	37
	민속·풍속	0	0	0	0	0	0	0	0	0	0	0	0	1	0	0	0	1
	마을	1	0	3	0	1	0	1	7	8	1	7	11	7	23	5	0	75
	유적지·사적지	4	0	3	3	1	0	2	17	1	4	11	8	18	8	9	3	92
	건축	5	0	5	0	2	0	2	11	7	8	20	10	32	24	12	0	139
	조각	0	0	0	0	0	0	0	0	0	0	1	0	1	1	0	0	3
	회화·서예	0	0	0	0	0	0	0	1	0	0	0	0	0	0	0	0	1
	서적·활자·기기	0	0	0	0	0	0	0	0	0	0	0	0	1	0	0	0	1
	공예·자기	0	0	0	0	0	0	0	0	0	0	0	0	1	1	0	0	2
	소계	10	0	12	3	5	0	6	38	18	14	46	30	70	62	32	4	351
자연 및 생태 환경	동·식물	0	1	0	0	0	0	2	2	1	1	3	0	1	0	2	1	14
	보호구역	0	0	0	1	1	0	0	2	0	0	2	2	1	2	0	0	11
	산악 및 평지자원	0	0	0	2	6	3	9	31	15	18	24	7	45	27	18	5	210
	수변 및 해양 자원	0	0	1	7	1	0	0	11	8	4	4	10	31	11	13	3	104
	경승지	0	0	1	0	0	0	0	1	7	3	2	1	3	5	1	0	24
	소계	0	1	2	10	8	3	11	47	31	26	35	20	81	45	34	9	363
관광 장소 및 시설	관광지구	0	2	0	0	0	0	0	8	6	10	4	3	14	10	4	0	61
	공원	0	2	5	1	3	3	3	8	24	21	13	17	38	20	21	3	182
	전시·관람시설	10	7	46	32	19	11	11	115	87	39	55	72	127	89	74	15	815
	스포츠·체육시설	0	2	4	1	0	2	2	71	62	30	15	21	47	17	32	0	307
	숙박·식음시설	128	37	36	37	17	4	0	71	42	16	28	28	46	63	29	95	679
	쇼핑시설	0	0	1	0	0	0	0	0	0	0	0	0	0	0	1	0	2
	교통시설	0	0	2	3	1	0	0	3	4	3	1	2	4	7	8	0	38
	유원·휴양·수련시설	4	5	15	4	3	7	5	79	58	45	46	50	78	65	44	13	525
	부대시설	0	0	1	0	1	0	0	2	1	1	0	1	6	1	1	0	15
	소계	142	55	110	78	44	27	21	357	284	165	162	194	360	272	214	126	2,624
총계		152	56	124	91	57	30	38	442	333	205	243	244	511	379	280	139	3,338

자료: 관광지식정보시스템(https://know.tour.go.kr/), 관광자원 보유자료 현황.

② 중간형: 거주지에서 1～2시간 소요되는 거리. 이용자의 활동과 자연자원의 매력도가 대등한 위치에 있다. 주로 주말 등에 야유회, 낚시, 등산 등이 가능한 자연관광지나 놀이공원 등

③ 자원 중심형: 자원의 질적 가치와 매력의 보존・보호를 우선하고 거주지와는 비교적 원거리에 위치하고 있다. 주로 공원법 등에 의해 관리되는 지역이거나 역사 유적지 등

(2) 스펙트럼(어떤 관광활동이 이루어지는가에 따라서 스펙트럼 형태로 분류)

① 고밀도 위락지역

② 일반옥외 위락지역

③ 자연환경지역

④ 독특한 지역

⑤ 원시지역

⑥ 역사・문화적 지역

(3) 자원의 생성과정

① 자연적 관광자원: 자연적 소산의 상태를 의미한다. 오늘날에는 인간의 노동력, 자본, 기술이 투여되더라도 자연경관지로서의 원형을 보전한다면 자연적 관광자원이라 할 수 있다.

② 인문적 관광자원: 인간의 노력과 지혜의 총합이다.

ⓐ 문화관광자원(유・무형의 문화재, 기념물 등)

ⓑ 사회관광자원(관습, 음식, 생활형태 등)

ⓒ 산업관광자원(농림업, 어업, 공업, 상업 등)

(4) 관광객 행동 패턴(C.A. Gunn의 분류)

① 주유형 관광자원: 볼거리, 살거리(축제나 쇼핑 등), 친구나 친척 등
→ 친구를 보러 가서 하는 행동, 보는 것 등이 관광에 포함되기 때문인 것으로 생각

② 체재형 관광자원: 숙박을 하면서 즐기는 것, 캠핑장 같은 종류

③ 숙박 여부가 분류의 중요한 기준

(5) 자원의 이용 성격 및 토지이용단위

① 자원이나 문화재 자원이 일정한 토지이용단위로 개발되지 않고서는 그 자체의 매력을 충분히 발휘하지 못한다는 사실에서 착안

② 그러나 개별 분류 시 난잡해진다는 단점

③ 자연자원

④ 문화자원

⑤ 혼합자원

(6) 자원의 가시성

① 유형관광자원: 자연관광자원(위치, 기후, 지형, 동물, 식생 등), 인문관광자원(문화 관광자원, 산업 관광자원)

② 무형관광자원: 인적 관광자원(국민성, 풍속, 습관, 언어, 예절 등), 비인적 관광자원(고유종교, 철학, 사상체계, 역사, 제도, 문학 등)

→ 사람을 접해봐야 알 수 있는 것들과 굳이 사람을 직접 접하지 않더라도 책이나 문서화된 정보 등을 통해서도 충분히 알 수 있는 것.

〈표 6-2〉 **관광자원 유형**

유형	자원명
자연관광자원	산악, 구릉, 호수, 하천, 계곡, 폭포, 평원, 산림, 동식물, 해안, 지질, 온천, 지형, 천문, 기상, 도시, 자연현상, 전망대
문화관광자원	고고학적 유적, 사적, 건축물, 유형문화재, 무형문화재, 기념물, 민속자료, 공원, 향토민속예술제, 박물관, 미술관, 조각 등
사회관광자원	풍속, 행사, 생활, 예술, 종교, 교육, 사상, 철학, 스포츠, 음악, 무용, 국민성, 음식, 사회형태, 인정, 예절 등
산업관광자원	공업단지, 유통단지, 관광목장, 백화점, 견본시, 전람회, 전시회, 사회공공시설, 농업 생산공정, 상업 등
레크리에이션 자원	캠프장, 수영장, 어린이대공원, 놀이시설, 레저타운, 수렵장, 낚시터, 쇼핑센터, 카지노, 보트장, 카누장, 승마장, 경마장 등

2) 관광자원의 분류

(1) 자연적 자원

① 기후풍토: 계절에 따른 기후풍토

② 풍경: 산악, 고원, 평원, 삼림, 목장, 하천, 개천

③ 온천: 각종 온천

④ 천연기상: 안개, 눈

⑤ 동·식물: 열대식물, 물고기

⑥ 도시공원

(2) 문화적 자원

① 유형문화재: 연극, 음악, 공예기술

② 민속자료: 생업, 신앙, 이식물, 연중행사

③ 기념물: 고분, 유적, 정원, 교량, 협곡, 해변, 산악, 예술

(3) 사회적 자원

① 풍속행사: 풍속, 전설, 신화, 국민성

② 민족성: 이종문화의 동화과정, 생활

③ 음식: 고유의 생활 및 각종 음식

④ 예술, 스포츠: 고전적, 근대적

⑤ 교육문화시설: 문학, 의사당, 고속도로, 고아원, 탁아소, 양로원, 미술전시회, 도서관

(4) 산업적 자원

① 공장시설: 공장의 각종 기계설비, 제조공정, 기술연구소

② 농장 및 목장: 과수원, 목장시설

③ 사회공공시설: 항만, 댐, 운하, 교통시설

④ 전시회: 각종 전시회

4. 관광자원의 가치결정요인

1) 관광자원 가치의 개념

관광자원의 가치는 크게 이용가치(use value)와 비이용 가치(non-use value)의 합으로 나타낼 수 있다. 실제 상품이나 서비스라는 대상재화를 이용한 사람이 향유한 가치를 이용가치라고 하며, 현재에는 이용하지 않으나 향후 미래에 사용할 선택권을 유보해놓거나 혹은 후세에 물려주는 데 부여하는 가치를 비이용 가치라고 한다. 즉, 관광자원의 총가치는 이용가치와 비이용 가치를 합한 개념이다(관광자원의 총가치＝이용가치＋비이용 가치).

이용가치는 특정 재화나 용역에 대해 실제적으로 소비하거나 만지거나 체험하는 일련의 소비행위를 지칭하므로 관광상품과 관련한 일련의 소비행위로서 관광자원의 보전을 통해 생성되는 생태관광상품, 경관조성, 수질개선, 관광자원에 대한 보전적 이용 등의 소비도 이용가치의 범주 내에 포함된다.

2) 관광자원 가치결정 요인

(1) 접근성(Accessiblity)

① 접근성은 관광객의 거주지에서 목적지까지 근접성에 근거한 개념으로 관광객의 행동에 큰 영향을 미치게 된다.

② 물리적인 거리보다는 시간과 비용에 의한 경제적 거리, 나아가서는 관광동기에 따른 심리적 거리에 의해 관광자원에 접근, 예컨대 거리가 멀더라도 TV 등으로 자주 접한 경험이 있다면 방문가능성이 높다.

(2) 매력성(Attractiveness)

① 다양한 자원이 집중되어 있으면 관광지 방문 매력성이 상승하게 된다.

② 관광자원의 홍보를 많이 할수록 매력성이 상승하게 된다.

(3) 이미지(Image)

① 관광지에 대한 관광객이 가지고 있는 이미지가 여행참여를 유도하게 된다.
② 관광객은 관광지의 이미지에 근거해 관광지 방문 여부를 결정하게 된다.

(4) 관광시설(Tourism Facilities)

① 관광시설 자체는 단독적인 관광객 유인대상이 아니다. 하지만 관광자원으로서의 가치를 향상시키는 역할을 한다.
② 관광시설 종류에는 숙박시설, 유원시설, 식당시설, 휴게시설, 관광안내시설 등으로 구성되어 있다.

(5) 하부구조(Infrastructure)

① 관광객이 관광지 혹은 관광자원에 접근하는 데 이용되는 교통수단시설, 관광편의를 제공하는 전기 및 통신시설, 상하수도시설, 의료시설 등이 관광지 방문 여부에 영향을 미칠 수 있다.
② 하부구조는 관광의 주된 목적은 아니지만, 기초적인 편의를 제공하는 역할을 하고 있다.

제2절 관광자원의 유형별 특징

1. 자연적 관광자원

자연적 관광자원은 관광자원 중 가장 원천적인 것으로, 날것 그대로의 사람의 손을 거치지 않은 상태이다. 예를 들면, 산지・하천・해안・온천 등이 있으며, 존재만으로 관광자원으로서 가치가 뛰어난 것들이다. 개별적인 관광가치보다는 결합에 의한 시너지 효과의 창출이 중요하며, 관광자원의 질적 수준을 유지하기 위해 보존과 보호가 필수적인 요소이다.

2. 문화적 관광자원

문화적 관광자원은 일정한 지역 공간에서 공동체를 이루어 생활해오는 과정 중 형성된 언어 · 사상 · 신앙 · 예술 · 정치 · 사회제도 등 역사적 · 예술적으로 가치를 가지는 유 · 무형을 포함하는 문화재 자원, 민속자료, 기념물 등이 해당된다. 이는 민족적 자긍심과 자신감을 한 부분으로 전국에 골고루 분포되어 있는 것이 특징이다. 대표적으로 국보, 보물, 국가 무형문화재, 건조물, 사적, 사찰 및 박물관, 향토민속예술제 등이 우리의 중요한 문화적 관광자원이다.

문화재 지정은 문화재위원회의 심의를 거쳐 문화재청장이 지정하게 된다. 시 · 도지사는 관할구역 안에서 국가지정 문화재로 지정되지 않은 문화재 중 보존가치가 있다고 인정되는 것을 시 · 도문화재로 지정할 수 있다.

3. 사회적 관광자원

사회적 관광자원은 문화를 배경으로 창조한 역사와 전통, 그리고 과거의 생활상을 더듬어 보고 현재의 발전상을 이해할 수 있는 사회규범적인 무형의 생활양식이라고 할 수 있다. 관광자원에 있어 문화적 관광자원이 시각적으로 감상할 수 있는 유형적인 용구문화의 속성이라고 한다면, 사회적 관광자원은 그 용구문화를 창조해낼 수 있었던 사회규범적인 무형의 생활양식을 뜻한다. 따라서 유형문화재인 용구문화는 사회 규범적인 생활양식의 결과적 소산이 되는 것이다.

사회적 관광자원에는 도시의 문화환경(도시관광), 생활문화, 지역의 역사와 민속 및 풍습, 사람들의 소박한 인정, 국민성과 이에 따른 생활자료, 그리고 각종 제도와 문화교육도 포함된다. 또한 역사와 전통, 민족성, 세시풍속, 연중행사, 통과의례, 절기와 생활, 환대 및 인정, 생활양식, 사회형태, 전통예술(음악, 무용), 교육, 종교, 민간신앙, 사상 및 철학, 신화전설 민담, 전통적 스포츠, 향토축제, 향토 특산물 및 음식, 전통주 등이 속한다.

1) 도시관광

도시관광의 대상은 도시 자체가 지니고 있는 매력과 자연적 인문적 자원, 각종 위락시설 및 서비스 등을 포함한다. 도시관광은 관광객, 관광자원, 관광기업, 도시주민 등이 도시라는 공간 내에서 상호작용하는 가운데 이루어지는 총체적 현상이라고 할 수 있다. 도시의 기능 및 자원시설 등의 성격에 의해 상업도시, 문화도시, 행정도시 등으로 구분될 수 있다.

모든 도시는 그 형성과정이나 수행하는 주기능, 보유시설 등에 의해 독특한 인문 관광자원 또는 자연 관광자원을 어떤 형태로든 보유하고 있다. 특별한 관광자원이 없더라도 창의적인 아이디어와 지속적인 관광상품 개발 노력으로 자원성을 보완하거나 특성화시켜 관광객의 방문 동기를 유발하고 있다.

박물관, 공원, 극장, 역사적인 장소, 최신식 건물, 쇼핑, 식사, 도시경관 등 우수한 관광자원을 보유하고 있는 도시들은 런던, 파리, 샌프란시스코, 서울, 도쿄, 로마, 베이징 등이 있는데, 이들은 농어촌 지역과 같은 비도시 지역이 제공할 수 없는 독특하고 다양한 여가, 관광, 레크리에이션 기회를 제공하고 있다.

스페인의 돌레도・세고비아, 독일의 하이델베르크, 에스토니아의 탈린, 그리스의 아테네 등의 도시들의 역사는 역사적인 건축물이나 기념물 등의 문화관광자원이 풍부하여 오래 전부터 세계 각국으로부터 많은 관광객을 유치하고 있다.

미국의 라스베이거스・올랜도 등의 도시는 특별한 자연적 관광자원이나 문화적 관광자원은 없지만 관광시설을 개발하여 외래객을 유치하고 있으며, 독특한 관광위락 서비스, 문화예술, 이벤트 서비스 등을 관광객에게 제공하여 경제적・사회적・문화적으로 급속한 발전을 하고 있다. 이와 같은 도시들은 자기 도시 내의 관광숙박시설이나 관광위락시설들, 도시 전체의 경관과 거리 모습이 타 도시나 지역보다 훨씬 더 매력적으로 되도록 주안점을 두고 도시행정의 방향, 공공사업의 운영을 추진해가고 있다.

도시관광자원은 도시의 구조형태, 기능, 이미지의 측면에서 여러 형태로 분류할 수 있다. 도시의 구조형태는 하드웨어로서 도시를 구성하는 자연자원, 각종 시설, 건축물, 도로, 공원, 녹지 등을 의미하며, 하와이의 호놀룰루, 캐나다의 벤쿠버・퀘백, 호주의 시드니 등은 이를 적절히 활용하여 도시의 아름다움을 크게 한 도시이다.

도시기능과 관련된 관광자원으로는 박물관, 미술관, 음악관, 역사유적지, 문화재, 주요 이벤트, 스포츠 행사, 축제, 전통 토산품, 전통예술 공연, 민속, 풍속 등의 문화적 · 사회적 자원을 들 수 있다. 대표적인 예로는 미국 뉴욕시의 맨해튼 내 사우스 길 씨포트 지역, 브로드웨이 거리, 동경시의 하라주쿠 거리, 빈 음악의 거리 등이 있다.

2) 교육문화 사회시설

교육문화 사회시설에는 대학교, 국회의사당, 공항, 성당, 문화회관, 미술관, 스포츠 경기장 등이 해당된다.

3) 문화행사

문화행사는 민속놀이나 민속 문화행사 등 역사적 의미가 있는 전통문화 행사뿐만 아니라 현재 우리가 공유하고 있는 생활양식 전부를 포함하는 모든 행사를 뜻하며, 문화적 가치를 표현하거나 내재하고 있는 모든 행사를 총칭한다.

문화행사는 단순한 행사의 유형을 넘어 인간의 정신과 물질세계 모두를 포함하는 총체적인 개념을 바탕으로 타 지역의 생활양식이나 전통적 행동양식을 행위의 총체라고 할 수 있다.

우리나라의 주요 문화행사로는 강릉단오제, 백제문화제, 신라문화제, 이천도자기축제 등이 있으며, 안동국제탈춤축제, 보령머드축제, 인사동의 거리축제 등이 있다.

4) 향토 특산물과 향토 음식

관광기념품에는 공예품류와 특산식품으로 분류할 수 있다. 정부에서는 전통공예품으로 상품의 가치가 있고 개발이 가능한 것은 관광특산품으로 품목을 선정해서 중점적으로 육성하고 있다. 선정된 관광특산품은 지방의 특색을 살린 쇼핑관광으로 유도되어야 하고, 지역성과 밀착된 특산물의 산지를 알리면서 생산과정의 견학 등을 상품화할 수 있어야 한다. 또한 심미성 · 실용성 등을 고려하고 디자인 포장 등 연구개발에도 관심을 가져야 한다. 지속적으로 발전하고 있는 식품가공기술 및 포장기술을 발판으로 많은 종류의 특산식품이나 향토 요리들이 보존 및 운반이 가능한 관광기념품으로 판매되고 있다.

역사적 · 문화적 가치를 지니는 향토 음식과 향토 주(酒)를 지역문화 차원에서 보존하며, 지역의 관광상품으로 개발하기 위해 노력하고 있다. 미식 추구 및 식도락 여행, 미식탐방

여행의 증가추세로 홍콩과 싱가포르 요리 축제 등은 이미 익숙한 관광상품이 되어 있다. 관광객이 관광지의 생활을 직접 체험하고 대화를 나누며 음식물을 접하게 되면, 서로 간의 이해를 돕고 한층 친밀감을 갖는 계기가 될 수 있다.

5) 민속마을

민속마을과 민속촌은 그 나라의 민속적인 삶을 종합적으로 재현하고 있는 곳으로 많은 관광객이 찾고 있다. 우리나라의 민속 마을을 보면 용인의 한국민속촌, 제주 민속촌, 안동 하회마을, 성읍 민속마을 등이 있다.

4. 산업적 관광자원

산업적 관광자원은 내국인에게 자국의 산업시설과 생산공정을 견학・시찰하게 하여 자국의 산업수준에 대한 자부심을 주는 관광자원이다. 산업시설을 이용한 관광자원으로 외국인 관광객들에게는 기술교류 등을 통해 국제관계 개선 및 경제적 이익을 발생시키기도 한다. 따라서 산업적 관광자원 개발은 창출되는 부가가치가 높아 전 세계적으로 발전시키고자 하고 있으며, 이는 관광현상의 발전적인 모습이라 할 수 있다.

각국은 관광객에게 산업적 관광자원인 농업・임업・수산업・공업・상업 등 각종 산업시설의 견학・시찰・체험 등을 통해 그 나라의 산업수준에 감동하고, 교양 및 자기지식 확대의 욕구를 충족시킬 수 있도록 시설・기술・생산공정・생산품을 시찰하게 하고 있다.

농림관광자원에는 농장, 목장, 관광농원, 농어촌 휴양단지, 주말농장, 농어촌 민박 등이 포함되고, 임업관광자원의 대표적인 예로는 산림의 휴양기능을 부각하기 위해 조성된 자연휴양림을 들 수 있다. 이곳에서는 쾌적한 분위기에서 휴식을 할 수 있다.

어촌관광자원에는 어장, 다기능 어항, 어촌관광 단지 등이 포함되고, 상업관광자원에는 박람회, 전시회, 견본시장, 일반시장, 쇼핑, 백화점, 과일시장, 재래시장, 현대시장 등이 속하며, 재래시장의 구체적인 장소로는 담양의 죽세공품시장, 강화의 황누석 시장, 성남의 모란장 등이 있다. 현대시장으로는 남대문시장, 동대문시장, 인사동, 이태원, 압구정 로데오거리, 명동 등이 있다.

공업관광자원으로는 수출자유지역, 수출산업 공업단지, 지역 공업단지, 민간 공업단지, 중화학 공업단지, 제철공장, 자동차 공장, 가전공장, 방직공장, 목공예, 맥주공장 등의 공장시설, 기술, 생산공정, 생산품 등이 속하고, 산업공공시설로는 항만, 발전용 댐, 하이웨이, 철도 등이 있다.

산업관광은 선진국들이 실시하는 특수목적관광으로 프랑스 등의 선진국들은 산업관광자원을 통해 산업·기술·국력을 대외적으로 과시 또는 홍보하여 고부가가치를 창출하고 있다.

일반관광은 오락·휴양을 주 내용으로 하지만 산업관광은 기술과 지식습득을 주요 내용으로 하기 때문에 관광객의 지적수준이 높으며, 체재기간이 길고, 주로 선진국이 후진국을 대상으로 판매하고 있다.

5. 오락적 관광자원

오락적 관광자원은 독특한 오락 서비스와 인위적인 관광시설을 갖추고 관광객들에게 자주적 또는 자기발전을 할 수 있으며, 생활의 변화 추구라는 인간의 기본 욕구를 충족시켜 주는 관광자원으로서 그 비중이 점차 높아지고 있다.

오락적 관광자원은 경제발전으로 인해 오락시설에 대한 수요 증가로 등장한 관광자원으로 다른 관광자원과 달리 일부는 자연환경을 배경으로 형성되지만, 시설지향적 성격이 강하며 젊은 층에 인기가 많다. 대표적인 시설로는 수영장, 쇼핑센터, 스키장, 카지노, 레저타운 등이다.

오락적 관광자원은 공간에 따라 구분하게 되면 자연공간형과 도시공간형으로 다음과 같다.

① 자연공간형
  ⓐ 주제형: 동물, 식물, 어류 정원 등의 테마파크
  ⓑ 활동형: 리조트, 바다, 산, 온천 등의 테마파크
② 도시공간형
  ⓐ 주제형: 산업, 과학, 풍속, 구조물 등의 테마파크
  ⓑ 활동형: 스포츠, 놀이, 건강, 예술 등의 테마파크

최근의 관광추세는 보다 높은 삶의 질을 추구하는 방향으로 다양화·고급화되고 있으며, 급속한 도시화와 산업화로 인해 다양한 형태의 오락적 관광상품이 필요에 의해 개발되고 있다. 예를 들면, 리조트, 테마파크, 카지노, 골프장, 스키장, 수영장, 놀이시설, 워터파크, 캠프장, 카누장, 승마장, 경마, 경륜, 레저타운, 수렵장, 낚시터, 보트장, 나이트클럽 등이 이에 속한다.

1) 리조트

리조트는 일상 생활권에서 벗어나 여가를 즐기기 위해 일정 장소에 음식, 숙박시설, 오락시설, 민속·문화자원시설, 관람시설, 농어촌 휴양시설, 레저시설 등의 적합한 시설을 갖추고 재방문을 유도하는 종합휴양지로 정의하고 있다. 즉, 리조트는 일정 규모의 지역에 레크리에이션·스포츠·상업·문화·교양·숙박 등을 위한 시설들이 복합적으로 갖추어져 있으며, 스키장·골프장·온천(수영장)·놀이시설 등 고객유치를 위한 사계절형 시설들이 집적된 종합휴양지이다.

2) 테마파크

테마파크는 일정한 테마로 전체 환경을 만들어서 쇼와 이벤트로 공간 전체를 연출하는 레저시설이다. 특정의 주제를 중심으로 한 비일상적인 공간창조를 목적으로 시설과 배타적이면서도 통일적으로 이루어지는 오락공원이 대표적이다.

테마파크는 재래의 다양한 놀이시설이나 환상 및 과학 등을 중심으로 한 주제공원뿐만 아니라, 하나 또는 두 가지 이상의 뚜렷한 주제 아래에서 문화·오락·교육·여가선용 등의 목적을 적극적으로 달성하기 위해 조성된 공원은 모두 테마파크라 할 수 있다.

예를 들어, 예술작품의 전시 감상을 목적으로 한 조각공원, 어린이들의 질서 및 안전교육을 위한 교통공원, 특별한 매력요소를 주제로 도입한 물의 공원, 자연환경 학습장이 되도록 조성한 환경생태공원 등이 테마파크에 포함될 수 있다.

새로운 레저랜드, 리조트의 한 형태로 주제를 전면에 내세워 통일된 정책 아래 전개되는 테마파크에는 폴리네시안 민속촌, 월트디즈니 월드 등이 대표적이다. 특히 1955년 등장한 디즈니랜드는 연령·성별·국적을 불문하고 많은 사람의 호응을 얻음으로써 기존의 유원지 형태로부터의 전환점을 갖는 역사적 의미를 지니고 있다.

3) 카지노

카지노는 여러 가지 오락 활동을 즐길 수 있는 연회장이라 할 수 있다. 최근에는 세계적인 확산 추세로 가속화되고 있고, 대형화 테마파크화 되는 추세이다. 세계적으로 유명한 카지노는 미국의 라스베이거스 · 애틀랜타의 카지노를 비롯하여 몬테카를로(모나코 왕국)의 카지노, 남프랑스의 칸과 니스 등이 있다.

오늘날 대부분의 국가는 카지노 사업을 합법화하여 첨단 관광사업으로 장려함으로써 외화획득, 고용창출, 세수확보, 지역발전 등의 경제활성화를 도모하고 있다.

따라서 카지노는 관광산업의 발전과 크게 연관되어 있으며, 특히 관광호텔 내에 위치하여 관광객에게 게임 · 오락 · 유흥을 제공하여 체재기간을 연장하고, 관광객의 소비를 증대시키는 관광산업의 주요 부문이라 할 수 있다.

6. 관광 · 레크리에이션 관광자원

주제공원은 "어떠한 테마를 설정하여 그 테마를 실현시키고자 제반시설, 구경거리, 음식, 쇼핑 등 종합적인 위락공간을 구성하여 방문객들로 하여금 놀이에서 휴식까지 하나의 코스를 즐기도록 하는 위락시설"로 정의하고 있다.

① 오락 및 오락시설에 대한 수요 증대로 관광 · 레크리에이션 자원을 따로 분류하고 있다.

② 주제공원(theme park)이 대표적인 자원이고, 관광객들에게 새롭고 흥미로운 시설을 제공하면서 새로운 형태의 서비스를 창출하여 앞으로 관광자원개발의 방향성을 제시한다는 면에서 중요한 의의를 가지게 된다.

③ 대표적인 주제공원으로는 디즈니랜드와 디즈니월드가 있다.

④ 디즈니랜드는 1955년 애너하임에 개장한 미국뿐만 아니라 전 세계의 유명 도시에서 운영되고 있다.

⑤ 디즈니월드는 디즈니랜드의 성공 이후 더 크고 다양한 시설을 갖춘 테마파크 건설을 시도하였으며, 1982년 플로리다 주에 개장하였다.

⑥ 한국에서는 주제공원의 성격을 띤 관광자원으로 1976년 개장한 용인 자연농원을 효시로 보고 있으며, 현재에는 삼성 에버랜드로 명칭을 변경하였다. 본격적인 주제공원 개

발은 1989년 롯데월드의 개방으로 일반인들의 인식이 확산되었으며, 계절과 기후에 상관없이 언제든지 이용할 수 있는 시설이 되었다.

제3절 유네스코 세계유산

1. 세계유산의 개념 및 등재기준

1) 세계유산의 개념

(1) 세계유산의 의의

유산이란 우리가 선조로부터 물려받아 오늘날 그 속에 살고 있으며, 앞으로 우리 후손들에게 물려주어야 할 자산이다. 자연유산과 문화유산 모두 다른 어느 것으로도 대체할 수 없는 우리들의 삶과 영감의 원천이다.

유산의 형태는 독특하면서도 다양하다. 아프리카 탄자니아의 세렝게티 평원에서부터 이집트의 피라미드, 호주의 산호초와 남미대륙의 바로크 성당에 이르기까지 모두 인류의 유산이다. 세계유산이라는 특별한 개념이 나타난 것은 이 유산들이 특정 소재지와 상관없이 모든 인류에게 속하는 보편적 가치를 지니고 있기 때문이다.

[그림 6-1] 세계유산의 정의

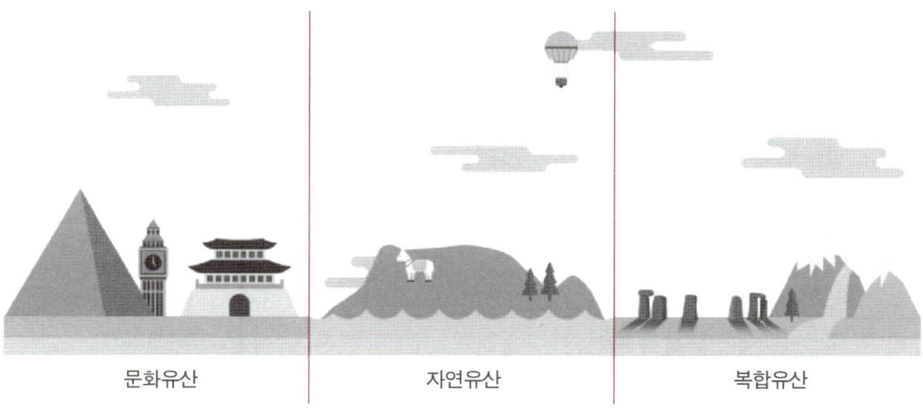

유네스코는 이러한 인류보편적 가치를 지닌 자연유산 및 문화유산들을 발굴 및 보호, 보존하고자 1972년 세계 문화 및 자연유산 보호협약(Convention concerning the Protection of the World Cultural and Natural Heritage: 약칭 '세계유산협약')을 채택하였다.

(2) 세계유산 총정리

유네스코는 1945년 제2차 세계대전 후 세계평화와 인류발전에 기여하기 위해 만들어진 국제기구로서, 영국 런던에서 유네스코 헌장을 발표하며 창설되었고 본부는 프랑스 파리에 있다.

문화유산

① 기념물: 기념물, 건축물, 기념 조각 및 회화, 고고 유물 및 구조물, 금석문, 혼합 유적지 가운데 역사 · 예술 · 학문적으로 탁월한 보편적 가치가 있는 유산이다.

② 건조물군: 독립되어 있거나 또는 이어져 있는 구조물들로서 역사상 · 미술상 탁월한 보편적 가치가 있는 유산이다.

③ 유적지: 인공의 소산 또는 인공과 자연결합의 소산 및 고고 유적을 포함한 구역에서 역사상 · 관상상 · 민족학상 · 인류학상 탁월한 보편적 가치가 있는 유산이다.

자연유산 무기적 또는 생물학적 생성물들로부터 이룩된 자연의 기념물로서 관상상 또는 과학상 탁월한 보편적 가치가 있는 것이다. 지질학적 및 지문학적 생성물과 이와 함께 위협에 처해 있는 동물 및 생물의 종의 생식지 및 자생지로서, 특히 일정 구역에서 과학상 · 보존상 · 미관상 탁월한 보편적 가치가 있는 것을 과학 · 보존 · 자연미의 시각에서 볼 때 탁월한 보편적 가치를 주는 정확히 드러난 자연지역이나 자연유적지를 자연유산이라 한다.

복합유산 문화유산과 자연유산의 특징을 동시에 충족하고 있는 유산이다. 우리나라는 1950년 6월 14일 파리에서 개최된 제5차 유네스코 총회에서 정식으로 회원에 가입하였으며, 1987년부터 집행위원국으로 선출되었다. 그리고 1987년부터 16년간 집행이사회에 선출되기도 했다(북한은 1974년 가입). 유네스코에서 지정하는 세계유산에는 세계유산, 무형문화유산, 세계기록유산 등이 있으며 별도로 생물권 보존지역과 세계지질공원을 지정하고 있다.

한국의 유네스코 세계문화유산인 문화유산과 자연유산은 다음과 같다. 유네스코에서 지정된 유산으로 세계유산은 총 1,121곳 중 우리나라는 16곳, 무형문화유산은 총 498건 중

21건, 세계기록유산은 총 432건 중 16건이 등재되어 있다. 현재 유네스코 회원국에는 204개국(정회원국 193, 준회원국 11)이 있으며, 우리나라의 세계문화유산에 등재된 건수는 상대적으로 많은 편에 속한다. 그만큼 우리나라의 역사가 오래되고 민족유산이 많은 것으로 볼 수 있다.

세계유산은 1972년 유네스코가 채택한 '세계 문화 및 자연유산 보호협약'을 근거로 하는 전 인류가 함께 보호하고 후세대에 물려주어야 할 중요한 유산이다. 세계유산협약에 가입한 국가들이 자국 내 유산 중 '탁월한 보편적 가치(outstanding universal value)'를 지닌 유산을 세계유산으로 등재하기 위해 신청하면, 자문기구의 평가를 바탕으로 세계유산위원회가 등재 여부를 결정하게 된다.

우리나라는 가장 최근인 2021년 7월에 서남해 4개 지역의 갯벌이 일괄 지정된 한국의 갯벌이 포함되었으며, 2023년 9월에는 가야고분군이 한국의 16번째 세계유산으로 등재되었다. 우리나라는 문화유산 14건과 자연유산 2곳으로 지정되어 있다.

인류무형문화유산 대표목록은 관련 공동체나 집단 등이 등재신청에 동의하고, 적절한 보호대책이 수립되어 있을 경우 당사국의 신청에 따라 무제한으로 등재할 수 있다. 장기적으로 대표목록은 일종의 국가별 무형문화유산 목록을 집대성한 것으로 볼 수 있다.

2) 세계유산 등재기준

세계기록유산은 영향력, 시간, 장소, 인물, 주제, 형태, 사회적 가치, 보존상태, 희귀성 등을 기준으로 선정된다. 기록유산은 일국 문화의 경계를 넘어 세계의 역사에 중요한 영향력을 미치게 되고, 세계적인 중요성을 갖거나 인류역사의 특정한 시점에서 세계를 이해할 수 있도록 두드러지면서 향후 기록문화의 중요한 표본이 되는 경우이다. 예를 들면, 야자수 나뭇잎 원고와 금박으로 기록된 원고, 근대 미디어 등과 같은 매체로 된 기록유산도 있을 수 있다.

세계유산은 '탁월한 보편적 가치(OUV: Outstanding Universal Value)'를 갖고 있는 부동산 유산을 대상으로 한다. 따라서 세계유산 지역 내 소재한 박물관에 보관한 조각상・공예품・회화 등 동산 문화재나 식물・동물 등은 세계유산의 보호대상에 포함되지 않는다.

어떤 유산이 세계유산으로 등재되기 위해서는 한 나라에 머물지 않고 탁월한 보편적 가치가 있어야 한다. 세계유산 운영지침은 유산의 탁월한 가치를 평가하기 위한 기준으로 다음과 같이 10가지 가치평가기준을 제시하고 있다.

기준 Ⅰ부터 Ⅵ까지는 문화유산에 해당되며, Ⅶ부터 Ⅹ까지는 자연유산에 해당된다. 이러한 가치평가기준 외에도 문화유산은 기본적으로 재질이나 기법 등에서 유산이 진정성(authenticity)을 보유하고 있어야 한다. 또한 문화유산과 자연유산 모두 유산의 가치를 보여줄 수 있는 제반 요소를 포함해야 하며, 법적·제도적 관리정책이 수립되어 있어야 세계유산으로 등재될 수 있다.

세계유산 등재기준을 다음과 같이 정리할 수 있다.

〈표 6-3〉 **세계유산 등재기준**

구분	기준		사례
문화유산	Ⅰ	인간의 창의성으로 빚어진 걸작을 대표할 것.	호주 오페라 하우스
	Ⅱ	오랜 세월에 걸쳐 또는 세계의 일정 문화권 내에서 건축이나 기술 발전, 기념물 제작, 도시계획이나 조경 디자인에 있어 인간가치의 중요한 교환을 반영할 것.	러시아 콜로멘스코예 성당
	Ⅲ	현존하거나 이미 사라진 문화적 전통이나 문명의 독보적 또는 적어도 특출한 증거일 것.	태국 아유타야 유적
	Ⅳ	인류 역사에 있어 중요 단계를 예증하는 건물, 건축이나 기술의 총체, 경관유형의 대표적 사례일 것.	서울 종묘
	Ⅴ	특히 번복할 수 없는 변화의 영향으로 취약해졌을 때 환경이나 인간의 상호작용이나 문화를 대변하는 전통적 정주지나 육지, 바다의 사용을 예증하는 대표 사례일 것.	리비아 가다메스 옛 도시
	Ⅵ	사건이나 실존하는 전통, 사상이나 신조, 보편적 중요성이 탁월한 예술 및 문학작품과 직접 또는 가시적으로 연관될 것(다른 기준과 함께 적용 권장).	일본 히로시마 원폭돔
	* 모든 문화유산은 진정성(authenticity: 재질, 기법 등에서 원래 가치 보유) 필요		
자연유산	Ⅶ	최상의 자연현상이나 뛰어난 자연미와 미학적 중요성을 지닌 지역을 포함한 것.	케냐 국립공원, 제주 용암동굴·화산섬
	Ⅷ	생명의 기록이나 지형발전 상의 지질학적 주요 진행과정, 지형학이나 자연지리학적 측면의 중요 특징을 포함해 지구 역사상 주요 단계를 입증하는 대표적 사례일 것.	제주 용암동굴·화산섬
	Ⅸ	육상, 민물, 해안 및 해양 생태계와 동·식물 군락의 진화 및 발전에 있어 생태학적·생물학적 주요 진행과정을 입증하는 대표적 사례일 것.	케냐 국립공원
	Ⅹ	과학이나 보존 관점에서 볼 때 보편적 가치가 탁월하고 현재 멸종위기에 처한 종을 포함한 생물학적 다양성의 현장 보존을 위해 가장 중요하고 의미가 큰 자연 서식지를 포괄할 것.	중국 쓰촨 자이언트팬더 보호구역
공통	• 완전성(integrity): 유산의 가치를 충분히 보여줄 수 있는 충분한 제반 요소 보유 • 보호 및 관리체계: 법적·행정적 보호제도, 완충지역(buffer zone) 설정 등		

자료: 유네스코 한국위원회.

3) 무형문화유산 등재정책

무형문화유산의 정의 및 특성(무형유산협약 제2조)에 따라 언어 그 자체나 인권에 관한 국제규범에 반하는 전통은 무형문화유산 목록 등재대상이 되지 않는다.

〈표 6-4〉 **긴급보호가 필요한 무형문화유산 대표목록 등재기준**

기준	내용
기준 1	무형유산협약 제2조에서 규정하는 무형문화유산에 부합할 것.
기준 2	관련 공동체나 집단, 개인 또는 당사국의 노력에도 불구하고 소멸위협에 처해 있어 긴급한 지원이 필요한 경우
기준 3	즉각적인 보호조치가 없으며, 곧 소멸될 정도로 극도로 긴급한 상황에 놓여있을 것.
기준 4	관련 공동체, 집단, 개인이 계속 실연하고 전승할 수 있도록 보호조치가 마련되어 있을 것.
기준 5	관련 공동체, 집단, 개인들이 자유롭게 사전인지 동의(free, prior, informed consent)하고, 가능한 최대한 폭넓게 신청과정에 참여할 것.
기준 6	신청유산이 당사국 무형문화유산 목록에 포함되어 있을 것.

주: 이와 별도로, 극도로 긴급한 상황인 경우 무형유산위원회는 관련 당사국과 적절한 협의를 거쳐 해당 유산을 긴급보호무형유산목록에 등재할 수 있음.

〈표 6-5〉 **무형문화유산 대표목록 등재기준**

기준	내용
기준 1	무형유산협약 제2조에서 규정하는 무형문화유산에 부합할 것.
기준 2	대표목록 등재가 해당 유산의 가시성 및 중요성에 대한 인식 제고, 문화 간 대화에 기여하며, 아울러 세계 문화다양성 반영 및 인류의 창조성을 입증할 것.
기준 3	신청유산에 대한 적절한 보호조치가 마련되어 있을 것.
기준 4	관련 공동체, 집단, 개인들이 자유롭게 사전인지 동의(free, prior, informed consent)하고, 가능한 최대한 폭넓게 신청과정에 참여할 것.
기준 5	신청유산이 당사국 무형문화유산 목록에 포함되어 있을 것.

4) 세계유산의 주요 기준

① 유산의 진정성(authenticity): 해당 유산의 본질 및 기원(유래)을 증명할 수 있는 정품일 것.

② 독창적(unique)이고 비(非) 대체적(irreplaceable)인 유산: 특정 기간 또는 특정 지역에

지대한 영향력을 끼쳤음이 분명한 경우, 해당 유산의 품질이 하락한다면 인류유산의 발전에 심각한 해악을 끼치리라 판단되는 경우

③ 세계적 관점에서 유산이 가지는 중요성, 즉 한 지역이 아닌 세계적으로 어떠한 영향을 끼쳤는지 여부, 그리고 아래의 5가지 요소들 중에 반드시 한 가지 이상으로 그 중요성을 증명할 수 있어야 함.

ⓐ 시간(time): 국제적인 일의 중요한 변화의 시기를 현저하게 반영하거나 인류 역사의 특정한 시점에서 세계를 이해할 수 있도록 이바지하는 경우

ⓑ 장소(place): 세계 역사와 문화의 발전에 중요한 기여를 했던 특정 장소와 지역에 관한 주요한 정보를 담고 있는 경우

ⓒ 사람(people): 전 세계 역사와 문화의 중요한 주제를 구현하고 있는 경우

ⓓ 대상 / 주제(subject / theme): 세계 역사와 문화의 중요한 주제를 구현하고 있는 경우

ⓔ 형태 및 스타일(form and style): 뛰어난 미적 · 형식적 · 언어적 가치를 가지거나 형태 및 스타일에서 중요한 표본이 된 경우

5) 세계유산의 보조요건

① 희귀성(rarity): 독특하거나 희귀한 자료

② 원 상태로의 보존(integrity): 온전한 하나의 전체로서 보존되어 있는 경우

③ 위협(threat): 해당 유산이 각종 위험 요소에서 안전한지 또는 안전을 담보할 수 있는 경비조치가 적절한지의 여부

④ 관리계획(management plan): 해당 유산의 중요성에 비추어 적절한 보존 및 접근 전략의 존재 여부

2. 세계유산의 종류

1) 세계유산

2023년 현재 세계유산은 전 세계 167개국에 분포되어 있으며 총 1,199점(2023년 등재기준), 무형문화유산 677건(2022년 등재기준), 세계기록유산 494건(2023년 등재기준)이 등재되어 있다.

2023년 우리나라의 세계유산은 '해인사 장경판전(1995년),' '종묘(1995년),' '석굴암 · 불국사(1995년),' '창덕궁(1997년),' '수원화성(1997년),' '고창 · 화순 · 강화 고인돌 유적(2000년),' '경주역사유적지구(2000년),' '제주 화산섬과 용암동굴(2007년),' '조선왕릉(2009년),' '한국의 역사마을: 하회와 양동(2010년),' '남한산성(2014년),' '백제역사유적지구(2015년),' '산사, 한국의 산지승원(2018년),' '한국의 서원(2019년),' '한국의 갯벌(2021년),' '가야고분군(2023년)'으로 총 16점이 있다.

2) 세계유산 잠정목록

잠정목록은 세계유산등록 등재를 희망하는 회원국들이 작성한 자국의 유산목록이다. 회원국들은 잠정목록에 인류보편적 가치를 지닌 자연 및 문화유산으로서 세계유산목록에 등재하기에 적절하다고 생각되는 유산들을 포함시킨다.

회원국들은 지역 담당자, 지역단체, 무정부단체 등 다양한 이해관계자들이 참여한 가운데 잠정목록을 작성해야 하며, 세계유산목록 등재신청 취소 1년 전에 대략적인 잠정목록을 세계유산센터에 제출하여야 한다.

잠정목록 제출양식은 영문 또는 불문으로 작성하여 제출해야 하며, 목록에는 유산의 명칭, 지리적 위치, 간략한 설명 및 보편적 가치에 대한 설명이 포함되어야 한다. 회원국의 잠정목록에 포함되어 있지 않은 유산은 세계유산목록에 등재될 수 없다.

(1) 무형문화유산

무형문화유산은 긴급보호목록, 인류무형문화유산 대표목록, 모범사례목록으로 분류되어 등재된다.

긴급한 보호가 필요한 무형문화유산목록에 등재된 무형유산은 35개국 67건(2020년 등재기준)이다. 긴급보호목록은 2009년 처음 선정되었다.

인류무형문화유산 대표목록에 등재된 무형유산은 전 세계 128개국 492건(2020년 등재기준)에 이른다. 유네스코가 2001년, 2003년, 2005년 각각 선포했던 '인류 구전 및 무형 유산 걸작' 90건은 2008년 11월 대표목록으로 자동 전환되었다. 2022년 등재기준으로 무형문화유산은 677건이 등재되어 있다.

유산보호의 모범사례목록은 협약의 원칙과 목적에 잘 부합한 보호 프로그램과 프로젝트, 활동 들을 보여준다. 2009년 3건, 2011년 5건, 2012년 2건, 2013년 1건, 2014년 1건, 2016년 5건, 2017년 2건, 2018년 1건, 2019년 2건, 2020년 3건 등 총 25건이 목록에 등재되어 있다.

2023년 기준 우리나라는 인류무형문화유산 대표목록에 종묘 및 종묘제례악(2001년), 판소리(2003), 강릉단오제(2005년), 강강술래(2009년), 남사당(2009년), 영산재(2009년), 제주칠머리당영등굿(2009년), 처용무(2009년), 가곡(2010년), 대목장(2010년), 매사냥(2010년, 공동등재), 줄타기(2011년), 택견(2011년), 한산모시짜기(2011년), 아리랑(2012년), 김장문화(2013년), 농악(2014년), 줄다리기(2015년 공동등재), 제주해녀문화(2016년), 한국의 전통레슬링(씨름)(2018년), 연등회(2020년), 한국의 탈춤(2022년) 등 현재까지 총 22건의 유산을 등재했다.

(2) 세계기록유산

세계기록유산은 전 세계적으로 124개국 및 8개 기구 494건(2023년 등재기준)에 이른다.

2023년 기준 우리나라의 세계기록유산은 훈민정음(1997년), 조선왕조실록(1997년), 직지심체요절(2001년), 승정원일기(2001년), 해인사 대장경판 및 제경판(2007년), 조선왕조의궤(2007년), 동의보감(2009년), 일성록(2011년), 5・18 민주화운동 기록물(2011년), 난중일기(2013년), 새마을운동 기록물(2013년), 한국의 유교책판(2015년), KBS 특별생방송 '이산가족을 찾습니다' 기록물(2015년), 조선왕실 어보와 어책(2017년), 국채보상운동(2017년), 조선통신사 기록물(2017년), 4・19혁명 기록물(2023년), 동학농민 혁명기록물(2023년)로 총 18건이 있으며, 세계에서 네 번째로 많고, 인도・태평양 지역에서는 첫 번째로 많다.

2022년 등재기준 한국의 세계유산은 16건, 한국의 무형문화유산은 22건, 한국의 세계기록유산은 16건으로 등재되어 있다.

〈표 6-6〉 전 세계 기록유산

국가	기록(건)	비고
독일	24	세계 최다
영국	22	
대한민국, 폴란드	18	대한민국(아시아 최다)
네덜란드	17	
오스트리아	16	
러시아, 프랑스	14	
중국	13	
미국, 멕시코	12	
포르투갈, 스페인, 이란	10	
인도, 브라질	9	
체코, 이탈리아, 인도네시아	8	
덴마크, 스페인, 일본, 캐나다	7	
튀르키예, 노르웨이, 바베이도스, 이스라엘, 조지아, 헝가리	6	
스위스, 벨기에, 남아프리카 공화국, 태국, 말레이시아, 호주	5	
볼리비아, 이집트, 필리핀, 미얀마	4	
쿠바, 베네수엘라, 칠레, 카자흐스탄, 핀란드, 아르메니아, 세네갈, 몽골, 수리남, 세르비아, 뉴질랜드, 슬로바키아, 베트남, 우즈베키스탄	3	

주: 3건 이상 보유국만 서술(2022년 등재기준)

3. 우리나라의 세계유산

우리나라는 가장 최근인 2021년 7월 서남해 4개 지역의 갯벌이 일괄 지정된 한국의 갯벌을 포함하여 총 16개의 문화유산이 지정되어 있다. 14곳의 문화유산과 2곳의 자연유산이다.

〈표 6-7〉 우리나라의 세계유산

구분	명칭	지정일	지정번호	기준
문화유산	석굴암, 불국사	1995	736	Ⅰ, Ⅳ
	합천 해인사, 장경판전	1995	737	Ⅳ, Ⅵ
	종묘	1995	738	Ⅳ
	창덕궁	1997	816	Ⅱ, Ⅲ, Ⅳ
	수원화성	1997	817	Ⅱ, Ⅲ
	경주역사유적지구	2000	976	Ⅱ, Ⅲ
	고창・화순・강화 고인돌 유적	2000	977	Ⅲ
	고구려 고분군(북한)	2004	1091	Ⅰ, Ⅱ, Ⅲ, Ⅳ
	조선왕릉	2009	1319	Ⅲ, Ⅳ, Ⅵ
	한국의 역사마을, 하회와 양동	2010	1324	Ⅲ, Ⅵ
	개성역사유적지구(북한)	2013	1278	Ⅱ, Ⅲ
	남한산성	2014	1439	Ⅱ, Ⅳ
	백제역사유적지구	2015	1477	Ⅱ, Ⅲ
	산사, 한국의 산지승원	2018	1562	Ⅲ
	한국의 서원	2019	1498	Ⅲ, Ⅳ
	가야고분군	2023		
자연유산	제주특별자치도 화산섬과 용암동굴	2007	1264	Ⅶ, Ⅷ
	한국의 갯벌	2021	1591	Ⅹ

1) 석굴암과 불국사(문화유산)

8세기 후반 계획하여 비슷한 시기에 완공된 신라의 대표적인 불교 유적이다. 석굴암은 화강암을 쌓아 만든 석굴로 원형 주실 중앙에 본존불을 안치하고 주위 벽면에 보살상, 나한상 등을 조화롭게 배치하였다. 불국사는 인공석조 기단위에 지은 목조건축물로 수준 높은 고대 불교건축의 정수를 보여준다. 석굴암과 불국사의 조각, 석조기단 및 석탑(다보탑・석가탑)은 동북아시아 고대 불교예술의 걸작으로 꼽힌다.

2) 종묘(문화유산)

종묘는 조선 역대 왕과 왕비의 신위를 봉안한 사당으로, 왕이 국가와 백성의 안위를 위해 문무백관과 정기적으로 제사에 참여한 공간이다. 중심 건물인 정전은 정면이 길고 앞마당과 일체를 이루는 모습을 보이고 있어, 서양은 물론 동양에서도 유례를 찾아볼 수 없는 특별한 건축물로 유명하다.

유교문화의 정신적 전통인 조상숭배사상과 제사의례, 왕실의 상징성과 정통성을 바탕으로 왕실 주도하에 엄격하게 지어졌으며, 지금도 당시 원형을 그대로 유지하고 있다. 현재까지 세계무형유산에 등재된 제사의례인 종묘제례가 행해지고 있으며, 제사에는 종묘제례악과 춤이 동반된다.

3) 해인사 장경판전(문화유산)

13세기 제작된 팔만대장경을 봉안하고자 해인사 주불전 뒤 언덕에 세운 목판보관용 목조건축물로, 15세기에 건립된 것으로 추정되며 창건 당시의 원형이 잘 보존되어 있다. 대장경을 보존하는 판전 또한 미적・과학적・건축사적 가치가 높은 유산으로, 두 개의 긴 중심 건물 사이에 작은 두 개의 건물이 가운데 마당을 두고 마주 보게 배치된 조선 초기 목구조 형식을

보이며, 장식적 의장이 적어 간결·소박하며 실용적이다.

4) 수원화성(문화유산)

조선 정조가 부친인 장헌세자의 묘와 읍치소를 이전하면서 이주민 거주 겸 방어 목적의 신도시로 조성하였다. 거주용 읍성과 방어용 산성을 합친 성곽도시로 계획한 신축 성곽으로, 전통 축성기법에 동서양의 새로운 과학기술을 적극 활용한 점, 기존 성곽에 흔치 않게 다양한 방어시설이 첨가된 점, 주변 지형과 어울리고 자연스럽게 조성해 독특한 아름다움을 보여준다는 점 등의 특징을 가지고 있다.

5) 창덕궁(문화유산)

조선 왕조 궁궐 중 하나인 창덕궁은 건축과 조경이 잘 조화된 종합 환경건축 사례이면서 한국적인 공간 분위기를 보여주는 문화유산이다.

창덕궁은 풍수지리사상에 따라 불규칙한 언덕 지형지세를 활용하여 궁궐 건물을 경내 남쪽에 배치하고 북쪽 넓은 구릉에 비원이라 불리는 후원을 조성하였다. 자연지형을 이용한 건물들은 전형적 격식에서 벗어나 주변 환경과 뛰어난 조화를 이루어 조선 궁궐의 한 전형을 보여주고 있다. 또한 잘 가꿔진 후원 조경은 한국의 대표적 왕실 정원으로서 건축적·미학적 가치가 매우 높다.

6) 고창·화순·강화 고인돌유적(문화유산)

거대 바위로 조성한 선사시대 거석 기념물로 세력자 집단의 권위를 상징하는 무덤이며, 한반도 전역에 분포하지만 주로 고창·화순·강화 세 지역에 집중되어 있다. 한 지역에 수백 기 이상의 고인돌이 모여 있어 형식의 다양성과 밀집도 면에서 세계적으로 유례를 찾기 어려울 정도로 분포되어 있다. 고인돌 문화의 형성과정과 함께 한국 청동기 시대의 사회구조 및 동북아시아 선사시대의 문화교류를 연구하는 데 매우 중요한 유산으로 평가받고 있다.

7) 경주역사유적지구(문화유산)

신라 천년의 역사와 생활문화 및 예술 감각이 간직된 이곳은 신라 중후반기인 7세기부터 10세기 사이의 조각, 탑, 사지, 궁궐지, 왕릉, 산성을 비롯해 당시 뛰어난 불교・생활 유적이 집중 분포되어 신라 고유의 탁월한 예술성을 확인할 수 있다.

다양한 불교유적을 포함하는 남산지구, 옛 왕궁 터였던 월성지구, 고분이 집중된 대릉원지구, 불교 사찰 유적지인 황룡사 지구, 방어용 산성이 위치한 산성지구로 구성되어 있다.

8) 제주 화산섬과 용암동굴(자연유산)

제주 화산섬과 용암동굴은 탄산염 생성물로 이루어진 천장과 바닥 및 어두운 용암 벽으로 둘러싸여 있어 세계에서 가장 아름다운 동굴계로 불리는 거문오름 용암동굴계, 바다에서 요새 모양으로 솟아올라 극적 장관을 연출하는 성산일출봉 응회구, 폭포와 다양한 암석, 물이 고인 분화구가 있는 한라산의 세 구역으로 구성되어 있다.

빼어난 아름다움을 자랑하는 이 유산은 지질학적 특성과 발전 과정 등 지구의 역사를 잘 보여 준다. 제주도는 세계유산이면서도 동시에 지질학적 가치가 높은 유네스코 지질공원, 종의 다양성을 잘 보존하고 있는 유네스코 생물권 보전지역으로 지정되어 있다.

9) 조선왕릉(문화유산)

총 40기에 달하는 조선왕릉은 1408년부터 1966년까지 5세기에 걸쳐 조성되었으며, 선조와 그 업적을 기리고 왕실의 권위를 다지는 한편, 능묘의 훼손을 막고 보존하는 역할을 하고 있다. 왕릉은 보통 남쪽에 물이 있고, 뒤로는 언덕에 의해 보호되는 배산임수의 터이며, 멀리 산들로 둘러싸인 이상적인 자리를 선택해 마련되어 있다.

조선왕릉은 500년에 걸친 조선 왕실 무덤 건축의 완성이라 할 수 있다. 조화를 중요시하는 무덤 조성 형태는 주위의 부속 목조건물과 병풍석・난간석・문인석 등의 다양한 석물은 물론, 주변 자연경관과도 안정감 있게 조화를 이루고 있는 것이 특징이다(구리 동구릉, 남양주 광릉, 서초구 헌릉 · 인릉, 남양주 홍릉 · 유릉, 김포 장릉, 파주 장릉, 영월 장릉, 성북구 정릉, 양주 온릉, 파주 삼릉, 남양주 사릉, 강남구 선릉 · 정릉, 고양 서오릉, 고양 서삼릉, 노원구 태릉 · 강릉, 노원구 의릉, 여주 영릉, 화성 융릉 · 건릉).

10) 한국의 역사마을 하회마을과 양동마을(문화유산)

하회와 양동은 조선 초기의 유교적 양반문화를 잘 반영하고 있는 씨족마을로 유명하다. 숲이 우거진 산을 배경으로 강과 탁 트인 농경지를 바라볼 수 있도록 배치된 마을은 주변 경관으로부터 물질적 · 정신적 자양분을 얻을 수 있는 곳에 자리하고 있다. 마을에는 종가와 양반들의 목조가옥, 정자와 정사, 서원과 사당, 평민들이 살던 흙집과 초가집 등이 있다.

하회와 양동은 유교적 양반문화 전통이 오랜 세월 지속되고 있으며, 문집 · 예술작품, 유학자들의 학술 · 문화적 성과물, 세시풍속, 전통 관혼상제 등 다양한 무형유산이 온전히 전승되고 있다.

11) 남한산성(문화유산)

한민족의 자주성을 나타내는 상징으로, 유사시를 대비해 임시 수도 역할을 담당하도록 건설된 조선시대 산성이다. 7세기 초의 유적도 있지만 이후 수차례 축성되었으며, 특히 17세기 초 청나라의 위협에 맞서고자 여러 번 개축되어 왔다. 오랜 세월 지방의 도성이었으며 현재에도 주민들이 거주하고 있는 요새형 도시로, 성곽 안쪽에는 당시 만들어진 군사 · 민간 · 종교적 건축물의 증거가 남아 있다.

12) 백제역사 유적지구(문화유산)

공주 공산성과 송산리 고분군, 부여 관북리 유적 및 부소산성, 정림사지, 능산리 고분군, 부여 나성, 그리고 사비시대 백제의 두 번째 수도인 익산 지역 왕궁리 유적, 미륵사지 등 총 8개 고고학 유적지들은 475년부터 660년 사이 백제 왕국의 역

사를 보여주고 있다.

백제역사유적은 중국의 도시계획, 건축기술, 예술, 종교를 수용하여 백제화 한 증거를 보여주며, 세련된 백제 문화가 일본과 동아시아로 전파된 사실을 확인할 수 있다.

13) 산사, 한국의 산지승원(문화유산)

한국 불교문화 전통을 간직한 살아 있는 불교유산으로 불교 신앙 중심의 종교활동과 의례 · 강학 · 수행을 지속하고 있다. 선수행 전통을 계승한 승가공동체에서는 자생적으로 지속할 수 있는 차밭과 채소밭을 경영하고 있다.

곡저형 · 경사형 · 계류형 등 대표적 사찰 유형은 달라도 축대를 최소한으로 쌓아 자연지세에 순응한 비대칭적 · 비정형적 사찰건물 배치와 자연스러운 영역 확장을 공통 특징으로 하고 있다(양산 통도사, 영주 부석사, 안동 봉정사, 보은 법주사, 공주 마곡사, 순천 선암사, 해남 대흥사).

14) 한국의 서원(문화유산)

조선 중반 지역사회 향촌 지식인(사림)에 의해 건립된 서원은 당시 보편화되었던 성리학 교육을 수행하는 교육체계와 건축물을 창조하여 전국에 성리학이 전파되는 데 기여하였다.

초기부터 정형화된 강당 · 사우 · 누각 등의 탁월한 건축미를 보여주는 서원은 내부의 기록 · 무형유산도 잘 전승 · 보존하고 있으며, 주변 경관 및 지형을 해치는 일 없이 오랜 시간 온전한 모습으로 유지되고 있다(영주 소수서원, 함양 남계서원, 경주 옥산서원, 안동 도산서원, 장성 필암서원, 달성 도동서원, 안동 병산서원, 정읍 무성서원, 논산 돈암서원).

15) 한국의 갯벌(자연유산)

2021년 7월에 유네스코 세계문화유산으로 한국의 갯벌이 두 번째 자연유산으로 등재되었다. 한국의 갯벌에는 서천 갯벌(충남 서천), 고창 갯벌(전북 고창), 신안 갯벌(전남 신안), 보성 ·

순천 갯벌(전남 보성·순천) 등이 있다. 한국의 갯벌은 제주 화산섬과 용암동굴(2007년)에 이어 우리나라에서는 2번째로 등재되는 세계자연유산으로 있다.

16) 가야 고분군(문화유산)

2023년 9월에 유네스코 세계문화유산으로 가야 고분군이 14번째 문화유산으로 등재가 확정되었다. 가야 고분군은 1~6세기 중엽에 걸쳐 경남 김해 대성동, 함안 말이산, 창녕 교동과 송현동, 고성 송학동, 합천 옥전, 경북 고령 지산동, 전북 남원 유곡리에 존재했던 고분군 7곳을 하나로 묶은 연속 유산이다.

강력한 중앙집권화를 이룬 주변 다른 동아시아 국가와 공존하면서도, 정치적으로 연맹체계를 유지했던 독특한 동아시아 고대 문명을 잘 보여주는 중요한 유적이다. 가야는 기원 전후부터 562년까지 낙동강 유역을 중심으로 번성했던 작은 나라의 총칭으로 금관·아라·대가야 등이 잘 알려져 있다.

4. 세계유산의 등재 의의와 효과

세계유산에 등재되는 것은 해당 유산이 어느 특정 국가 또는 민족의 유산을 떠나 인류가 공동으로 보호해야 할 가치가 있는 중요한 유산임을 증명하는 것이다.

저개발국의 경우 세계유산에 등재되면 세계유산기금 및 세계유산센터, 국제기념물 유적협의회 등 관련 기구를 통해 유산보호에 필요한 재정 및 기술지원을 받을 수 있다.

세계유산으로 등재되면 정부의 추가적인 관심과 지원을 받을 수 있으므로 지역발전에도 도움이 된다. 무엇보다 중요한 것은 세계유산이 소재한 지역공동체 및 국가의 자긍심이 고취되고 자신들이 보유한 유산의 가치를 재확인함으로써, 더 이상 유산이 훼손되는 것을 막고 가능한 한 원 상태로 보존하는 데 크게 기여할 수 있다는 점이다. 우리나라를 비롯해 선진국들은 세계유산으로 등재되어도 해당 유산보존을 위해 세계유산위원으로부터 재정지원을 받는 경우는 거의 없다. 오히려 유네스코 신탁기금 등을 통해 저개발국 유산보존에 기여할 수 있는 계기로 삼는 것이 보편적이다.

긴급보호목록 및 대표목록에 등재되면 무형유산협약에 따라 설치된 무형유산기금 및 관련 전문기구를 통해 유산보호에 필요한 재정 및 기술지원을 받을 수 있다. 또한 국제적인 지명도와 관심이 높아지면서 이에 따른 고용기회 및 수입 증가 등을 기대할 수 있다. 무엇보다 중요한 것은 긴급보호목록 및 대표목록에 등재되면 국제적으로 해당 유산에 대한 가시성이 높아지고, 관련 공동체의 자긍심이 고취됨으로써 무형유산을 보호하는 데 크게 기여할 수 있다는 점이다.

5. 세계유산의 보호 및 관리

1) 긴급한 보호가 필요한 무형문화 유산목록

긴급한 보호가 필요한 무형문화 유산목록에 등재되는 것은 해당 유산이 사회변화나 불가피한 사유로 인해 관련 공동체나 집단 및 당사국 등의 노력에도 불구하고 심각한 소멸위험에 처해있으므로 국제사회가 공동으로 해당 유산을 보호해야 한다는 것을 뜻한다.

긴급보호목록은 세계유산사업의 위험에 처한 세계유산목록과는 성격이 완전히 다르다. 위험에 처한 세계유산목록의 경우 대부분 위기의 원인이 당사국의 관리소홀로 귀결되면서 당사국들은 이 위험유산목록에 등재되는 것을 극히 꺼리고 있다. 그러나 긴급보호목록은 등재신청을 각 당사국이 하도록 되어 있으며, 등재요건도 인류무형문화유산 대표목록보다 더 엄격하게 규정하고 있다. 이것은 긴급보호목록에 등재될 경우 대표목록에 등재된 유산보다 가시성이 높아지고, 더 많은 국제원조를 받을 수 있기 때문이다.

2) 세계유산의 소유권 및 관리책임

세계유산으로 선정되어도 해당 유산의 소유권이나 관리는 이전과 변화가 없으며, 당사국 국내법의 적용을 받는다. 다만, 세계유산위원회는 당사국이 세계유산을 적정하게 보호 및 관리하고 있는지 주기적으로 보고서 제출을 요구할 수 있으며, 필요한 경우 현지 조사를 실시하기도 한다.

3) 국제협력 및 지원

세계유산협약은 문화유산과 자연유산 지역을 보호하기 위해 국제지원을 해야 한다고 강조한다. 이를 위해 협약 제15조와 제18조에 따라 '세계 문화 및 자연유산 보호기금'이 만들어졌다. 이 기금은 당사국의 의무적 또는 자원에 따른 기부금으로 조성된 것이다. 이 기금을 바탕으로 국제적 지원이 이루어지며, 이 기금은 세계유산지역의 보호를 위한 당사국 활동을 보완한다. 세계유산기금에 기부금을 납부한 당사국은 다양한 형태의 구체적 지원을 받을 수 있는 자격을 얻게 된다.

4) 국제지원의 유형

세계유산협약 운영지침은 긴급지원, 예비지원, 기술협력, 훈련 및 연구지원, 교육・정보・인식제고 지원 등 다섯 가지 지원형태를 규정하고 있다.

① 긴급지원: 갑작스럽고 예기치 못한 자연적・인위적 현상 때문에 피해 위험이 임박한 지역을 대상으로 한다.

② 예비지원

ⓐ 잠정목록을 준비 내지 갱신하거나 잠정목록 작성을 위한 회의 개최

ⓑ 세계유산목록 신청 준비

ⓒ 훈련과정의 개최와 관련된 신청을 포함해 기술협력 준비(세계유산 국제전략, 대표성 강화, 유산지역 다양성 증가 필요성 등으로 인해 예비지원이 매우 중요하다)

③ 기술협력: 세계유산지역의 보존과 관리를 위한 전문가와 장비 파견, 지원수요와 배분액 면에서 국제적 지원 가운데 가장 큰 몫을 차지한다.

④ 훈련 및 연구지원: 세계유산의 확인, 보호, 보존, 홍보, 기능회복 등의 분야에서 모든 수준의 담당자 훈련 또는 세계유산지역에 필요한 연구와 과학적 조사 등을 목적으로 한 훈련 및 연구지원

⑤ 교육・정보・인식 제고 지원: 세계유산협약에 대한 인식 제고 목표, 인쇄물 발간, 번역, 정보자료 보급 등

07

관광사업

7장

관광사업

제1절 관광사업의 개요

1. 관광사업의 개념

1) 관광사업의 정의

관광사업은 관광욕구의 충족을 대상으로 하는 사업을 총칭하며, 비영리조직(관광행정)과 영리조직(관광경영 조직)으로 분류한다.

관광여행의 대중화 현상에 힘입어 관광객들이 가지는 관광여행 형태의 다양화와 개성화로 인해, 서비스 산업은 광범위한 분야와 영역에 걸쳐 관광객의 욕구와 필요를 충족시켜주고 있다. 또한 이들의 왕래촉진과 편의를 제공하는 한편, 관광은 일상 생활권 밖에서의 인간행동이므로 사실상 관광여행과 무관한 사업이 없다고 할 정도로 그 사업범위는 점점 확대되어 가고 있다.

한국 「관광진흥법」상 관광사업은 "관광객을 위해 운송, 숙박, 음식, 운동, 오락, 휴양 또는 용역을 제공하거나 그 밖에 관광에 딸린 시설을 갖추어 이를 이용하는 업"으로 정의하고 있다.

① 관광사업은 관광주체(관광객)와 관광객체(관광대상) 사이에 존재한다.

② 관광주체로 하여금 관광행위를 유발하고 관광활동이 가능하도록 연결하는 관광매체 역할을 담당한다.

③ 관광활동 구성은 관광객에 따라 상이하며, 관광객의 다양한 관광욕구를 충족시키기 위한 서비스를 제공하는 조직체가 매우 다양하기 때문에 어디까지 관광사업이라 한정하는 데 어려움이 있다.
④ 관광사업은 넓은 의미에서 관광객이 필요로 하는 재화와 서비스를 생산・판매하는 모든 산업으로 정의가 가능하다.
⑤ 업종별: 숙박업, 식음료업, 교통업, 통신업, 쇼핑업, 문화・오락 서비스 사업 등을 포함하고 있다.
⑥ 한국 「관광진흥법」 제2장 관광사업(시행일 2024. 2. 9.) 제2조와 제3조에서는 여행업, 관광숙박업, 관광객이용시설업, 국제회의업, 카지노업, 유원시설업, 관광편의시설업 7개 분야를 지정해 지원・육성하고 있다.

관광사업은 관광객들의 욕구를 만족시켜주는 각종 서비스와 산업을 의미하며, 관광여행의 왕래를 유발・촉진하는 각종 요소에 의해 조화롭게 발달할 수 있도록 하고 이용을 증대시킴으로써 사회・문화・경제적인 효과를 가져오는 현대적 조직적인 경영활동이다.

2) 관광사업의 방향

오늘날의 관광사업은 첫째, 관광왕래를 자연발생의 흐름으로 인식하는 방관적이고 수동적인 자세를 지양하고, 관광수요의 창출과 증대를 도모하는 적극적인 사업을 영위해야 한다. 둘째, 관광사업은 사회 공익적인 성격에 부응하고 관광객들의 다양한 관광행동과 관광현상에 효과적으로 대처할 수 있도록 사업 성격과 역할의 명확화 그리고 경영내용의 개선 및 서비스 수준의 향상을 도모해야 한다. 셋째, 관광왕래를 원활하게 하는 각종의 요소가 유기적인 관계 위에서 조직적으로 발전해나갈 수 있는 방안을 모색해야 할 필요성이 강조되고 있다.

2. 관광사업의 구성

관광사업의 주요 구성요소를 보면 숙박 부문, 매력물 부문, 교통기관 부문, 여행조직 부문, 관광행정조직 부문의 크게 다섯 가지 부문으로 구성되며, 이는 각각의 하위 부문들로 이루어져 있다.

1) 숙박 부문(Accommodation Sector)

관광객들에게 숙박을 제공하는 부문으로 호텔, 농장, 아파트・빌라, 콘도미니엄, 별장(vacation village), 회의박람회센터(conference / exhibition center), 캠핑지 시설 등의 하위 부문들로 구성된다.

2) 매력물 부문(Attractions Sector)

테마파크, 박물관, 국립공원, 야생공원(wildlife park), 정원(garden), 역사 유적지(heritage site) 등 관광객을 유인하는 매력물들로 구성된다.

3) 교통기관 부문(Transportation Sector)

관광주체(관광객)와 관광객체(관광자원)를 연결해주는 교통기관 부문은 항공사, 선박, 철도, 버스나 관광버스(coach), 렌터카 등으로 구성된다.

4) 여행조직 부문(Travel Organizers Sector)

여행조직 부문은 여행알선업자(tour operator), 여행도매업자(tour wholesalers / brokers), 소매여행업자(retail travel agent), 지역이나 주 단위의 여행사무소, 회의기획자(conference organizer), 예약사무소(booking agency), 인센티브여행 기획자(incentive travel organizer) 등이 하위 부문으로 구성된다.

5) 관광행정조직 부문(Destination Organization Sector)

관광사업의 추진기관인 정부관광기관, 지방관광기관, 각종 업종별 단체로 구성된 관광관련 협회나 행정기관, 지방공공단체 등으로 구성된다. 관광사업을 구성하고 있는 기관이나 업종은 다양하고 복잡하지만 크게 나누면, 수익창출을 목적으로 하는 호텔과 같은 영리적 부문과 수익보다는 공적으로 운영되는 역사 유적지나 사파리(safari) 공원 등과 비영리 목적의 정부에 의해 운영되는 국립공원, 국립박물관, 관광사무소 등의 공익적 관광사업으로 구분할 수 있다.

오늘날의 관광사업은 조금 더 넓은 의미에서 관광객을 위한 상품과 서비스의 개발과 생산에서 민간사업 부문과 공공 부문을 포함하여 관광객의 욕구에 대응해 제공하는 모든 일련의 활동들을 포함한 폭넓은 사업활동으로 재인식해야 한다.

제2절 관광사업의 특성

관광사업은 서비스 지향성, 입지의존성, 복합성, 공익성 및 수익성, 변동성, 매체성 등의 주요한 특성들을 가지고 있다.

1. 서비스 지향성

관광사업은 서비스 지향성이 매우 높은 특성을 가지고 있다. 관광사업은 관광객에게 즐거움이라는 무형의 가치를 제공하기 위해 관광시설이라는 기본적인 요소에 서비스라는 요소를 추가하여 부가가치를 더 높이는 것이다. 특히 호텔사업은 관광객에게 호텔 건물이나 객실과 같은 하드웨어적 제품에 관광종사원의 서비스와 환대를 제공함으로써 수준 높은 관광상품으로서의 가치를 발휘한다.

2. 입지의존성

관광사업은 관광객이 관광매력물이 있는 곳으로 이동해서 이루어지므로 입지의존성이 상당히 높다. 관광객 방문에 의해 관광사업의 경제활동이 시작되므로 기후적 조건이나 계절적 요인에 의해 관광사업은 영향을 받으며, 입지는 이를 결정짓는 중요한 요인으로 작용한다. 입지적 조건에 따라 관광사업의 성수기와 비수기가 형성되고, 관광객의 방문과 소비활동이 불연속적으로 이루어지며, 관광사업 활동에도 영향을 준다.

3. 복합성

관광은 관광객이 출발해서 여행을 마치고 돌아올 때까지 모든 여정에 직접 제공되는 관광사업과 다양한 각종 관련 사업들이 복합적으로 이루어진다. 그 중에서도 여행업, 교통업, 숙박업은 관광사업 중에서 가장 핵심이 되는 부분을 차지하고 있다. 그리고 관광사업은 영리를 추구하는 관광사업뿐 아니라 공익을 목적으로 하는 국가 공공기관, 공적 관광사업 등이 복합적으로 연계되어 이루어진다.

4. 공익성 및 수익성

관광사업은 국가경제나 지역사회 전반에 영향을 미치며, 사회기반시설의 확충으로 관광객과 주민들의 생활에도 기여하게 되므로 기업의 목표인 이윤추구와 국민복지적 차원에서의 공익성을 동시에 고려해야 한다. 관광기업이라도 수익성만을 추구할 수 없으며, 공익성과 수익성의 조화를 동시에 유지하면서 관광사업의 발전을 도모해야 한다.

5. 변동성

관광활동은 국내외 정세 변화, 경제상황의 변화, 사회환경의 변화 등 여러 가지 요인에 의해 민감하게 영향을 받는다. 관광사업은 의식주와 같이 생활에 있어서 필수적인 요소가 아니기 때문에 경제환경과 같은 외부환경에 의해 영향을 받기 쉽다. 예를 들어, 정치적으로 불안정할 때 국제무역거래나 금융거래 및 직접투자활동은 위축되고, 더불어 외래 관광객 숫자도 현저하게 줄어들게 된다.

이와 같은 사회정세의 변화, 국제정세의 변화, 정치불안, 질병의 발생 등에 의한 사회적 요인에 따라 관광사업은 영향을 받으며, 기후・지진・폭풍 등 천재지변에 의한 자연현상의 변화로 인한 자연적 요인에 따라서도 변동성이 매우 큰 사업이다.

6. 매체성

관광사업은 관광주체와 관광객체를 연결해주는 매체사업으로 교통기관, 도로, 운송교통시설 등 이동에 관련된 공간적 매체의 역할, 숙박시설, 휴게시설 등 시간적 매체와 관광알선, 관광안내, 관광선전 등의 기능적 매체의 역할을 담당한다.

제3절 관광사업의 분류

「관광진흥법」 제3조에 의하면 관광사업의 종류는 여행업, 관광숙박업, 관광객이용시설업, 국제회의업, 카지노업, 유원시설업, 관광편의시설업으로 구분하고 있다.

1. 여행업

여행자 또는 운송시설, 숙박시설, 기타 여행에 부수되는 시설의 경영자 등을 위해 당해 시설이용의 알선이나 계약체결의 대리, 여행에 관한 안내, 기타 여행의 편의를 제공하는 사업이다. 여행업의 종류는 일반여행업, 국외여행업, 그리고 국내여행업으로 구분하고 있다.

1) 일반여행업

국내 또는 국외를 여행하는 내국인 및 외국인을 대상으로 하는 여행업(여권 및 사증발급절차 대행행위를 포함)이다.

2) 국외여행업

국외를 여행하는 내국인을 대상으로 하는 여행업(여권 및 사증 발급절차 대행행위를 포함)이다.

〈표 7-1〉 **관광사업의 종류**

<table>
<tr><th>목적</th><th colspan="2">관광진흥법</th><th colspan="2">관광진흥법 시행령</th><th>비고</th></tr>
<tr><td>용역</td><td colspan="2">여행업</td><td colspan="2">일반여행업
국외여행업
국내여행업</td><td></td></tr>
<tr><td rowspan="4">숙박
음식
휴양</td><td rowspan="4">관광
숙박업</td><td rowspan="3">호텔업</td><td rowspan="2">관광호텔업</td><td>종합관광호텔업</td><td rowspan="3"></td></tr>
<tr><td>일반관광호텔업</td></tr>
<tr><td colspan="2">수상관광호텔업
한국전통호텔업
가족호텔업</td></tr>
<tr><td>휴양
콘도미니엄업</td><td colspan="2"></td><td></td></tr>
<tr><td>오락
음식
기타</td><td colspan="2">관광편의시설업</td><td colspan="2">외국인 전용 유흥음식점업
관광식당업
시내순환관광업
관광사진업
여객자동차터미널시설업
관광토속주판매업</td><td></td></tr>
<tr><td rowspan="5">휴양
숙박
음식
운동
오락
운송</td><td colspan="2" rowspan="5">관광객이용시설업</td><td rowspan="2">종합휴양업</td><td>제1종 종합휴양업</td><td rowspan="5">[종합휴양업의 종류]
민속촌, 해수욕장, 수렵장, 동물원, 식물원, 수족관, 온천장, 동굴자원, 수영장, 활공장, 박물관, 농어촌휴양시설, 미술관, 등록체육시설업, 산림휴양시설</td></tr>
<tr><td>제2종 종합휴양업</td></tr>
<tr><td colspan="2">자동차 야영장업
관광유람선업</td></tr>
<tr><td colspan="2">관광공연장업</td></tr>
<tr><td colspan="2">외국인 전용 관광기념품판매업</td></tr>
<tr><td>용역
숙박
기타</td><td colspan="2">국제회의업</td><td colspan="2">국제회의시설업
국제회의기획업</td><td></td></tr>
<tr><td rowspan="3">오락</td><td colspan="2">카지노업</td><td colspan="2"></td><td></td></tr>
<tr><td colspan="2">유원시설업</td><td colspan="2">종합유원시설업
일반유원시설업
기타유원시설업</td><td></td></tr>
<tr><td colspan="2"></td><td colspan="2">관광유흥음식점업</td><td>한국음식점업
관광극장식당업</td></tr>
</table>

3) 국내여행업

국내를 여행하는 내국인을 대상으로 하는 여행업 위주로 하는 사업이다.

2. 관광숙박업

관광객의 숙박에 적합한 시설을 갖추어 이를 관광객에게 제공하거나 숙박에 딸리는 음식, 운동, 오락, 휴양, 공연 또는 연수에 적합한 시설 등을 함께 갖추어 이를 이용하는 업이다. 관광숙박업은 입지와 이용 특성에 따라 관광호텔업, 수상관광호텔업, 한국전통호텔업, 가족호텔업, 휴양콘도미니엄업으로 나누어진다.

1) 관광호텔업

관광객의 숙박에 적합한 시설을 갖추어 관광객에게 이용하게 하고 숙박에 딸린 음식, 운동, 오락, 휴양, 공연 또는 연수에 적합한 시설 등을 함께 갖추어 이를 관광객에게 이용하게 하는 업이다.

2) 수상관광호텔업

수상에 구조물 또는 선박을 고정하거나 매어놓고 관광객의 숙박에 적합한 시설을 갖추거나 부대시설을 함께 갖추어 이를 관광객에게 이용하게 하는 업이다.

3) 한국전통호텔업

한국 전통의 건축물에 관광객의 숙박에 적합한 시설을 갖추거나 부대시설을 함께 갖추어 이를 관광객에게 이용하게 하는 업을 말한다.

4) 가족호텔업

가족 단위 관광객의 숙박에 적합하도록 시설 및 취사도구를 갖추어 관광객에게 이용하게 하거나 숙박에 딸린 음식, 운동, 휴양 또는 연수에 적합한 시설을 함께 갖추어 이를 관광객에게 이용하게 하는 업이다.

5) 휴양콘도미니엄업

관광객의 숙박과 취사에 적합한 시설을 갖추어 이를 당해 시설의 회원, 공유자 그 밖의 관광객에게 제공하거나 숙박에 딸리는 음식, 운동, 오락, 휴양, 공연 또는 연수에 적합한 시설 등을 함께 갖추어 이를 이용하게 하는 업이다.

3. 관광객이용시설업

관광객을 위해 음식, 운동, 오락, 휴양, 문화, 예술 또는 레저 등에 적합한 시설을 갖추어 이를 관광객에게 이용하게 하는 업이다. 대통령령이 정하는 시설과 관광숙박업의 시설 등을 함께 갖추어 전문휴양업, 종합휴양업, 자동차야영장업, 관광유람선업, 관광공연장업, 외국인 전용 관광기념품판매업 등으로 세분화된다.

1) 전문휴양업

관광객의 휴양이나 여가선용을 위해 숙박 또는 음식시설을 갖추고 민속촌, 농・어촌 휴양시설, 체육시설 중 한 종류 이상의 시설을 함께 갖추어 이를 관광객에게 이용하게 하는 업이다. 예를 들어, 민속촌, 스키장, 해수욕장, 온천, 동굴자원, 수영장, 농어촌 휴양시설 등이다.

2) 종합휴양업

(1) 제1종 종합휴양업

관광객의 휴양이나 여가선용을 위하여 숙박시설 또는 음식시설을 갖추고 전문휴양시설 중 두 종류 이상의 시설을 갖추어 관광객에게 이용하게 하는 업이나 숙박시설 또는 음식점시설을 갖추고 전문휴양시설 중 한 종류 이상의 시설과 종합유원시설업의 시설을 갖추어 관광객에게 이용하게 하는 업이다.

(2) 제2종 종합휴양업

관광객의 휴양이나 여가선용을 위하여 관광숙박업의 등록에 필요한 시설과 제1종 종합휴양업의 등록에 필요한 전문휴양시설 중 두 종류 이상의 시설 또는 전문휴양시설 중 한 종류 이상의 시설 및 종합유원시설업의 시설을 함께 갖추어 관광객에게 이용하게 하는 업이다.

3) 야영장업

① 일반야영장업: 야영장비 등을 설치할 수 있는 공간을 갖추고 야영에 적합한 시설을 함께 갖추어 관광객에게 이용하게 하는 업이다.

② 자동차야영장업: 자동차를 주차하고 그 옆에 야영장비 등을 설치할 수 있는 공간을 갖추고 취사 등에 적합한 시설을 함께 갖추어 자동차를 이용하는 관광객에게 이용하게 하는 업이다.

4) 관광유람선업

① 일반관광유람선업: 「해운법」에 따른 해상여객운송사업의 면허를 받은 자나 「유선 및 도선사업법」에 따른 유선사업의 면허를 받거나 신고한 자가 선박을 이용하여 관광객에게 관광을 할 수 있도록 하는 업이다.

② 크루즈업: 「해운법」에 따른 순항 여객운송사업이나 복합 해상여객운송사업의 면허를 받은 자가 해당 선박 안에 숙박시설, 위락시설 등 편의시설을 갖춘 선박을 이용하여 관광객에게 관광을 할 수 있도록 하는 업이다.

5) 관광공연장업

관광객을 위하여 적합한 공연시설을 갖추고 공연물을 공연하면서 관광객에게 식사와 주류를 판매하는 업이다.

6) 외국인관광 도시민박업

「국토의 계획 및 이용에 관한 법률」 제6조 제1호에 따른 도시지역(「농어촌정비법」에 따른 농어촌지역 및 준농어촌지역은 제외한다. 이하 이 조에서 같다)의 주민이 자신이 거주하고 있는 다음의 어느 하나에 해당하는 주택을 이용하여 외국인 관광객에게 한국의 가정문화를 체험할 수 있도록 적합한 시설을 갖추고 숙식 등을 제공(도시지역에서 「도시재생 활성화 및 지원에 관한 특별법」 제2조 제6호에 따른 도시재생활성화계획에 따라 같은 조 제9호에 따른 마을기업이 외국인 관광객에게 우선하여 숙식 등을 제공하면서, 외국인 관광객의 이용에 지장을 주지 아니하는 범위에서 해당 지역을 방문하는 내국인 관광객에게 그 지역의 특성화된 문화를 체험할 수 있도록 숙식 등을 제공하는 것을 포함한다)하는 업이다.

① 「건축법 시행령」 별표 1 제1호 가목 또는 다목에 따른 단독주택 또는 다가구주택

② 「건축법 시행령」 별표 1 제2호 가목, 나목 또는 다목에 따른 아파트, 연립주택 또는 다세대주택

7) 한옥체험업

한옥(「한옥 등 건축자산의 진흥에 관한 법률」 제2조 제2호에 따른 한옥을 말한다)에 관광객의 숙박 체험에 적합한 시설을 갖추고 관광객에게 이용하게 하거나, 전통 놀이 및 공예 등 전통문화 체험에 적합한 시설을 갖추어 관광객에게 이용하게 하는 업이다.

4. 국제회의업

대규모 관광수요를 유발하는 국제회의(미팅, 세미나, 인센티브 투어, 컨벤션, 전시회 등을 포함)를 개최할 수 있는 시설을 설치·운영하거나 국제회의의 계획·준비·진행 등의 업무를 위탁받아 대행하는 업을 말한다. 국제회의시설업과 국제회의기획업으로 구분된다.

5. 카지노업

전용 영업장을 갖추고 주사위·트럼프·슬롯머신 등 특정한 기구 등을 이용해서 우연의 결과에 따라 특정인에게 재산상의 이익을 주고 다른 참여자에게 손실을 주는 행위 등을 하는 업이다.

6. 유원시설업

유기시설 또는 유기기구를 갖추어 이를 관광객에게 이용하게 하는 업으로, 세부적으로는 종합 유원시설업, 일반 유원시설업, 기타 유원시설업으로 나누고 있다.

제4절 문화관광상품

1. 문화관광상품의 개념

문화관광상품의 어원은 라틴어인 'subenir'에서부터 유래된 것으로 '생각해내다' 또는 '마음을 일으키다'라는 뜻을 담고 있다. 이는 여행의 유형적인 증거물이기도 하면서 추억을 상기시키고자 구매하는 상품으로, 소비자의 물질적 욕구를 만족하게 하는 실질적인 최우선 가치를 뜻한다. 문화관광상품은 특정 지역의 이미지와 문화적인 요소를 담고 있는 상품이다.

문화와 관광이 서로 결합된 서비스 상품과 제품, 즉 관광과 관련된 유・무형의 모든 것들이 문화관광상품이다. 이것은 문화의 특징이 포함된 상품으로 관광의 역할이 더해져 문화의 아름다움과 가치를 생활 속에 그대로 전달해주는 중요한 역할뿐 아니라, 그 지역의 특징을 반영한 상품에 문화적 요소를 반영한 가치가 있는 상품이다. 관광객들이 그 지역에 체류하며 만족을 통해 소비를 촉진시키는 중요한 역할을 한다.

문화관광상품은 제품에 문화적 요소를 첨가하여 고부가가치 상품을 만들어낸다. 새로운 상품 개발과정에서 과학기술로 대표되는 기능성과 미적 형태의 예술성을 유기적으로 조화시켜 관광객의 욕구를 만족시키는 데 목적이 있으며, 문화적 가치가 높은 기술집약적 상품으로 문화와 창조의 산물이라 할 수 있다. 또한 다양성, 독특성, 창조성 및 고부가가치성의 특징이 있다.

현재의 문화관광상품은 과거의 문화관광상품의 개념에서 점차 탈피하여 관광객의 수요에 부합하는 그 지역 특유의 디자인을 담은 공예・민속제품이나 공업제품뿐만 아니라 추상적이고 무형적인 상품도 포함하는 등 범위가 점점 넓어져 가고 있다.

일반적으로 관광객들에게 인식되고 있는 문화관광상품은 관광기념품이다. 관광기념품은 관광객이 관광지 방문을 기념하고 여행경험을 회상하기 위해 구입하거나 취득할 수 있는 기념적인 상품으로 일반 관광객이 방문한 지역에서 주관적 기준에 의해 구매하는 상품이다.

[그림 7-1] **문화관광상품의 개념도**

경제적 고부가가치를 함께 창출하는 새로운 문화가치 촉진 및 기술

↑

광의의 문화관광상품
소비자의 욕구나 기호가 반영된 모든 일상제품

↑

협의의 문화관광상품
국가와 지역의 문화적 특성을 담아내는 차별화된 유사 예술상품

↑

문화관광자원의 시대적 해석 및 재개발에 의한 상품화

↑

경제적 가치, 시대적 정서와 가치, 심미적 가치
특정 지역의 정체성과 이미지를 반영하여
대내외적인 평가척도가 있는 기대가치를 창출하는 유 · 무형의 문화자원

〈표 7-2〉 **문화관광상품의 변화**

과거		현재
• 민예품＋수공예품＋토산품 • 유통형태 및 판매경로의 다양화 • 소비자의 수요 변화	⇒	• 유형상품: 민예품＋수공예품＋토산품＋공산품 • 무형상품: 관광 서비스

2. 문화관광상품의 특성과 역할

1) 문화관광상품의 특성

문화관광상품은 문화와 기술이 수반된 아이디어와 기술집약적인 문화적 부가가치가 높은 상품으로 다양성·다중성·고부가가치성·비유사성 등의 특징을 가지고 있으며, 유형 및 무형의 상품이 포함된다. 이러한 문화관광상품은 특정 지역이나 도시 및 한 국가의 문화를 제공하고 확산하려는 목적 이외의 정서와 가치 등이 모두 종합적으로 함축되어 있다. 문화관광상품을 이용하는 사회구성원의 생활양식과 정체성에 많은 영향을 미칠 수 있으며, 인간 본연의 욕구를 충족시키는 일반상품과는 달리 인간의 문화적 욕구를 충족시킨다는 점에서 다르다.

2) 문화관광상품의 역할

문화관광상품은 그 지역에 산재하고 있는 특별한 관광자원을 통해 관광객들에게 볼거리와 즐길거리를 제공하여 관광객의 만족도를 높이며, 관광객이 관광을 경험했던 지역을 알리는 홍보의 메신저 역할을 한다. 또한 구입에 대한 용이성과 함께 관광객들에게 즐거운 추억과 기억을 되새기기에 가장 적합한 요인으로 작용한다.

문화관광상품은 그 지역의 문화·역사·환경·풍토 등의 지역성이 압축된 상징물로서 그 지역의 이미지와 긴밀히 연결되어 있다. 결국 지역의 이미지를 판매하는 고부가가치 산업으로서 수익창출로 이어져 지역경제 활성화에 큰 도움이 된다.

(1) 사회·문화적 매개체 역할

지역의 이미지를 전달하는 아주 중요한 매개물로서 관광객이 방문한 지역이나 국가에서 그곳의 문화관광상품을 소비하는 것은 그 지역 또는 국가에 대한 호의나 신뢰의 표시가 된다. 문화관광상품에는 그 지역의 고유성과 독창성이 내포되어 한 지역 및 국가의 문화수준을 알리는 매개체로서의 역할을 하기도 한다.

(2) 지역경제 활성화 역할

문화관광상품은 일반제품과 달리 관광객이 직접 해당 지역에 방문해야만 경제적 수익이 발생하기 때문에 지역경제에 직접적으로 기여한다.

(3) 지역의 정치적 이해와 지역 이미지 고취

지역에 대한 신뢰감과 지역 이미지 형성은 관광을 통한 인적교류를 통해 이루어진다. 그리고 해당 지역의 사회・문화뿐만 아니라 정치에 대한 이해를 증진시키고 지역 이미지를 더욱 향상시켜주는 중요한 역할을 맡고 있다.

(4) 관광적 홍보 역할

관광객에게 단순한 관광지 방문 이외 또 하나의 만족과 기쁨을 안겨주는 커다란 관광자원이다. 더 나아가 그곳을 방문하지 못한 다른 사람들에게 선물뿐만 아니라 지역을 홍보하는 역할을 할 수 있으므로 가장 효율적인 관광적 홍보의 도구가 된다.

(5) 문화전통성 보존 역할

일반상품과 달리 문화관광상품은 그 지역의 문화전통을 바탕으로 생산되는 기념품으로서, 타 지역에서 볼 수 없는 고유의 전통성을 보존하고 이어가는 역할을 한다.

(6) 교육적인 특성 및 효과

문화전통 보존이라는 관점에서 미래세대에게 차츰 사라져가는 고유성에 대한 중요성을 알리고 보존해가야 하는 중요성을 알리는 교육적 효과를 가진다.

문화관광상품은 관광경험에서 유형적인 상징물로서 그 지역 관광지만의 독특하고 고유한 문화요소들을 종합적으로 함축하고, 이것을 대표할 수 있으며, 관광객 누구나 손쉽게 구입 가능한 상품이다. 또한 단순한 기념상품으로서의 기능을 넘어 한 지역이나 도시 및 한 국가의 사회・문화를 조망하는 역할을 수행한다.

3. 문화관광상품의 분류와 유형

1) 문화관광상품의 분류

현대인들에게 여행이 일상화되면서 관광객들의 관광성향과 소비패턴의 변화로 과거의 단순한 분류에서 관광객의 취향과 기호 변화에 따라 점차 다양하게 분류되고 있다. 가장 일반적인 분류는 관광객이 관광지에서 구입하는 모든 관광기념품으로, 방문한 특정 지역이나 도시 및 국가를 대표하고 상징하며 홍보의 역할까지 제대로 할 수 있는 관광기념품이나 관광상품으로 분류되고 있다.

〈표 7-3〉 **문화관광상품의 분류**

명칭		정의
문화상품	일반적 의미	• 문화의 경제적 영역으로 산업적 생산과 소비의 대상물로 나타나는 모든 분야 • 가장 넓은 의미의 개념정의 방법으로 '문화사업'의 전체적 결과물 • UNESCO의 10대 문화상품: 사진, 잡지, 신문, TV, 영화, 음반, 라디오, 미술품 복제, 시청각 제품과 서비스, 광고(기타 공예, 공연 등도 추가)
	경제적 의미(광의)	• 출판, 도서, 신문, 잡지, 음반, 영화, 애니메이션, TV 프로그램 등 • 문화산업국 담당 정책 분야
	정책적 의미(협의)	• 영화, 애니메이션, 음반, 잡지, 도서, 출판, TV 프로그램, 신문 등 • 한국적인 소재, 제작기술, 표현기법 등을 차용한 미술품 복제, 공예 분야, 캐릭터 상품, 생활문화상품 등
관광상품(관광기념품)		• 일상용품과 공예품 · 사진 등 모든 관광객이 여행을 기념하고, 방문지에서 구입하거나 취득하는 모든 상품
특산품(토산품)		• 어느 한 지방 혹은 나라에서 생산된 독특한 고유 상품 • 여러 가지 공예품 및 의류, 식품 등의 상품 포함
공예품	현대공예품	• 공예품 중 현대적인 표현기법 혹은 소재, 디자인 등을 활용한 제품 • 전통적인 요소를 비교적 현대적으로 응용한 작품들도 포함
	민속, 전통 공예품	• 한국의 전통적 소재, 공예기술 등을 활용하여 생산된 제품(민속공예품) • 민예품 중 명장, 무형문화재 등의 전통공예 기술을 잘 응용한 작품

자료: 연천, "도시 브랜드가치 제고를 위한 문화관광상품 디자인 개발 전략 연구," 대구대학교 대학원 박사학위논문, 2021.

2) 문화관광상품의 유형

문화관광상품의 유형은 자원유형・주제유형・제품유형으로 나누게 된다.

① 자원유형별: 자연자원형, 역사・문화자원형, 산업자원형, 서비스자원형

② 주제유형별: 역사적 인물형, 국가상징형, 도시브랜드형, 랜드마크형, 자연자원형

③ 제품유형별: 패션소품류, 장식품류, 문구・팬시류, 생활소품류, 기타류

(1) 자원유형별

자연자원형 특정 관광지가 가지고 있는 아름다운 자연물이나 자연경관 등 자연환경을 기반으로 지역문화 상품화를 하는 것이다. 대부분의 관광지에서 가장 보편적인 기념품으로 사용되고 있으며, 여러 가지 용도의 기념품으로 개발되고 있다. 대표적인 자연자원형의 문화관광상품으로는 스위스 융프라우, 캐나다 나이아가라 폭포, 일본 도쿄 기념품 등이 있다.

역사・문화자원형 특정 관광지 지역 고유의 전통과 역사에 기반을 둔 모든 유・무형 자원을 활용하여 지역문화 상품화를 하는 것으로, 대부분 오랜 역사와 전통을 기반으로 그 지역의 대표적 이미지가 형성되어 기념품으로 개발되고 있다. 이러한 역사・문화자원형의 문화관광상품으로는 안동 하회탈, 제주 하르방, 로마 검투사, 글래디에이터 등의 기념품이 있다.

산업자원형 특정 관광지의 대표적인 농수산물 및 가공식품 등 주로 그 지역의 특산물을 이용하는 것으로, 타 지역의 품질이 뛰어난 지역 특산물을 이용하여 경제적 가치를 높일 뿐만 아니라 관광기념품으로 개발되며, 주로 식품류가 대부분을 차지하고 있다. 대표적인 산업자원형의 문화관광상품으로 프랑스 보르도 와인, 한국 보성녹차, 중국 귀주 마오타이 등의 기념품이 있다.

서비스자원형 특정 관광지역의 서비스 자원을 활용하거나 창의적 발상으로 각종 문화행사 등을 대표하는 유・무형 자원을 지역문화 상품화를 하는 것이다. 대부분 오랜 역사와 전통을 기반으로 그 지역의 대표 이미지가 형성된 것도 있지만, 때로는 전략적으로 시대적 트렌드에 부합하여 만들어져 있기 때문에 짧은 기간에 그 지역의 대표적 이미지로 형성되어 기념품으로 개발되는 경우가 있다. 대표적인 서비스자원형의 문화관광상품으로는 베네치아

카니발 가면, 부산국제영화제, 롯데월드 기념품 등이 있다.

(2) 주제유형별

역사적 인물형 특정 관광지와 연관된 역사적 인물을 주제로 하여 지역문화 상품화를 하는 것으로, 객관적으로 검증된 인물이어야 하며, 가능하면 지역색을 가진 인물보다 세계적 명성이 있는 인물이어야 한다. 이런 역사적 인물형의 기념품은 단순한 소장가치 차원을 넘어 역사적·교육적 가치를 갖고 있어 자라나는 젊은 세대에게 다방면으로 많은 도움이 될 수 있다. 대표적인 역사적 인물형의 문화관광상품으로는 스페인 가우디 기념품, 미국 링컨 기념품, 중국 공자 기념품 등이 있다.

국가상징형 특정 국가의 상징을 활용하여 문화상품화를 하는 것으로, 해당 국가의 유·무형 자원을 활용하여 상징화를 통해 만들어진다. 특히 국가상징형은 정확한 형태라기보다는 이미지와 인식에 관계되는 것으로, 해당 국가의 구체적인 상징이 객관적으로 형성될 때 가능하다. 이런 기념품은 주로 국가의 이미지가 높은 선진국에서 많이 나타난다. 대표적인 국가상징형의 문화관광상품으로는 스위스·한국·오스트레일리아 등 국가를 상징하는 문화관광상품 등이 있다.

도시브랜드형 특정 도시가 가지고 있는 도시브랜드를 활용하여 지역문화 상품화를 하는 것으로, 해당 도시의 이미지를 상징화하여 만들어지는데, 주로 공식적인 도시브랜드 로고나 도시상징 캐릭터 등이 많이 활용된다. 이런 도시브랜드형 문화관광상품은 차별화된 도시 이미지를 인식시키고, 도시의 정체성과 이미지를 보여주는 수단이 되므로 많은 도시에서 문화관광상품으로 개발하고 있다. 대표적인 도시브랜드형의 문화관광상품으로는 미국 뉴욕 I ♥ NY, 독일 베를린 버디 베어 등의 기념품이 있다.

랜드마크형 특정 관광지역의 유형자원을 활용하여 상품화를 하는데, 주로 대표적인 건축물이나 상징물 또는 자연환경 등을 소재로 한다. 이런 랜드마크형은 한 도시나 국가를 상징하기도 하며, 대부분 오랜 역사와 전통을 기반으로 하지만 때로는 짧은 기간에 그 지역의 대표적 이미지가 형성되어 기념품으로 개발되는 경우도 있다. 대표적인 랜드마크형의 문화관광상품으로는 호주 시드니의 오페라하우스, 프랑스 파리 에펠탑, 영국 런던 근위병 등의 문화관광상품 등이 있다.

자연자원형 특정 관광지의 아름다운 자연경관뿐만 아니라 동·식물 및 광물 등 자연환경을 기반으로 지역문화를 상품화하는 것으로, 많은 도시의 관광기념품으로 개발되고 있다. 대표적인 자연자원형의 문화관광상품으로는 호주 시드니 캥거루, 암스테르담 튤립, 중국 사천 판다 등이 있다.

(3) 제품유형별

패션소품류 주로 해당 국가 이미지나 도시 브랜드를 활용한 제품이 많으며, 지역의 대표적인 랜드마크 및 문자, 패턴을 활용한 제품 등 다양한 제품이 있다. 이미 전 세계적으로 인지도가 있는 유명한 패션소품도 그 도시의 문화관광상품 역할을 하고 있다. 이런 패션 소품류는 단순한 시각적 문화관광상품의 기능을 넘어 실용성을 갖고 있기 때문에 관광객들이 선호하는 문화관광상품 중 하나이다. 대표적인 문화관광상품의 패션소품류는 옷, 모자, 손수건, 에코백 등이 있다.

장식품류 특정 관광지역의 유형자원으로 대표적인 건축물이나 상징물 또는 자연환경 등을 소재로 하는 랜드마크를 활용한 제품이 많으며, 가장 많은 관광객이 선호하는 문화관광상품이다. 이런 장식품은 대부분 방문 국가나 지역 또는 그 도시의 상징적인 여러 요소들을 제품화한 것으로 관광객에게 추억과 기념을 상기시키며, 특정 관광지의 상징가치가 있어 관광지를 재방문하게 유도하는 역할을 한다. 대표적인 장식품류는 미니어처, 스노볼, 장식접시, 공예제품 등이 있다.

문구·팬시류 해당 국가 이미지나 도시브랜드 및 대표적인 랜드마크 등 여러 상징요소를 활용한 제품으로, 실용성과 장식적 기능을 동시에 갖고 있어 관광객들이 선호하는 문화관광상품이다. 특히 어린이나 학생들에게 인기가 좋은 제품으로, 방문지의 추억과 기념을 상기시킨다. 대표적인 문구·팬시류는 노트, 필기구, 그림엽서, 인형 등이 있다.

생활소품류 해당 국가 및 도시브랜드 이외 도시의 대표적 랜드마크 등의 상징요소를 활용한 제품으로, 장식적 기능뿐만 아니라 실용적 기능이 강한 제품이다. 관광객들이 방문지의 추억과 기념을 상기하는 기념적 기능 이외에 실제 사용하기 위해 구입하는 경우가 많은 문화관광상품이다. 가장 손쉽게 구입하고 선호하는 생활소품으로는 냉장고 등에 부착하는 마그네틱과 열쇠고리, 컵 등이 있으며, 그 이외 주방용품, 가전제품 등 여러 가지가 있다.

기타류 위의 분류 이외에 보다 다양한 기능 유능별의 제품으로 분류할 수 있다. 그러나 문화관광상품의 조건으로 그 지역의 문화나 역사의 상징성을 가지고 있어야 하며, 구매에 대한 가치가 있어야 한다. 뿐만 아니라 그 지역이나 도시만의 차별성과 독특함을 동반해야 하며 관광객이 구매가 용이하도록 적정 가격 형성도 중요하다. 도시의 유명한 브랜드 제품이나 공산품 및 술, 음식 등도 포함된다. 특히 이벤트나 축제 및 프로구단의 기념품 등 다양한 제품들도 관광객들의 구매대상이 된다.

4. 문화관광상품의 속성

문화관광상품은 특정 지역을 홍보하고 관광객에게 추억과 기념을 상기시키는 관광 이미지 상품이다. 또한 특별한 때의 경험을 대표하는 자기실현의 수단이자 관광지의 방문을 확실하게 하는 증거 역할을 하기도 한다. 관광을 통해서 얻은 특별한 경험을 일상생활의 영역 속으로 옮겨, 비가시적이며 무형적인 경험의 실체를 증명하고 유지시켜주면서 여행했던 지역의 문화적 체험을 상기시켜준다.

문화관광상품은 특정 지역이나 도시 및 국가가 가지고 있는 문화요소의 총체이다. 관광지의 자연·역사·문화적 요소가 결집되어 있고, 고유의 상징성과 지역성을 지니고 있는 대표적인 문화상품으로, 단순히 상품으로 홍보되고 판매되기보다는 특정 관광지의 이미지로 판매되는 고부가가치 상품이다.

문화관광상품의 속성은 다음과 같다.

1) 상징성

상징성은 고유성과 비슷한 의미로, 특정 관광지의 상징을 통해 그 곳만의 독특함으로 해석될 수 있는 속성이다. 타 관광지에서 구하기 어려운 관광지의 다양한 요소를 함축하고 상징하기 때문에 차별성을 내포하기도 한다.

문화관광상품은 여행에 대한 추억을 상기시키는 상징물로 작용하게 되며, 문화관광상품이 일반 제조품과 구별될 수 있는 근거가 되기도 한다.

2) 문화성

문화성은 단순한 개인의 기호적인 물건이 아니라 여행을 통해 그 지역만의 독특한 문화적 의미가 담긴 기념제품으로서, 방문지역의 문화를 상기시키는 상징물로 작용하게 된다. 문화성은 그 지역의 역사적 의미가 포함되어 일반적인 제품이 아니라 문화관광상품으로 구분할 수 있는 근거가 된다.

3) 기호성

국제화 시대가 되면서 관광의 패턴이 많이 바뀌게 되면서 국가별 · 성별 · 연령별 · 학력별 · 소득별 등의 다양한 관광객 특성으로 인해 관광객의 무궁무진한 기호를 충족시킬 수 있어야 한다. 이는 관광객 개인이 가지는 기호일 수도 있고, 방문목적에 따라 달라질 수도 있다. 따라서 이에 부합하는 시대적 변화에 따른 트렌드적인 문화관광상품을 개발해야 한다.

4) 심미성

관광기념품의 디자인을 의미하는 것으로, 문화관광상품이 관광객에게 유머 · 흥미 · 자극과 같은 심리적인 효과뿐만 아니라 예술적 심미성으로 구매를 유발할 수 있는 디자인적 수준을 말한다. 지금의 관광객들의 미적 수준은 과거와 달리 매우 높기 때문에, 구매를 유도하기 위해서는 결국 소비자 눈높이에 충족하는 디자인이 선행되어야 한다.

5) 경제성

경제성은 문화관광상품의 가격 적정성으로, 구매자가 제품을 구입하는 데 대한 가치에 비해 비싸게 인지되지 않는 가격대를 형성해야 한다. 결국 생산자는 좋은 제품을 값싸게 공급할 수 있는 체계를 갖추어야 하며, 구매를 유도할 수 있는 정보와 서비스를 제공해야 한다.

6) 운송의 용이성

문화관광상품이 시각적으로는 아름답지만 파손이 염려되는 제품이거나 포장이라면 쉽게 구매의사를 가지지 않는다. 포장은 내용물의 보호나 품질의 보존 가능성 여부, 포장의 안정성 여부, 내용물 표시 설명의 적절성 등 포장 디자인이 가져야 할 기본적인 목적에 부합해야 하며, 운송이 용이하도록 기능적이어야 한다.

7) 다양성

오늘날 소비자의 생활양식은 동서양의 구별 없이 국제화 · 보편화 되어 있다. 관광객들은 보다 좋은 품질의 제품을 구입하려는 경향이 지배적이기 때문에 대형과 중소형, 고가와 중저가 등 관광객의 선호에 따른 다양성이 필요하다.

8) 실용성

일반적으로 실용성은 견고성 또는 기능성으로 용도가 분명하고 견고하며, 무엇보다 쉽게 망가지지 않는 것을 의미한다. 한번 구입한 문화관광상품이 쉽게 망가져 버리거나 못쓰게 된다면, 오히려 그 제품뿐만 아니라 관광지에 대한 이미지가 나빠질 수 있기 때문에 실용적인 상품으로 만들어야 한다. 그러므로 문화관광상품은 아름답기만 해서는 곤란하고 품질이 우수하고 실용성이 있어야 한다.

5. 문화관광상품의 구성요소

관광상품은 유 · 무형의 특성을 가지고 있으며, 단일제품이라기보다는 여러 제품의 묶음이라는 점에서 구조가 복잡하다.

1) 관광상품의 차원

관광상품은 핵심상품, 실제상품, 확장상품으로 구분하고 있다.

① 핵심상품은 상품을 개발할 때 가장 근본적인 차원이다.

② 실제상품은 상품개발 시 핵심상품을 실제상품으로 형상화해야 한다. 이에는 품질수준, 특성, 스타일, 상표명 및 포장 등 다섯 가지 특징을 포함하고 있다.

③ 확장상품은 상품개발 시 핵심상품과 실제상품을 추가적인 서비스와 이점으로 결합하여 상품을 만들어야 한다.

2) 문화관광상품의 구성요소

문화관광상품의 구성요소에는 물적 설비, 서비스, 환대, 선택의 자유, 그리고 참여로 구성되어 있다.

① 물적 설비: 문화관광상품의 핵심은 폭포, 야생생물, 리조트와 같은 장소, 자연적 자원 또는 편의시설과 같은 물적 설비이다. 물적 설비는 기후, 수질, 혼잡, 그리고 관광기반시설의 상태와 같은 물리적 환경의 상태를 의미하기도 한다.

② 서비스: 물적 설비는 관광객에게 유익하도록 만드는 종사원의 서비스 투입을 요구하고 있다.

③ 환대: 모든 분야에서 소비자들은 강화된 서비스 또는 특별한 서비스를 기대하고 있다. 특별한 것에 대한 기대가 바로 환대이다.

④ 선택의 자유: 선택의 자유는 여행자가 만족스러운 경험을 위해 약간의 선택범위를 가지는 것을 의미한다. 선택의 자유 정도는 다양하며, 여행자의 예산, 이전 경험, 지식 그리고 여행사나 패키지여행에 대한 신뢰에 따라 다양하게 나타난다.

⑤ 참여: 소비자의 성공적인 참여를 위한 기초는 적절한 물리적 시설, 제품 서비스, 환대 그리고 선택의 자유 간 조화가 이루어져야 한다.

6. 한국 문화관광자원의 상품화 방향성

1) 상품화 방향성

한국을 방문하는 외래 관광객들이 원하는 것은 한국인의 전통적인 삶, 과거에 대한 그리움 그리고 한민족이라는 역사를 체험하기 위해서이다. 따라서 이러한 욕구를 가진 외래 관광객들의 문화를 충족시키기 위해서는 매력적이고 고유한 한국의 이미지를 만드는 것이 중요하다.

우리나라 문화관광자원을 상품화할 수 있는 방안은 다음과 같다.

첫째, 관광객의 방문을 통해 한국문화의 위대함과 소중함을 일깨움으로서 보존 · 계승의 의미를 각인시켜주는 것이 중요하다. 문화관광자원은 우리 민족의 역사와 전통을 그대로 나타내주는 유일무이한 자원이다. 때문에 외래 관광객에게 우리민족의 삶과 지혜를 보여주는 것이며, 우리 또한 민족문화에 대한 자긍심과 과거의 삶을 토대로 교훈을 얻기도 한다.

둘째, 한국을 방문하는 관광객의 다양한 욕구를 만족시키기 위해서는 다양한 상품이 필요하다. 메인 카테고리가 문화전통이 있다고 하더라도 그에 따른 다양한 아이템들의 개발이 필요하다. 이러한 관광마케팅은 끊임없이 개발하고 연구되어야 한다.

셋째, 한국의 문화관광자원을 직접 체험하고 느낄 수 있는 활동이 중요하다. 관광객들은 보고 듣는 것에 대한 욕구를 넘어서 직접 느끼고 만져보고 싶어 한다. 그렇기 때문에 정보 전달만이 이루어지는 관광활동이 아닌 송편 만들기 체험과 같은 직접 체험관광상품의 구체적인 상품화 개발이 필요하다.

넷째, 한옥과 같은 전통 숙박시설과 지역 전통 토산품을 구입할 수 있는 시설이 필요하다. 외국에서는 볼 수 없는 한국 고유의 온돌문화 혹은 문풍지와 같은 문화를 체험할 수 있는 상품화 전략이 필요하다.

다섯째, 전국에 즐비해 있는 문화관광자원을 하나의 관광상품으로 개발하여 연계된 관광지로 개발시키는 것이 중요하다. 제주의 올레길처럼 제주의 다양한 지역을 묶는 것도 좋고, 각 지역의 영산을 연계시켜 일주 형태의 관광개발도 필요하다. 이러한 상품화 방안은 지역적으로 상호 보완적 관계를 유지하며, 더 실속 있는 양질의 관광자원을 만들어낼 수 있는 장점을 가지고 있다.

2) 상품화가 가능한 문화관광자원의 예시

(1) 선비마을 조성을 통한 상품화

한국의 선비상을 재현시키는 마을을 조성하여 이를 상품화하는 것이다. 조선시대 선비들의 생활모습, 과거시험에 얽힌 사연, 과거시험제도, 유생들의 배움의 과정, 선비들의 취미생활 등을 모아서 재조명하는 마을을 조성함으로써 외국인에게 관광상품으로서의 가치를 부여할 수 있다.

(2) 거북선의 상품화

이순신 장군의 난중일기를 바탕으로 한 임진왜란 전적 박물관을 거북선 모형으로 제작하여 상품화하는 것이다. 이것은 이 충무공의 호국정신을 거북선 내에 전적 박물관화함으로써 호국얼을 후세에 전승시킨다는 의미가 있다.

거북선 내부에는 한산도 대첩, 노량해전 등의 자세한 전시와 함께 이 충무공을 비롯한 수병들의 활약상을 전시하며, 이를 통해 한민족의 얼을 세계에 심는 역할을 할 수 있도록 상품화한다.

(3) 무속신앙 마을의 상품화

한국의 불교는 종교말살정책에도 굴하지 않고 역사의 저변에서 우리 문화를 지키고 있기 때문에, 한국 종교의 변천사를 이해하기 위해서라도 상품화해야 한다. 이를 위해서는 한민족의 뿌리 깊은 무속신앙을 재현할 수 있는 무속신앙 마을을 조성하고, 이곳에 무당 박물관을 건립하여 무속신의 역사와 종교의식을 한눈에 볼 수 있도록 재현해야 한다. 또한 이곳을 방문하는 관광객들은 종교의식에 참가할 수 있도록 하여 연중 언제든지 무당의 굿을 관람할 수 있도록 상품화하는 것이다.

(4) 조선왕조 오백 년 상품화

조선왕조는 1392년에 창건되어 600년 가까이 단일왕조가 지속된 왕조로서 세계의 역사에서도 찾아보기 힘들다. 조선왕조에 의해 남겨진 많은 역사적 사건들과 이야깃거리를 상품화해야 한다. 왕조의 역사상 횡포가 극악했던 연산군 일대기, 한글을 창제한 세종대왕 일대기, 사도세자의 죽음, 조선말 역사의 격동기 등을 재현하여 관광객들에게 역사적 이해를 새롭게 하고 우리 역사에 대한 관심을 유발하도록 해야 한다.

(5) 전적지의 상품화

세계 역사상 한국처럼 많은 전쟁의 소용돌이에 휩싸인 나라도 드물다. 이로 인해 많은 전적지 문화를 가지고 있다. 따라서 몽고의 침입, 임진왜란과 병자호란, 동학운동, 한국전쟁 등 전쟁에 대한 아픈 사건들과 전적지를 상품화하여 단결성과 자주의지를 심어주고 교육적인 역사의 장으로 조성해야 한다.

(6) 한글의 상품화

한글은 세계적으로 과학성을 인정받고 있으며, 우리 민족의 창조적 역량을 가장 잘 나타내주는 것 중의 하나이다. 따라서 이처럼 자랑스러운 문화적 유산을 한눈에 볼 수 있도록 한글박물관을 건립하고 이를 상품화해야 한다. 이를 통해 우리나라를 방문하는 외래 관광객에게 보다 효과적인 한글을 소개하여 우리글과 우리 민족의 우수성을 널리 알려야 한다. 또한 내국인에게는 한글에 대한 자긍심 고취와 더불어 교육의 장으로 기여할 수 있도록 상품화해야 한다.

(7) 민요의 상품화

민요는 우리 민족의 애환과 기쁨을 반영한 노래이다. 이를 상품화하여 세계인의 감정과 일치하도록 유도해야 한다. 대표적인 민요곡인 아리랑은 남녀노소뿐만 아니라 외국인에게도 널리 알려진 한국을 대표하는 노래이므로 잘 특화시켜 세계인이 한국음악을 즐길 수 있도록 상품화해야 한다.

08

호텔업

8장

호텔업

제1절 호텔의 이해

1. 호텔의 개념

호텔은 일정한 지불능력이 있는 사람들에게 객실과 식사를 제공할 수 있는 시설을 갖추고 있으면서, 친절하고 예의바른 종사원이 조직적으로 봉사하여 그에 대한 합당한 대가를 받는 기업이다.

『웹스터사전』에는 "일반대중을 대상으로 숙식과 서비스를 제공하는 건물, 또는 기관(a building or institution providing lodging, meals and services for the public)"으로 정의하고 있다.

국내 「관광진흥법」에는 호텔업을 "관광객의 숙박에 적합한 시설을 갖추어 이를 관광객에게 제공하거나 숙박에 딸리는 음식, 운동, 오락, 휴양, 공연 또는 연수에 적합한 시설 등을 함께 갖추어 이를 이용하게 하는 업"으로 정의하고 있다.

숙박시설은 화폐의 유통시기와 함께 출현하여 발전하였으며, 여행자의 필수적인 요건으로는 Eating, Drinking, Lodging & Enjoying으로 구성되었다.

호텔의 원시적인 형태라 할 수 있는 Hospital이라는 말은 현재에는 병원이라는 의미로 사용되고 있지만, 오래 전에는 두 가지 의미를 가지고 있다. 첫째, 여행자들이 휴식을 취하고 심신을 회복시킬 수 있는 간이 숙소로 제공되는 장소의 의미가 있었으며 둘째, 여행에서 생긴 병자나 부상자 또는 고아나 노인들을 쉬게 하고 간호하는 시설로서의 의미를 지니고 있었다. 그중에서 여행자의 숙박과 휴식의 장소(a place of shelter and rest for travelers)로 Hospital과 Hostel을 거쳐 18세기 중엽 이후에 Hotel로 명명하게 되었다.

호텔은 거주지를 떠난 여행자들의 숙식과 휴식을 위한 장소로 인식(a home away from home)되었다. 호텔은 세계 어느 나라를 가더라도 동일한 시스템으로 운영되고 있기 때문에 관광객이나 비즈니스를 위해 떠나는 사람들에게 적합한 시설이다. 현재에는 각 나라의 특성에 맞는 다양한 형식의 호텔들이 생겨나고 있다. 따라서 관광객이나 비즈니스를 하는 사람들은 그 나라의 전통과 문화 등의 다양한 체험을 경험하고자 한다. 이러한 체험들은 그 나라를 이해하는 계기가 되며, 여행을 마친 후 좋은 추억으로 간직되면서 주변 사람들에게 호의적인 구전으로 전파되기도 한다.

경험자들의 좋은 구전의 영향으로 인해 호텔의 브랜드 이미지가 상승되면서 매출이 증가할 뿐만 아니라 그 나라의 전통과 문화를 세계 곳곳으로 전파하는 효과도 누릴 수 있다.

2. 호텔의 기능

오늘날의 호텔은 숙박과 식음료 제공을 기본으로 하던 종래의 기능에서 탈피하여 인간생활에서 필요한 모든 것을 한 곳에서 해결할 수 있도록 도와주는 역할을 수행하는 장소가 되고 있다. 이러한 호텔 기능의 확대로 인해 호텔을 '하나의 작은 세계(small world),' '하나의 작은 나라(small country),' '도시 속에 있는 작은 도시(city within a city)'로 부르기도 한다.

현대의 호텔은 국제적인 사업으로 세계 각국의 시민뿐만 아니라 자국민을 포함한 온갖 사람의 모습을 감상하고 서로 대화를 주고받을 수 있는 작은 국제사회(small international society)가 되고 있다. 특히 미국의 라스베이거스에 소재하고 있는 대형 호텔들은 옛날의 궁전을 재현하거나 놀이공원, 옛날의 도시를 재현함으로써 하나의 테마파크로서의 역할을 수행하고 있다.

호텔은 다양한 목적과 기능 그리고 이용하고자 하는 목적에 따라서 다양한 방법으로 활용하는 고객들이 증가하고 있다. 현대적 기능의 호텔은 여가시간의 증가와 소득이 높아지면서 개인의 정신적·문화적인 욕구를 충족시키려는 활동에 관심을 가지게 되었다. 현재의 호텔 기능은 단순히 숙식을 해결하는 장소로서의 역할을 벗어나 레저, 회의장, 전시장, 가족 및 사교 공간, 쇼핑 공간 등 다목적인 상품과 최신의 시설을 제공하고 있다. 호텔은 사회적·문화적인 기능과 공익적인 서비스 제공을 위한 고객의 다양화된 활동공간으로 변화하고 있다.

1) 숙박 및 식음료 서비스 기능

비즈니스 고객과 관광객 그리고 다양한 이용의 목적을 가진 사람들을 위해 숙식을 제공하는 역할을 한다.

2) 비즈니스 기능

회의·전시·교역전 등을 위한 장소와 장비를 제공하고, 이를 목적으로 호텔을 이용하는 고객들의 편의를 위한 비즈니스 정보교환의 비서업무 등 필요로 하는 서비스를 제공하는 역할을 한다.

3) 사교시설 기능

호텔은 국제교류 및 문화교류를 위한 공간을 제공함으로써 사교적·장소적 기능을 제공하는 역할을 한다.

4) 문화 서비스 기능

고객의 지적 수준과 다양해진 취미활동을 위해 호텔의 기본적인 기능 이외에 문화·예술·교육 등의 문화적인 서비스를 제공하는 역할을 한다.

5) 스포츠·레저 기능

관광·레저·오락·휴양 등의 장소로서의 서비스를 제공하는 역할을 한다.

6) 지역사회의 고용창출과 지역경제 활성화를 위한 역할

호텔의 영업으로 인해 지역의 다양한 일자리를 창출하고 많은 인력을 고용하게 되고, 호텔 주위의 다양한 상권 활성화를 일으켜서 지역경제를 살리는 데 많은 역할을 하고 있다.

제2절 세계 호텔의 발전과정

1. 고대 · 중세의 숙박시설

숙박시설의 기원은 인간이 자신의 거주지를 떠나서 돌아올 목적으로 이동이나 여행을 하면서 시작되었다. 역사기록에 의하면, 인류 최초의 숙박시설은 현재 중동의 이라크 바그다드에 해당하는 메소포타미아 문명이 발생한 티그리스강과 유프라테스강 사이의 비옥한 충적토 지역에 거주하던 수메르인(Sumerians)에 의해 건립되었다.

최초의 숙박에 관한 법률은 B.C. 2000년경 바빌로니아가 통치하는 사회의 『함무라비법전』에서 발견된 이 법은 고대 바빌로니아에서 Tavern과 Inn의 운영에 관한 규칙을 담고 있다고 전해지고 있다. 이 시대에는 주로 종교 목적의 여행자들에게 숙식을 제공하는 성지순례(pilgrim)의 목적이었다.

고대 서양사회의 여행 역사는 로마 시대로 접어들면서 정점을 이루게 되는데, 로마 제국이 군사도로와 도시를 건설함으로써 인간의 이동은 급속히 성장하게 되었다. 당시 정치 · 사회 · 문화 등에서 세계의 중심 역할을 함으로써 로마를 중심으로 하는 여행활동이 더욱 활발하게 진행되었다.

장거리 여행자를 위해 당시에는 우체국(post office)으로 불렸던 숙박시설이 있었으며, 맨션(mansion)이라는 숙박시설은 상류층의 공용으로 출장을 다니는 관리 등이 이용하였다. 또한 상류층과 부유층은 요양 목적의 온천여행을 즐겼으며, 이곳을 중심으로 숙박업이 발달하였다. 교통수단의 발달은 인간의 이동을 점차적으로 멀리 그리고 오랫동안 지속하게 되는 역할을 하게 되었다.

중세시대인 로마 제국 멸망 후 약 1,000년간은 암흑의 시대(the dark age)로, 종교적 영향에 의해 생활양식이 바뀌게 되면서 여행이나 세속적인 향락이 금지되었다. 따라서 오직 종교순례 여행만 허락되었으며, 이들의 숙박장소는 교회나 수도원을 이용하였다. 숙박시설과 교통의 발달은 사람들을 장기간 집을 떠나 활동하게 만들었으며, 숙박시설이 영리를 추구하는 상업적 부문으로 등장하기 시작한 것은 15세기 부터였다. 16~18세기에는 상공업이 발달하게 되면서부터 여러 지역에 여인숙이 생기게 되는 계기가 되었다. 여인숙은 주로 지방귀족 · 정치가 · 사제들의 만남의 장소로 이용되었다. 여인숙은 역마차나 사람들이 통과할 수 있는 아치형 출입문이 있었으며, 마당에서는 결혼식이나 박람회 및 노천극장 등 다용도로 사용되었다. 18세기의 여인숙에는 커피 하우스(coffee house)의 인기가 높아서 많은 여인숙들이 이를 운영하였다.

2. 근대의 호텔산업

교양관광(grand tour) 시대(1613～1785)에는 유럽의 귀족이나 문예가들이 유럽의 여러 나라를 다니면서 지식과 견문을 넓히고자 하였다. 이 시기를 여행의 황금시대(the golden age travel)라고 일컫는다.

세계 최초의 호텔은 1600년대에 영국에서 건립된 Feathers Hotel이 건립되면서 호텔이라는 용어를 사용하기 시작하였다. 프랑스와 영국의 호텔은 다른 점이 많이 있었다. 프랑스는 16세기부터 왕족 또는 귀족 등 특권층을 위한 사치스럽고 호화스러운 호텔들이 생겼으며, 주로 이들의 사교장소로 이용되면서 잘 훈련된 종사원들에 의해 객실 및 식당 서비스를 제공받았다. 이후 프랑스 대혁명을 통해 고급 주택들이 공공건물로 변모하면서 자연스럽게 호텔로 바뀌게 되었다.

영국의 경우는 런던, 글래스고우, 에딘버러를 연결하는 도로와 교통수단이 발달하면서 역마차와 우편마차가 등장하였다. 이 역마차에 의해 승객들을 위한 숙소로서 Coaching House가 생겨나기 시작했다. 귀족들은 호화스러운 시설에서 숙식을 제공받았으며, 승려나 정치인들의 사교모임 장소로도 이용되었다.

17세기와 18세기를 통하여 유럽과 미국을 중심으로 호텔산업이 부흥하기 시작하였다. 1794년에 건립된 미국의 시티호텔(City hotel)은 미국 최초의 호텔로 기록되어 있다. 1841년에는 영국인 토마스 쿡(Thomas Cook)은 왕복기차 여행을 제공하는 단체 대절열차의 운행을 성공시켜서 근대 호텔의 대량화를 가져오게 하는 계기가 되었다. 19세기 초 독일 바덴바덴에 건립된 바디쉬호프(Badisch Hof) 호텔은 오늘날의 호텔 개념과 같은 호텔의 시초가 되었다.

19세기가 되면서 럭셔리 호텔 건설의 구체적인 형태가 나타나기 시작하였는데, 이때 등장하기 시작한 호텔은 지난날 베르사유 궁전에서 펼쳐졌던 상류계급의 세련된 생활양식을 기초로 한 호화로운 시설과 서비스가 주된 특징이었다.

오늘날의 호화스러운 건물의 외관과 내장, 사치스러운 프랑스 요리와 기물・기구, 종업원의 복장과 서비스는 당시의 호텔에서 채택하여 상업화했던 양식이 지금도 전해오고 있다. 1874년 디하르트 사르만은 건전한 청소년 숙박시설인 유스호스텔을 창시하였으며, 1910년에 자신이 근무하는 초등학교 '인데아데데'를 유스호스텔로 최초 사용하였다. 1914년에는 유스호스텔협회를 창립하였다.

근대 유럽 호텔산업의 발전은 호화로운 호텔경영을 완성시킨 Cezar Ritz였다. 세자르 리츠는 호화로운 호텔경영을 완성시킨 인물이다. 리츠는 서비스맨으로서의 탁월한 재능을 가진 그는 서양요리 사상 가장 위대한 조리사인 조르쥬 에스꼬피에(George A. Escoffier)와 함께 유럽의 고급 호텔들을 경영하였으며, 1889년 The Savoy Hotel에서 정장차림의 디너파티를 정착시키고 여성고객을 중요시하였다.

1898년에는 자신의 이름을 내세워 Hotel Ritz를 최초로 개관하였으며, 1899년에는 런던에서 최초로 전 객실에 욕실이 딸린 고급 호텔인 The Carlton을 개관하였다. 이후 호텔사업이 크게 성공하면서 명성이 알려지게 되었으며, 1906년에는 런던에 The Ritz Hotel과 1910년 마드리드에 The Hotel Ritz 등이 개관되면서 유럽 전역에 18개의 Ritz 호텔을 운영하게 되었다.

"The guest is always right"라는 경영이념을 가진 리츠는 고객이 요구하는 모든 것은 최고의 서비스로 제공한다는 최고의 위대한 호텔리어였다.

3. 현대호텔의 발전

현대의 호텔은 세계화 추세에 따라 호텔기업과 경영형태도 다국적화와 경영다각화를 추구하고 있다. 호텔산업은 국제간의 호텔경영기술의 교류, 체인화, 경영다각화 그리고 CRS (Computerized Reservation System) 등을 통하여 세계를 하나의 서비스 네트워크 시대로 만들었다.

현대 호텔경영의 특징은 체인화, 경영다각화, CRS의 운용 등으로 다음과 같이 구분하고 있다.

첫째, 호텔 체인화는 미국을 중심으로 하여 인수합병(M&A)과 프랜차이즈에 의한 대규모 호텔이 형성하게 되었다. 쉐라톤 호텔과 힐튼 호텔의 창시자인 헨더슨(Emest Henderson)과 힐튼(Gonrad N. Hilton)이 호텔 체인화를 하기 시작하였다. 따라서 체인호텔은 비용절감의 이점과 공동 마케팅을 할 수 있는 장점을 가지고 있었기 때문에 더욱 발전할 수 있는 계기가 되었다.

둘째, 경영다각화는 유럽과 아시아 지역을 운행하는 항공사가 자사 항공기를 이용하는 고객들을 숙박시키고자 호텔을 건설하기 시작하였다. 항공사의 경영다각화는 호텔업·외식사업 등으로 확장하여 매출의 시너지 효과를 보고자 하였다.

셋째, CRS는 Holiday Inn이 할리덱스(HOLIDEX)라는 컴퓨터예약시스템을 업계 최초로 개발하면서 시작되었다. 현재에는 IT기술과 인터넷 보급으로 급속한 발달로 인해 시간과 공간의 제약 없이 실시간으로 이용할 수 있게 되었다. 또한 서비스 제공자는 인터넷을 통한 무한한 정보제공과 쌍방향 커뮤니케이션을 활용하여 고객만족에 활용하고 있다.

4. 한국의 호텔산업

우리나라의 숙박시설은 『삼국사기』에 처음으로 기록에 남아 있으며, 주로 관리들이 지방을 순찰할 때 머물던 역관이 있었다. 통일신라시대에는 신라방, 신라관, 신라원을 건립하여 당나라를 찾는 신라인의 숙소로서 이들에게 숙식을 제공하였다. 역마를 두고 공무로 왕래하는 관리에게 교통 및 숙박의 편의를 제공한 고려시대의 역참제가 있었으며, 『경국대전』에 의하면 전국에 530여 개의 역이 존재하였다. 또한 공무 여행자나 관리를 위해 지방관위에 설치된 새로운 숙박시설인 관(館)이 건립되었으며, 후에 하급시설인 원(院)도 건립되었다.

국내의 근대 호텔산업은 1876년 강화도 조약 이후 외국인의 거주와 통상을 위해 부산·인천·원산의 항구와 내륙시장을 개방하였다. 이 조약으로 인해 일본을 비롯한 세계 열강국들의 관광객이 한국에 방문하게 되면서 숙박시설이 필요했다.

1887년에는 숙박과 요정이 주업인 시천 여관이 건설되었으며, 1888년 인천에 3층 높이의 벽돌건물과 편의시설이 있는 대불호텔이 건립되었다.

1902년에는 최초의 서양식 호텔인 손탁호텔(Sontag hotel)이 독일 여인인 손탁에 의해 건립되었다. 이 호텔은 러시아풍의 2층 건물로 객실은 약 30개였으며, 커피숍과 최초의 프렌치 레스토랑에서 서양요리를 제공하였다.

1908년에는 일본의 료칸이란 명칭에서 유래한 여관이 전국에 약 120여 개가 존재했다고 한다.

제3절 호텔의 분류

1. 숙박목적에 의한 분류

1) 컨벤션 호텔(Convention Hotel)

컨벤션 호텔은 초대형 호텔과 컨벤션 시설을 갖추고 있는 호텔이다. 컨벤션 호텔은 컨벤션과 회의 그리고 전시회를 할 수 있는 시설과 장비 등을 갖추고 있으며, 컨벤션과 관련된 시설과 호텔이 연결되어 있어 원스탑(one stop) 서비스를 제공할 수 있기 때문에 컨벤션에 참가한 고객이 다른 이동수단을 이용하지 않고도 회의와 숙식을 한 곳에서 이용할 수 있어서 편리하다.

컨벤션 호텔은 다양한 규모의 회의장과 시설, 전시회장, 연회시설 그리고 회의에 참가하는 국내외 고객을 위해 충분한 수의 객실을 갖추고 있어야 한다. 또한 국제회의를 진행할 수 있는 8개국 이상의 동시통역시설과 각종 첨단장비 등도 보유하고 있어야 한다.

2) 커머셜 호텔(Commercial Hotel)

커머셜 호텔은 비즈니스를 하는 사람들이 많이 모이는 도심에 주로 위치하고 있다. 주요한 도시의 중심지에 위치하고 있는 호텔들이며, 주로 비즈니스 활동이 많은 금융 중심지나 쇼핑 중심가 같은 사람들이 많이 모이는 장소에 위치하고 있다.

3) 리조트 호텔(Resort Hotel)

리조트 호텔은 경치가 수려한 산악이나 해변에 위치하여 고객이 편안하게 휴식을 취하고 심신을 단련시킬 수 있도록 서비스를 제공하고 있다.

리조트 호텔은 일상생활에서 벗어나 일탈을 위한 휴양과 여가 또는 스포츠 활동을 즐기기 위한 관광객들이 주로 찾는 호텔이다. 따라서 휴가철인 경우에는 성수기를 가지게 되지만, 그 외의 계절에는 비수기로서 다양한 방법과 마케팅으로 판매를 해야 하는 경우가 대부분이다. 호텔 내・외에 위치한 골프, 테니스, 수영, 피트니스 등 다양한 아웃도어(outdoor) 활동이나 취미를 즐길 수 있는 시설들을 유・무료로 제공하고 있다.

4) 카지노 호텔(Casino Hotel)

카지노 호텔의 객실과 식음료 부문은 주로 카지노를 즐기는 사람들을 위해 지원하는 시설의 기능을 하고 있다. 카지노 호텔들은 대부분 최고급 시설을 갖추고 유명한 가수들과 마술을 포함한 대형쇼와 고급식당 등 고객의 편의를 위해 최고급 서비스를 제공하기도 한다.

미국의 라스베이거스는 세계적으로 유명한 카지노 호텔들이 있다. 가족여행지로서 각광을 받고 있는 가족단위의 휴양지로 인기를 얻고 있다. 이는 카지노 시설 이외에 어린아이부터 카지노를 즐기지 않는 가족들까지 즐길 수 있는 볼거리, 먹거리, 즐길 거리 그리고 쇼핑과 주위의 관광자원들을 개발하며 모든 가족들이 즐겁게 보낼 수 있도록 하였다.

2. 숙박기간에 의한 분류

1) 트렌전트 호텔(Transient Hotel)

대부분 1~2일 정도의 단기체류 비즈니스를 하는 사람들이 이용하는 호텔로서, 주로 도시의 중심에 위치하고 있는 호텔이다. 숙박고객 이외의 고객들이 왕래가 빈번하므로 교통과 입지 조건이 매우 중요하다. 고객들의 편의를 위해서 식당과 커피숍 등 식음료 서비스도 제공된다.

2) 레지던스 호텔(Residence Hotel)

1주일 이상의 체재객을 대상으로 하는 주택 형식의 호텔이다. 대부분의 고객은 주로 신흥산업도시에 파견되는 기술자와 가족 등 임시 거주용으로 사용된다. 호텔식의 룸 메이드 서비스가 제공되고 식음료 서비스가 제공된다.

3) 퍼머넌트 호텔(Permanent Hotel)

주로 장기투숙객을 대상으로 한 아파트 형식의 호텔로서, 룸 메이드 서비스가 제공되는 것이 특징이다. 대부분의 장기체재 호텔은 객실점유율 향상과 이에 따른 수익 증대를 위해 임대계약을 하지 않더라도 장기적으로 객실을 사용할 수 있다.

3. 숙박시설에 의한 분류

숙박시설을 이용하는 사람들의 이용목적・취미・여행 등의 형태에 따라서 여러 가지 시설을 이용하게 된다. 숙박시설 형태에 따른 분류는 다음과 같다.

1) 모텔(Moter Hotel)

모텔은 자동차 여행객의 증가추세에 부응하여 도로가에 건설되어 운영되는 호텔이다. 1908년 미국 애리조나(Arizona)주 교외의 한 마을에서 시작되었다. 처음에는 주차장과 침실을 한 단위로 시설화 하였으나, 근래에는 호텔과 같은 규모 또는 그 이상의 규모를 가진 모텔도 등장하고 있다. 모든 시설의 이용이 셀프서비스 방식으로 운영되고 있어 객실료가 비교적 저렴하다.

2) 유스호스텔(Youth Hostel)

유스호스텔은 청소년을 위한 숙박시설이다. 일반 호텔과는 달리 청소년들의 심신단련과 보건휴양여행을 장려하기 위해 저렴한 가격으로 숙박시설을 제공하는 사회복지시설의 일종이다. 여행을 하는 청소년에게 저렴한 가격에 적절한 수준의 숙소를 제공하는 시설이며, 다른 호텔들과 달리 비영리목적이다.

유스호스텔 시설은 침대와 침구, 샤워장, 취사장 등 편의시설과 기본적인 도구만 제공된다. 객실 사용은 대부분 4인 이상이 이용할 수 있는 다인용 형태가 일반적이다. 체재기간 동안은 유스호스텔의 규칙을 잘 따라야 한다. 주로 유적지 등 관광명소나 경치가 좋은 곳에 위치하며, 일부는 도심에 위치하기도 한다.

3) 보텔(Boat Hotel)

보텔은 보트로 여행하는 사람들이 이용하는 호텔로서 항해 중 해변에서 보트를 정박시켜 두고 투숙할 수 있는 시설이다. 육지의 모텔과 성격이 비슷하다.

4) 요텔(Yatch Hotel)

요텔은 요트 여행객을 위한 숙박시설로 해안과 호반에 요트를 계류할 수 있도록 설비를 갖춘 호텔이다.

4. 입지조건에 의한 분류

1) 메트로폴리탄 호텔(Metropolitan Hotel)

메트로폴리탄 호텔은 대도시의 중심가에 위치한 대규모 호텔로서, 수천 개의 객실을 보유하고 있는 호텔군을 말한다. 이러한 호텔은 일시에 많은 고객을 수용해야 하므로 대연회장과 전시장 등을 갖추고 있다.

2) 시티 호텔(City Hotel)

시티 호텔은 도심지에 위치한 호텔로서, 교통이 편리하기 때문에 각종 연회 · 회의 · 결혼식 등에 많이 이용되는 호텔이다.

3) 서버번(교외) 호텔(Suburban Hotel)

서버번 호텔은 도시에서 멀리 떨어져 있는 호텔로서, 도시의 공해를 피해 자동차를 이용하는 가족단위의 여행객에게 인기가 있는 호텔이다. 혼잡한 도시를 벗어나 비교적 한산한 교외에 위치하고 있는 호텔을 말한다. 주위환경이 쾌적하고 공기 좋은 조용한 곳에 있으며, 주차시설 또한 편리한 것이 특징이다. 도심에 비해 지가가 비싸지 않고 건설비용이 적게 들면서 객실가격에 부담을 가지지 않는다. 대부분 중저가 호텔이 많은 편이다.

4) 컨트리 호텔(Country Hotel)

컨트리 호텔은 교외라기보다는 산간에 세워지는 호텔로 마운틴 호텔(mountain hotel)이라고도 한다. 특히 골프 · 스키 · 등산 등의 레크리에이션 기능을 할 수 있다.

5) 에어포트 호텔(Airport Hotel)

주로 공항 근처에 위치하고 있으며, 승무원이나 조종사 등의 항공사 직원들이나 비행기 사정으로 출발 및 도착 지연으로 인해 공항 근처에서 숙박을 해야 하는 여행자나 비즈니스 여행자들이 이용하기에 편리한 호텔을 말한다.

최근에는 저렴한 가격으로 객실과 욕실만을 제공하는 소규모 호텔들도 많이 등장하고 있다. 에어포트 호텔은 관광객들에게 거리의 이동을 최대한 축소시켜 편리함이라는 장점으로 접근하고 있다. 다양한 수준의 서비스와 객실용품을 제공하며, 특히 공항에서 호텔로 이동하는 데 있어서 비교적 짧은 시간이 소비된다.

6) 시포트 호텔(Seaport Hotel)

시포트 호텔은 에어포트 호텔과 마찬가지로 항구와 근접한 곳에 위치하여 관광객이나 승무원이 편리하게 이용할 수 있도록 세워진 호텔이다.

7) 터미널 호텔(Terminal Hotel)

터미널 호텔은 철도역이나 공항 또는 버스터미널 근처에 위치한 호텔로서, 이러한 교통수단을 이용하는 관광객들이 주로 이용한다.

5. 규모에 의한 분류

호텔의 규모는 일반적으로 소규모, 중규모, 대규모 호텔로 세분화 된다. 소규모 호텔은 객실이 150실 이하의 호텔이며, 중규모 호텔은 150～300실 이하의 객실을 보유하고 있는 호텔이다. 그리고 대규모 호텔은 300～600실 이하의 객실을 가지고 있는 호텔로 세분화하고

소규모 호텔　　중규모 호텔　　대규모 호텔

있으며, 600객실 이상의 규모의 호텔을 특대규모 호텔로 분류하고 있다.

6. 서비스 수준에 의한 분류

1) 고급 서비스 호텔(Full Service Hotel)

고객에게 제공되는 서비스에는 고급객실, 비즈니스센터, 회의실, 인터넷, 룸서비스 및 운동, 오락시설 등이 갖춰져 있다. 고급 서비스 호텔 중에서도 최고급 호텔(luxury hotel), 고급호텔(upscale hotel), 중급호텔(midscale hotel)로 구분된다.

최고급 호텔은 5성급 이상의 호텔들이 해당된다. 호텔 수준에 맞게 고객들 또한 가격수준에는 전혀 개의치 않는 고객들로서, 기업가・사업가 등 사회적 지위가 높거나 명예를 가지고 있는 사람들이 대부분의 고객들이다. 대표적인 브랜드 호텔은 Ritz-Carlton, Fairmont, Plaza, Four Seasons 등이 있다.

고급호텔은 최고급 호텔에 비해 조금 낮은 서비스를 제공함으로써 가격 면에서도 조금 낮은 편에 속한다. 대표적인 브랜드 호텔은 Hyatt, Hilton, Sheraton, Inter Continental, Radison 등이 있다.

중급호텔은 서비스 수준이나 시설 면에서 고급호텔보다 낮기 때문에 비교적 저렴한 편에 속한다. 대표적인 브랜드 호텔은 Holiday Inn, Best Western, Courtyard by Marriott, Ramada 등이 있다.

2) 한정 서비스 호텔(Limited Service Hotel)

한정 서비스 호텔을 주로 이용하는 고객들은 가격에 민감한 상용 및 여가 여행자들이며, 단기간 체류를 한다. 한정된 서비스로 객실가격에 포함된 아침식사 외 다른 서비스는 제공되지 않는다.

일반적으로 호텔 내에 식당은 존재하지 않으며 회의실, 연회장, 룸서비스, Valet Parking 등의 서비스 또한 제공되지 않는다. 최소한의 직원 운영으로 낮은 비용구조와 높은 마진으로 운영되며, 객실판매만으로 최대의 이윤을 창출하고 있다.

3) 장기체류호텔(Extended-stay Hotel)

모든 설비를 갖추고 있는 아파트 형태의 호텔로서, 자기 집처럼 편안하게 지낼 수 있다. 고급 서비스는 제한적으로 제공되며, 호텔의 서비스 수준에 따라 회의시설 · 운동시설 · 비즈니스센터 등이 제공되거나 제공되지 않는 호텔이 있다.

미국 호텔시장에서 대표적인 브랜드에는 Residence Inn, Homestead, Villager Lodge 등이 있다.

7. 요금지급방식에 의한 분류

1) 미국식 요금지급방식(American Plan) 호텔

미국식 요금지급방식은 1일, 1주일 또는 1개월의 통산요금을 객실료로 표시하는 방식의 호텔로서, 객실요금에 식대를 포함시켜 받는 요금방식이다.

미국식 요금지불방식의 장점과 단점은 〈표 8-1〉과 같다.

〈표 8-1〉 미국식 요금지불방식의 장 · 단점

구분	고객	호텔
장점	• 숙식을 한곳에서 해결할 수 있다. • 정해진 식사시간에 규칙적으로 식사를 할 수 있다. • 편안한 분위기에서 식사를 할 수 있다.	• 한정된 메뉴와 대량구매로 원가절감이 가능하다. • 수요예측이 가능하므로 원가절감이 가능하다. • 정해진 식사시간으로 인하여 준비와 정리시간이 충분하다.
단점	• 제한된 메뉴로 선택의 폭이 좁다. • 정해진 시간에 식사를 해야 한다. • 일률적인 식사 서비스를 받기 쉽다. • 식사 여부와 상관없이 요금이 부과된다.	• 제한된 시간에 많은 인원의 식사 제공으로 충분한 공간 확보 및 서비스 인력이 필요하다. • 고객의 취향에 맞지 않는 음식 제공 시 낭비요인이 된다.

2) 유럽식 요금지급방식(European Plan) 호텔

유럽식 요금지급방식은 기본요금에 객실료만 계산하고 식대는 별도로 투숙객이 식사한 경우에만 청구하는 제도이다. 우리나라 호텔 대부분이 이에 속한다.

유럽식 요금지급방식의 장점은 다음과 같다.

① 고객의 취향에 따라 호텔 내・외에서 자유롭게 선택하여 식사할 수 있다.

② 고객이 원하는 시간에 식사를 할 수 있다.

③ 식사요금이 객실요금과 분리되어 있어 경비를 절약할 수 있다.

④ 취향에 맞는 음식을 충분한 시간을 가지고 훌륭한 서비스를 받으며 식사할 수 있다.

3) 혼합식 요금지급방식(Dual Plan) 호텔

혼합식 요금지급방식은 호텔 내에서 미국식과 유럽식의 두 가지 방식을 혼용하는 호텔로서, 고객의 요구에 따라 요금지급방식을 결정하는 것이다.

4) 버뮤다 요금지급방식(Bermuda Plan) 호텔

버뮤다 요금지급방식은 객실요금에 미국식 아침식사 1식을 포함하여 요금을 징수하는 방식을 채택한 호텔이다. 요즘에는 대부분의 호텔들이 버뮤다 요금지급방식을 적용하는 호텔이 많다.

8. 법규에 의한 분류

「관광진흥법」 제3조 2항에서 관광숙박업이라 함은 호텔업과 휴양콘도미니엄을 말하고, 호텔업은 관광호텔업, 수상관광호텔업, 한국전통호텔업, 가족호텔업, 호스텔업, 소형호텔업, 의료관광호텔업으로 구분하고 있다.

1) 호텔업

(1) 관광호텔업

관광객의 숙박에 적합한 시설을 갖추어 관광객에게 이용하게 하고 숙박에 딸린 음식·운동·오락·휴양·공연 또는 연수에 적합한 시설 등을 함께 갖추어 관광객에게 이용하게 하는 업

(2) 수상관광호텔업

수상에 구조물 또는 선박을 고정하거나 매어 놓고 관광객의 숙박에 적합한 시설을 갖추거나 부대시설을 함께 갖추어 관광객에게 이용하게 하는 업

(3) 한국전통호텔업

한국전통의 건축물에 관광객의 숙박에 적합한 시설을 갖추거나 부대시설을 함께 갖추어 관광객에게 이용하게 하는 업

(4) 가족호텔업

가족단위 관광객의 숙박에 적합한 시설 및 취사도구를 갖추어 관광객에게 이용하게 하거나 숙박에 딸린 음식·운동·휴양 또는 연수에 적합한 시설을 함께 갖추어 관광객에게 이용하게 하는 업

(5) 호스텔업

배낭여행객 등 개별 관광객의 숙박에 적합한 시설로서 샤워장, 취사장 등의 편의시설과 외국인 및 내국인 관광객을 위한 문화·정보 교류시설 등을 함께 갖추어 이용하게 하는 업

(6) 소형호텔업

관광객의 숙박에 적합한 시설을 소규모로 갖추고 숙박에 딸린 음식·운동·휴양 또는 연수에 적합한 시설을 함께 갖추어 관광객에게 이용하게 하는 업

(7) 의료관광호텔업

의료관광객의 숙박에 적합한 시설 및 취사도구를 갖추거나 숙박에 딸린 음식·운동 또

는 휴양에 적합한 시설을 함께 갖추어 주로 외국인 관광객에게 이용하게 하는 업

2) 휴양콘도미니엄업

관광객의 숙박과 취사에 적합한 시설을 갖추어 이를 그 시설의 회원이나 공유자, 그 밖의 관광객에게 제공하거나 숙박에 딸리는 음식 · 운동 · 오락 · 휴양 · 공연 또는 연수에 적합한 시설 등을 함께 갖추어 이를 이용하게 하는 업을 말한다.

휴양콘도미니엄업의 특성은 다음과 같다.

① 별장이나 호텔과 달리 연간 사용일수가 정해져 있다.
② 객실이 비어있을 경우에는 회원이 아닌 일반고객도 숙박이 가능하다.
③ 연간 사용일수가 평일 · 휴일, 성수기 · 비수기에 따라 제한되어 있다.
④ 객실에 취사시설이 되어 있으며, 체인으로 조직된 여러 콘도미니엄을 이용할 수 있다. 회원이 이용할 수 있는 기일은 한정되어 있다.
⑤ 성수기 수요를 조정하기 위해 평일 이용권, 주말 이용권, 여름 이용권, 겨울 이용권 등으로 구분한다.
⑥ 매매 · 상속이 가능하다.

09

여행업

관광학원론 Principles of Tourism

9장

여행업

제1절 여행업의 개념

1. 여행업이란

「관광진흥법」에서 여행업은 "여행자 또는 운송시설, 숙박시설, 그 밖에 여행에 수반되는 시설의 경영자 등을 위해 그 시설의 이용알선이나 계약체결의 대리, 여행에 관한 안내, 그 밖의 여행 편의를 제공하는 업"으로 정의하고 있다.

즉, 여행업은 여행자와 운송, 숙박 그 외 관광관련 업체 사이에서 보수를 받고 각각의 서비스에 대해 대리 계약 매개 등을 하기도 하고, 여행자를 위해 안내, 상담, 수배, 운송, 숙박시설 등을 안내 및 서비스를 제공하는 사업이다.

2. 여행업의 종류

「관광진흥법」에 따른 여행업의 종류는 종합여행업, 국내외여행업, 국내여행업으로 나누고 있다.

1) 종합여행업

종합여행업이란 "국내외를 여행하는 내국인 및 외국인을 대상으로 하는 여행업"을 말하며, 각종 비자 등 여행업의 업무를 대행하는 행위를 포함하고 있다. 즉, 내국인 대상의 국내여행(domestic tour) 업무와 국외여행(outbound tour) 업무, 그리고 외국인 대상의 국내여행(inbound tour) 등의 업무, 그리고 기타 필요한 제반 업무가 가능한 업이다.

2) 국내외여행업

국내외여행업이란 "국외 및 국내를 여행하는 내국인을 대상으로 하는 여행업"으로, 비자를 받는 절차를 대행하는 행위를 포함하고 있다. 즉, 내국인의 국외여행(outbound tour) 및 국내여행과 관련된 업무로 패키지 여행상품 기획 및 판매, 항공권 예약 및 발권, 철도 및 호텔쿠폰 대매 등의 서비스를 제공하는 업이다.

3) 국내여행업

국내여행업이란 "국내를 여행하는 내국인을 대상으로 하는 여행업"으로 외국인을 대상으로 하는 인바운드 투어나 내국인의 아웃바운드 투어를 취급할 수 없다. 국내여행상품 기획 및 판매, 국내선 항공권, 호텔쿠폰 대매, 관광버스 전세 업무 등 전반적인 국내여행의 서비스를 제공한다.

3. 여행업의 정의와 업무내용 및 특징

1) 여행업의 정의

여행업은 여행자 또는 운송시설, 숙박시설, 그 밖에 여행에 딸리는 시설의 경영자 등을 위해 그 시설의 이용알선이나 계약체결의 대리, 여행에 관한 안내, 그 밖의 여행편의를 제공하는 업이다. 여행업은 관광의 구성요소 중 관광매체의 역할로, 관광주체(관광객)와 관광객체(관광대상)를 연결시켜주는 역할을 수행하는 관광사업의 중추사업으로서 중요한 목적을 점유하고 있다.

미주여행업협회에서는 일반적으로 여행관련 업자를 대신하여 제3자와 계약을 체결하고, 또한 이것을 변경 내지 취소할 수 있는 권한이 부여된 자를 여행업자로 정의하고 있다.

여행업은 교통운송업자 및 숙박업자 등과 같이 여행객을 대상으로 사업을 하는 시설업자와 이들이 제공하는 시설과 서비스를 이용하게 될 여행객의 중간에 위치하고 있다. 여행객을 위해서 시설이용과 관련된 예약과 수배 및 일련의 알선 등과 같은 서비스를 제공하고, 그 대가로 시설업자로부터 일정률의 수수료를 받아 경영해나가는 사업이다. 이러한 경영행위를 주된 업으로 하는 자를 여행업자로 규정하고 있다.

「관광진흥법」 제3조 제1항에서는 여행업을 "여행자 또는 운송시설 · 숙박시설, 그 밖에 여행에 딸리는 시설의 경영자 등을 위하여 그 시설 이용 알선이나 계약 체결의 대리, 여행에 관한 안내, 그 밖의 여행 편의를 제공하는 업"으로 규정하고 있다.

2) 업무내용

① 판매업무: 항공권, 승차권 등 교통시설의 표 판매, 쿠폰권류의 판매, 세트, 여행상품의 판매

② 대행업무: 해외여행에 대한 사증(VISA) 등 수속절차 진행

③ 중개업무: 여행보험 취급

④ 인수업무: 정부여행의 인수

⑤ 안내업무: 국외여행 안내, 통역 안내, 여행에 관한 정보제공 및 문의에 대한 응답(여행상담과 여행계획의 작성), 설명서와 안내서의 교부, 각종 여행도서의 출판

⑥ 상담업무: 전화상담, 카운터 상담, 방문상담 등의 여행상담업무

⑦ 인솔업무: 출국에서부터 입국할 때까지의 모든 일정을 관리하는 업무

⑧ 여정관리업무: 여행일정을 무리 없이 진행시키는 업무

⑨ 발권업무: 여행관련 시설업으로부터 판매위탁을 받아 항공권을 비롯하여 숙박권, 승차권 등의 각종 쿠폰류를 발행하여 제공하는 업무

3) 여행업의 특징

① 고정투자가 적다. 여행업은 진입장벽이 낮고, 지속적인 투자비가 적다.
② 노동력에 대한 의존도가 높기 때문에 인적자원이 자본이다.
③ 계절성이 강하다. 자연현상에 대해 민감하여 성수기와 비수기가 뚜렷한 산업이다.
④ 제품수명 주기가 짧다. 여행객의 라이프스타일의 변화와 유행에 따라 지속적인 프로그램 개발이 요구된다.
⑤ 직원의 전문적인 요원화가 필수적이다. 직원의 지식, 경험, 경력 등이 요구되는 직업이다.
⑥ 사무실의 위치 의존도가 높다. 여행객이 쉽게 접할 수 있는 위치가 중요하다.
⑦ 다품종 대량생산의 시스템 산업이다. 다양한 여행객의 요구와 욕구를 충족시켜줄 수 있는 프로그램을 보유하고 개발해야 한다.

제2절 여행업의 발전 및 특성

1. 여행업의 발전

여행업의 발전요인을 살펴보면 다음과 같다.

① 교통기관의 발달
ⓐ 최초의 해외여행은 해상교통의 중심으로 이루어졌다.
ⓑ 제2차 세계대전 후 항공기의 대형화, 고속화로 시간 절약, 요금의 저렴화가 이루어지게 되었다.
② 생활수준이 향상되면서 여행에 대한 관심이 높아지게 되었다.
③ 산업발달로 인해 근로시간이 단축되면서 자연적으로 여가시간이 증대되었다.
④ 노년층의 관광 증가와 청소년의 견문욕구 증가로 인해, 관광여행 계층이 확대되면서 여행업이 성행하였다.

⑤ 세계교역의 증가로 인해 비즈니스가 확대되면서 여행업이 발달하게 되는 계기가 되었다.

2. 여행업의 특성

① 이용자의 요일이나 계절적 변화, 즉 수요의 탄력성이 커서 여행업자의 수급조정기능이 곤란하다.
② 생산과 소비가 동시에 이루어지기 때문에 저장이 불가능하다.
③ 관광의 평가는 최종적으로는 개인의 만족도라는 심리적 측면에서 결정된다.

제3절 여행업의 종류

1. 여행목적에 의한 분류

① 겸목적 여행
ⓐ 공용여행: 공무출장, 시찰, 회의 참석 등
ⓑ 상용여행: 상용, 경조, 연구, 조사, 방문 등
② 순목적 여행: 개인의 오락, 레크리에이션, 견학, 보건, 휴양상의 여행

2. 여행규모에 의한 분류

① 개인여행: 여행자 개인에 따라서 여정을 짜고 항공기, 선박, 기타 교통편의 예약을 대행하는 형식(9인 이하의 여행)
② 단체여행: 모집 대상자가 희망하는 적당한 여정을 작성하여 여정에 따라 충실히 이행하는 형식(10인 이상 여행)

〈표 9-1〉 개인여행과 단체여행 비교

구분	개인여행	단체여행
여행자	• 개인의 의사에 따른 자유로운 행동 • 일정 변경이 쉬움. • 여행 중 많은 시간 손실 • 할인이 적음. • 값이 비싸짐. • 수배절차가 복잡해짐.	• 단체의 의사에 따라 행동 • 일정 변경이 어려움. • 유효한 시간 사용 가능 • 할인혜택이 많음. • 값이 싸짐. • 수배가 일괄적임.
여행사	• 계절변동이 적음. • 안정된 수입원 • 수익률이 낮음. • 번잡한 업무	• 계절변동이 심함. • 불안정한 요소가 많음. • 수익률이 높음. • 업무가 쉬움.

3. 기획자에 의한 분류

① 주최여행: 여행사가 여정, 여행조건, 여행비용 등을 사전에 기획하여 참가자들을 모집하는 단체여행

② 공최여행: 여행사가 그룹, 단체의 대표와 일정, 여행조건 등을 사전 협의한 후 실시하는 여행

③ 청부여행(도급여행 · 주문여행): 개인이나 단체를 불문하고 특정객이나 단체의 주최자의 희망에 따라 여정을 작성하고, 이 여정에 의거한 여행조건 및 여행비를 제시하여 총비용은 얼마라는 형식으로 주문을 맡아 실시하는 여행

4. 안내조건에 의한 분류

① IIT(Inclusive Independent Tour): 안내원이 관광지 안내만 서비스하고, 그 외의 부분은 외국인 국내여행자가 단독으로 하는 여행방식(local guide system)

② ICT(Inclusive Conducted Tour): 안내원이 전체 여행기간을 책임지고 안내하는 방법으로 국내를 여행하는 외국인의 단체여행에 많이 이용됨.

5. 여행안내원 유무에 의한 분류

① FIT(Foreign Independent Tour): 국외여행을 여행안내원(tour conductor) 없이 여행자가 개인적으로 여행하는 형태
② FCT(Foreign Conducted Tour): 국외여행 시작부터 완료까지 여행안내원이 동행하는 형태(단체여행)

6. 등급에 의한 분류

호텔 객실뿐만 아니라 식사 · 교통기관 등에도 등급이 붙여지는데 Deluxe, Superior, Standard, Economy의 네 가지로 분류된다.

7. 판매형태에 의한 분류

① Ready Made Tour: 여행사의 기획상품
② Order Made Tour: 고객의 주문에 의해 여행에 관한 서비스를 제공하는 여행
③ Half Made Tour(Easy Made Tour): Ready Made Tour와 Order Made Tour의 중간형태로, 최저한도의 숙박이나 교통편 등을 미리 수배하고 기타의 것은 고객이 취미에 따라 주문하는 여행의 형태

8. 여행형태에 의한 분류

① Package Tour: 주최여행의 전형적인 형태로서 여행의 모든 일정이 함께 포괄적으로 실시되는 여행

② Series Tour: 동일한 유형, 목적, 기간, 코드로서 정기적으로 실시되는 여행
③ Cruise Tour: 유람선 여행
④ Convention Tour: 국제회의 여행
⑤ Charter Tour: 전세여행
⑥ Incentive Tour: 포상여행
⑦ Interline Tour: 항공회사가 가맹 Agent를 초대하는 여행
⑧ Familization Tour: Fam Tour라고도 하며, 주로 여행도매상(wholesaler)이 소매업자(retailer)를 초대하여 여행시키는 것.
⑨ Dark Tour: 역사적으로 비극적인 사건이 일어났던 곳과 관련 있는 곳들을 여행하며, 반성하고 교훈을 얻는 여행
⑩ Budget Tour: 저렴한 비용의 여행
⑪ Educational Tour: 관광객의 자기 교양이나 자기계발을 주목적으로 하는 관광으로, 그랜드투어나 수학여행을 포함하는 형태
⑫ Ethnic Tour: 다문화 관광의 일종으로 소수 민족의 문화·역사적 관광지 방문과 문화인과의 접촉을 통해 이민족의 독특한 생활문화 체험

제4절 여행상품

1. 여행상품의 개념

여행상품은 여행에 필요한 교통편과 숙박 및 기타 시설이용권 따위를 한데 묶어서 파는 상품이다. 여행자들이 이용하는 제반 상품으로 여행사의 여행상품, 숙박상품(호텔상품), 식사상품, 교통상품, 쇼핑상품 등을 포함하고 있다.

① 여행상품은 여행사에서 고객에게 숙박·교통·식사 등의 유형적인 요소들을 포함하여 여행 서비스를 제공하고 있다.
② 여행상품의 유형적인 대상은 경험을 만드는 데 도움을 주는 것에 지나지 않고, 고객이 구매하는 여행상품의 본질은 경험에 따르는 무형적인 속성이 된다.

③ 여행상품은 숙박・교통편 등 일정한 시간이 지나면 소멸하는 특성을 가지고 있다. 따라서 여행상품의 경우에도 여행출발시점 이전에 체계적인 예약판매 및 가격전략을 통해서 여행출발 시점 이후의 기회손실을 최소화해야 한다.

여행상품의 효용과 가치는 여행자의 주관적인 기준이 적용되는데, 똑같은 여행상품을 경험한다 해도 각각의 여행자에 따라 다르게 받아들일 수 있다. 즉, 같은 경험이라 해도 각 개인의 욕구와 감정상태에 따라 상품평가의 기준이 다르기 때문에 그 효용가치가 다르게 나타난다. 또한 각 개인이 여행을 하는 것은 여행동기와 주변상황에 따라 달라지며, 정치・경제・사회적 환경변화에 대단히 민감한 반응을 보이게 된다.

여행상품의 구성은 생산과정에서 소비과정에 이르기까지 다양하고 복잡한 관계로 구성된다. 여행을 하면서 여행자에게 생활에 필요한 모든 것이 포함되어야 한다. 또한 여행을 하면서 원하는 특별한 욕구 역시 제공되어야 한다. 여행상품은 여행사가 자체생산을 하기보다는 여행시설 업체, 즉 항공사・철도・호텔・식당 등의 여행에 필요한 요소를 개별 구성요소로 조합하여 설계되므로 쉽게 모방할 될 수 있다.

2. 여행상품의 특징

여행상품에는 다음과 같은 특징이 있다.

① 무형의 상품
② 재고불가능의 상품(공급의 경직성)
③ 수요의 계절과 요일의 파동이 극심한 상품
④ 효용의 개인차가 큰 상품
⑤ 복수의 동시소비가 불가능한 상품
⑥ 조성에 소비되는 설비투자가 적게 드는 상품
⑦ 모방하기 쉬운 상품
⑧ 배달이 간단한 상품
⑨ 상품의 차등화가 곤란한 상품

3. 여행상품의 종류

① 기획상품: Package Tour, Ready Made Tour

② 주문상품: 청부여행(일종의 주문여행), Order Made Tour

③ 국내여행상품

④ 국제(외래)여행상품

⑤ 국외여행상품

4. 패키지 여행상품의 가격결정요인

여행상품의 가격을 결정하는 구조는 일반적으로 원가기반의 가격결정을 하게 된다. 여행상품의 원가구성 요소를 구분하여 비용을 추정하게 된다. 여행상품의 구성요소는 운송비, 지상비, 유통비, 일반관리 및 기타비용으로 구분하고 있다. 따라서 상품구성요인의 원가를 기반으로 추정된 총비용을 바탕으로 시장의 경제상황을 고려하여 판매가격을 결정하게 된다.

〈표 9-2〉 **패키지 여행상품 가격구성**

비용요소	주요 포함내용
운송비용	• 항공요금, 여행시기, 여행구성원의 종류와 규모, 여행조건, 여행사의 연간 항공권 구매량 크기 등에 따라 상이하다. • 국내 해외여행상품의 경우 항공료는 장거리 여행상품을 기준으로 원가의 35~50%, 단거리 여행상품 기준 60~70%를 차지한다.
현지지상비 (Land Fee)	• 숙박을 포함하여 현지 관광지에서 여행관련 시설을 이용하고 제공받는 모든 서비스 비용으로 각 지역의 관광에 포함되는 모든 경비이다.
유통비용	• 여행상품 판매를 위한 비용, 직접판매와 간접판매에 따라 유통비용의 차이가 발생한다.
상품 개발비	• 상품개발을 위한 기획, 현지답사 등의 비용이 발생한다.
일반관리 비용	• 직원 급여와 사무실 관리비용, 상품유지 비용 등의 간접비용이 발생한다.
영업이윤	• 영업활동에 따른 적정이윤, 국내여행 시장에서의 여행사, 이익률은 14~24%가 일반적이다. 단거리 여행상품이나 유행상품과 같이 가격에 민감한 상품의 경우에는 이익률이 5% 내외로 조정되기도 한다.
기타비용	• 환율, 인플레이션, 비자발급 비용, 수속경비, 인솔자 경비 등이 포함된다.

원가기반 가격결정요인의 고려를 통해 얻어진 가격에 대해 실제 고객에게 판매되는 가격은 시장의 경제상황을 고려하여 결정하게 된다. 따라서 실제 판매되는 가격은 시장의 요구에 따라 다양한 형태의 할인가격을 개발하여 이루어지고 있다.

국내 여행사에서 운영하는 다양한 할인가격의 유형은 다음과 같다.

1) 선착순 가격할인방법

여행상품에 대해 한정수량의 할인된 가격을 제공하고, 이를 통해 잠재수요를 유인하여 판매량을 증가시키는 데 목적이 있다. 예약순서별로 한정된 인원에게만 특별한 가격을 제공한다. 선착순 가격할인을 이용하는 방법은 여행의 잠재수요를 자극하는 데 유용한 방법으로, 여행객을 모객하는 대표적인 방법이다. 그러나 한정된 인원에게만 판매할 수 있기 때문에 해당 여행사에 대한 충성도가 높은 여행자에게 실망감을 줄 수 있는 단점이 있다.

2) 복수구매자 가격할인방법

여행상품의 구매단위별로 가격을 책정하는 방법으로, 관광자의 동반자에게 적용하는 가격, 단체에게 적용하는 가격 등이 있다. 동반자 가격 할인전략은 2인 이상 단체로 예약하는 여행객에게 제공하는 할인혜택이다. 주로 여행을 하는 여행객들은 가족여행, 친구와 함께하는 여행 등 단체로 여행을 즐기기 때문에 할인 혜택을 제공할 경우 비교적 쉽고 빠르게 여행객을 확보할 수 있다는 장점이 있다.

3) 재구매 할인전략

재구매 할인전략은 여행객이 해당 여행사의 이용에 만족을 느끼고 재구매를 한다는 측면에서 매우 중요한 자산관리법이라 할 수 있다. 장기적인 관점에서 여행사는 특별한 마케팅 비용을 지불하지 않고도 여행객이 자발적으로 재이용하기 때문에 재구매 이용고객은 여행사에 대한 충성도가 매우 높은 고객이라 할 수 있다. 재구매 할인전략은 여행사 고객에 대한 데이터 관리가 효율적으로 관리되어 있을 때 가능하다.

4) 차등가격 결정방법

여행상품에 대해 관광지별, 용도별, 계절별 및 지역별로 차등요금을 적용하여 판매하는 방법이다. 계절별 차등가격을 설정하는 것은 매우 일반화되어 있는 추세로 성수기에는 높은 판매가격을, 비수기에는 낮은 판매가격을 적용함으로써 여행사에서는 수요의 관리가 용이해질 수 있고, 여행자의 입장에서는 성수기를 피해 관광비용을 절감할 수 있는 효과를 불러온다.

5) 핫세일 가격결정방법

여행상품의 출발시점이 임박해오면서 여행사들은 소멸성 자산인 여행상품을 처분하기 위해서 핫세일 가격을 구사한다. 기준가격의 30% 이상의 할인율로 판매를 촉진시켜 상품 소멸 직전에 수익을 올릴 수 있는 마지막 방법이다. 그러나 높은 할인율로 인해 여행사의 영업 이익률을 떨어뜨리는 악순환이 반복될 경우에는 전체적인 수익에 나쁜 영향을 미치기도 한다.

이러한 가격운용 방법들은 여행객의 선호도는 무시한 채 공급자 기준의 일반적인 할인율을 제시하여 실제 수요의 특성을 반영하지 못한다는 단점이 있다.

5. 여행상품의 라이브커머스

1) 여행상품 라이브커머스의 개념

미디어 환경의 변화에 따라 소비자들의 쇼핑수단에도 큰 변화가 생겼다. 전자상거래에서 대표적인 것이 라이브커머스를 통한 구매 방법이다.

실시간 라이브(live) 콘텐츠로 판매를 겸하는 라이브커머스 방식은 소셜 미디어의 라이브 기능에서 시작되었다. 현재 사용자가 가장 많은 소셜 미디어(social media)는 인스타그램, 페이스북, 트위터 그리고 공유 플랫폼인 유튜브 등이 있다.

소셜 미디어로 연결된 온라인 공간에서는 공적 또는 사적의 대화구조와 상호 연결된 정보를 타인과 공유하고 다양한 의견을 주고받을 수 있다. 소셜 미디어는 인터넷과 스마트폰이 발전하면서 자연스럽게 사람들 사이에 형성된 소통이라 할 수 있다.

대용량, 고품질 동영상을 빠른 속도로 주고받을 수 있는 네트워크 기술의 발달과 라이브 스트리밍 기술의 발달은 동영상 서비스 플랫폼 발전을 가속시켰다. 이에 따라 소셜 미디어 플랫폼과 전자상거래 사이트가 제공하는 라이브 스트리밍을 이용한 제품 판매 시 판매자들은 제품에 대한 시각적·감각적·경험적 정보를 실시간으로 전달하고, 소비자들의 질문과 요구에 실시간으로 응답할 수 있게 되었다.

여행상품 라이브커머스의 차별점은 여행·숙박·공연 등 단 하나의 서비스를 파격적인 가격에 판매하는 소셜 커머스의 장점과 동시에 진행자와의 실시간 소통을 가능하게 한다. 소비자 측면에서는 여행과 관련된 많은 정보와 환경을 실시간으로 체험할 수 있다. 특히 정보 중심적인 여행상품에서 즉각적으로 소비자가 원하는 정보를 제공할 수 있게 되면서, 여행상품 라이브커머스의 성장이 가시화되고 있다.

2) 여행상품 라이브커머스의 특성

라이브커머스에서는 소비자가 실시간으로 라이브 방송 진행자에게 상품과 관련하여 질문하고 정보를 얻을 수 있으며, 라이브 영상을 끄지 않아도 상품결제까지 진행할 수 있다. 라이브커머스의 특성은 상호작용성, 오락성, 정보성, 편의성, 진행자의 전문성으로 구분하고 있다.

(1) 상호작용성

라이브커머스에서의 상호작용선은 판매자와 소비자 간의 관계에서 소비자의 요구에 반응하면서, 다양한 서비스와 정보를 제공하는 일련의 연속적인 과정이다. 모바일과 스마트폰의 상용화로 인해 상호작용의 범위는 점차 넓어졌으며, 온라인과 모바일 환경이 만든 시간과 공간 제약 없이 소비자와 기업 간의 관계형성을 위한 커뮤니케이션은 기업에서 이끌어가야 할 중요한 마케팅 전략이다.

(2) 오락성

오락성이란 사회 구성원들이 갖는 일종의 즐거움과 상쾌한 감정으로서, 현실에서 받아온 불안감과 압박감에서 도피할 수 있는 편안함으로 심리적 즐거움과 같은 보상을 제공하는 의미가 있다. 오락성은 소비자들이 구매과정에서 지각된 재미, 즐거움과 흥미의 정도로 인터넷상에서 이용자들이 방해 없이 스스로 새로운 선택과 시도를 할 때 지각되는 자유감이나 여유감 등과 같은 경험을 의미한다. 최근에는 오락성을 향상시킬 뿐 아니라 보는 사람들로 하여금 정서적 편안함을 느낄 수 있게 하면서, 동시에 즐거움을 추구하는 참신한 스토리를 갖춘 차별화 된 콘텐츠들이 늘어나는 추세이다.

(3) 정보성

정보성은 제품에 관한 정보가 소비자를 만족시키는 정도이다. 정보성은 기업이 소비자에게 제공하는 제품정보의 의미와 가치의 정도이며, 온라인상에서 제공되는 정보의 품질은 사용자가 제공된 정보의 가치를 얼마나 잘 인지하고 있는가에 대한 정도를 의미한다.

라이브커머스 쇼핑환경에서는 소비자가 직접 만져보거나 사용할 수 없는 비대면 방식으로 제품을 판매하기 때문에 방송 콘텐츠를 통해 최대한 많은 정보를 제공한다. 소비자가 지각할 수 있는 감각적이고 구체적인 정보를 시연을 통한 간접경험과 채팅창에 즉시 응답하고 설명하면서 방송에 참여하는 소비자에게 개별화 된 정보를 제공하게 함으로써 쇼핑에 유용하게 사용하도록 하여 이후의 소비행동에 영향을 미칠 수 있다. 라이브커머스의 정보성은 중요한 영향력을 가지고 있는 요인이다.

(4) 편의성

편의성이란 어떤 특정한 내용에 대해 이용자가 간편하고 편리하게 그리고 효율적으로 사용할 수 있는 정도이다. 편의성은 소비자들이 언제, 어디서나 인터넷을 통해 쇼핑을 할 수 있는 편리함을 제공한다. 이는 인터넷 쇼핑의 최대 장점이라 할 수 있다. 라이브커머스의 편의성은 온라인 쇼핑이 주는 편의와 더불어 상품탐색 과정이 매우 단순하여 별도의 검색을 할 필요 없이 눈으로 바로 확인이 가능하고, 궁금한 사항에 대해서 즉시 진행자에게 문의가 가능하다.

(5) 진행자의 전문성

전문성은 어떤 특정한 분야에 관련된 직무를 수행하기 위해 필요한 연구・경험・교육・훈련 등을 통해 습득한 정해진 분야에서의 특별한 지식과 기술이다. 진행자의 전문지식이 브랜드에 긍정적인 영향을 미치게 된다. 즉, 진행자의 전문적인 수준에 따라 시청자에게 전달할 수 있는 정보의 지식도 다를 수 있으며, 시청자의 연상에 대한 태도도 변화시킬 수 있다는 의미이다.

6. 여행수속업무

1) 수속절차

① 여권 등 국적증명 취득수속

② 방문국의 입국수속 허가 취득수속

③ 국제예방접종증명서(yellow card)의 취득수속

④ 국제항공권, 승선권, 각종 쿠폰의 예약수속 및 발행수속

⑤ 외환수속

2) 출입국 관리절차

① 출국관리 순서: 여객 → 여권, 사증의 취득 → 항공권 구입 → 예방접종 → 탑승순서(카운터에 여권, 예방접종증명, 항공권 출입국 카드를 제시하고 탑승권 받음) → 세관수속 → 출국확인 → 탑승

② 입국관리의 순서(QIC): 검역(Quarantine) → 입국확인(Immigration) → 세관(Customs)

3) 여행에 필요한 증명서

① 여권(passport): 각국 정부가 외국을 여행하는 사람의 국적이나 신분을 증명하고 상대국에게 그 보호를 의뢰하는 공문서(일반여권, 거주여권, 관용 · 외교관 여권 등으로 구분)

② 사증(visa): 여행하고자 하는 나라로부터 '입국허가를 한다'라는 공문서(체류사증, 통과사증, 관광사증, 상용사증 등)

③ 국제공인 예방접종증명서(yellow card or vaccination card): 콜레라, 두창, 황열병 등에 대한 예방접종 카드

④ 출입국신고서(embarkation & desembarkation card): 국제선으로 여행하는 모든 내외국인은 출입국관리 규정에 따라 출입국신고서(E/D카드)를 작성하여 신고하여야 한다.

TWOV(Transit WithOut Visa)

승객이 일정한 조건을 갖추었다면 정식으로 입국허가(visa)를 받지 않았더라도 일정기간을 단기 체류할 수 있는 제도로 다음 조건을 갖추어야 한다.

① 제3국으로 계속 여행할 수 있는 예약 확인된 항공권 소지자(일부 국가는 본국으로 돌아가는 항공권〈return ticket〉 소지자도 허용)

② 제3국으로 계속 여행할 수 있는 여행서류를 구비한다.

③ 일반적으로 외교관계가 수립되어 있는 국가 간에만 허용

10

복합리조트와 관광 이벤트

10장 복합리조트와 관광 이벤트

제1절 복합리조트

1. 복합리조트의 개념

복합리조트(IR: Integrated Resort)는 카지노를 기반으로 한 호텔, 컨벤션센터, 전시시설, 공연장, 쇼핑센터, 테마파크, 박물관, 레저스포츠시설 등이 함께 어우러진 리조트이다.

복합리조트는 휴양 및 휴식을 제공할 목적으로 기본적으로 숙박시설을 갖추고 있으며, 스포츠 · 위락 · 식음료 · 레크리에이션 등을 위한 다양한 시설을 갖춘 종합시설이다.

국내에서 복합리조트라는 개념은 2000년대 들어 나타나기 시작했다. 이 시기에 복합리조트의 개념은 2가지 이상의 목적을 가지며 관광객들의 종합적인 욕구충족이 가능한 시설로서 복합리조트 콤플렉스 또는 2가지 이상의 시설 혹은 기능이 하나로 합쳐진 복합적인 기능을 가진 리조트로 분류하였다.

복합리조트는 소수의 기능에 중점을 두기보다는 여러 기능을 제공해야 한다는 점에서 메가 리조트로 불리기도 했다. 또한 광범위한 지역에 다양한 숙박 및 관광기능을 보유한 공간이라는 점에서 복합관광 리조트로 불리기도 했다.

현대사회에서는 관광객들이 다른 곳에서는 느낄 수 없는 차별화된 체험 및 먹거리, 그리고 휴식과 즐길 거리를 동시에 경험할 수 있는 공간을 선호하고 있다.

복합리조트는 여가를 즐길 수 있는 다양한 형태와 기능을 가지고 있는 종합적인 시설을 갖추고 있으며, 시설을 이용하는 고객의 활동을 지원하는 커뮤니티적 성격을 포괄하는 공간을 의미한다. 그리고 시설별 기능 또한 상호 유기적 배치를 통해 시너지 효과를 증대시킬 수 있는 공간으로 구성되어 있다.

복합리조트는 단순하게 리조트 자체의 경제적 성과뿐만 아니라 관련된 부가적 사업이 시너지 효과를 일으키고, 지역과 상생하면서 국가의 관광산업들과 연계되어 많은 경제적 효과를 내고 있다.

복합리조트 개발은 관광수요의 욕구충족과 다양한 개발목적에 의해 초기 투자비용이 매우 높고, 인·허가를 포함하면 건립 기간이 상대적으로 오래 걸리는 단점을 가지고 있다.

2. 복합리조트의 특성 및 유형

1) 복합리조트의 특성

복합리조트는 매우 다양한 목적을 이룰 수 있는 시설이며, 특성을 살펴보면 다음과 같이 요약할 수 있다.

(1) 복합성

복합리조트는 다양한 여가시설을 통해 체류기간 동안 타 지역으로 이동할 필요 없이 일정한 범위 안의 장소에서 여가시간을 향유하는 복합성의 특성이 있다.

(2) 계절성

복합리조트는 주요한 시설에 사계절 모두 꾸준히 관광객들이 방문하고 있지만, 특정 기간에는 성수기 혹은 비수기가 존재하여 관광객의 수요는 큰 차이가 발생할 수 있다.

(3) 대규모 자본성

복합리조트는 대규모 자본투입이 필요한 프로젝트이다. 기본적으로 1조 원을 넘나드는 사업비가 투입되는 프로젝트로서, 자본집약적이고 긴 호흡을 필요로 하는 프로젝트라고 할 수 있다. 숙박시설은 5성급 이상의 품질 및 시설을 요구하고 화려함과 다양함을 나타내야 하기 때문에 이 수준에 도달하기 위한 공사비가 많이 요구된다. 따라서 단계별로 개발이 진행되는 것이 일반적이다. 1단계로 카지노 및 호텔, 2단계는 테마파크 및 놀이시설, 3단계는 기타 지원시설의 순서로 건립되고 있다. 이는 1단계 완성 후 카지노 및 호텔 운영으로 2단계 · 3단계 개발의 재원을 마련하고자 하는 것이다.

(4) 지역 공공성

복합리조트는 지역경제 활성화에 따른 효과성이 대단히 높기 때문에 지역발전을 위한 좋은 산업으로서, 각 지역에 유치하고자 하는 노력을 많이 한다. 복합리조트의 개발은 지역발전 및 지역주민의 삶의 터전과 질에 대한 발전에도 큰 역할을 하고 있다. 지역의 대외적인 인지도 측면에서 큰 영향을 미치고 있다.

(5) 인적 의존성

복합리조트는 많은 수의 서비스 인력과 전문성이 높은 인력 투입이 필요한 산업으로, 대형 여가시설을 운영하기 위해서는 필수적이다. 현대사회에서 변경되고 있는 노동법으로 인해 다양한 IT기술을 접목한 무인화 형태의 서비스를 도입하고 있지만, 아직은 인간보다 서비스의 질이 좋지 않기 때문에 지속적으로 확장하기에는 한계가 있다.

(6) 다양한 목적 달성

복합리조트는 자연환경을 이용한 숙박기능을 기본적으로 포함하고 있으며, 휴양과 관련한 시설 또한 포함하는 것이 일반적이다. 체류하는 기간 동안에는 반드시 주변 관광지를 투어하지 않더라도 내부에서 다양한 여가시설을 활용할 수 있는 원스톱 서비스를 활용할 수 있다. 즉, 올인원 시스템을 지향하고 있기 때문에 다양한 목적을 한 곳에서 이루어낼 수 있다.

(7) 공백기 없는 특성

일반 리조트의 경우 스키장 및 실외 또는 실내 테마파크, 골프장 등 1개 또는 2개의 시설을 운영하고 있어 겨울 또는 여름 시즌, 또는 기타 이벤트 시즌만 활성화가 되고, 비시즌 기간에는 최소의 직원으로 운영하는 등 시즌과 비시즌의 운영방식의 차이가 있게 된다. 복합리조트의 경우 1년 내내 공백기 없이 운영이 가능하도록 많은 목적형 시설이 존재하기 때문에 사계절 및 휴가 시즌, 겨울 시즌 등 다양한 이벤트로 관광객을 유치할 수 있다.

(8) 지역의 활성화 효과

복합 리조트는 해당 지역의 경제를 활성화하고 지역 내 주민들이 여러 목적으로 즐길 수 있는 시설이 운영됨으로 인해 지역이 활성화되는 효과가 있다. 통상적으로 복합리조트 지역 내 주민 대상으로는 할인정책을 활용하기 때문에 지역주민이 해당 시설에 대한 접근성이 높아질 수 있다. 또한 상대적으로 노화되었거나 미개발 지역이 많은 지역일수록 해당 지역에 대한 개발속도 및 재생속도가 빠르게 진행될 수 있다. 지역의 인지도 향상에도 큰 역할을 할 수 있다.

(9) 인력수요의 빠른 증가

복합리조트 개발에 따른 비용이 1조 원 단위가 된다면 이에 따른 운영인력 및 기획인력이 매우 많이 필요하다. 다양한 IT기술 및 기계에 의해 인력 필요성이 감소되고 있다고는 하나 각 시설에 대한 필수 운용인력에 대한 일자리가 창출되고, 시설에 대한 전문인력이 필요한 것은 사실이므로 이에 따른 대규모 채용이 이루어지고, 주변 지역으로의 긍정적인 영향이 파생된다고 할 수 있다.

(10) 접근의 용이성

복합리조트는 자연의 풍광이 수려한 지역에 위치하고, 내국인에게 교통이 편리하거나 접근이 용이한 곳에 입지를 확보해야 하는 필요성이 있다. 복합리조트는 매출의 대부분은 카지노에서 창출되는 것이 일반적이어서 공항에서의 접근성이 더욱 중요하다. 따라서 국제공항에서의 이동거리 및 교통의 접근성을 가장 중요하게 생각한다. 부수적으로는 국내 교통을 고려한 접근성을 검토하여 반영하게 된다.

(11) 민간 주도 및 해외자본 투입

현재 국내에서 진행 중인 프로젝트의 다른 나라의 사례를 보더라도 대규모 해외자본을 이용하여 개발이 이루어지고 있다. 이러한 대규모의 투자가 이루어지는 복합리조트 프로젝트의 특성상 자금력이 있는 민간기업을 대상으로 공모를 통한 사업자가 선정되는 절차를 가지고 있다. 복합리조트는 리조트 산업과 카지노 산업이 융합되어 있는 산업이며, 많은 고객이 복합리조트 기반의 원스톱 서비스를 선호하고 복합리조트를 방문하는 관광객이 지속적으로 증가하여 매출 증대 측면에서 중요 부분을 차지하게 되었다.

〈표 10-1〉 **복합리조트가 갖추어야 할 요건**

항목	내용
체류성	• 한 장소에서 1박 이상의 장기간 숙박 가능 • 다양한 시설을 복합적으로 이용 가능
자연성	• 수려한 자연경관 배경 또는 자연적인 소재가 다양한 곳 • 자연재해 시 안전한 곳
휴양성	• 일상에서 벗어나 휴식 가능한 조건
다기능성	• 대규모 복합단지로 다양한 시설을 복합적으로 이용 가능
광역성	• 전국적인 영업망이 가능한 지역

2) 복합리조트의 유형

복합리조트는 도입시설과 입지적 특성에 따라서 구분하고 있다. 도입시설에 따른 유형의 구분은 카지노 호텔, 레저형, 비즈니스형이며 입지적 특성에 따른 유형은 도심형, 교외형, 도심주변형으로 구분하고 있다.

세부적인 복합리조트 유형은 〈표 10-2〉와 같다.

〈표 10-2〉 **복합리조트의 유형**

구분		내용
도입시설	카지노 호텔	• 카지노 시설을 중심으로 한 숙박시설 및 편의, 위락시설
	레저형	• 카지노 시설 및 숙박시설, 엔터테인먼트 시설 • 테마파크 · 박물관 · 아쿠아리움 등
	비즈니스형	• 카지노시설 및 숙박시설, 국제회의시설(MICE) • 전시장 · 연회장 · 회의시설 · 미팅룸 등
입지적 특성	도심형	• 국제공항 및 여객선 터미널 등 도심 중심부에 개발 • 주변 지역으로 이동이 용이
	교외형	• 도심에서 떨어진 관광지, 경제 활성화를 위한 지역개발
	도심주변형	• 도심 중심부 근처에 위치한 개발(대규모 개발 가능)

〈표 10-3〉 **복합리조트 분류**

분류기준	유형
입지에 의한 분류	• 산지 리조트(mountain resort) • 해변 리조트(seaside resort) • 전원 리조트(rural resort) • 온천 리조트(spa & health resort)
활동형태와 시설목적에 의한 분류	• 스포츠 리조트(sports resort) • 헬스 스파(health spa) • 휴양촌(vacation village) • 마리나 리조트(marina resort) • 스키 리조트(ski resort) • 관광유람 리조트(tourist & sight-seeing resort) • 멀티리조트 콤플랙스(multi-resort complex)
목적에 의한 분류	• 골프, 스키, 비치, 마리나, 온천, 카지노, 연구, 생태관광, 테마, 컨퍼런스

3. 글로벌 복합리조트 현황

1) 싱가포르

클린 국가라는 이미지와 함께 보수적인 정책을 고수하던 싱가포르 정부는 침체에 빠진 국가경제에 새로운 성장동력을 모색하던 중 2004년 3월 관광서비스 산업을 활성화시키기 위해 카지노를 포함한 복합리조트 건립을 검토하게 된다.

이후 많은 반대 의견에 부딪쳤으나 상당한 경제적 이득은 물론 수백만 명에 달하는 중국 관광객을 유치하게 될 기회를 놓치지 않기 위해 2005년 4월 복합리조트 설립을 결정하였다. 2010년 2개의 복합리조트인 마리나 베이 샌즈와 리조트 월드 센토사를 개장하였다. 싱가포르의 관광객을 폭발적으로 증가하게 만든 성공적인 프로젝트이며, 2004년 국가경제 성장동력을 모색하기 위해 관광산업을 활성화하기로 하였다.

카지노를 포함한 숙박, 회의, 쇼핑, 공연장 시설 등의 다양한 부대시설로 이루어진 싱가포르의 복합리조트(integrated resort)라는 용어를 처음 사용하면서 아시아 지역 리조트 개발의 모델 사례로 급부상하게 되었다.

이로 인해 37억 싱가포르 달러의 부가가치 창출, 약 4만 개의 일자리 창출, 외국인 관광객 수의 지속적인 증가 등 2010년 이후 3년 만에 일구어낸 2개의 복합리조트의 경제적 효과는 기대 이상으로 높게 나타났다. 현재까지도 세계의 관광객이 지속적으로 방문하면서 상승세가 이어지고 있다.

2) 마카오

마카오는 중국에서 유일하게 카지노가 허가된 지역으로, 2002년 중국의 시장 개방 이후 마카오의 카지노 산업은 1962년부터 40여 년간 독점해온 SJM 홀딩스와 함께 라스베이거스 샌즈, MGM 리조트 인터내셔널, 윈(Wynn) 리조트, 갤럭시 엔터테인먼트, 멜코 크라운(Melco Crown) 등의 외국 업체들이 진출하면서 급성장했다. 라스베이거스를 본뜬 화려한 카지노 리조트가 들어섰고, 중국 본토에서 오는 관광객이 대폭 증가하면서 카지노 산업이 빠르게 번창했다.

마카오의 경우 홍콩과 중국 본토 주하이를 잇는 강주아오 대교가 2018년 공식 개통되면서 홍콩과 주하이 간 자동차 이동소요시간이 3시간에서 30분으로 단축되었다. 또한 세계 180개 도시를 연결하는 홍콩 국제공항을 통한 접근성을 획기적으로 개선하였다. 향후 중국 본토의 고속철도와 마카오 경전철, 페리 터미널 확장 등의 추가 인프라 개선으로 인해 유입 관광객이 증가할 것을 대비해 카지노, 호텔, 쇼핑몰, 컨벤션, 공연장, 스파, 엔터테인먼트 시설 등이 어우러진 복합리조트 조성사업이다. 마카오 타이파섬과 콜로안섬 사이를 매립한 코타이 스트립에는 이미 조성된 복합리조트를 포함해 현재 곳곳에서 복합리조트 프로젝트를 추진 중이다.

마카오의 대표적인 복합리조트는 6개소가 운영되고 있다. Sands China, Galaxy Entertainment, Wynn Macau, Melco Resort, SJM, MGM China이다. 마카오의 복합리조트 매출은 오랜 전통을 가지고 있는 라스베이거스를 2006년에 뛰어넘었으며, 2018년 기준으로 라스베이거스의 3배의 매출을 달성하였다.

3) 필리핀

필리핀은 1977년 필리핀 오락게임공사(PAGCOR: The Philippine Amusement and Gaming Corporate)의 독점운영 아래 카지노를 허가한 후 2008년 민간 사업자에게 2개의 카지노 개발 및 운영에 대한 라이선스를 허가하였다.

필리핀의 복합리조트는 Bloomberry Resorts, Travellers International Hotel Group, Melco Resort & Entertainment(Philippines), Tiger Resort 등 네 곳이 운영 중이다.

2010년 7월 필리핀 최초의 복합리조트인 리조트 월드 마닐라(Rewort World Manila)가 문을 열었다. 필리핀 오락게임공사는 관광객 유치를 위해 마닐라만 해안 매립지 부지에 엔터테인먼트 시티 마닐라(Entertainment City Manila)라는 복합리조트 건설을 추진하였다.

마카오와 싱가포르의 복합리조트 개발사례를 참조하여 외국인 투자를 통한 민영개발 방식으로 4곳의 사업자를 선정하였다. 본 복합리조트에는 카지노뿐만 아니라 경륜장 등의 게임 및 엔터테인먼트 시설은 물론 고급 아파트단지, 사무실, 병원, 쇼핑몰 등의 주거 문화시설이 포함되어 있다.

총 4개의 복합리조트로 구성되는 엔터테인먼트 시티 마닐라는 카지노를 비롯해 MICE와 엔터테인먼트 시설의 집적화 및 시너지 효과를 통한 파급효과를 기대하고 있으며, 2013년부터 2020년까지 순차적으로 개장하였다.

4) 일본

2016년 복합리조트 정비촉진법, 즉 카지노 해금법을 통과시키면서 카지노를 합법화하였다. 일본은 2015년 파친코 매출액이 230조 원에 달할 정도로 규모가 큰 시장이다. 2017년 모건스탠리는 오는 2025년 일본 카지노 시장 규모를 18~24조 원에 달할 것으로 추산했다. 이 수치는 이미 카지노 산업을 적극적으로 육성해오고 있는 마카오(약 35조 원), 싱가포르(약 5조 8천억 원)에 비슷하거나 훨씬 큰 규모이다.

일본은 복합리조트 인증 수와 설치과정 및 규칙 등을 담은 특정 복합관광시설 구역정비법 이른바 IR실시법을 성립하여 전국에서 3곳까지 카지노 사업을 할 수 있도록 했고, 국제회의장과 숙박시설 등과 일체화해 설치 및 운영하도록 규정했다.

운영권 획득을 위한 외자계열 민간기업의 경쟁과 맞물려 지자체의 유치전도 본격화 되었다. 일본이 카지노 시장에 들어서면서 아시아 카지노 시장은 약 660억 달러(약 74조 원)에 이르는 거대한 시장으로 재탄생하게 되었다.

5) 한국

일본 게임업체 세가사미와 국내 기업 파라다이스 그룹의 합작사 파라다이스 세가사미가

2017년 4월 인천 영종도 국제업무 지역에 동북아 최초의 복합리조트인 파라다이스 시티를 설립하였다.

파라다이스 시티는 오픈 직후 사드(고고도 미사일 방어체계) 악재에도 불구하고, 오픈 1년 만에 방문객 수 120만 명을 돌파하고, 신규 채용인원 1,700여 명을 고용하였다. 이 중 인천지역 주민이 30%에 달해 지역경제 활성화에도 기여를 한 것으로 평가받고 있다. 인천 국제공항에서 자기부상열차로 5분, 걸어서 15분 거리에 위치한 지리적 유리함과 축구장 46배 크기(33만 m^2)의 규모와 위용을 자랑하는 건물 덕분에 수많은 국제행사와 경기를 치르며 국제적 인지도를 얻고 있고, 세계적인 셀러브리티를 초대한 각종 파티나 공연에서도 유명세를 타고 있다.

2017년 개장한 파라다이스시티 1차 시설은 총 711개 객실의 5성급 호텔과 국내 최대 규모의 외국인 전용 카지노, 1,600명을 수용하는 컨벤션 등을 갖추었다.

2018년 하반기에 실내 테마파크, 스파 등 2차 시설을 개장하면서 향후 8조 2,000억 원의 생산 및 78만 명의 고용, 3조 2,500억 원의 부가가치가 발생하게 된다.

또한 외국 투자기업 람정제주개발과 제주국제자유도시개발센터(JDC)는 2018년 3월 국내 최대 복합리조트를 표방하는 제주 신화월드를 공식 개장하였다. 람정제주개발은 2006년 사업부지를 확보한 이래 12년 만에 250만 m^2 규모 부지에 총 1천 500실에 달하는 3개의 숙박시설과 테마파크, 컨벤션센터, 워터파크, 외국인 전용 카지노 등의 시설을 완공하고 운영 중이다.

2020년에는 럭셔리 호텔과 영화 테마파크를 추가로 개장한 제주 신화월드는 지역경제 활성화, 환경보호, 지역상생, 기부 및 후원, 도민 일자리센터 설립이라는 사회공헌 5대 분야에서 약 9천 700억여 원 규모의 지역사회 기여 계획을 하였다.

2027년까지 제주 신화월드가 추정하는 생산유발효과는 약 13조 8,517억 원이며, 부가가치 유발효과는 약 7조 2,095억 원, 취업유발효과는 약 15만 2,623명을 발생시킬 것으로 전망하고 있다.

6) 미국(라스베이거스)

라스베이거스는 카지노의 시초라고 볼 수 있으며, 대표적 복합리조트는 4개이다. MGM Resort International, Caesars Entertainment, Wynn Resort, Las Vegas Sands로 라스베이거

스 복합리조트의 특징은 다른 지역과는 다르게 카지노 매출의 의존도를 낮추기 위해 논게이밍 산업 육성을 진행 중에 있다.

MGM Resort International은 1969년 카지노 사업을 개시하였으며, 라스베이거스의 MGM Grand Hotel & Casino 설립과 함께 애틀랜틱시티에 카지노 사업장을 오픈하면서 미국의 주요 IR업체로 성장하게 되었다.

미국 투자사인 T. Rowe Price Associates가 가장 많은 10.64%의 지분을 보유하고 있으며, The Vanguard Group과 Capital World Investors가 각각 10.53%와 6.37%의 지분을 보유하고 있다.

〈표 10-4〉 **세계의 유명 리조트**

클럽 메드 (Club Med)	• 1950년 파리에서 제랄드 블리츠가 지중해 클럽이라는 Club Med(Mediterranean의 약어)를 탄생 • 오늘날 클럽 메드 빌리지는 전 세계 36개국 120여 곳에 자리하고 있음. • 고객: G.M.(Gentle Member), 종업원: G.O.(Gentle Organizer)라고 부름. • 한 번의 가격으로 모든 것이 포함된 올 인클루시브(all inclusive) 패키지를 지향
PIC (Pacific Island Club)	• 괌과 사이판을 중심으로 운영하고 있는 PIC는 전용 해변과 아름다운 경관을 갖춘 최고의 특급 호텔 • 숙식은 물론 각국의 진미를 맛볼 수 있는 레스토랑과 바, 각종 연회 및 웨딩시설을 갖추고 있음. • 테니스, 양궁, 스쿠버다이빙, 윈드서핑, 골프연습장 등 70여 가지의 스포츠를 전문 스포츠 강사인 클럽메이트들의 무료 강습과 함께 즐길 수 있음.
독일 바덴바덴	• Baden-baden은 '목욕하라'라는 뜻임. • 세계적으로 유명한 온천 휴양지로 일찍이 유럽의 여름 수도라 불렸음. • 보양, 레저, 컨벤션을 복합시킨 리조트 도시로 개발되었음.
미국 마리나 델 레이	• LA 공항 근처의 연해에 위치하고, 세계 최대의 요트하버(10,000척을 수용)
골드 코스트 (Gold Coast)	• 오스트레일리아를 대표할 뿐만 아니라 남반구 최대의 리조트 거점이라 씨 월드(Sea World), 드림월드(Dream World) 등 다양한 테마파크도 갖추고 있다
캐나다 웨스트 에드먼트 몰	• 세계 최대 규모의 쇼핑센터, 어뮤즈먼트, 스포츠, 레크리에이션 시설을 갖춘 복합리조트
미국 라스베이거스 카지노 리조트	• MGM 리조트 및 영화주제공원, Treasure Island 리조트, Luxor 호텔 등
일본 후쿠시마의 하와이안즈	• 온천 리조트인 하와이안즈는 동경 돔의 6배의 면적 • 워터파크를 비롯한 5개의 온천 테마파크로 이루어져 있음.
싱가포르 마리나 베이 샌즈 리조트	• 엔터테인먼트, 비즈니스, 쇼핑을 한데 모아놓은 세계 최고의 복합리조트 • 컨벤션센터, 최고급 호텔, 극장, 박물관, 쇼핑, 하늘공원 외 테마파크 시설을 갖추고 있음.

4. 워터파크

1) 워터파크의 개념

워터파크는 물과 관련된 하드웨어 및 소프트웨어적 요소들을 활용하여 놀이 및 휴양을 전제로 하여 즐거운 휴식과 스릴기능을 추가해 쾌적성과 오락성을 통한 고객의 기호를 충족시키기 위한 복합물놀이 공간으로 정의된다.

우리나라에서의 워터파크는 각종 물놀이 시설을 갖추어 놓은 곳이라 정의하고, 단순히 물을 바라보거나 수영만을 즐기는 것이 아니라 물을 이용한 각종놀이 및 휴양 등의 기능을 전제로 하고 있다.

물을 이용한 놀이기구를 통해 스릴을 즐기고 휴양시설과 건강시설을 이용할 수 있는 복합적이고 동태적인 사계절 물놀이 시설로, 다양한 연령층이 함께할 수 있는 물 중심의 복합레저시설이다.

워터파크는 1970년대 미국과 유럽 등지에서 처음 등장하였다. 현재는 다양한 주제를 활용하여 차별화 된 워터파크가 운영되고 있다. 국내에서는 1996년 경기도 용인에 위치한 캐리비안 베이를 시작으로, 2007년 강원도 홍천의 오션월드, 2014년에는 경상남도 김해의 롯데워터파크 등의 대표적인 워터파크가 개장하였다.

특히 한국은 미국과 덴마크 등의 북유럽 국가와 함께 워터파크가 가장 활성화되어 있는 국가이다. 우리나라는 미국형 워터파크의 물놀이 특성과 찜질방 형태로 변경한 북유럽형 워터파크의 스파 특성을 결합하여 한국의 생활양식에 맞는 새로운 형태의 한국형 워터파크로 발전하였다. 다양한 물놀이 시설을 통해 여가 이용객이 바다나 강까지 이동할 필요 없이 도심에서 물놀이를 즐길 수 있도록 하면서 경제적으로 여가활동의 효율화 기회를 제공하고 있다.

2) 워터파크의 특징

(1) 본질적인 특징

워터파크는 도입 초기 온천이나 수영장과 같은 단순한 물놀이 시설에서 최근의 추세에 맞게 고급화・대형화・세계화의 기조에 맞게 철저히 계획해야 한다. 물을 매개로 하는 테마파크로 변모하면서 중요한 영역을 차지하고 있으며, 테마성・비일상성・레저성・배타성・통일성 등 테마파크가 가지고 있는 특성을 보인다.

① 테마성: 일정한 스토리를 통해 일관된 메시지를 전달하여 단순한 놀이공원과 차별화될 수 있도록 한다. 테마가 명확해야 방문객이 테마파크에 쉽게 몰입하고 매료될 수 있다.

② 비일상성: 과장된 장식이나 형태, 테마를 통해 만들어진 공간을 체험함으로써 방문객이 테마파크에 들어오는 순간, 일상에서 벗어나 완전히 독립된 공상의 세계로 진입하는 느낌을 줄 수 있도록 하는 것이다.

③ 레저성: 놀이・이벤트・음식・쇼핑・휴식 등 다양한 공간기능을 제공하여, 여가시간을 활용할 수 있는 기회를 제공하는 특성을 가지고 있다.

④ 배타성: 외부세계와 차단된 배타성은 현실과 차단하여 독립된 완전한 공상세계를 조성하여 공간에서 일상성을 벗어나 이용자의 환상이 깨지지 않도록 바깥의 일상적인 세계와 단절시키기 위함이다.

⑤ 통일성: 건축양식・조경・캐릭터・직원복장・서비스・시설물에 이르기까지 모든 요소들을 통일된 이미지로 생산하는 것이다.

(2) 사업적 특징

① 입지조건: 워터파크는 입지조건에 의해 크게 좌우되는 사업으로, 최적의 입지선정이 사업수익에 큰 영향을 미친다.

② 막대한 초기투자: 대규모 유인시설로서 사업지 내 별도의 시설 인프라 구축비용, 대규모 주차시설, 부속 지원시설 등 초기 투자비용이 막대하다.

③ 꾸준한 추가투자: 개장 후에도 고객들을 지속적으로 끌어들이고 재방문을 유도하기 위해서는 추가적인 시설도입과 시설 노후화에 따른 시설 보수가 필수적이다.

④ 높은 인건비 비중: 안전이 우선시되는 시설의 특성과 서비스가 중시되는 사회변화, 테

마파크의 독특한 정감표현에 서비스 및 안전요원 등 인력을 많이 필요로 하는 노동집약적 산업이다.

⑤ 기후환경 변화에 민감: 실내・외 워터파크의 특성상 기온과 날씨의 영향을 많이 받기 때문에 연중 상시 운영이 가능한 시스템 구축이 필요하다.

⑥ 부대시설 수익: 이용자의 객단가는 체류시간에 비례한다. 고객을 끌어들일 수 있는 시설 배치와 어트랙션(attraction) 종류의 선택이 중요하다. 체류시간이 늘어나면서 파생되는 식음시설과 상품판매는 부대시설 이익의 원천이 된다.

3) 워터파크의 구성요소

워터파크의 구성은 공간구성 요소로 구분한다. 주요 9개 공간으로는 실내・외 물놀이 시설, 공용시설, 락카시설, 사우나, 식음시설, 부대시설, 휴게 공간, 관리 및 서비스 공간으로 구분한다.

① 실내 물놀이 시설(indoor): 주로 레저 풀과 헬스 풀을 중심으로 만들어지며, 실내공간의 크기에 따라 파도풀・유수풀・슬라이드들이 적절히 배치되고, 온도변화에 민감할 수 있는 유아를 위한 키즈풀이 배치된다. 공간의 한계에 따라 어트랙션 배치가 제한적이고 환기, 공조시설과 투자비에 대한 검토가 필요하다. 일반적으로 성수기 최대 수용가능 인원으로 규모를 결정한다.

② 실외 물놀이 시설(outdoor): 실내공간의 제약을 벗어나 어트랙션 배치가 원활하고 테마성이 강조되는 공간으로, 파도풀・격류유수풀・복합슬라이드 등 다양한 어트랙션을 배치하고 대규모 인원을 수용할 수 있는 공간이다. 기후적 한계성은 있으나 워터파크의 성격을 보여줄 수 있는 핵심 공간이다.

③ 공용시설: 로비・홀・창고・계단・엘리베이터 등의 공간으로, 고객이 가장 먼저 접하는 동선의 시작과 끝이다.

④ 락카시설: 신발 락카, 락카룸, 파우더 공간으로 탈의, 물품 공간, 환복, 정비하는 공간으로 남녀가 구분되는 전용 공간이다.

⑤ 사우나 시설: 국내 워터파크의 경우 기존의 온천문화 영향으로 발달되어 있으며, 냉탕・온탕・열탕・발한실・샤워시설로 구성되어 있다.

⑥ 식음시설: 에너지 소비가 많은 물놀이의 특성과 체류시간이 늘어나면서 식사・간식・음료를 제공하는 공간이다.

⑦ 부대시설: 테라피센터, 피트니스센터, BI Shop 등이 있으며, 별도 비용으로 운영되는 것이 일반적이다.
⑧ 휴게 공간: 카바나, 썬베드, 스파빌리지 등 휴식과 대기를 위한 공간이다.
⑨ 관리 및 서비스 시설: 직원사무, 휴게실, 창고, 기타 지원시설로 구성된다.

4) 워터파크의 발전 방향

(1) 추가투자의 시기와 규모

일반적으로 개장 후 3년 정도부터 입장객 수가 감소하기 시작하는데, 무엇보다도 집객력을 향상시키기 위해서는 추가투자에 의한 어트랙션 신설이나 갱신이 중요하다. 테마파크가 채산 가능한 일정의 집객력을 유지하기 위해서는 적어도 초기 투자액의 5~7% 정도가 매년 투자되어야 한다.

(2) 가족중심 시설 공간

소득수준의 향상, 여가시간의 확대 및 자동차 보급의 확대 등으로 가족단위의 레저활동이 보편화되고, 주부들의 가사분담시간 축소와 여성의 사회진출이 활발해지면서 여성들이 레저수요의 한 축을 형성하고 있다. 또한 고령화 사회로 진입함에 따라 어린이나 청소년 중심이 아닌 모든 계층을 수요층으로 하는 가족중심의 워터파크 개발이 필요하다.

제2절 관광 이벤트

1. 이벤트의 개념

이벤트는 사전적으로 현존하고 있는 것과는 다르게 무언가 발생하는 일이라는 의미를 가지고 있다. 우리는 일반적으로 사용하고 있는 이벤트라는 용어의 현상적 의미는 사전에 나타난 의미와는 달리 "사람들이 모이도록 모임을 개최하여 정해진 목적을 실현하기 위해서 행해지는 행사"라는 뜻을 내포하고 있다.

또한 이벤트는 "주어진 시간에 특정 목적을 달성하기 위해 인위적으로 행해지는 계획된 행사"라는 개념을 지니고 있다. 이는 자연적으로 발생하는 일을 이벤트라고 부를 수 없는 이유이기도 하다. 따라서 홍수・지진 등과 같이 자연적으로 발생하는 시간을 이벤트라고 칭할 수 없으며, 운동경기나 축제 등과 같이 인위적으로 특별히 계획된 활동을 이벤트라고 부를 수 있다.

그리고 인위적인 계획성을 가진 이벤트 중 부정적 의미의 사건이나 사고가 아닌 즐거움, 좋은 일에 대한 축원, 또는 발전 지향 등의 긍정적인 개념을 바탕으로 발생하는 긍정적 의미의 특성을 지닌 이벤트를 말한다. 예를 들어, 치밀하게 계획된 전쟁, 범죄로 계획되어 발생한 싸움이나 화재, 회사의 부도 등과 같이 부정적인 의미를 지니고 발생하는 것은 이벤트라 할 수 없다. 실제 사회에서 통용되고 있는 이벤트라는 용어의 개념은 긍정적 의미를 바탕으로 발생하는 일이라고 할 수 있다. 긍정적인 개념과 인위적으로 계획된 개념을 지니고 있다 하더라도 일상적으로 행해지는 활동이거나 일상생활 주변에서 늘 접할 수 있는 것이라면, 이는 일반적으로 통용되는 이벤트의 범주에서 벗어난다고 할 수 있다. 이러한 개념은 우리가 출퇴근이나 매일 접하게 되는 일상적인 아침식사 또는 일상적인 업무처리 이벤트라고 부를 수 없는 이유다.

따라서 이벤트는 일상생활과 구별되어 빈번히 발생하지 않는 개념의 일 또는 행사라고 할 수 있으며, 매일매일 부딪히게 되는 일상적인 활동은 이벤트로 간주할 수 없기 때문에 비일상적인 특성을 지니고 있다.

이벤트의 구성요소와 특성을 참고하여 이벤트를 정의하면 "주어진 기간에 정해진 사람을 모이게 하여 사회・문화적 경험을 제공하는 행사 또는 의식으로서 긍정적 참여를 위해 비일상적으로 특별히 계획된 활동"이라고 할 수 있다.

이벤트의 특성은 쌍방향성, 현장성, 계획성, 비일상성으로 요약할 수 있다.

2. 관광 이벤트의 분류

세계 각국에서 개최되는 이벤트의 종류가 다양한 만큼 이벤트의 분류도 다양한 방법으로 해석되고 있다. 이벤트의 분류 형태를 결정하는 중요한 요인은 이벤트를 어떤 개념으로 접근하느냐에 따라 달라질 수 있다.

관광 이벤트의 종류는 크게 전통적 민속 이벤트, 지역축제, 스포츠 이벤트, 문화예술 이벤트, 국제회의 이벤트, 전시 박람회 이벤트 등으로 분류할 수 있다.

관광효과와 상관없이 이벤트를 분류해보면 축제, 전시회, 박람회, 회의문화 이벤트, 스포츠 이벤트, 기업 이벤트, 정치 이벤트, 개인 이벤트 등으로 분류할 수 있다. 공연·퍼레이드·연회·파티·게임 등은 그 자체가 이벤트가 될 수도 있으나, 주로 이벤트를 수행하기 위해 설정된 내용물로서 이벤트 실행의 구성요소 또는 도구라고 말할 수 있다.

또한 이벤트 주최자와 개최목적에 따라 공적 이벤트와 사적 이벤트로 구분할 수 있는데, 공적 이벤트는 정부 또는 공공기관에서 일반 국민을 대상으로 실시하는 이벤트로 공공 이벤트이며 지역의 진흥과 활성화, 지역의 이미지 고양, 지역주민의 단결, 커뮤니티 의식의 고취, 산업기술의 진흥과 교류 등을 목적으로 하는 경우가 많다.

사적 이벤트는 기업이나 단체가 개최하는 이벤트로서 주로 기업이나 단체의 이미지 고양과 PR, 기업이익의 사회 환원과 고객 서비스, 고객의 조직화, 상품 서비스의 촉진, 조직의 활성화와 인센티브 등의 목적으로 실시되고 있다.

1) 개최목적에 대한 분류

① 공적 이벤트
② 사적 이벤트

2) 규모에 따른 분류

(1) 메가 이벤트(Mega Event)

규모가 크며, 전 세계의 관심을 받는 이벤트이자 국가적인 이벤트로 국가경제뿐만 아니라 국가의 이미지 향상에도 매우 큰 영향을 미치게 된다(스포츠 이벤트, 엑스포 등).

① 전 세계의 매체로부터 주목을 받을 수 있는 이벤트
② 방문객 수 100만 명 이상, 자본비용 5억 달러 이상으로서 반드시 관람하고 싶은 행사라는 명성을 지닌 이벤트
③ 규모와 중요성에 있어서 특별히 높은 수준의 관광, 매체 커버리지, 명성, 또는 개최지 및 지역사회에 경제적 영향을 창출하는 이벤트

(2) 홀마크 이벤트(Hallmark event)

마을이나 도시 또는 지역을 나타내는 이벤트로, 지속적으로 개최되며, 높은 인지도를 가지고 있다.

① 개최지의 상징적 중요자원으로 개최지 특성 표현
② 개최지와의 연관성을 분리할 수 없는 이벤트
③ 리우 카니발, 뮌헨 10월 축제, 에든버러 축제, 삿포로 눈축제
④ 개최지의 장・단기 인지도, 매력 및 수익성 향상을 목적으로 일회 또는 반복적으로 정해진 기간에 개최되는 이벤트

3. 이벤트의 효과

1) 경제적 효과

① 지역경제 활성화로 인해 지역주민의 소득증가와 일자리 창출에 기여하게 된다.
② 관광객들의 평균 소비액과 체재기간을 늘리는 촉매제 역할로 지역의 이미지 향상과 관광객 증가로 이어지게 된다.
③ 관광지에 대한 이미지 제고 수단으로 이벤트의 규모 확대와 다양한 콘텐츠 개발로 이어지게 된다.

〈표 10-5〉 이벤트의 경제적 효과

이벤트 개최 전	• 이벤트 개최 전 투자 • 건설비, 운영비, 공공사업비 등 내수창출 효과 • 지역의 재개발 효과와 투자 증대
이벤트 개최 중	• 서비스 산업의 고용창출 • 입장료 수입, 투자수입 • 지역산업의 성장
이벤트 개최 후	• 사회 및 개인 서비스 부문의 고용창출효과 • 개최지의 경제 활성화 • 산업성장으로 고용기회 • 외국인의 방문으로 외화수입 증대

④ 관광목적지 경쟁력 확보에 영향을 미치게 되면서 세계적인 이벤트 목적지로 활성화될 수 있다.

2) 문화적 효과

① 지역의 문화재 및 자원을 보존하고 육성하게 되면서 문화재와 자원을 홍보할 수 있는 계기가 된다.
② 이벤트들은 문화예술을 토대로 하여 개최됨으로써 문화예술 발전을 위해 새로운 기회를 가질 수 있는 계기가 된다.
③ 고유한 문화자원을 계승·발전시키는 효과를 가지는 계기가 된다.

3) 사회적 효과

① 지역사회의 이미지 제고로 타 산업 발전에도 많은 긍정적인 영향을 주게 된다.
② 관광지로서의 경쟁력 확보로 지역사회의 발전과 관광객 증가에도 영향을 미치게 된다.
③ 지역의 홍보 및 이미지 개선으로 유명 관광지로서의 인정을 받게 된다.
④ 지역민의 일체감 조성으로 지역발전에 기여하는 계기가 된다.
⑤ 개최지역 주민의 단합의 기회를 제공하게 되면서 이벤트를 활성화시키는 역할을 하게 된다.
⑥ 개최지역의 고유문화에 대한 지역민의 자긍심 고취로 지역을 사랑할 수 있게 된다.
⑦ 지역 고유문화에 대한 지역민의 단합과 연대감이 조성된다.

4) 부정적 효과

① 일상생활의 쾌적성 저하로 지역민의 피로도 증가와 관광객에 대한 불쾌감을 느낄 수 있다.
② 교통체증 및 이벤트 기간 동안의 교통통제로 지역민들의 불편과 희생요구를 하게 된다.
③ 일시적으로 유동인구가 증가하여 도시과밀 현상이 발생하게 된다.
④ 사고발생 증가, 도난, 쓰레기 발생, 자연경관 훼손 등의 발생으로 지역주민들의 일상생활의 불편과 부정적인 문화를 배울 수 있게 된다.

11

카지노와 MICE

11장 카지노와 MICE

제1절 카지노 산업

1. 카지노 산업의 이해

1) 카지노 산업의 개념

카지노(casino)는 이탈리아어 '카자(casa)'를 어원으로 한 도박·음악·쇼·댄스 등 여러 가지 오락요소들을 갖춘 집회장이라는 의미로서, 르네상스 시대 귀족이 소유하고 있었던 사교·오락용 별관을 뜻한다. 이는 1800년대 모나코와 미국으로 유입된 것을 시작으로 전 세계로 확대되었고, 현재는 해변과 휴양지 등에 소재하고 있는 옥내 도박장으로서 서양식 도박으로 통칭하고 있다.

카지노 산업은 사교 또는 여가를 위한 공간으로 도박과 같은 게임뿐만 아니라 다양한 볼거리와 즐길 거리를 제공함에 따라 관광산업 측면에서는 중요한 수입원으로 작용하고 있다. 카지노는 외국인 관광객을 대상으로 외화를 획득함으로 인해 국제수지를 개선하며 국가재정수입의 확대가 이루어지는 등 경제효과 증대가 가능한 고부가가치 산업이다.

최근에는 세계적으로 복합리조트(IR: Integrated Resort)가 생겨나면서 카지노를 핵심시설로 두고 있다. 우리나라 「관광진흥법」 법률(제12689호)에서는 카지노를 관광사업의 한 종류로 규정하며 "전문 영업장을 갖추고 주사위, 트럼프 등 특정한 기구 등을 이용하여 우연의 결과에 따라 특정인에게 재산상의 이익을 주거나 또 다른 참가자들에게는 손실을 주는 행위 등을 하는 업"으로 규정하고 있다(「관광진흥법」 제3조 1항의 제5호).

현재 우리나라에서 운영되고 있는 카지노는 서울에 3개소, 부산에 2개소, 강원도에 2개소, 인천과 대구에 각각 1개소, 제주도에 8개소의 카지노가 분포되어 있다. 1995년 「폐광지역 개발지원에 관한 특별법」을 근거로 1998년 설립된 내국인 출입 카지노 강원랜드(주)를 제외하고, 모두 외국인 전용 카지노로 총 17개 업체가 운영되고 있다(문화체육관광부 공시자료, 2023). 그리고 모든 카지노가 24시간 영업하고 있어 종사원들은 1일 8시간씩 3교대로 근무하고 있다.

2) 카지노 산업의 기능

카지노 산업은 많은 기능과 특징을 가지고 있다. 특히 게임과 오락시설의 제공이라는 두 가지 서비스는 대다수 카지노 산업의 기본적인 기능이라 할 수 있다.

지금까지 카지노는 외국 관광객 중심의 장소에서 강원랜드의 개관으로 인해 외국인뿐만 아니라 내국인도 카지노에 참여할 공간이 생기면서 카지노에 대한 인식변화가 확대되고 있다. 우선 카지노 산업의 기능을 보면, 카지노 산업은 사교나 여가선용의 공간으로 게임시설은 물론 각종 편의시설과 더불어 훈련된 종사원이 조직적으로 존재하는 곳이다.

카지노는 다음과 같은 기능을 가지고 있다.

① 외국 관광객에게 게임 장소를 제공하는 것이다. 카지노 산업은 게임을 원하는 외국인에게 게임 장소 및 방법, 기타 서비스를 제공해야 한다.

② 오락 장소를 제공하고 있다. 단순 게임을 할 수 있는 공간이 아니라 다양한 엔터테인먼트를 제공하여 한정된 공간에서 많은 경험을 할 수 있는 기능을 가지고 있다.

③ 사교시설 기능을 제공하고 있다. 카지노는 게임 오락의 장소일 뿐만 아니라 사회과정에서의 사교기능을 수행하기 때문에 그에 맞는 시설을 제공하고, 인적·물적·정보적 서비스를 제공하고 있다. 즉, 카지노에서 게임과 오락의 요소를 제외하고도 서로 다른 문화와 가치관을 가진 사람들과의 접촉할 수 있는 사회적 공간이기에 사교 장소로서의 가치를 충분히 가지고 있다.

카지노는 이처럼 다양한 기능을 가지고 있으며, 이러한 기능의 복합체로서 다양한 상품을 지속적으로 제공하면서 즐거운 시간을 보낼 수 있는 프로그램 개발에 힘쓰고 있다.

3) 카지노 산업의 상품 및 서비스

카지노 서비스 상품은 카지노 이용객의 게임 욕구충족을 위한 물리적·상징적 서비스의 총체로서 카지노 시설(테이블 게임, 비디오 및 슬롯머신), 딜러의 숙련도, 실내 분위기, 호텔(숙박시설), 식당, 바(bar), 연회장 등 카지노 상품을 보조해주는 부대시설과 쇼 등을 제공하는 엔터테인먼트 요소를 포함하고 있다.

카지노 서비스는 다른 일반 서비스와는 달리 소비자의 게임 욕구를 충족시켜줄 유·무형의 서비스 제공과 이를 간접적으로 지원해주는 카지노 사업장에서 제공되는 부가적인 무형적 서비스가 매우 중요하다. 즉, 카지노 이용은 핵심 부분과 연관 부분으로 구성되어 있는데 게임 욕구를 직접 충족시켜주는 카지노 장비, 활동 동선 및 시설이용의 편리성 등과 게임시설, 종사원의 친절성, 게임 시간과 비용의 한도 등이 중요한 요인이다.

카지노의 서비스 구성요소는 고객이 대가를 지불하고 이용할 수 있는 서비스 상품과 서비스가 행해지는 서비스 전달, 고객이 대가를 지불하고 받는 서비스 수준, 고객에게 서비스가 전달되는 환경으로 서비스 분위기가 있다. 이러한 카지노 서비스는 고객에게 기억될 만한 경험을 제공해주기 위한 인적 노력으로 카지노업에서 인적 서비스가 차지하는 비중은 매우 높다.

〈표 11-1〉 **카지노 서비스의 구성요소**

서비스 구성	구성요소
서비스 상품	• 대가를 지불하고 이용할 수 있는 것. • 테이블게임, 부대시설, 슬롯머신 등
서비스 전달	• 서비스가 행해지는 과정 • 게임진행, 환전, 고객응대, 식음료 서비스 등
서비스 수준	• 대가를 지불하고 받는 서비스의 정도 • 딜러의 숙련도, 친절도, 신속 정확한 서비스 제공 등
서비스 분위기	• 고객에게 전달되는 환경 • 조명, 음악, 실내장식 등

자료: Albrecht, At America's Service: How Corporations can Revolutionize the Way They Their Customers, 1988.

4) 카지노 산업의 특성 및 효과

(1) 카지노 산업의 특성

세계는 지금 카지노 전쟁 중이라 표현할 만큼 북미와 유럽뿐만 아니라 아시아 국가들까지 카지노 산업에 관심을 보이고 있다. 우리나라에서도 동북아의 허브공항인 인천공항을 활용하여 영종도에 외국인 전용 카지노 복합리조트를 지속적으로 추진 중이다. 카지노 허가 사전심사제가 도입되어 글로벌 엔터테인먼트 그룹의 세가사미홀딩스(파라다이스 시티)와 유니버설 엔터테인먼트, 리포 & 시저스 엔터테인먼트(미단시티 리조트), 한상드림아일랜드 복합리조트 등 세계적 카지노 자본들이 투자계획을 발표하고 있다.

카지노 리조트 산업은 세계 120여 개국에서 합법적으로 인정되어 외국 관광객을 위한 오락과 게임을 제공하는 역할을 하고 있다. 카지노 산업이 수반하는 여러 가지 역기능(사회적 문제)에도 불구하고 세계 각국은 카지노 리조트 산업을 합법화하고 있다.

이에 대한 이유는 다음과 같은 특성 때문이다.

높은 경제적 파급효과

① 카지노로 벌어들인 외화가 국가 및 지역경제에 투입되어 직·간접적 효과 및 유발효과로 발생시키는 경제적 효과는 매우 크다. 쉽게 말하면, 카지노 리조트 연관 산업에 대한 생산 및 부가가치창출 효과, 지역주민에 대한 소득 및 고용창출 효과, 중앙 및 지방자치단체에 대한 재정수입창출 효과 등 다양한 경제적 파급효과를 발생시킨다.

② 카지노 리조트 산업의 외화가득률은 94%로, 이는 수출산업인 반도체의 39%, TV 60%, 승용차 80%의 외화가득률에 비해 상당히 높다. 즉, 카지노 외국 관광객 11명의 유치는 승용차 1대를 수출한 것과 동일한 효과를 가진다.

③ 카지노는 사행산업이라는 인식하에 중과세를 받고 있으며, 이는 세수증대에 큰 기여를 한다. 따라서 중앙 및 지방정부에 재정적으로 기여함으로써 재정확보의 타개책으

〈표 11-2〉 국내 카지노업에 대한 조세비율

세금		기금	
국세	지방세	관광진흥개발기금	폐광지역개발기금
순이익의 28%	법인세의 10%	매출액의 10%	순이익의 10%

로 활용되고 있다. 우리나라의 경우 일정액의 세금과 함께 영업이익에 상관없이 매출의 10%를 관광진흥개발기금으로 징수하고 있다.

천연 관광자원 개발의 한계를 극복하는 대체 관광산업

① 특별한 관광자원 없이(예: 라스베이거스) 카지노 시설만으로도 많은 외국 관광객을 유치할 수 있다.

② 실내에서 이루어지는 여가활동이므로 자연현상(태풍 · 강우 · 폭설 등)으로 인한 관광의 한계점을 극복하는 관광 대체상품으로 최적이다.

카지노 산업은 기본적으로 관광객의 유치를 목적으로 하고 있는데, 하루 24시간 연중무휴 영업을 실시한다는 점과 카지노 이용고객이 주로 관광객이며, 호텔 내에 카지노가 위치한 관계로 호텔 투숙객들이 시간을 가리지 않고 카지노를 방문하여 게임을 즐길 수 있는 특성이 있다. 더불어 고객의 활동시간에는 고객의 니즈대로 만족스러운 서비스를 제공해야 할 의무가 있다.

높은 고용창출효과

① 카지노 산업은 노동집약적 산업이다. 테이블 게임 1대당 필요한 딜러 수는 9명, 즉 300개의 테이블 게임이 있을 경우 최소 2,700명의 딜러가 필요하다. 영종도에 4개의 카지노 복합리조트가 들어올 경우 2,700명×4개 영업장=최소한 10,800명의 딜러가 필요하다는 계산이다.

② 싱가포르의 마리나 베이 샌즈의 경우 직접 고용이 10,000명, 연관 산업의 고용창출인원이 약 20,000명에 이른다.

③ 카지노 산업은 카지노 시설물, 편의시설 등의 물적 서비스와 카지노 딜러들로부터 제공되는 인적 서비스가 복합 제공됨으로써 완성된 상품의 기능을 하게 된다. 또한 슬롯머신 등을 제외하고는 모두 사람 간의 상행위이며, 이에 중점을 두는 산업이다.

오늘날 기계화가 이루어지고 거의 모든 산업이 자동화되는 데 비해, 높은 양질의 인적서비스 제공이 중요한 환대산업으로의 역할을 담당하고 있다. 이는 카지노 산업의 특성상 기계화 · 자동화의 한계성에 따른 것으로, 인적자원에 의존하는 경향이 다른 분야의 산업보다 크다. 따라서 타 산업에 비해 순수한 인적 서비스 상품을 제공하고 있어 고용창출효과가 높다는 장점이 있다.

호텔 영업에 대한 기여도가 높다

① 카지노 이용객의 1인당 소비액은 외국 관광객 1인당 평균 소비액의 약 38%를 차지한다. 이는 단일 지출항목으로는 가장 높다.

② 카지노 리조트의 이용을 통해 외국 관광객의 소비지출을 증가시키고 체류기간을 연장시키는 중요한 관광상품이다. 또한 외국 관광객의 재방문율을 높이는 요인이다.

③ 카지노에서 게임을 즐기는 고객의 유형을 살펴보면, 관광객과 단지 갬블링만을 위해 방문하는 고객으로 구분할 수 있다. 특히 겜블링만을 목적으로 하는 고객은 주로 호텔 내 투숙을 선호하고, 고급 부대시설을 이용함에 따라 호텔 객실 및 판매수입에 기여하는 바가 매우 크다.

관광기반 시설의 투자 및 확충

① 영종도의 카지노 산업은 카지노 그 자체보다는 복합리조트 건설을 통한 종합 엔터테인먼트의 성격이 중요하다.

② 호텔과 컨벤션, 테마파크, 쇼핑몰, 골프장, 공연장, 카지노가 한 장소에서 제공되는 종합 엔터테인먼트 리조트라는 인프라를 구축하여 관광객을 유도하고 있다. 이를 개발하기 위해서는 막대한 투자가 동반된다. 예를 들면, 싱가포르에 건설한 마리나 베이샌즈의 경우 한화로 7조 원의 금액이 투자되었다.

카지노 산업의 경우 게임 장소와 오락시설, 사교시설, 그리고 인적·물적 서비스를 제공하는 복합 문화·오락공간의 기능을 가지고 있다.

〈표 11-3〉 **카지노 리조트 산업의 경제적 효과 흐름도**

구분	내용
직접효과	• 카지노 리조트 이용객 → 카지노업
간접효과	• 카지노업 → 산업 간 연쇄 파급효과 • 숙박업, 음식업, 부동산업, 건설업, 금융업, 수송업, 서비스업, 홍보광고업 등
유발효과	• 카지노업 → 기계 부문에 의한 연쇄파급효과 • 제조업, 인력업, 전력가스업, 자동차산업, 도소매업, 금융업, 숙박업, 음식업 등

카지노 산업은 양면성이 있다 카지노 산업은 긍정적인 외화획득, 고용창출, 관광객 증대, 호텔이익 증대 등과 같은 경제적 효과를 낳기도 하지만 동시에 사회적 부작용을 유발하기도 한다. 그리고 사회적 영향 중 부정적인 측면은 긍정적인 측면(지역사회 발전, 도시개

발이나 건설 등)에 비해 더 크게 느껴진다.

천연 관광사업의 한계를 넘을 수 있다 우리나라의 경우 대부분의 관광사업은 자연경관과 문화유산에 관련된 사업이 다수를 차지하고 있다. 하지만 이런 사업들은 악천후 같은 자연현상과 환경보호 등의 이유로 여러 한계점을 가지고 있다. 카지노 산업은 기본적으로 실내에서 실행하는 것이고 24시간 개방을 하고 있기 때문에 외국인 혹은 내국인들이 이용하는 데 아무런 한계점이 없다.

상품 공급의 비탄력성이 있다 카지노 산업은 타 산업에 비해 상품 특성상 보관할 수 없고, 이동할 수 없으며, 탄력적인 운영을 하기 힘들다. 즉, 카지노는 이동할 수 없기에 고객이 직접 방문하여 이용해야 하며, 고객이 한순간에 증가하였다고 해서 시설물의 확충을 가져오기 힘들다.

카지노 종사원의 독특한 직무 특성을 가지고 있다 카지노 딜러는 실제 게임을 담당하는 시간과 휴게시간을 포함하여 하루에 평균 8시간 근무를 수행한다. 그러나 고객이 많은 날은 휴게시간이 그만큼 감소하게 되면서, 장시간 동안 매번 같은 자세로 반복적인 동작을 수행함에 따라 신체의 부담도 크다. 또한 딜러가 게임에서 이겨야 회사의 수익이 발생하기 때문에 게임의 승패에 대한 부담감과 더불어 게임진행 시 실수, 딜링 업무에 대한 불확신감 등으로 딜러는 업무수행에 있어 심리적 부담감으로 인한 스트레스를 받고 있는 실정이다.

〈표 11-4〉 **카지노 산업의 특성**

구분	긍정적 특성	부정적 특성
경제적 특성	• 인적 서비스 산업, 노동집약적 산업으로 높은 고용창출효과 • 정부의 세수 확보, 외환보유고 및 관광수지 개선에 기여	• 자금의 비생산적 · 투기적 도박에 투입됨에 따라 자원배분의 편중 · 왜곡 • 카지노 수입이 지역개발 진흥으로 연결되지 않을 경우 해당지역 사회 퇴락 가능성
사회 · 문화적 특성	• 다양한 오락적 요소의 결합으로 종합 위락공간으로 활용 • 제도권 내에 흡수 · 양성화함으로써 음성적 · 탈법적 활동에 따른 조세포탈 및 범죄화 방지	• 도박을 죄악시하는 우리의 전통사회 윤리관에 대치 • 사행심 조장, 일확천금주의 팽배로 근로의욕 저하 초래 • 지역 및 국가 이미지 실추, 탈세 및 비정상적 자금의 세탁수단으로 이용 • 관리 · 감독이 소홀할 경우 마약, 매춘폭력조직 등과 연계 확산

자료: 박병기, "강원랜드 카지노 개장이 지역에 미치는 영향 및 발전 방향에 관한 연구," 고려대학교 정책대학원 석사학위논문, 2006.

카지노 산업의 특징 중 가장 큰 장점은 높은 고용창출효과와 지역사회의 발전이다. 실제로 카지노 산업이 관광산업으로 인식되어 발전하면서 규모와 형태가 점점 더 성장해 나가고 있다.

과거 도박이라는 부정적인 인식과 겜블링이라는 용어에서 게이밍이라는 긍정적인 이미지를 부각 시키면서 카지노 게임시설뿐만 아니라 다양한 볼거리와 먹거리, 테마파크와 컨벤션센터 등 복합리조트의 형태로 변화・발전하고 있다.

현재는 카지노 산업이 관광객들에게 다채롭고 양질의 여가를 제공함으로써 레저산업인 게임산업으로 인정받으며 역할을 해나가고 있다. 양면성을 가지고 있는 카지노 산업은 부정적인 이미지로서 도박중독과 범죄율 증가, 과소비와 사행성 조장 등 많은 부작용을 초래할 수 있는 위험성을 가지고 있다.

이러한 카지노 기업이 가지고 있는 부정적인 요소 때문에 카지노 기업의 사회적 책임활동과 윤리적인 의무와 실천 등은 매우 중요하다. 실례로서, 한국 마사회의 경우 경마라는 부정적인 시각을 가지고 있다. 이러한 부정적인 시각을 개선하기 위해 마사회는 봉사단을 구성해 매년 기부활동으로 농어촌 지역의 복지증진, 저소득 소외계층 지원활동, 각종 공익캠페인, 스포츠 지원 등 약 100억 원의 기부금을 활동에 활용하고 있다. 또한 매년 당기순이익의 70%를 특별 적립금으로 하여 사회적 책임 활동을 하고 있다. 마사회 기업의 사회적 책임활동은 경마에 대한 부정적인 인식을 개선하고 건전한 스포츠로 정착시키면서 기업과 사회구성원이 상생하는 사회적 가치를 구현하고 있다.

위와 같이 부정적인 이미지가 강한 카지노 기업의 경우도 사행성 도박이라는 부정적인 인식의 개선이 반드시 필요하다. 향후 카지노 산업의 지속적인 성장에 걸림돌이 될 수 있는 부정적인 이미지 개선 및 탈피하기 위해서는 쇼핑이나 테마파크 및 컨벤션센터 등과 같이 다양한 구성을 갖춘 복합리조트로서의 변신이 필수적인 요인이라 할 수 있다.

(2) 카지노 산업의 효과

카지노 산업의 효과에는 경제적 효과, 사회・문화적 효과, 관광산업 측면에서의 효과를 가지고 있다.

경제적 효과 고용창출의 효과, 외화가득률이 약 95% 정도를 차지하고 있다. 따라서 지역과 국가적으로 경제적인 면에서 많은 영향을 미치게 된다.

사회 · 문화적 효과 일상생활의 권태에서 벗어나 새로운 것과 스트레스 해소에 많은 도움을 주게 되면서 사람들의 일탈행위를 줄이게 된다. 또한 다양한 사람들과의 접촉으로 새로운 것들을 보고 배울 수 있는 기회가 주어진다.

관광산업 측면에서의 효과 대안관광상품, 체재시간 연장, 외화획득에 기여하게 되면서 고용창출과 관련 산업발전에 많은 영향을 주게 된다.

2. 국내외 카지노 산업

1) 국내 카지노 산업

(1) 국내 카지노 산업 현황

국내 카지노 산업은 1961년 복표발행 현상, 기타 사행 행위단속법의 제정으로 카지노 산업의 도입 근거가 마련되었다. 1994년 「관광진흥법」의 개정을 통해 관광사업으로 분류됨에 따라 주무관청도 내무부에서 현재의 문화체육관광부로 이관되면서 발전의 기틀을 마련하게 되었다.

국내 카지노 산업은 1967년 인천 올림포스 카지노 개설을 기점으로 발전되어 왔다. 국내 카지노 시설은 크게 외국인과 내국인 카지노로 나뉘는데, 이 중 16개 업체가 외국인 카지노로 운영되었으며, 현재까지도 내국인 출입이 가능한 카지노는 강원랜드 뿐이다. 이처럼 국내 카지노 산업은 2000년 전까지 외국인 전용 카지노만 운영해오다가 2000년 10월 강원랜드를 개장함에 따라 외국인 전용 카지노와 내국인 전용 카지노로 이원화하면서 운영하고 있다.

한국카지노업관광협회의 자료에 따르면 국내 카지노 입장객과 매출액(2011～2022년)은 다음과 같다. 내외국인 카지노 입장객은 2,983,440명, 육지 외국인전용 카지노 1,919,700명, 제주 외국인전용 카지노 180,989명으로 집계되었다. 매출액(단위: 1 million won)은 내외국인 카지노 1,185,176원, 육지 외국인전용 카지노 1,027,431원, 제주 외국인전용 카지노 101,493원으로 나타났다.

현재의 카지노 산업은 높은 부가가치 창출이 가능한 대표적인 서비스 산업으로 과거의 인식처럼 도박 또는 향락성 산업이 아닌 하나의 문화 · 레저산업으로 인식되고 있다. 카지노

〈표 11-5〉 **국내 카지노 업체 현황**(2023년 6월 기준)

시·도	업체명(법인명)	허가일	운영형태(등급)	대표자	종사원수(명)	'22매출액(백만 원)	'22입장객(명)	허가면적(m^2)
서울	파라다이스카지노 워커힐점 【(주)파라다이스】	1968.03.05	임대 (5성)	최성욱	684	158,743	280,847	2,694.23
	세븐럭카지노 강남코엑스점 【그랜드코리아레저(주)】	2005.01.28	임대 (컨벤션)	김영산	904	140,581	143,229	2,158.32
	세븐럭카지노 서울드래곤시티점 【그랜드코리아레저(주)】	2005.01.28	임대 (5성)	김영산	533	101,847	220,476	2,137.20
부산	세븐럭카지노 부산롯데점 【그랜드코리아레저(주)】	2005.01.28	임대 (5성)	김영산	340	22,738	45,330	1,583.73
	파라다이스카지노 부산지점 【(주)파라다이스】	1978.10.29	임대 (5성)	최성욱	287	29,329	51,471	1,485.24
인천	파라다이스카지노(파라다이스시티) 【(주)파라다이스세가사미】	1967.08.10	직영 (5성)	최종환	721	158,390	150,862	8,726.80
강원	알펜시아카지노 【(주)지바스】	1980.12.09	임대 (5성)	박주언	16	0	51	632.69
대구	호텔인터불고대구카지노 【(주)골든크라운】	1979.04.11	임대 (5성)	안위수	163	22,101	68,227	1,485.24
제주	공즈카지노 【길상창휘(유)】	1975.10.15	임대 (5성)	쭈씨앙보	18	0	0	1,604.84
	파라다이스카지노 제주지점 【(주)파라다이스】	1990.09.01	임대 (5성)	최성욱	160	3,047	30,354	1,195.92
	세븐스타카지노 【(주)청해】	1991.07.31	임대 (5성)	박성철	97	854	282	1,175.85
	제주오리엔탈카지노 【(주)건하】	1990.11.06	임대 (5성)	박성호	57	0	0	865.25
	드림타워카지노(제주드림타워) 【(주)엘티엔터테인먼트】	1985.04.11	임대 (5성)	김한준	531	65,214	94,126	5,367.67
	제주썬카지노 【(주)지앤엘】	1990.09.01	직영 (5성)	이성열	70	-202	631	1,509.12
	랜딩카지노(제주신화월드) 【람정엔터테인먼트코리아(주)】	1990.09.01	임대 (5성)	이수현	405	11,837	19,407	5,646.10
	메가럭카지노 【(주)메가럭】	1995.12.28	임대 (5성)	이근배	40	0	0	1,347.72
12개 법인, 16개 영업장(외국인 전용)			직영: 2 임대: 14	-	5,026	714,479	1,105,293	39,615.92
강원	강원랜드카지노(하이원리조트) 【(주)강원랜드】	2000.10.12	직영 (5성)	이삼걸	1,972	1,223,461	2,083,513	15,485.99
13개 법인, 17개 영업장(내·외국인)			직영: 3 임대: 14	-	6,998	1,937,940	3,188,806	55,101.91

※매출액: 관광기금 부과대상 매출액 기준.
※종사원수(2023년 4월 기준): 정규직 외 계약직 등 전체 인원 기준이며, 종사원수는 수시 변동함.
- 워커힐카지노에 본사 인원 포함 / 세븐럭카지노 강남코엑스점에 본사 및 마케팅 인원 포함
- 파라다이스시티, 드림타워카지노, 랜딩카지노는 복합리조트 중 카지노 부분 인원 기준
- 강원랜드카지노는 카지노 영업·영업기타 인원 기준이며, 리조트 전체는 3,636명임.

자료: 한국카지노업관광협회, 카지노업체 및 게임시설 현황, 2023.

산업은 아시아뿐만 아니라 미국・유럽 등 여러 국가에서 관광・지역발전의 선순환적 네트워크를 형성하고 있다.

한국표준산업 분류에 따르면, 카지노업이 속해 있는 사행산업은 예술, 스포츠 및 여가관련 서비스업 내 스포츠 및 오락관련 서비스업에 속하고 있다. 그 중 카지노업은 기타 갬블링 및 베팅업에 속한다.

외국인을 상대로 하는 외국인 전용 카지노 산업은 외국인의 출입국 및 방문과 밀접한 영향이 있다. 한국을 방문한 외국인 관광객은 2012년 처음으로 1,100만 명을 돌파한 이후 지속적으로 증가하고 있다.

[그림 11-1] **카지노 산업의 과거와 현재**

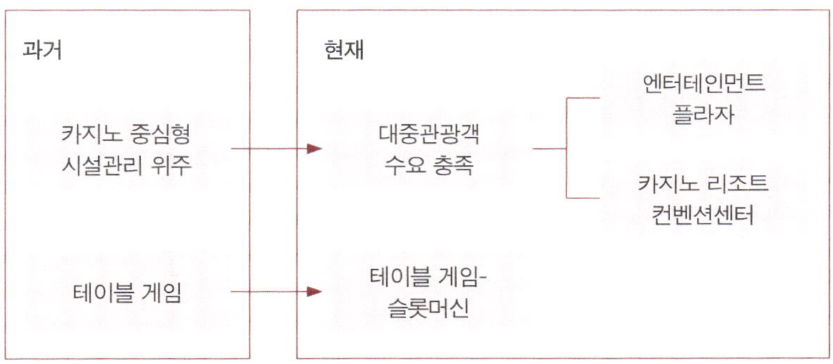

국내 카지노 산업의 동향을 살펴보면 다음과 같다.

① 다소 폐쇄적인 아시아 국가에서도 관광상품의 다양화를 통해 외화획득목적 및 자국민의 외화유출을 막기 위해 카지노를 주요 관광산업으로 육성하고 있다.

② 호화 유람선 및 항공기 내에 카지노를 설치하는 등 다양한 활로를 모색하고, 인터넷을 이용한 온라인 카지노가 급속히 확산하고 있다.

③ 컨벤션 산업이나 테마파크 산업과 연계하여 대형화되고 있다.

④ 새로운 복합 엔터테인먼트를 지향하고 있다.

⑤ 단순한 도박장의 개념에서 모든 가족들이 함께 즐길 수 있는 다양한 시설들이 갖추어지면서 가족 단위의 위락 장소로 변화하고 있다.

(2) 국내 카지노 산업의 구조 및 조직부서

이용객 측면에서 우리나라 외국인 전용카지노의 산업구조는 일본시장과 중국시장에 대한 의존도가 높은 편이다. 주로 VIP고객의 매출액에 집중되어 있다. 또한 우리나라 카지노의 경우 테이블 게임 위주의 경영관리가 이루어지고 있으며, 머신게임 및 테마시설 등은 상대적으로 의존도가 약하다.

우리나라 카지노의 조직구조는 2008년 7월에 개정된 카지노 영업준칙 제2장 제4조 1항에 의해 카지노 사업자는 카지노의 건전한 발전과 원활한 영업활동 및 효율적인 내부통제를 위해 이사회, 카지노 총지배인, 영업부서, 관리부서, 판촉부서, 영업부서, 출납부서, 안전관리부서, 환전영업소, 전산전문요원 등으로 구성된다.

카지노 산업 조직 중에 매출을 담당하고 가장 많은 조직원이 근무하는 핵심적인 영업부서의 구성을 보면 블랙잭 · 룰렛 등 게임 테이블에서 진행하는 딜러, 1차적으로 딜러 주변에서 지원 및 게임을 관리 · 감독하는 플로어 퍼슨(floor person), 2차적으로 각 테이블의 칩을 관리하며 딜러를 감독하는 피트보스(pit boss)가 있다.

그리고 카지노 영업시간은 연중무휴 24시간으로 운영되는데, 보통 3부제로 나누어 시프트(shift) 매니저와 카지노 영업의 최종권한을 가지고 있는 카지노 담당 부사장이 각부를 담당하고 책임지도록 하고 있다.

〈표 11-6〉 **카지노 영업부서의 구성**

직무	역할
카지노 담당 부사장	테이블게임, 포커, 머신게임 등을 포함한 카지노 영업 전반의 책임
시프트 매니저	규정된 근무시간에 따라 발생하는 모든 사항에 대한 관리와 책임
피트보스	게임종목에 따라 구분된 피트를 관리하며, 피트운영에 필요한 직원의 근무 스케줄 조정 및 특정 테이블게임의 칩 재고조사
플로어 퍼슨	테이블게임을 관리하는 1차 중간관리자로 고객에게 대면 서비스를 제공하며, 테이블 전반 관리
딜러	고객의 현금을 칩으로 교환해주고 게임 진행
피트클럭	피트 안에서 고객의 마커(외상칩) 사용 및 상환을 관리하고 고객평가 입력
안전관리부서	카지노 전반의 안전 및 질서유지를 위해 관리하며 고객과 직원보호

(3) 외국인 전용 카지노의 한계

한계점 국내 카지노는 일본인 의존도가 높아 일본 경제 및 관광객수에 따라 카지노 고객수의 변화가 심하며, 일본의 카지노업 합법화 추진, 싱가포르의 카지노 허가, 말레이시아의 대형 카지노 건립, 마카오의 거대한 해외투자 유치 등 변화에 대한 대처가 필요하다. 이러한 시장의 열악성은 VIP고객의 타 국가로의 이탈 가능성이 높다는 단점이 있다. 특히 외국인 전용 카지노의 정부 운영은 외부 환경변화에 따른 적극적인 대응을 어렵게 한다. 카지노 산업은 갬블링만을 하는 산업이 아닌 종합적인 엔터테인먼트 산업으로 변모하고 있다. 이러한 외부 환경의 변화를 잘 인식하여 카지노 산업으로 인한 기타 산업과의 연계를 위한 내국인 출입의 허용을 검토할 시점이다.

해결방안

외부환경 변화의 인식 필요 카지노 산업은 갬블링만을 하는 산업이 아니라 리조트, 테마파크, 컨벤션 등 복합적인 산업이라는 인식의 전환이 필요하다. 최근 대외 경쟁여건 변화와 국내 외국인 카지노의 증가 등 당면한 정책과제를 해결하기 위해서는 카지노 서비스 전략 수립 등 카지노 산업의 경쟁력을 제고할 수 있는 정책적 대안의 마련이 시급하다.

국내 카지노의 수요층은 숙련도에 의해 주로 테이블 게임을 즐기는 고액 배팅자(high roller)와 주로 슬롯머신과 비디오 게임을 선호하는 단체 당일 여행객, 여행 중 기분전환을 목적으로 카지노를 즐기는 소액 배팅자(low-stake), 그리고 부부 또는 가족구성원에게 제공된 다양한 레크리에이션 및 놀이를 통해 게임에 참여하는 가족단위형 고객으로 나눌 수 있다. 따라서 수요층에 맞는 합리적이고 차별화된 마케팅 전략이 필요하다.

카지노 산업의 경쟁력 확보 국내 카지노 산업의 매출액 및 입장객 수에 중요한 영향을 미치고 있는 주요 변수는 달러 환율로 나타나고 있다. 달러 환율이 하향 추세에 있음에도 불구하고 국내 외국인 전용 카지노의 영업상황이 부진한 결과를 보이고 있다. 외국인 카지노의 향후 영업적 측면에 대해 부정적인 전망을 더욱 심화시키고 있다.

외국의 선진 카지노 경영기법의 도입, 카지노 개발에 대한 투자자본 도입과 함께 외국인 카지노시장 개척의 용이성 등 경쟁력 확보를 통한 카지노 경영활성화를 도모해야 한다.

정부의 카지노 정책 변화 외래 관광객의 성장률에 비해 카지노 이용객 점유율이 지속적으로 낮아짐은 우리나라 카지노가 관광객들에게 점점 매력을 주지 못하고 있으며, 새로운 고객 창출과 마케팅이 필요하다. 세부적으로 보면, 중국 시장의 경우 중국 시장의 개방화와 중국 경제의 고성장으로 VIP고객이 점차 늘어날 전망이다. 따라서 중국 시장이 차지하는 비중이 높아질 것에 대비하여 철저한 대책마련이 필요하다. 또한 대외여건 변화와 관련해 국내 외국인 전용 카지노의 주요 고객인 일본・대만 등의 VIP고객을 위한 적극적인 대비책을 강구해야 한다.

2) 해외 카지노 산업

세계 최초의 카지노는 1638년 이탈리아에서 베니스 축제기간 동안 영업되었던 리도또(Ridotto)라고 불리던 카지노 전용장소가 시초가 되었다. 이는 이탈리아 정부가 공식적으로 인정한 최초의 카지노 영업장이 되었다. 이후 이탈리아에서 프랑스로 건너와 루이 14세 때 바카라(Baccarat)와 룰렛(Roulette), 블랙잭(Blackjack) 게임이 개발되었다. 18세기에는 클럽, 살롱으로 불리던 카지노가 미국으로 건너가서 카지노 기업으로 운영되기 시작하였다.

당시 중세 유럽의 귀족 및 소수 권력계층의 사교 문화로서 소규모 클럽으로 운영되었던 카지노는 근・현대에 들어서면서 1930년경 미국이 대공황 극복을 위한 일환으로 카지노 산업으로 육성하였으며, 이는 현대 카지노 산업의 기초가 되었다.

이 시기에 미국은 카지노를 합법화하면서 고용창출, 세수확보, 지역경제 활성화 등의 경제적 발전을 이루는 데 성공하였다. 이후 1980년대에 이르러 카지노 산업이 미국 전역을 넘어 세계적으로 확산되면서, 동구권 국가에 까지 활성화 되었다.

〈표 11-7〉 **해외 카지노 산업의 발전과정**

연대	내용
1930년대	미국의 경제침체와 경제 대공황을 극복하기 위한 대책으로 카지노를 산업을 본격 육성함.
1980년대	카지노가 미국 전역으로 확산되었고, 이후 세계적으로 카지노 산업이 확산되면서 동구권 국가에서 활성화 됨.
1990년대	미국의 26개 주에서 카지노가 운영되었고, 이 중 13개 주에서 합법화를 위한 법적 절차를 상정함.
2000년대	마카오를 시작으로 아시아 전역에 카지노 산업 확대, 2004년 라스베이거스의 자본이 본격적으로 마카오에 유입이 되면서 부흥기를 맞게 되었음. 1990년대 카지노로 부터의 세수는 마카오 정부 재정수입의 50%, 2007년에는 재정수입의 70% 이상을 차지하게 되었음.

자료: 한국카지노업관광협회, 2019.

1990년대에 이르러 미국의 26개 주에서 카지노가 운영되었다. 2000년대에 와서 라스베이거스 자본의 유입으로 마카오를 중심으로 카지노 산업의 부흥기를 맞게 되었다.

1990년대에 카지노의 세수는 마카오 정부 재정수입의 50% 이상을, 2007년에는 70% 이상을 차지하게 될 만큼 관광산업이 국가 주력산업으로 자리 잡게 되었으며, 주변의 아시아 국가 전역에도 카지노 산업이 확대 발전하게 되었다.

3) 세계 카지노 산업의 합법화

카지노 산업의 합법화 목적은 크게 네 가지로 볼 수 있다.

첫째, 관광산업진흥을 들 수 있다. 포르투갈, 말레이시아, 호주 등과 같이 휴양지 카지노를 허용하고 있는 대부분 국가들이 관광산업 발전을 위해 카지노 산업을 육성하고 있다.

둘째, 외화획득을 목적으로 한다. 네팔 등 외국인 전용 카지노를 설치한 국가들이 포함되며, 카리브해와 남미, 아프리카 등 저소득 국가의 카지노 합법화의 대부분이 해당된다.

셋째, 특정 목적의 기금을 확보하기 위해 도입하는 경우가 있다. 핀란드의 사회복지기금 확충, 미국의 콜로라도주와 인디언 보호구역 카지노, 우리나라의 탄광촌 개발 등이 전형적인 예이다. 대만・일본・중국 등의 카지노 도입 논의도 특정 지역 개발에 초점을 맞추고 있다.

넷째, 재정수입 확대이다. 미국의 네바다주, 마카오, 필리핀 등 저개발 국가 대부분의 카지노가 이에 해당된다. 프랑스 등 지방분권화가 잘 되어 있는 유럽 국가들 중에도 지역개발을 위한 재정수입 확충을 목적으로 하는 경우가 적지 않다. 이러한 경제적 목적이 카지노 합법화에 복합적으로 작용하고 있다.

특히 저개발국일수록 관광진흥과 재정수입 확대 및 외화획득을 동시에 지향하고 있다. 카지노 산업의 합법화 또는 규제완화는 대개 잠재적인 경제적 이점에 근거하지만 카지노 산업을 적극적으로 육성하거나 장려하는 경우는 거의 없다. 그럼에도 불구하고 카지노 산업의 확산 및 합법화의 도미노 현상이 일어나는 것은 지역개발 또는 관광진흥이라는 좋은 명목과 인접국과의 눈에 보이지 않는 경쟁 등도 작용하기 때문이다.

규제는 주로 도박 중독, 범죄집단의 개입 등에 의한 사회적 문제 완화에 기인한다. 주요 규제 내용 또는 수단으로는 출입제한, 외국인 투자제한, 세제를 통한 수익의 사회환원, 게임의 종류 및 베팅 상한선 설정, 영업시간 제한, 카지노장의 수에 대한 쿼터 설정 등 다양하다. 카지노는 비록 도박이지만 국민들의 레저 욕구 충족과 삶의 질을 향상시킨다는 점에서 긍정적인 인식도 확산되고 있다. 특히 유럽의 경우 카지노를 도박으로만 간주하는 동양적 시각과는 달리 카지노에서의 게이밍을 문화 및 사교활동 수단으로 인식하고 있다. 카지노의 합법화는 사람들의 도박에 대한 본능적 욕구를 충족시키면서 도박산업의 음성화를 막고 범죄집단의 개입을 차단하는 효과도 무시할 수 없다.

3. 카지노 종사원

1) 카지노 종사원

(1) 카지노 종사원의 개념

카지노 종사원의 범위를 「관광진흥법 시행령」에서는 '대통령령으로 정하는 종사원'을 "그 직위와 명칭이 무엇이든 카지노 사업자를 대리하거나 그 지시를 받아 상시 또는 일시적으로 카지노 영업에 종사하는 자"를 말한다.

카지노 운영 및 관리를 담당하는 종사자에는 딜러, 중간관리 담당자, 안전요원, 식음료, 기타 용역 등이 있다. 외국인 전용카지노의 경우 전체 카지노 종사원 중 딜러가 41%로 가장 많으며, 영업・판촉(35.2%), 관리직(14.8%) 순으로 구성되어 있다. 이 중 카지노의 가치에 중요한 영향을 미치는 것은 단연 카지노의 꽃이라 불리는 딜러라고 할 수 있다.

고용노동부 산하기관인 한국 고용정보원 주관으로 발간된 한국 직업사전을 보면, 카지노 딜러는 스포츠 및 레크리에이션 관련 종사자 중 카지노의 중간 관리자인 플로어 퍼슨, 피트보스와 함께 기타 스포츠 및 여가 서비스 종사원으로 분류되어 있다.

(2) 카지노 종사원의 직무 특성

카지노 산업은 하루 24시간 연중무휴로 고객을 위해 운영되고, 다른 서비스 산업과 차별되는 우수한 인적 서비스의 비중이 크고 고객과의 접촉빈도가 높으며, 접촉시간이 상대적으로 긴 특성이 있다.

고객과 실질적인 접촉에 의해 서비스를 제공하는 카지노 종사원의 직무는 다음과 같다.

① 불특정 고객을 대상으로 유・무형의 서비스 상품을 제공하고, 고객과 항상 접점에 있

으므로 인적 서비스가 매우 중요시되고 있다.

② 고객의 다양한 욕구를 충분히 부응할 수 있는 능력과 책임감 내지 인격형성이 요구되며, 나아가 기술과 기능 및 대인관계능력이 요구되는 특성을 지니고 있다. 이러한 이유로 일선에서 고객과의 접점에 있는 카지노 종사원의 태도와 행동은 기업성패의 중요한 변수가 될 수 있다.

③ 카지노 딜러들은 새로운 규정, 세계화, 인터넷 기술의 증가, 매우 까다로운 고객과의 대면 그리고 불안정한 고용상태 등 많은 복잡한 상황에 직면하고 있다.

④ 카지노 딜러는 기술적인 업무(여러 가지 게임을 실수 없이 계속적으로 고객에게 제공)이 외에도 여러 표현을 통한 고객과의 공감 형성이 중요한 고객만족 요인으로 여겨지고 있다. 따라서 기업의 요구에 맞춰 자신의 감정을 컨트롤하고 고객에게 서비스를 제공하는 등 정신적인 스트레스와 감정노동이 큰 직종이라 할 수 있다.

⑤ 근무자체로 인한 육체적・정신적 피로뿐만 아니라 근무시간 이외의 활용에서도 제한된 시간과 범위로 인해 타 업종에 비해 상대적으로 스트레스가 높은 직종이다.

⑥ 카지노 딜러들은 보통 2~3개월 주기로 근무시간(shift)을 바꿔가며 근무를 하게 되는데, 06시부터 14시까지, 14시부터 22시까지, 22시부터 다음날 06시까지 1부・2부・3부 근무를 분담하여 담당하게 된다.

최근에 추가된 Swing 및 상근근무에 따라 근무시간이 바뀔 때마다 자신의 신체 모든 리듬을 그 시간에 맞추어야 한다. 잦은 근무시간 변동으로 인해 규칙적인 다른 활동은 거의 못하게 된다. 또한 대부분 주말이나 휴일에 고객들이 집중되기 때문에 주중에 휴일을 갖고 주말에 근무를 하는 등 일반 직종과는 근무시간에 많은 차이가 있어 조직 외 사람들과의 교류가 사실상 많이 제한되고 있다.

서비스 산업 중에서도 카지노 딜러의 직무는 게이밍(gaming) 산업이라는 특수성으로, 고객에 대한 서비스 제공에 있어 다른 서비스 종사원의 직무와 차별되는 이질적이고 다차원적이라는 특징을 지니고 있다.

2) 카지노 딜러

(1) 카지노 딜러의 개념

카지노 딜러는 카지노 영업장에서 게임을 하기 위해 입장한 고객을 대상으로 게임을 진행하는 업무를 하고 있다. 즉, 딜러는 고객들이 다양한 게임을 즐길 수 있도록 도와주는 보조자이다.

고객의 게임 참여도는 다른 물리적인 외부 요인들에 비해 전문적인 지식과 기술을 습득한 딜러들의 영향을 가장 크게 받는다. 딜러의 가치는 고도의 기술인 딜링을 하는 게임능력이 우선시되기 때문에 절대적인 노력이 필요하다. 다시 말하면, 카지노 딜러는 테이블 게임부서의 접점에서 고객과 대면하는 최초의 사람이며, 고객에게 첫인상을 남기는 직원이다. 게임 보호와 정책 및 절차 준수, 고객 서비스는 딜러의 업무에 있어서 매우 중요한 요소이다.

딜러는 카지노마다 정해진 House Rule에 따라 신속하고 정확하게 게임을 진행하는 동시에, 테이블에서 게임에 참여하고 있는 고객의 취향과 기호를 파악하여 그에 맞추어 응대해야 한다. 또한 직원들 간에 조금 더 차원 높은 서비스 제공을 위해 선의의 경쟁을 유도하기도 하는 등 고객에게 양질의 서비스를 제공하는 역할을 수행한다.

카지노 딜러가 고객에게 고품격 서비스를 제공함으로 인해서 딜러 자신의 가치창조는 물론 카지노 이미지 형성에 많은 영향을 미치게 된다.

(2) 카지노 딜러의 역할

카지노 딜러의 직무를 카지노 영업장에서 고객을 상대로 여러 가지 테이블 게임을 운영하는 것으로 정의하고 있다.

딜러에게 동반되는 직무는 다음과 같다.

① 게임 테이블에서 고객의 게임 참여유무나 규정된 외화를 확인하는 것.
② 룰렛, 카드, 칩스, 주사위 등을 사용하여 해당 테이블의 게임을 운영하는 것.
③ 게임 진행 후 승자나 당첨자에게 룰에 의한 일정 비율에 의해 칩스를 지불하고 패자에게서 칩스를 회수하는 것.
④ 현금, 수표, 여행자수표, 바우처 등을 칩스로 교환하여 주는 것.
⑤ 고객의 고액 칩스를 저액 칩스로 교환하는 것.

⑥ 고객의 주문사항을 웹 패드에 입력시키거나 관리자에게 알리는 것.

⑦ 규정을 위반하는 고객을 감시하여 관리자에게 통보하는 것

딜러로서의 숙련기간은 1년 이상 2년 이하로 보고 있으며, 게임 진행, 서비스 제공, 게임 지원, 게임 테이블 통제 및 관여로 카지노 딜러의 역할을 나눌 수 있다.

카지노 딜러는 게임 진행자로서 고객에게 다양한 서비스를 제공하기 위해 여러 가지 게임을 실수 없이 진행해야 한다. 주요 게임뿐만 아니라 새로운 게임이 도입되면 그에 맞는 새로운 규율을 숙지해야 한다. 다양한 게임을 진행하기 위해서는 게임의 특성에 맞는 딜링과 계산방식이 요구되며, 기술적인 면 이외에도 회사를 대표하는 인적 서비스를 제공해야 한다. 보다 나은 서비스의 창출을 위해 고객의 성향과 기호를 파악하여 게임 중에도 고객의 음료와 식사 주문, 칩스의 체인지 등 많은 고객 서비스를 이행한다. 게임 테이블 관장자로서 게임 테이블의 시야를 확보하고 고객이 게임을 재미있게 즐길 수 있도록 신속·유연하게 대처하는 것이 중요하다.

게임의 규칙에 따라 일정하고 정확하고 효과적인 딜링을 고객에게 제공하며 고객의 현금을 칩으로, 칩을 각 단위로 교환하여 준다. 정확한 베팅의 유무 및 Limit과 일치를 확인하고 담당 테이블에서 발생하는 Fill / Coll(collection)을 확인하고 서명한다.

〈표 11-8〉 **카지노 딜러의 역할**

딜러의 역할	주요 내용
게임진행	• 게임의 규정에 따라 안정되고 효과적인 딜링(dealing)을 고객에게 제공함. • 정확한 베팅의 유무와 게임 테이블마다 정해진 Limit과 고객의 베팅금액 일치 여부를 확인함. • 고객의 현금(달러, 엔화, 원화 등)을 칩스로 교환해 줌. • 담당하는 테이블에서 발생하는 Fill / Collection 등 관련 내용을 확인하고 서명함. • 회사의 게임규정절차를 준수하며, 공정한 Dealing을 함. • 모든 Comp. 및 Coupon을 처리함.
서비스 제공	• 게임 테이블의 시야를 넓게 하여 고객이 게임을 즐길 수 있도록 함. • 회사 이벤트(각종 대회 룰)를 설명함.
게임 테이블 관장	• 게임 테이블의 시야를 넓게 하여 고객이 게임을 즐길 수 있도록 함. • 의심 가는 고객의 행동에 꼼꼼하게 주의를 기울이며, 규정위반행위 시 플로어 퍼슨(floor person)에게 보고함. • 고객들 간의 분쟁을 빠르게 처리하기 위해 노력함. • 스마트폰과 워치의 사용을 제한함.
게임지원	• 영업비품을 항상 점검함. • 고객의 요구사항을 미소와 친절로 응대함. • 기타 딜러로서 필요한 업무를 수행함.

의심되는 고객의 행동에 꼼꼼하게 주의를 기울이며, 필요시에는 플로어 퍼슨에게 콜(call) 한다. 항상 영업비품을 관리하고 회사의 게임규율을 완벽하게 인지하여 공정하고 여유 있게 딜링을 한다. 고객이 회사가 정한 규정에 의거하여 게임을 할 수 있도록 조력하며, 고객의 요구사항이 있을 때에는 즉시 플로어 퍼슨에게 알려야 하고, 기타 딜러로서의 필요한 업무를 수행한다.

최근에는 스마트 기기의 발전으로 인해 스마트폰이나 스마트 워치 등의 사용을 제한시키며, 모든 Comp. 및 Coupon을 게임 중에 처리할 수 있다. 그리고 고객들 간의 분쟁을 빨리 처리하기 위해 노력하며, 회사의 이벤트(각종 대회 및 디너쇼)를 설명한다.

(3) 카지노 딜러의 직무 특성

카지노 종사원 중 가장 많은 구성원을 차지하고 있는 딜러의 직무 특성은 다음과 같다.

직무 다양성 카지노 딜러는 게임 테이블에서 정확하고 신속한 딜링(dealing)을 해야 하며, 고객과의 여러 상황에서 직무상 필요한 외국어를 습득해야 한다. 또한 게임 테이블 관장자로서 테이블 시야 확보와 고객이 게임을 재미있게 즐길 수 있도록 신속하고 유연하게 대처해야 하며, 고객의 사기를 높이고 편안한 게임 분위기를 조성해야 한다.

고객이 게임을 즐기는 동안 고객과 가장 많은 시간을 보내는 카지노 딜러는 업무의 시작과 끝이 테이블에서 총체적으로 진행되고, 업무수행 시 발생될 수 있는 컴플레인(complaint)을 최소화하기 위해서라도 고객에 대한 집중이 요구된다. 카지노 딜러라는 직무는 일반적으로 인식되는 화려한 업무라기보다는 오히려 고된 직종 중의 하나이며, 직무를 수행하기 전에 기술적인 면에서 직무의 다양성에 대비를 하고 있어야 한다.

직무 정체성 직무 정체성은 직무 시작부터 끝까지의 전체 작업 중 어느 정도의 범위를 차지하고 있는지의 정도를 의미한다. 카지노 종사원은 직무의 어느 한 부분을 책임지는 것보다는 완전한 작업단위로서 직무 전체를 수행할 때 직무를 보다 의미 있는 것으로 지각하게 된다.

직무 중요성 카지노 게임을 즐기는 고객이 가장 빈번하게 접촉하는 직원은 카지노 딜러이다. 카지노 딜러는 고객과 게임을 해서 돈을 잃게도 따게도 하는 직접적인 업무를 맡고 있다. 따라서 카지노 영업부는 딜러의 승률이 높아져야 회사의 이윤을 많이 남길 수 있으므로 카지노 딜러의 직무는 핵심적인 역할을 한다고 할 수 있다.

직무 자율성 카지노 종사원의 근무시간은 1일 3교대 8시간으로 나누어져 있으며, 8시간 중에는 실제 게임을 진행하는 시간과 휴게시간이 포함되어 있다. 따라서 고객이 많은 날에는 휴게시간이 상대적으로 줄어들어 근무하는 시간이 길어지며, 동시에 손실과 이익에 대한 부담감도 커지게 된다. 딜러들은 근무시간 이외의 시간에는 휴게실에서 선배 · 동료 · 후배들과 공간을 함께 사용해야 하는 이유로, 타 직종과는 달리 자신만의 독립적인 공간 확보가 어렵다는 점 등으로 인해 종사원 간 내적 갈등요인이 될 수 있다. 상사와 운영관리과의 관리 안에서 게임 규칙과 업무 매뉴얼에 따라 근무를 해야 하는 직무특성으로 인해 자신만의 의사결정권은 그다지 높지 않다. 카지노 딜러는 여러 게임 테이블 중에서 본인이 근무하고 있는 테이블이나 함께 일하고 싶은 동료나 관리자를 선택할 수 없고, 정해진 근무지에서 정해진 동료와 근무를 해야 한다. 이렇게 상사의 지시 · 명령에 순응하는 자세, 업무수행 및 결과에 대해 성실하고 책임감 있는 태도를 요구받고 있다. 카지노 딜러의 자율성과 딜러 본인의 역량은 영업장에서 많은 제한을 받을 수도 있지만, 카지노 딜러들은 개개인마다 제한된 게임 테이블 안에서 만큼은 철저한 독립적인 존재처럼 느껴진다. 시작한 게임은 담당 딜러가 마무리 지어야 하고, 누구도 근무시간이 끝날 때까지 대신해주지 않는다. 승률이 높든 낮든 근무교대가 이루어지기 전에는 테이블을 주도하고 관장하는 것이 딜러의 독립적인 의무이며, 그 안에서 자율성을 갖는다.

피드백 카지노 산업에서 인적 서비스가 차지하는 비중은 높다. 카지노 서비스는 딜러의 테이블 운영 및 딜링 스킬, 고객과의 소통능력, 고객에 대한 친절도로 나타낼 수 있다. 그리고 고객이 카지노에 방문하여 좋은 기억, 멋진 추억, 훌륭한 경험을 제공하는 것 등은 카지노 딜러들의 서비스는 곧 경험을 고객에게 제공하는 것이라 할 수 있다. 그만큼 고객에게 얼마나 좋은 인상을 남기느냐에 따라서 카지노의 성패가 좌우된다. 이러한 이유로 적절한 피드백을 통해 서비스 향상에 노력하고 있다.

3) 카지노 종사원의 직무 스트레스

카지노 딜러라는 직업은 일반적으로 인식되는 화려한 업무라기보다는 오히려 고된 직종 중 하나이다. 카지노 딜러들의 직무 스트레스 요인으로 작용하는 것을 정리하면 직무환경 요인, 인간관계 요인, 직무특성 요인으로 구분할 수 있다.

(1) 직무환경 요인

직무환경은 급여 외의 근무조건이나 근무자의 책임을 효율적으로 수행할 수 있게 하는 환경을 총칭한다. 직무환경의 효과나 능률의 극대화를 도모하기 위해서는 무엇보다도 그 직업에 알맞은 직무환경의 정비를 필수요건으로 하고 있다.

노동집약적 특성으로 인해 인적 서비스에 대부분 의존하고 있는 카지노 산업에서는 고객만족과 직결되는 종사원들의 만족에 관계되는 직무환경을 외면할 수 없다.

딜러의 근무시간은 1일 8시간으로 여기에 실제 게임을 담당하는 시간과 휴식시간이 포함된다. 또한 연중무휴 24시간 영업하는 곳이며, 일반적으로 3교대 근무를 하고 있다. 2~3개월 간격으로 근무시간이 바뀌기 때문에 자신의 신체리듬을 맞춰야 하며, 같은 시간 동안 근무하는 타 직종보다는 훨씬 많은 육체적인 피로를 느끼게 된다.

(2) 인간관계 요인

조직 내에서 인간관계는 주로 동료・상급자・하급자 간에 생기는 현상으로, 개인 및 조직의 업무달성에 지대한 영향을 미친다. 일반적으로 직무 스트레스와 인간관계는 대부분 개인 간의 인지, 인정, 동질성, 개인의 요구 등과 밀접한 관련이 있다. 즉, 구성원 개개인이 서로에게 동질성을 느끼지 못하거나 서로를 인정하지 않으려고 할 때 직무 스트레스가 발생한다. 일반적으로 인간관계가 좋지 못하면 직무 스트레스가 증가하고, 개인 간의 신뢰도가 저하되며, 사회적 지원도 감소된다.

딜러는 대체로 60분 근무하고 20분의 휴식시간을 가지는데, 카지노 직무의 특성상 근무시간 중의 일부를 차지하는 대기시간에 휴게실 생활에서의 업무 외적인 지시나 동료들과의 인간관계에서 기수문화라는 특수성이 발생된다. 타 직종과 같이 자신만의 공간 확보가 어렵다는 점, 종사원 간에 갈등요인이 될 만한 잠재성을 가지고 있다.

(3) 직무특성 요인

카지노 딜러는 장시간 서서 근무를 하고, 무례하거나 미심쩍은 모습을 보이거나 속임수를 쓰려고 하는 고객들과 직면해야 한다. 또한 항상 관리자와 운영관리과의 감시 하에 근무하는 애로점들이 있다. 그리고 딜러의 실수에 냉담하고 호의적이 아닌 고객과 직면한다는 부담감이 있으며, 업무성과에 대한 중압감으로 인해 스트레스를 많이 받는다.

〈표 11-9〉 **카지노 종사원의 직무별 업무와 요구능력**

구분	주요 업무	요구능력
딜러	• 테이블 게임 운영	• 카드딜링 기술, 게임에 대한 지식, 외국어 능력 • 서비스 마인드와 스트레스에 대한 내성, 팀워크
플로어 퍼슨	• 딜러와 테이블 관리 • 테이블 고객의 불만 응대 • 테이블 손익관리	• 카드딜링 기술, 게임에 대한 지식, 외국어 능력 • 서비스 마인드와 스트레스에 대한 내성, 팀워크, 리더십
피트보스	• 딜러와 플로어 퍼슨 관리 • 고객의 게임 현황 파악	• 카드딜링 기술, 게임에 대한 지식, 외국어 능력 • 서비스 마인드와 스트레스에 대한 내성, 팀워크, 리더십
영업팀장	• 딜러, 플로어 퍼슨, 피트보스 관리 • 해당 시프트 문제발생 시 해결	• 카지노 사업에 대한 전반적인 지식, 경영관리지식, 인사 및 조직관리 • 리더십, 문제해결능력, 협상력, 경영마인드, 서비스 마인드
머신 어텐던트	• 머신게임 고객의 지불금 • 머신게임기의 운영 및 관리 • 머신게임기 고객대응	• 손익관리 관련지식 처리 • 고객지향 마인드, 문제해결능력
메카닉	• 머신게임기계 정비	• 기계관리 지식과 산업공학관련 지식 • 고객지향 마인드, 문제해결능력, 효과적인 자원활용과 창의력
안내 데스크	• 카지노 입장권 판매 및 수납 • 고객물품 보관 및 분실물 관리 • 단체고객 투어 및 안내	• 카지노에 대한 전반적 지식, 외국어 능력 • 고객지향 마인드, 대인관계기술, 의사소통능력
업장판촉	• 고객관리 및 마케팅	• 카지노와 호텔 및 기타 부대시설에 대한 지식, 개별고객 개인신상, 취향, 재정상태에 대한 지식, 외국어 능력 • 고객지향 마인드, 문제해결능력, 효과적인 자원활용, 대인관계 기술
서베일런스	• 딜러의 실수 및 부정행위 감시 • 출입금지자 여부 체크	• 카지노에 대한 전반적 지식, 모니터 기계에 대한 지식, 출입금지자에 대한 정보 • 집중력과 식별능력, 팀워크
안전관리	• 입장객 및 출입금지자 관리 • 객장 내외부의 보안업무담당 • 칩 운반	• 체력 및 무술 유단자 • 응급상황 대처능력 및 팀워크
환전 테이커	• 테이블 금고 회수 및 계산	• 경리관련 지식 • 정직성과 집중력, 회계관련 전공
환전캐셔	• 칩과 현금 교환 • 고객의 현금보관 담당	• 경리관련 지식 • 정직성과 집중력, 회계관련 전공

자료: 한국직업능력개발원, 호스피탈리티 산업의 직업구조 특성과 인적자원 개발전략, 2005; 오수철, 카지노경영론, 2001.

또한 카지노 딜러의 직무 스트레스 원인은 크게 직무 범주, 조직적·물리적 환경 범주, 직무·조직의 범주 등 세 가지로 구분되고 있다.

첫째, 직무 범주는 딜러에게 기대되는 직무 요구와 역할 특성으로부터 발생되는 직무 스트레스 원인들로 역할갈등, 역할과다, 감정노동, (비)언어적 위협, 일·가족 갈등, 교대근무, 기타 직무요구 등 많은 요인들로 인해 스트레스를 받고 있다.

둘째, 조직적·물리적 환경범주로서 상사에 대한 불만족, 임금 및 복리후생제도, 승진제도 그리고 물리적 작업환경 등이다.

셋째, 직무 및 조직과 직접적으로 관련되어 있지 않은 스트레스의 직무나 조직 외 범주로, 직업 존중감과 지역사회의 적합성(근무지 환경) 등이 여기에 속한다.

4. 카지노 게임의 종류

1) 룰렛(Roulette)

① 초보자라도 쉽게 즐길 수 있기 때문에 가장 대중적인 카지노 게임 중 하나이다.

② 딜러가 회전시킨 볼이 회전하고 있는 휠(회전판) 상의 어떤 번호(번호/색깔 등)에 낙찰할 것인가를 알아맞추는 게임

2) 바카라(Baccarat)

① 플레이어(player)와 뱅커(banker) 중 어느 핸드가 이길지 예상하여 베팅

② 비길 것을 예상하여 타이(tie)에 함께 베팅하기도 함.

③ 플레이어, 뱅커 중 9에 가까운 쪽이 이김.

3) 블랙잭(Blackjack)

① 플레이어와 딜러가 각각 카드를 나누어 받아 그 합이 21에 가까운 숫자를 얻어 승부를 겨루는 게임
② 19세기 초에 프랑스에서 Twenty-one 게임이 처음으로 시작
③ 미국 카지노에서는 1910년 Twenty-one 게임이 처음 소개되었고, 1915년에 블랙잭 게임이 완성
④ 시카고에서 현대의 블랙잭 테이블과 게임규칙 등 개발

4) 다이사이

① 식보(sic bo) 게임을 공식적으로 부르는 말로, 고대 중국에서 시작
② 원래 식보는 주사위 한 쌍을 의미하지만, 게임에 흥미를 더하기 위해 세 개의 주사위로 게임을 진행함.
③ 테이블 게임 중 가장 큰 배당(1 : 150)이 가능한 게임이며, 초보자들도 쉽게 이해할 수 있어 선호도가 높음.
④ 플레이어가 베팅한 숫자 혹은 숫자의 조합이 Shaker(주사위 용기)로 흔들어 결정된 3개의 주사위 합과 일치하면 정해진 배당률에 의해 배당금이 지급되는 게임

제2절 MICE 산업

1. MICE의 개념과 특성

1) MICE의 개념

MICE는 대규모 관광수요를 유발하는 국제회의(세미나 · 토론회 · 전시회 등 포함)를 개최할 수 있는 시설을 설치 · 운영하거나 국제회의의 계획 · 준비 · 진행 등의 업무를 위탁받아 대행하는 업으로 정의하고 있다.

〈표 11-10〉 UNWTO의 MICE 분류체계 및 포괄범위

구분	내용
기업회의 (Meeting)	기업이 주최하는 비즈니스 목적의 회의로, 참가하는 동일 기업 내 회의, 기업의 그룹 사내 회의, 고객사 · 사업제공자 등의 관계 간에 개최되는 회의를 의미함.
총회 및 협의회의 (Convention, Congresses and Conferences)	비즈니스 외 목적으로 개최되는 회의를 총칭하며, 참가자를 소집하기 위해 별도의 장소 섭외 및 시간 선정 등의 요인이 결정되어야 함. 이 같은 행사에는 다음과 같은 유형이 포함됨. • 공공컨퍼런스 및 강의(public conference or lecture): 기본적으로 큰 방향성이 없는 회의로, 청중에게 요구되는 과거경험이나 특별지식이 없는 회의 • 정부회의(government conferences): 전문적 · 정치적 회의로, 정부기관 또는 정부기관 대 민간담당자 간에 개최되는 회의 • 일반 소집회의(general assembly): 조직 내 구성원 또는 내부 관계자에게만 한정하여 소집되는 회의 • 컨벤션(convention): 입법기관, 사회적 또는 경제적 그룹 간에 개최되는 일반적 · 공식적인 회의로, 참가자들에게는 정보제공, 의견 · 정책의 합의 도출을 목적으로 하는 회의 • 과학적 총회(scientific conference): 여러 가지 사안에 대한 심도 있는 연구를 수행하기 위해 전문적 · 학술적 목적으로 개최되는 회의로, 참가자들에게 상호적인 담론이 요구되는 회의 예: 포럼(forum), 콜로키움(colloquium), 세미나(seminar), 심포지엄(symposium) 등
전시회 (Exhibition)	무역전시회(trade show) 관련 활동만을 포괄함.
인센티브 (Incentive)	인센티브 활동(incentive activities)과 관련한 행사를 의미함.

자료: UNWTO, Global Meeting Initiative, 2008.

현재 국내에서는 국제회의 개념을 MICE라는 용어에 적용하여 지칭하는 경우가 일반적이다. MICE는 Meeting(기업회의 / 회의), Incentive Trip / Travel(포상관광), Convention / Conference(컨벤션 / 국제회의), Exhibition / Event(전시 / 이벤트)의 영문 앞 자를 조합한 용어이다.

국제회의는 회의, 토론회, 강습회, 이외 다른 유사한 집회(부수되는 전시회 포함)에 상당수의 외국인의 참여가 예상되고, 외국인을 위한 관광 및 교류가 발생하는 회의를 의미하고 있다. MICE 산업은 좁은 의미에서 국제회의와 전시회를, 넓은 의미에서는 포상관광과 박람회, 대규모 이벤트 등을 포함한 융·복합 산업을 의미한다.

우리나라는 국제회의를 「국제회의산업 육성에 관한 법률」을 통해 다음과 같이 정의하고 있다.

「국제회의산업 육성에 관한 법률 시행령」 제2조(국제회의의 종류·규모)에 따르면 국제회의는 다음의 어느 하나에 해당하는 회의를 말한다.

〈표 11-11〉 **MICE 유형별 범위**

구분	정의	범위
Meeting	아이디어 교환, 토론, 정보교환, 사회적 네트워크 형성을 위한 각종 회의	• Convention 기준에는 부합하지 않지만, 전체 참가자가 10명 이상인 정부·공공·협회·학회·기업회의로 전문회의시설, 준회의시설, 중소규모회의시설, 호텔, 휴양콘도미니엄 등에서 4시간 이상 개최되는 회의 • 단, 외국인 참가자가 10명 미만인 행사는 국내 Meeting으로 간주함.
Incentive Tour	조직원들의 성과에 대한 보상 및 동기부여를 위한 순수보상 여행 및 보상관광 회의	• 외국에서 국내로 오는(in-bound) 외국인이 10명 이상 참가하며, 국내 숙박시설에서 2박 이상 체류하는 보상관광
Convention	아이디어 교환, 토론, 정보교환, 사회적 네트워크 형성을 위한 각종 회의	• 외국인 참가자가 10명 이상이며, 동시에 전체 참가자가 250명 이상인 정부·공공·협회·학회·기업회의로서 전문회의시설, 준회의시설, 중소규모회의시설, 호텔, 휴양콘도미니엄 등에서 4시간 이상 개최되는 회의
Exhibition	유통·무역업자, 소비자, 일반인 등을 대상으로 판매, 홍보, 마케팅 활동을 하는 각종 전시회	• 전시산업발전법에 의한 전시회로 무역전시회, 소비자전시회 및 혼합전시회(1일 이상)

자료: 한국관광공사, 2015 MICE 산업통계 조사·연구.

① 국제기구에 가입한 기관 또는 법인・단체가 개최하는 회의로서 다음 각 목의 요건을 모두 갖춘 회의

ⓐ 해당 회의에 3개국 이상의 외국인이 참가할 것.

ⓑ 회의 참가자가 100명 이상이고, 그 중 외국인이 50명 이상일 것.

ⓒ 2일 이상 진행되는 회의일 것.

② 국제기구에 가입하지 아니한 기관 또는 법인・단체가 개최하는 회의로서 다음 각 목의 요건을 모두 갖춘 회의

ⓐ 회의 참가자 중 외국인이 50명 이상일 것.

ⓑ 2일 이상 진행되는 회의일 것.

2) 국제회의산업의 특성

(1) 타 산업과의 연계와 융복합성 및 다양성

국제회의산업이 발달된 국가나 도시 지역에서는 PCO 및 PEO 등과 같은 회의전문기획업과 회의전문시설업, 지역기반 회의서비스제공업, 컨벤션뷰로 등의 핵심 산업군 이외에 관광산업이 포함하고 있는 숙박・교통・레저・엔터테인먼트・식음료・쇼핑 분야 등에 대한 집약적 발전은 물론이고, IT・통신・인쇄출판・광고・건축・금융・의료・교육 분야 등의 다양한 확장산업들이 유기적으로 연계된 융복합 산업의 특성을 가진다.

국제회의산업이 교류와 혁신을 추구하는 회의주제산업과의 동반 성장과 상생실현을 통한 고부가가치 및 파급효과 창출을 극대화하기 위해서는 전문성과 협치성이 요구된다.

(2) 고부가가치성 및 지역경제 파급성

국제회의 개최과정에서 투입되는 지출은 상호 연동되어 고부가가치를 창출하며, 이는 연계 분야로의 지속적인 확산 및 파급을 가져온다. 예를 들어, 주최자의 회의개최 예산은 관련 산업 내 지식의 생산과 혁신가치를 증대시키는 과정에서 국제회의 서비스 제공자로 하여금 기획 및 운영업(예: PCO, PEO 등), 개최서비스 제공업, 관광서비스 제공업, 개최국 및 개최도시 정부의 지출 및 부가가치 창출을 유발하며, 국제회의 참가자는 자신의 거주 장소와 개최 장소 간 이동 및 회의참가, 체류, 관광활동 과정에서의 소비지출을 통해 관련 서비스 제공업의 부가가치를 창출한다.

국제회의 참가자의 경우 우리나라를 방문하는 일반 관광객과 비교하여 체류하는 기간이 상대적으로 길고, 소비지출 규모 또한 더 큰 경향을 보이고 있다. 2018년 MICE 참가자 조사에 따르면 MICE 산업의 전시 분야를 제외한 미팅, 컨벤션 그리고 인센티브 투어 내·외국인 참가자의 1인 평균 소비지출 규모는 USD 2,667로 나타났고, 2018 외래 관광객 실태조사와 국민여행 실태조사에 따르면 내·외국인 일반관광객의 1인 평균 소비지출 규모는 USD 2,146로 나타났다. 이에 MICE 참가자의 소비지출 규모는 일반 관광객 소비지출 규모의 약 1.2배 수준으로 국제회의가 개최되는 해당 지역의 경제적 측면에서 크게 기여하고 있다.

(3) 국가 관광산업진흥 효과 극대화

국제회의산업이 속한 MICE 산업의 참가자는 규모가 수백에서 수천 명 이상의 규모가 보통이며, 대규모 행사의 경우 수십만 명 이상이 참가하기 때문에 국제회의 유치는 곧 대량 관광객 유치의 기회로 이어지게 된다. 특히 국제회의의 전·후 관광상품을 집중적으로 소개함으로써 개최국·개최도시의 전통적인 문화나 관광지에 대한 인식을 새롭게 각인시켜 장기적으로 개최국·개최도시의 관광홍보 등에 큰 역할을 한다. 이 외에도 국제회의 행사를 유치함으로써 얻을 수 있는 관광진흥 측면의 체류기간 연장과 평균 외화소비액 증대 등 경제적인 측면에서도 큰 파급효과를 창출한다.

국제회의산업은 시장논리 기반의 민간 영역에서 주도하는 것보다는 공공성 기반의 민관협력 거버넌스 구축을 통해 지역 특화 국제회의산업의 지속가능한 발전을 궁극적인 목표로 추구해야 한다.

(4) 산업 동반성장 및 혁신성

보통 새로운 산업이 부상하거나 이슈가 되는 경우 국제회의산업과 활발히 연계하여 관련 행사들을 개최하게 된다. 이는 해당 산업 내에서 비즈니스 기회 확보, 고객관계 형성, 정보공유, 네트워크 활성화 등의 목적에서 만남과 교류에 대한 수요의 증폭에서 비롯된다.

국제회의산업은 정치·경제·사회·문화·기술·인프라 등의 외부환경에 직·간접적으로 영향을 받으며, 국제회의 개최의 주제와 관련된 최신 정보와 새로운 지식의 생산과 유통 등을 촉진하고 융합하는 지식기반형 산업이다. 각각의 관련 산업들이 개별적이며 독립된 산업이기 때문에 산업 자체적으로도 부가가치가 높은 반면, 상호 의존성이 강해 관련 연관산

[그림 11-2] 제4차 국제회의산업 육성 기본계획

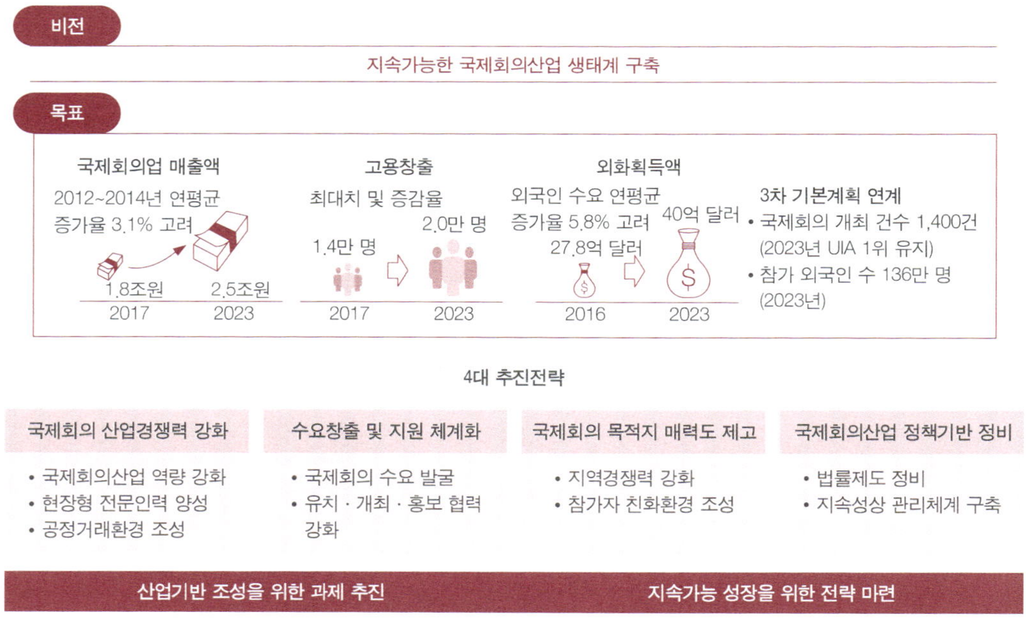

자료: 문화체육관광부, 제4차 국제회의산업육성계획, 2019.

업과 통합하여 육성할 경우 시너지 효과 창출이 용이한 종합 서비스 산업이다. 혁신지식과 기술발전의 교류를 추구하는 국제회의산업이기에 자체적으로도 MICE Technology로 통칭하는 회의 개최관련 기획 및 운영 기술의 혁신과 도입이 활발히 이루어지고 있다.

2. 하이브리드 MICE

1) 하이브리드 MICE의 개념

하이브리드 MICE(Hybrid MICE)는 실제 오프라인으로 진행하고 있는 행사와 원격화상 시스템과 같은 온라인 현장이 결합된 새로운 형태의 MICE로서 이벤트 기획 및 현장 운영에 VR, ICT 등 다양한 비대면 기술이 활용되면서 새로운 MICE 형태로 새롭게 대두되고 있다.

하이브리드 MICE는 특정 시간과 장소에서 토론이나 비즈니스 행사를 기존의 방식대로 진행하면서 행사 전반을 영상으로 전송해 온라인에서도 실시간으로 참여시킨다는 점이다. 원

격회의는 최첨단 ICT 기술로 인해 전통적인 회의를 지배하여 컨벤션 산업의 성장에 하방리스크로 작용할 것이라는 걱정과 달리, 화상회의는 기존의 회의 방식을 대체하기보다는 방문회의를 유도하는 유인책으로 활용된다. 이는 비용절약 및 운영을 더 효율적인 방법으로 MICE 산업 성장에 긍정적으로 작용할 것이다.

하이브리드 MICE는 과학의 지속적인 성숙과 발전은 온・오프라인 융합발전을 촉진하고 있다. 특히 AI, 빅데이터, 5G와 같은 신기술의 깊이 있는 적용과 생방송 기술의 성숙이 이를 더욱 촉진하고 있으며, 이러한 추세는 더욱 가속화되어 하이브리드 행사를 더욱 빠르게 만들고 있다. 정보통신기술(ICT) 융합으로 이루어진 4차 산업혁명은 인공지능(AI), 로봇기술, 생명과학이 주도하며, 새로운 가치를 창출하고 있다. MICE 산업은 새로운 기회를 창출하는 기술발전을 도입했고, 새로운 회의기술, 플랫폼, 애플리케이션의 발전은 회의산업의 기본 틀을 재정의 했다. MICE 산업도 4차 산업혁명에 따른 신기술 발전으로 산업구조와 활동의 운영방식이 크게 변화하고 있다.

아시아에서는 하이브리드 마이스라는 용어를 일반적으로 사용하고 있지만, 국제적으로는 하이브리드 이벤트(hybrid event)라는 표현을 사용하고 있다.

2) 하이브리드 MICE의 현황

아메리칸 익스프레스(AMEX)의 보고서에서는 전 세계에서 열리는 컨퍼런스의 10% 이상이 하이브리드 형태로 진행되고 있다. 오프라인 대면회의가 가능한 상황에서 여전히 대면회의를 가장 선호하지만 저비용으로 회의를 열어야 하거나 예산에 제약이 많고, 안전성의 위협이 존재하며, 사람들이 직접 이동할 이유가 없을 때 화상회의가 유용하게 활용되고 있다.

2020년 초 국제전시협회(UFI)의 26번째 '글로벌 전시산업 바로미터' 보고서(UFI Global Exhibition Barometer)에 따르면 전시・컨벤션 업계는 향후 몇 년 동안 하이브리드 MICE의 비약적인 발전에 이미 공감대를 형성하였으며, 인정도가 80%를 넘었다고 밝혔다. 세계에서 유명한 컨벤션 주최회사 리얼 엑시비션스(Real Exhibitions)는 2020년 12월 초 'COVID 19 and How it's Changing the Event Industry'라는 보고서에서 오프라인 전시회가 중단된 이후 84%의 참가자가 한 가지 새로운 디지털 서비스를 시도해본 적이 있었다. 하나 이상의 이벤트를 디지털로 진행하려는 참가자 비율은 2020년 6월 91%에서 9월 94%로 꾸준히 증가하고 있었다.

각 지역의 정부도 하이브리드 MICE를 적극적으로 추진하고 있다. 한국의 경우 서울시가 가상회의 플랫폼 '버추얼 서울 2.0'을 개발해 서울에서 열리는 국제회의나 국제전시회 주최에 무료로 제공하고 있다. 부산은 상담장과 스튜디오를 열고 모든 컨벤션 홀에 실시간 중계 스트리밍 시스템을 구축하고 대규모 하이브리드 행사를 열었다. 광주는 'K-스튜디오 광주'를 설립하고 하이브리드 MICE도 선보였다.

해외에서도 하이브리드 추세가 이어지고 있다. '하이브리드 시티 얼라이언스(Hybrid City Alliance)'의 등장이다. MICE 업계 내 경쟁이 아닌 도시별 전시 컨벤션을 통해 융합을 주도하고, 같은 나라에 위치한 도시 간 협력을 넘어 하이브리드 활동을 위한 기술을 공유하는 것이다. 현재 하이브리드 시티 얼라이언스에는 오타와(캐나다), 제네바(스위스), 프라하(체코), 시드니(호주), 서울(한국) 등 MICE 위상이 높은 국가들이 가입해 있다. 온라인 및 하이브리드 형식의 이벤트 비중이 급격히 증가하는 추세에 따라 MICE 이벤트 수요자 및 공급에 하이브리드 이벤트 솔루션을 제공하고 있다. 디지털 시대를 맞아 수동적 수용이 아닌 디지털을 적극 활용해 업계를 활성화하겠다는 것이다.

3) 하이브리드 MICE의 특성 및 장점

(1) 하이브리드 MICE의 특성

하이브리드 형태로 진행되는 MICE 행사는 기존 오프라인 MICE 행사의 일반적이고 독특한 특성들을 가지고 있다.

첫째, 오프라인 컨벤션은 3차원적인 특성을 가지고 있다. 즉, 실물전시와 시연을 제공한다. 대부분의 마케팅 매체는 상품 특성에 대한 종이 설명과 사진만 기록하지만 전시회에서는 실물전시로 더 다양한 정보를 제공할 수 있다. 또한 기술의 발달로 VR(가상현실)과 AR(증강현실)은 온라인에서 다차원적으로 경험할 수 있지만, 오프라인 컨벤션이 갖는 실재감·존재감·체험감은 여전히 대체할 수 없다. 오프라인이라는 직관적인 감각은 내용의 디테일을 살피는 데 더욱 도움이 되고, 온라인은 이미지·동영상 등 형식만으로는 전방위적으로 구현하기 어렵다.

둘째, 오프라인에서 참관객들은 참가기업에게 즉각적인 피드백을 받을 수 있어 즉시성을 지닌다. 오프라인에서는 면대면 대화와 직접 소통할 수 있는 기회를 제공하고, 전시내용에 대한 소개는 참가자의 궁금한 점을 참가자에게 직접 반영해 신속하게 답변을 받을 수 있다.

또한 오프라인 MICE 활동에서 업계 전문가들이 모여 얼굴을 맞대고 토론하면 이해 증진과 의견 일치를 더 쉽게 볼 수 있다. 대면은 사람 간 친밀감을 높이고, 비대면은 차단감을 줄 수 있다.

셋째, 오프라인 MICE 행사가 다른 관련 산업에 미치는 파급효과도 온라인으로는 어렵다. 온라인 MICE 행사는 단순히 MICE 행사를 위한 온라인 플랫폼이지만, 오프라인 MICE 행사는 행사기능뿐만 아니라 교통·소통·운동 등의 기능도 가지고 있으며, 운송·호텔·외식·관광 등 전 산업의 발전을 이끌 수 있다. 하지만 주최지 경제 발전을 효과적으로 이끌 수 있다는 것은 온라인 MICE 행사로는 실현될 수 없다.

온라인 컨벤션의 가장 큰 특징은 온라인 기반의 미팅 테크놀리지 기술의 활용도가 무엇보다 중요하다. 따라서 미팅 테크놀리지 특성을 이해할 필요가 있다. Global DMC Partners에 따르면 2021년 이벤트 기획자 중 72%가 온라인 또는 하이브리드 형식으로 전환하고 있다. 온라인 이벤트를 매우 강력하게 만드는 요소 중 하나는 지리적·경제적 장벽으로 인해 직접 이벤트를 통해 결코 연결되지 않았을 비즈니스, 잠재 고객 및 커뮤니티를 연결할 수 있는 능력이다.

하이브리드 이벤트 특성상 이벤트 콘텐츠는 일회성 이벤트에 그치지 않고 용도변경 및 다른 사람과 공유할 수 있으며, 여행 시 어떤 제한이 있더라도 이러한 사람들과의 연결이 가능하다.

(2) 하이브리드 MICE의 장점

얼굴을 맞대고 다른 사람을 만나는 것은 온라인 이벤트가 대체 불가능한 독특한 점이 있다. 이벤트의 모든 가치를 극대화하려면 미래의 이벤트 주최자는 테크놀리지 기술을 활용하고 디지털화 이벤트의 돌발적인 잠재력과 모의회의의 우연성을 결합시키게 된다. 하이브리드 이벤트로 전환하면 참가자뿐만 아니라 게스트 등 더 많은 사람이 참여할 수 있는 기회를 제공하며 더욱 다양하고 풍성한 이벤트가 된다.

하이브리드 이벤트가 MICE 산업의 낭비를 줄이고 지속가능한 MICE가 되는 형식이 될 수 있다.

유연성 비즈니스 환경의 변화와 참가자의 요구에 따라 유연하게 조정할 수 있다. 적절한 플랫폼과 온라인 도구를 활용하면 오프라인 활동을 효과적으로 온라인 활동으로 전환할 수 있다.

경제성 행사 주최자로서는 초청연사의 항공료, 숙박료, 장소대여료, 식음료비 등이 들지 않는다. 또한 행사 참가자에 따른 경제적 및 시간적 비용을 절감할 수 있다.

확장성 행사장에서 수용할 수 있는 인원수에 제한이 있어 오프라인 회의는 행사장에 따라 참석할 수 있는 인원이 정해져 있다. 하지만 하이브리드 이벤트에서는 비용이 적게 들면서 더 많은 참가자를 유치할 수 있는 것은 브랜드 인지도를 높일 수 있다.

〈표 11-12〉 **회의 형태에 의한 분류**

분류	내용
회의 (meeting)	• 모든 종류의 모임을 포함시킬 수 있는 가장 포괄적인 용어
컨벤션 (convention)	• 가장 일반적으로 사용되는 회의 분야의 용어 • 순수회의와 달리 기타 부대행사와 특히 전시회가 수반되는 경우가 많음.
컨퍼런스 (conference)	• 컨벤션과 유사하게 사용되고 있는 형태의 회의 • 컨벤션에 비해 토론회가 많이 열리고, 참가자들에게 토론의 기회도 주어짐. • 주로 학문 분야, 즉 과학·기술 등 새로운 지식을 습득하거나 특히 문제연구를 위한 회의를 의미
컨그레스 (congress)	• 대표자들에 의한 회의, 집회, 회담 등을 의미 • 사회과학, 자연과학 분야의 각종 학회에서 개최하는 회의가 이러한 유형에 속함. • 유럽에서는 컨그레스를 컨벤션과 유사한 의미로 사용
포럼 (forum)	• 특정 주제에 대해 그 분야의 전문가들이 사회자의 주재 하에 서로 다른 견해를 청중 앞에서 전개하는 공개토론회 • 포럼의 특징은 청중도 자유롭게 발표할 수 있다는 것이며, 청중과 전문가의 의견을 사회자가 종합함.
심포지움 (symposium)	• 포럼과 매우 유사한 형태의 회의로서 제시된 문제나 안건에 관하여 전문가들이 연구결과를 중심으로 청중 앞에서 벌이는 공개토론 • 포럼과 비교할 때 다소 형식을 갖추어 회의를 진행하며, 청중의 질의기회도 제한함.
패널 (panel)	• 청중이 모인 가운데 사회자의 주도하에 서로 다른 발표자가 전문적 의견을 발표하는 일종의 공개토론회 • 청중도 의견을 발표할 수 있음.
세미나 (semina)	• 주로 교육적인 목적을 갖고 진행하는 회의 • 참가자와 발표자가 단일한 또는 특정주제에 대해 발표하고 토론함.
워크샵 (workshop)	• 보통 30여 명의 인원으로 개최되는 소규모 회의 • 특정 문제에 대해 참석인원들 간 새로운 기술, 지식, 연구방법 등을 교환하게 됨.
전시회 (exhibition)	• 무역, 산업, 교육, 상품, 서비스 등에 관련된 판매업자들이 전시회와 함께 이들 분야와 관련된 회의를 함께 개최함.

친환경성 온라인 회의를 개최하면 비용절감은 물론, 환경에도 긍정적인 영향을 미칠 수 있다. 온라인 미팅은 이동에 드는 비용만 아낄 수 있는 것뿐만 아니라 불필요한 홍보물이나 자료집을 제작하지 않기 때문에 폐기물이 발생하지 않고, 환경문제에도 긍정적인 영향을 미칠 수 있다.

비휘발성 하이브리드 행사의 개선과 향상이 시급한 현안은 아직 많지만, 여기에는 과학기술적 측면과 사상 문화적 측면도 포함되어 있다.

2020년 발생한 온라인 회의를 보면, '거리'로 인해 회의가 열리지 못하는 문제가 대부분 해결되었다. 하지만 참석자 자체의 자료, 회의 중의 상호작용, 회의내용의 흡수 등 좀 더 많은 것을 분석하여 최적화하는 기술이 중요시되고 있다.

12

관광교통

12장 관광교통

제1절 관광교통의 이해

1. 관광교통의 개념

교통의 정의는 "거리의 저항을 극복함으로써 이루어지는 인간, 화물, 의지의 이동"이라고 할 수 있다. 이를 토대로 한 넓은 의미의 관광교통은 일반 여행자들을 수송하며 관광성이 없는 일반 교통수단을 포함하는 개념이다. 그리고 좁은 의미의 관광교통은 주체가 관광객이고, 관광매력물로서 관광성을 부여받을 수 있어 일반적인 교통의 개념보다는 그 범위가 좁아진다.

따라서 관광교통이란 "관광객이 일상생활을 떠나 교통기관을 이용하여 관광자원을 찾아가면서 이루어지는 경제적 · 사회적 · 문화적 특성을 갖고 있는 이동행위"라고 정의할 수 있다.

교통수단의 발달은 출발지에서 목적지까지 시간단축과 요금의 저렴화를 상용화시켰다. 최근에는 교통수단과 관광의 관련성을 인식하여 교통수단 그 자체를 관광자원화 하였다. 이 같은 관광자원화 된 교통수단을 관광교통시설이라 부른다.

요즘에는 호화성 · 희소성 등을 갖춘 새로운 교통수단이 등장하면서 그 자체가 관광자원성을 갖추고 있다. 예를 들어, 캠핑카, 모노레일, 케이블카, 리조트 열차 등이 그 요건을 갖추고 있는 것이다. 또한 자취를 감춘 지 오래된 증기기관차, 수륙양륙차 등을 보존하고 운행하여 관광자원으로서 돋보인다. 결국 교통수단의 발전 속도가 빨라지고 점차 획일화・고속화로 치닫는 이때 과거의 다양했던 교통수단을 관광자원으로 활용하는 것은 매우 큰 의의를 갖고 있다.

2. 관광교통의 기본 성격

1) 무형재

관광교통은 즉시재화 또는 무형재이다. 일반적으로 유형재라 할 때는 반드시 일정한 형태와 존속기간이 있지만, 교통서비스는 생산되고 있는 순간에 소비되지 않으면 실효를 거둘 수 없는 특징을 가지고 있다. 이처럼 운송서비스는 생산의 성격을 띠고 있어 생산된 교통서비스의 저장이 불가하다.

2) 수요의 편재성

통근이나 업무상 출장과 같은 생산적 교통수요인 경우에는 성수기와 비수기의 파동이 대체로 안정되어 있지만, 관광이나 쇼핑과 같은 소비적 교통수요를 보면 1년간 계절적 기후조건 및 사회・경제적 조건에 의해 좌우되는 경향이 높다. 특히 관광교통은 일반적인 통근 등과 같은 교통수단을 이용하는 파생수요와는 다르기 때문에 수요의 탄력성이 매우 크다.

3) 자본의 유휴성

시간적・지역적으로 편중하고 성수기를 제외하면 유휴성이 높은 편이다.

4) 독점성

일정한 노선이 확보가 되면 자연적인 독점형태의 성격을 띠는 경우가 높다.

3. 관광교통의 특성

관광교통에 있어 신속성과 안정성이 중요하지만, 최근에는 안락성과 쾌적성을 더 중요한 가치로 인식하고 있다. 거주지를 떠나 교통수단을 이용하는 시점부터 여행의 즐거움이 시작되는 관광속성상 관광교통수단은 쾌적하고 낭만 있는 여행에 초점을 맞춘다. 이런 관점에서 관광교통의 특성은 여러 가지로 정리할 수 있다.

첫째, 관광객이 교통서비스를 소비하든 생산하든 간에 관광객의 공간적 이동은 시간의 소비를 수반한다. 일반 재화와는 다르게 관광교통 서비스는 관광객이 교통기관을 직접 찾아가는 형태로서, 소비와 생산이 동시에 이루어지기 때문에 거주지에서 관광목적지까지 이동에 걸리는 시간이 짧은 관광교통 수단을 선호한다.

둘째, 자동차 · 선박 · 항공 등의 일반 교통과 렌터카 · 관광버스 · 관광열차 · 크루즈 등은 각각 다른 특성을 가지고 있기 때문에 서로 교통수단이 다르다.

셋째, 관광교통은 서비스 특성상 수요의 파동이 심하기 때문에 성수기에는 교통시설의 용량, 교통관련 시설부족 등으로 혼잡이 발생한다. 비수기와 성수기의 차이가 있기 때문에 관광교통 수단의 요금은 수요변동에 대응하는 정책을 추진하고 있다.

넷째, 관광교통은 관광객뿐만 아니라 국민의 사회활동에 필요한 수단으로 공익성과 기업으로서 추구하는 수익성을 동시에 가지고 있다.

다섯째, 관광교통은 신속성 · 정확성 · 안전성 · 경제성 등을 위해 끊임없이 기술을 개발하고 유지해야 한다. 관광교통은 특히 희귀성 · 호화성 · 쾌적성 등의 요소가 갖추어질 때 관광성을 갖게 된다. 예를 들어, 모노레일 · 케이블카 · 관광잠수함 등이 관광성을 가지고 있다.

여섯째, 관광교통은 관광도로 개발과 불가분의 관계가 있으므로 관광교통수단과 어울리는 관광도로 개설이 필수적이다. 예를 들면, 해안도로나 자전거도로 등의 다양한 관광루트를 개발하여 관광객의 이용편의를 도모해야 한다.

일곱째, 관광교통은 인력에 크게 의존하는 조종사 · 운전사 · 기관사 등은 규율 아래 근무해야 한다.

4. 관광교통의 구성요소

관광교통의 구성요소는 다음과 같이 다섯 가지로 구성된다.

1) 관광교통의 주체

관광객은 관광의 주체이면서 관광교통의 주체이기도 하다. 관광교통시장의 수요를 창출하는 수요시장이다.

2) 관광교통수단

관광객을 관광목적지까지 실어 나르는 기구로, 자동차 · 열차 · 항공기 · 전세버스 · 크루즈 · 헬기 등이 있다.

3) 관광교통시설

관광교통수단이 이용하는 도로 · 철도 · 항로 등의 교통로와 터미널인 공항 · 항만 · 역 등이 이에 해당된다.

4) 운임

일반 운임과는 달리 관광 패키지상품 등에 적용된 요금의 형태, 시간, 장소 등에 따라 탄력적으로 적용되는 운임체계를 가지고 있다.

5) 관광서비스

관광교통업은 일반 교통업과는 달리 인적 · 물적 서비스가 상품화되어 유형의 가치를 받고 있다. 또한 서비스에 따라 관광교통수단에 대한 가치평가가 달라지게 된다.

5. 관광교통수단의 장 · 단점

관광교통수단은 과학기술의 발달에 따라 발전해 왔다. 자동차는 단거리 여행이나 가족 단위의 여행, 그리고 개인이 여행할 때 가장 인기 있는 관광교통수단이다. 열차는 과거보다 이용률이 저조하지만 중 · 장거리 여행에 유용한 관광교통수단이다. 또한 여객선은 해양관광 시대의 도래에 따라 많은 관광객들에게 인기를 얻고 있어 관광산업의 유망한 업종으로 자리 잡고 있다.

1) 자동차의 장 · 단점

여정과 중간 경유지의 자유로운 선정이 가능하고 3~4명 여행 시 경비절감이 장점이다. 최근에는 대형 SUV와 9인승 정도의 탑승이 가능한 자동차가 출시되면서 기존의 승용차보다 더 많은 인원 탑승과 다양한 기능을 할 수 있다. SUV는 소규모 가족의 캠핑이 가능하다. 단점은 대량수송의 불가능과 운전자의 육체적, 정신적 피로이다.

2) 전세버스의 장 · 단점

단체관광객의 이동이 편리하고 개인당 요금이 저렴한 장점이 있지만, 대형사고의 위험성과 안락성 · 쾌적성 등의 결여가 있다.

3) 열차의 장 · 단점

중 · 장거리 여행, 안전성 보장, 열차 내의 자유로운 이동 등이 장점이지만, 장시간의 운행과 한정된 철도노선 이용, 열차 내의 소음 등이 있다.

4) 항공기의 장 · 단점

신속성, 안전성, 경제성, 쾌적성을 갖추고 있다. 또한 비행 전후로 완벽한 서비스가 제공되는 큰 장점이 있다. 하지만 요금이 고가이고, 공항을 오고 가면서 발생하는 시간낭비가 단점으로 꼽히고 있다.

6. 관광교통수단의 선택

관광교통수단의 이용은 교통수단별로 제공되는 서비스 수준에 따라 달라진다. 이용 가능성, 운항빈도, 비용・요금, 안전성, 시간, 안락성 등이 관광교통수단 선택의 결정요인으로 작용하고 있다. 상용 관광객은 속도・시간, 출발・도착시간 등을 중요시하는 경향이 있다. 이와 반대로 관광목적의 관광객은 비용・요금을 중시하는 특징을 가지고 있다.

1) 관광교통수단의 기능적 유용성

관광객은 관광목적지까지 출발 및 도착시간, 안전성, 직항운행, 경유운행 등 교통서비스를 기준으로 사용한 특정한 관광교통 수단에 대해 긍정적인 평가 또는 부정적인 평가를 내린다.

2) 심미적・감정적 유용성

관광객은 과거 여행 시 이용했던 교통수단으로부터 얻은 심미적・감정적 느낌을 강렬히 연상한다. 이러한 가치는 관광교통수단의 내부와 외부장식, 호화성 등을 추구하는 방법으로 표출된다.

3) 지상경비

지상경비는 통일된 요금이 없고 가변적인 요소가 많아서 정확하게 예측할 수 없다. 또한 이익의 폭은 여행업자에 따라 결정되는데 지상경비에는 숙박비, 식사비, 관광비, 안내원 비용, 인솔자 비용 등이 포함된다.

4) 기타 비용

기타 비용은 여행경비 비용과 개인적인 비용으로 나눌 수 있는데, 여행관광업자는 어떤 항목이 여행경비에 포함되어 있는가를 경비의 약관이나 계약서를 통해 여행객들에게 제시하고, 여행객들은 이런 약관이나 계약서를 꼼꼼히 확인하는 것이 중요하다.

제2절 육상관광교통

1. 철도

1) 의의

철도는 육상교통의 가장 대표적인 수송수단으로 이용되고 있다. 세계 각국의 관광사업에 크게 기여하였고, 산업혁명 이후 관광객의 왕래에 중요한 역할을 담당하고 있다. 기차는 육상에 있어서 원거리 여행을 가능하게 하면서 편리하고 교통체증 없이 이동할 수 있는 교통수단이다. 또한 철도의 부설로 관광지 개발이 본격화되었으며, 개발된 관광지의 교통수단으로 이용도를 높여주고 있다.

2) 발전 방향

철도의 전철화와 스피드화, 객실 설비의 개선, 열차편성의 개혁, 서비스 향상, 철도여객의 극식 개선 등의 편리성이 향상되어야 한다. 또한 특정한 시기와 다양한 행사에 따라 특별열차 증편과 특수 목적지를 운행할 수 있으며, 각종 할인제도의 실시로 많은 관광객을 이동시킬 수 있는 교통수단으로 발전되어야 한다. 그리고 관광지 내에 관광목적을 위한 등산철도 · 유람철도 등 관광객 구미에 맞는 새로운 형태의 관광철도를 개발할 필요가 있다.

2. 자동차

1) 자동차 운수사업의 의의

자동차는 여행자에게 있어 관광지 이동의 핵심역할을 수행할 수 있는 교통수단이다. 도로를 이용하여 관광자원이 분포되어 있는 가장 가까운 곳까지 접근할 수 있는 접근성과 여행의 편리성 때문에 많은 여행객들이 이용하고 있다.

2) 자동차 관광여행의 장 · 단점

(1) 장점

① 시간과 장소에 관계없이 언제든지 떠날 수 있다.
② 관광목적지에서 최대한 근접한 장소까지 이동이 가능하다.
③ 일행의 요구사항에 따라 자유롭게 목적지나 이동거리 등의 변경이 자유롭다.
④ 소규모 인원일 경우 여행경비를 절약할 수 있다.

(2) 단점

① 많은 인원의 이동이 불가능하다.
② 운전자의 육체적 · 정신적 피로감이 유발된다.
③ 안전성과 안락성이 타 교통수단보다는 저하된다.

3. 캠핑카

캠핑카는 국토가 넓은 미국이나 육지를 통해서 외국으로 이동할 수 있는 유럽에서는 일찍부터 보급되어 사회 전반에 레저용 차량으로 확산되어 있다. 최근에는 국내에서도 캠핑카나 카라반 그리고 대형 SUV 등의 출시로 대중화되면서 캠핑문화가 전국으로 확산되고 있다. 캠핑카는 여행에 필요한 거의 모든 시설을 갖추고 있기 때문에 가족여행도 불편하지 않을 정도로 편리하다. 캠핑카는 구매할 수도, 렌트할 수 있으며, 가족이 자연 속에서 캠핑과 숙식을 해결할 수 있는 장점이 있는 반면, 구매나 렌트를 할 경우 가격이 비싸다는 단점이 있다.

제3절 항공관광교통

1. 항공관광교통의 개념

1) 정의

타인의 수요에 의해 항공기를 사용하여 유상으로 여객 또는 화물을 운송하는 사업이다. 항공기는 많은 관광객을 짧은 시간에 아주 먼 거리를 안전하게 이동시킬 수 있는 교통수단이다. 항공교통은 국제관광에 있어서 관광객과 관광목적지 사이에 가장 유용한 교통수단이라 할 수 있다.

2) 항공기 운송의 구성요소

① 항공기: 운송수단
② 공항 및 항공터미널: 항공기의 이착륙 장소와 출입국 서비스를 제공
③ 항공노선: 항공기의 운항로이자 운송권 확보

3) 항공운송의 특징

① 서비스성 – 안전성 – 고속성 – 정시성 – 쾌적성과 편리성 – 노선개설의 용이성
② 경제성 – 공공성 – 자본집약성
③ 고속성: 항공기는 교통수단 중에서도 먼 거리를 가장 빠르게 이동할 수 있다.
④ 정시성: 특별한 이변이 없는 경우 항공기는 정해진 스케줄대로 정시에 출발하고 도착하는 교통수단이다.
⑤ 안전성: 항공기는 거리 및 운행 빈도에 비해 타 교통수단보다는 사고율이 적어서 안전하다. 최근에는 첨단 항공기 설계 및 항법장치 등으로 더욱 안전하다.

2. 항공운송의 분류

① 정기항공 운송사업: 한 지점과 다른 지점 사이에 노선을 정하고 정기적으로 항공기를 운항

② 부정기 항공운송사업: 부정기적으로 유상 운항하는 항공운송사업

- 출발 예정시간: ETD(Estimated Time of Departure)
- 실제 출발시간: ATD(Actual Time of Departure)
- 도착 예정시간: ETA(Estimated Time of Arrival)
- 실제 도착시간: ATA(Actual Time of Arrival)

3. 항공운송서비스

1) 항공운송서비스의 성격

① 무형성

② 재고 불가능성

③ 변동성

④ 소유권 비이전성

⑤ 서비스 품질의 측정 곤란성

2) 항공운송서비스의 특징

① 항공운송서비스 상품은 항공기라는 자본집약적인 하드웨어를 활용하여 여객을 안전하게 운송하는 것을 최선으로 한다.

② 좌석예약, 항공권 발권, 탑승수속 등과 같은 지상 서비스와 기내 식음료, 면세상품 판매, 비디오영상 서비스, 승무원 서비스 등과 같은 기내 서비스가 조합되어 생산되는 최고의 서비스를 요구하는 서비스 산업이다.

관광 상식

3차원 공간의 교통혁명: 미래 모빌리티(UAM: Urban Air Mobility)

'도심항공 모빌리티'는 많은 사람들이 UAM으로 한 번쯤 들어 보았다. 우주라는 멀고 어려운 개념보다 자동차, 항공기라는 친숙한 개념으로 사람들에게 다가왔다.

더욱이 국내에서는 한화시스템과 현대자동차를 중심으로 뛰어든 사업이다. 이제는 항공우주산업 시대이다. 약간의 시간이 걸릴 뿐 우주산업시대, UAM 시대는 무조건 온다는 것이다. 따라서 우리는 미래 항공우주의 흐름과 이를 이끌어갈 선도기업들을 알아 둘 필요가 있다. 지금부터 K-UAM 기술로드 맵 분석을 통해 도심항공 모빌리티(UAM)에 대한 흐름에 대해 알아보자.

영화 '제5원소'에 등장하는 플라잉카

2022년 11월 유엔 공식발표 기준으로 세계 인구는 80억 명을 돌파하였고, 15년 후엔 인구 90억 명에 도달할 것으로 전망하였다. 인구가 증가하는 데는 의료, 보건 인프라의 개선으로 기대수명이 증가하였다. 이로 인해 대도시의 인구밀집현상이 심화되면서 지상 교통수단의 한계를 맞이하고 있다.

뉴욕·런던 등 세계 주요 도시들은 인구 1,000만 명 이상의 거대도시를 지칭하는 메가시티로 불리며, 인프라 집적→도심화 유발→인프라 부족→인프라 추가→도심화 유발 등의 악순환체계를 정착시킴으로써 도심 내 주거·환경·교통 등 다양한 도시문제를 야기하고 있다.

한국의 도시거주 인구 비중도 2019년 91%로 이미 포화수준이고, 2020년 서울 인구는 991만 명으로 전 세계 인구가 많은 도시 중 34위권을 차지하였다.

특히 교통수단 포화로 인한 인프라 부족 및 교통 혼잡은 사회적 비용 증가뿐만 아니라 환경·주거 등의 문제도 동반하고 있어 각국은 도심 교통수단을 통한 문제해결에 힘쓰고 있다.

그 결과 도심 교통 및 환경문제를 획기적으로 개선할 수 있는 항공모빌리티 플랫폼인 도심항공 모빌리티(UAM)가 새로운 대안으로 등장하였다. 주요 선진국들은 차세대 교통수단 구현을 위해 신시장, 기술 선점 및 대응 차원에서 구체적이고 체계적인 실행전략을 수립하고 있다. 즉, 영화에서 보던 하늘을 나는 자동차가 이제 현실로 다가오고 있다.

도심항공 모빌리티(UAM) 정의

NASA가 최초로 명명한 UAM은 도심 내 3차원 공중교통체계를 활용한 항공운송 생태계를 의미한다. 도심 상공에서 사람이나 화물을 운송하는 항공교통수단으로, 기체 개발부터 인프라 구축, 플랫폼, 서비스, 유지보수 등 관련 사업을 모두 포괄하는 개념을 의미하며, 포괄적으로 새로운 이동형 교통수단 개념으로 사용된다.

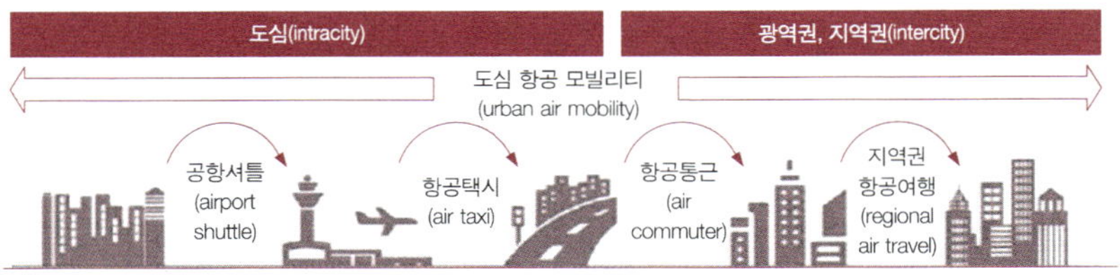

UAM 운송 서비스의 활용범위

UAM의 활용범위가 도심 내 이동으로 구체화됨에 따라 '하늘을 나는 자동차(flying car)'에서 '전기동력 수직 이착륙기(eVTOL)'로 발전 중이다.

- 초기 플라잉 카는 도로주행과 공중비행 모두 가능하지만 도심 내 이동에 초점이 맞추어지면서 내연기관으로 인한 공해·소음 문제, 활주로 등의 공간적 제약 등으로 한계 발생
- 국내외 기체 현황은 지상교통수단을 포함한 이중 모드보다는 항공교통수단만 가능한 단일 모드 형태 개발
- 소음 및 환경 문제로 인해 배터리와 모터를 적용한 전기추진을 사용하며, 공간제약을 극복하기 위해 수직 이착륙이 가능한 형태로 개발초점을 맞추어 전기동력 수직이착륙 항공기 eVTOL 개발 초점

구분	내용
Flying Car	• 미국 트랙지션(2009), 네덜란드 리버티(2012), 슬로바키아 에어로모바일(2014) 등 초기 플라잉카 모델이 상용화 준비 중 • 도로주행과 공중비행 모두 가능하나, 내연기관 엔진으로 인한 공해 및 소음 유발 및 활주로 등 공간제약 기인 한계
개인용 비행체 (PAV)	• 플라잉카 한계점을 극복하기 위해 드론과 항공기의 결합이 대안으로 부각 • 배터리와 모터를 추진동력으로 하여 친환경적이며 소음이 적은 장점 뿐 아니라, 건물 옥상 등을 활용한 수직 이착륙을 통해 공간 제약 극복 가능 → UAM 생태계 적합 • 플라잉카 대비 공중비행에 초점이 맞춰져, 개인용 비행체(Personal Aerial Vehide)로 표현 중 • 이착륙 방식에 따라 STOL(Short Take-Off And Landing)과 VTOL(VerticalTOL)로 구분, STOL은 일정 면적의 활주로 필요
전기통력 수직이착륙기 (eVTOL)	• PAV의 다양한 행태 중 공중비행만 가능한 VTOL 형태에, 배터리와 모터를 통해 전기로 추진하는 eVTOL 형태로 연구개발이 집중되고 있음. • 전 세계 114개 업체의 133개 eVTOL 모델 중 특히 순수 배터리를 활용한 모델 개발이 다수를 차지하며(94개), 하이브리드(34개), 수소전기(5개)가 뒤를 잇고 있음.

도심항공 모빌리티 발전과정

자료: 항공이슈, 2023. 1. 17.

제4절 해상관광교통

1. 해상여객운송

「해운법」 제2조 제2호에 따르면 해상여객운송사업이란 "해상이나 해상과 접해있는 내륙 수로에서 여객선 또는 수면비행선박으로 사람 또는 물건을 운송하거나 이에 따르는 업무를 처리하는 사업"으로 「항만운송사업법」에 따른 항만운송관련사업이다.

해상교통의 특징은 여객선의 경우 요금이 저렴하고 대량수송이 가능하다. 이동시간이 길어 지루하고 기후변화에 민감하여 지연이나 취항이 불가능할 경우가 발생하기도 한다. 호화유람선인 경우에는 선내에 다양한 편의시설과 엔터테인먼트를 즐길 수 있어서 여행을 하는데 있어서 지루하지 않고 안락하면서 낭만적인 추억을 쌓을 수 있다. 하지만 출발지점까지 접근이 용이하지 않고, 여행시간의 여유가 필요하며, 비용이 비싼 것은 단점이 될 수 있다.

2. 해상여객사업의 종류(해운법 제3조)

① 내항 정기 여객운송사업: 국내항과 국내항 사이를 일정한 항로로 운항

② 내항 부정기 여객운송사업: 국내항과 국내항 사이를 일정표에 따르지 않고 운항

③ 외항 정기 여객운송사업: 국내항과 외국항 사이 또는 외국항과 외국항 사이를 일정한 항로와 일정표에 따라 운항

④ 외항 부정기 운송사업: 국내항과 외국항 사이 또는 외국항과 외국항 사이를 일정한 항로와 일정표에 따르지 아니하고 운항하는 해상여객 운송사업

⑤ 순항 여객운송사업: 해당 선박 안에 숙박시설, 식음료시설, 위락시설 등 편의시설을 갖춘 대통령령으로 정하는 규모 이상의 여객선을 이용하여 관광을 목적으로 해상을 순회하여 운항(국내외의 관광지에 기항하는 경우를 포함)하는 여객운송사업

3. 크루즈

1) 크루즈의 개념

크루즈는 떠다니는 리조트이며, 숙박·음식·위락시설 등 관광객이 휴식을 취할 수 있도록 시설을 갖추고, 수준 높은 서비스를 제공하여 수려한 관광지를 안전하게 순항하는 선박 여행이다. 크루즈 여행은 장거리 여행이 가능한 여가시설을 갖춘 선박을 이용한 여행으로 선박에 숙박시설, 식음료, 오락, 공연시설, 스포츠시설 등을 갖춘 서비스산업이다.

크루즈는 페리선 영업을 하지 않는 배를 이용하는 여행으로 크루즈 여행은 관광자원이 많은 기항지를 방문하고, 그 주변을 관광하거나 또는 크루즈 선박 그 자체가 관광목적으로서 관광의 특성과 목적지까지 이동하는 교통수단의 특성 그리고 숙박시설까지 포함하는 종합 관광형태를 가지고 있다.

크루즈선은 그 자체가 관광의 목적지가 되며, 다양한 선내 프로그램에 참여하고 선박에 함께 승선한 크루즈 승객들 간의 사교 등 선박생활 그 자체도 관광으로서의 의의를 가지게 된다. 육상 리조트와 유사한 시설과 서비스 활동을 승객들에게 제공함으로써 육상리조트와 경쟁관계에 있다.

① 크루즈선: 선내에 객실, 식당, 스포츠와 레크리에이션 시설 등 관광객의 편의를 위한 각종 서비스 시설과 부대시설을 갖추고, 순수한 관광활동을 목적으로 관광자원이 수려한 지역을 순회하며 안전하게 운항하는 선박이다.

② 크루즈 여행: 유람선을 이용한 독특한 관광여행으로, 정기노선의 여객선이 아닌 여행업자 또는 선박업자가 포괄요금으로 여행객을 모집·운영하며, 다수의 매력적인 항구를 여행하는 형태이다.

2) 크루즈 유람선의 특징

① 크루즈 여행은 운항목적이 지역 간의 화물이나 여객수송이 아니라 순수 관광이 목적이다.

② 선박의 운항은 정기적인 경우보다 대부분 부정기적인 운항인 경우가 많다.

③ 관광자원이 수려한 항구 및 관광지만을 운항한다.
④ 서비스는 최고 수준이며, 선실과 식당 및 각종 편의시설은 특급호텔 수준급이다.
⑤ 운항 및 승선기간은 단기적인 경우도 있으나, 대부분 수일에서 수개월에 이르는 장기적인 경우가 많다.

3) 크루즈 관광의 장점

① 도시를 이동하는데 번거로움이 없고, 전 일정 동안 한곳에서 머물며 매일 새롭고 다양한 국가 및 도시를 다니면서 편안하게 여행을 즐길 수 있다.
② 크루즈 선상 내부에 있는 다양한 부대시설을 이용하고, 선상 프로그램을 통해 이동하는 시간에도 다양한 놀거리를 즐길 수 있다.
③ 일식, 중식, 프랑스식, 이탈리아식 등 요리사가 제공하는 음식과 질 좋은 서비스를 경험할 수 있다.
④ 특급호텔 수준의 객실과 다양한 이벤트, 쇼 관람, 부대시설 등 최고급 서비스가 모두 포함되어 있음에도 불구하고 가격이 매우 합리적이다.

4) 크루즈 관광의 분류

크루즈선은 선박의 여러 종류 중 여객선의 한 유형으로서 여객선은 정기여객선(혹은 페리), 유람선, 크루즈로 분류된다. 크루즈는 일반적으로 선박 규모, 항해지역, 크루즈 성격별, 항해목적, 선박의 시장을 기준으로 분류한다.

(1) 등급별 분류

프리미엄급(대중) **크루즈** 프리미엄급 크루즈는 가장 대중적이고 인기 있는 크루즈 마켓이다. 대부분 리조트 스타일의 크루즈로서 다양한 선상활동(각종 프로그램)을 강조한다. 선박들은 화려한 쇼를 위한 무대와 스파시설, 어린이를 위한 프로그램과 객실 내 TV / VTR 시스템, 더블 / 퀸 베드를 갖추고 있으며, 초대형 선박들이 주를 이루고, 2,000명 이상의 승객도 탑승할 수 있다. 주로 3~10박 이내의 일정으로 운항을 하며, 일정 기간 동안 같은 스케줄로 운영되는 정기 노선이 많다.

호화 크루즈 호화 크루즈는 최고급의 객실과 부대시설 서비스가 제공되고, 일반 크루즈에서 운항하지 않는 독특한 일정 및 목적지가 강조된다. 대중 크루즈 선사보다 격식을 중시한다. 일반 소수의 승객만 탑승하며, 객실은 오션뷰와 스위트룸이 높은 비중을 차지하고(일부 선박의 경우 오션뷰와 스위트룸만으로 이루어져 있다), 객실은 응접실이 따로 갖추어져 있을 만큼 넓다.

일정(노선) 중심으로 항해가 이루어지기 때문에 7박 이상의 긴 일정이 많으며, 대부분 부정기 노선으로 운항된다. 처음 크루즈를 접하는 승객들이 많으며, 놀이 중심의 크루저(cruiser)보다는 경험을 중시하는 크루저가 많은 편이다. 어린이를 동반하는 가족 여행객들에게는 적당하지 않을 수 있다.

특별 / 전문 크루즈 크루즈 목적지와 지역이 중심이 되며, 어드벤처 스타일의 크루즈가 많다. 일반적으로 대중 크루즈가 운항하지 않는 독특하고 특별한 지역까지 운항된다.

(2) 규모에 따른 분류

크루즈 선박은 선박 규모에 따라 소형(총톤수 2만 5천 G/T 이하, 승객수 500명 이하), 중형(총톤수 2만 5천~7만 G/T, 승객수 500~1,700명 이하), 초대형(총톤수 10만 G/T 이상, 승객수 2,500명 이상)으로 분류되며, 주로 선박의 총톤수 및 탑승승객 수에 따라 구분된다.

(3) 항해지역에 따른 분류

일반적으로 크루즈는 국제적으로 해양 크루즈를 의미하는 것으로 통용되나, 크루즈의 항해지역에 따라서는 해양 크루즈(ocean cruises), 연안 크루즈(coastal cruises), 하천 크루즈(river cruises)로 구분된다.

〈표 12-1〉 **항해지역에 따른 크루즈의 유형**

해양 크루즈	대양으로 항해하거나 국가 간을 이동하는 개념의 크루즈
연안 크루즈	한 지역의 해안을 따라 항해하는 크루즈
하천 크루즈	미국 미시시피강이나 유럽과 러시아의 크고 긴 강을 따라 숙박을 제공하며 항해하는 크루즈

(4) 목적에 따른 분류

목적에 따른 크루즈의 분류는 관광 크루즈, 세미나 크루즈, 테마 크루즈로 구분된다.

관광 크루즈 위락과 휴식 등의 일반적인 관광목적의 크루즈로, 주로 크루즈 선사에서 직접운영 된다.

세미나 크루즈 기업이나 사회·문화·경제·정치단체 등이 교육이나 훈련 및 연수를 목적으로 행하는 크루즈이다. 크루즈 선사는 선박을 임대해주고 숙박·식사·선상 프로그램 등을 운영한다.

테마 크루즈 오페라 크루즈, 관측 크루즈, 상품발표회 크루즈 등 특별한 주제로 운영되고 있으며, 주로 유럽과 일본 등에서 시행되고 있다.

(5) 선박시장에 의한 유형

Cruise Industry News에 따르면 선박시장은 일반 대중시장, 고급시장, 호화시장, 호화 범선시장, 염가시장, 탐험·모험시장, 틈새시장으로 분류한다.

일반 대중시장 크루즈 여행이 가장 많이 선호하는 크루즈 상품이며, 평균 체재일 수가 7일 이하로서 하루 평균비용은 US$300 이하로 책정된다. 최근에 건조된 중형 및 대형 선박, 크루즈를 처음으로 경험하는 관광객을 대상으로 마케팅을 펼치고 있다.

예: Carnival Cruises Lines, Costa Cruises / Costa Crociere, Royal Caribbean Cruises, Norwegian Cruises Line 등이 포함된다.

고급시장 크루즈 경험이 있거나 경제력이 있는 고객이 주요한 타겟 마켓이 된다. 평균 체재일수가 7~14일이며, 하루 평균 비용은 US$200~400 정도이다. 크루즈 상품의 서비스와 음식의 질이 높으며, 크루즈 규모는 중형 및 대형 신규건조 선박으로 운행된다.

예: Princess Cruises, Holland America Line 등이 포함된다.

호화시장 최상의 음식과 서비스를 제공하며, 객실 공간이 넓은 편이다. 크루즈 운항지역은 전 세계를 대상으로 운행된다. 평균 체재일수는 주로 7일이며, 하루 평균비용은 US$ 300~600 정도이다. 크루즈 규모는 중형 및 소형 선박이 대부분 차지하고 있다.

예: Radisson Seven Seas Cruises, Crystal Cruises, Silversea Cruises, Seaborun Cruises Line 등이 포함된다.

호화 범선시장 Star Clipper, Windstar Cruises 등이 포함된다.

염가시장 오래 된 선박 또는 소형 선박을 사용한다. 선내 인테리어나 오락·쇼 프로그램이 적지만 서비스나 음식의 질은 좋은 편에 속한다. 하루 평균 비용은 US$100~150 정도로 저렴한 편에 속한다.

예: Regal Cruise Line, Windjammer Barefoot Cruises 등이 포함된다.

탐험·모험시장 남극 및 북극을 운항하며 연성적 모험관광을 제공하고, 학습경험에 주안을 두고 있다. 주로 10일 이상 체재한다.

틈새시장 특별한 경험을 제공하는 크루즈(하천, 해안, 대서양 횡단, 세계일주 등)로, 대부분 대형 선박이 운행된다.

〈표 12-2〉 **크루즈의 분류**

항해 지역별	선박 크기별	크루즈 특성별	크루즈 목적별
해양 크루즈	소형 선박 크루즈	전통형 크루즈	관광 크루즈
연안 크루즈	중형 선박 크루즈	리조트형 크루즈	세미나 크루즈
하천 크루즈	대형 선박 크루즈	고급형 크루즈	테마 크루즈
	초대형 선박 크루즈	호화형 크루즈	
		특선형 크루즈	

〈표 12-3〉 **크루즈 객실의 유형**

내측 (inside)	• 창문이 없고 가장 저렴한 객실 • 선실에 머무는 시간이 적은 승객에게 적합
오션뷰 (outside)	• 창문이 열리지 않지만, 바다가 보임 • 내측 객실을 답답해하는 승객에게 적합
발코니 (balcony)	• 발코니 문을 열고 나갈 수 있는 객실 • 선실에 머무는 시간이 많은 승객에게 적합
스위트 (suite)	• 일반 발코니보다 넓은 면적의 객실 • 요금이 가장 비싸고 품격 높은 서비스가 제공됨.

5) 크루즈 산업 트렌드

① Instagrammable Cruise Travel: 선상과 기항지에서의 다양한 경험을 인스타그램에 업데이트할 수 있도록 시설 구축

② Total Restoration: 선상에서 스파, 웰니스 투어 프로그램 이용

③ Achievement Over Experiences: 요리, 워크샵 등 선상 프로그램 다양화

④ On-board Smart Tech: 열쇠고리, 목걸이, 팔찌, 앱 등 크루즈 여행객들을 위한 스마트 기술 도입

⑤ Conscious Travel: 기항지의 다양한 문화를 목적지로 인식하고 환경을 존중하는 등 여행자들의 의식변화

⑥ Gen Z at Sea: MZ세대가 만족할만한 바다관련 축제 활성화

⑦ Offpeak Adventures: 비수기 시즌에 크루즈 수요 증가(북극광, 펭귄 식민지 방문)

⑧ Working Nomads: 크루즈에서 휴가를 즐기면서 일할 수 있도록 환경 조성

⑨ Female-centered: 급증하는 여성 여행자들을 위한 여성 중심 프로그램 구성

⑩ Going Solo: 홀로 여행에 대한 검색 증가, 크루즈 여행할 때도 솔로들이 여행할 수 있는 프로그램 필요

크루즈 관광시장의 가장 변화한 특징은 크루즈 승객의 65%는 출항 전 인근지역에서 여행을 한 고객들이며, 한번 경험한 고객들의 재방문률이 높은 것으로 나타났다. 코로나19 이후 크루즈 관광 트렌드는 큰 변동사항이 없으며, 노년층이 주로 선호했지만 중장년층으로의 확대가 가속화될 것으로 전망된다. 1인 가구의 증가현상에 맞추어 나 홀로 여행을 고려한 상품, 단기여행을 선호하는 사람들이 많아 3~5일(bite-size) 크루즈 노선이 증가할 것으로 보인다.

6) 크루즈 관련 용어

(1) 크루즈항 관련 용어

일반적으로 크루즈선이 정박하는 항구를 크게 모항, 기항항, 준모항 및 복합항으로 나누고 있다. 또한 각 항의 형태에 따라 기능 및 역할은 다음과 같다.

모항(Home Port) 크루즈 관광일정의 최초 출발지 혹은 최종 하선지가 되는 항으로서 크루즈 승객의 승선 혹은 하선이 이루어지는 항구를 의미한다. 크루즈 선사들은 모항을 선택하는 데 있어서 공항, 숙박시설, 물품공급 및 관광 요소들이 용이한 접근성을 가진 크루즈항을 우선적으로 선호한다. 동시에 거대한 크루즈선에 필요한 공급을 충족시킬 수 있는 배후시설이 존재하거나 또는 전략적으로 잠재력인 성장 가능성을 지닌 곳을 모항으로 선호하고 있다.

기항항(Visiting Port) 크루즈선이 항해 중 방문하는 항을 의미하며, 전 세계의 많은 항만들이 기항지의 역할을 하고 있다.

준모항(Semi-home Port) 기항항이 모항이 되는 경우로 최초 크루즈 일정상 기항지로 설계되었으나, 해당 항만 지역의 크루즈 수용에 부응하기 위해 크루즈 관광객의 승하선이 가능하도록 한 항만을 지칭하는 의미로 사용되고 있다. 예를 들면, 미국에서 출발하는 크루즈선인데 모항에서 정원을 채우지 않고 출발하여 잠시 정박하는 기항지에서 새로운 크루즈 승객을 탑승시켜 정원을 채워 운항하는 방식이다.

복합항(Hybrid Port) 모항과 기항지의 역할을 동시에 하는 항만이다. 즉, 일부 크루즈선에 있어서는 모항의 역할을 하면서 다른 크루즈 선박에게는 기항지로의 역할을 하는 항만을 의미한다. 한국의 경우에는 2006년 코스타 크루즈사가 한・중・일 노선을 본격적으로 운항한 이래, 2008년부터 부산항은 로얄 캐리비안 크루즈사의 준모항으로 이용되고 있다.

인천항은 2011년 코스타 크루즈사의 코스타 빅토리아호의 준모항으로 선정되어 부산과 인천에서 모든 크루즈 관광객들의 승하선이 가능해졌다.

(2) 크루즈 터미널 관련 용어

터미널 기본시설에는 CIQ(Customs, Immigration, Quarantine)시설, 선사데스크, 승객대기실, 주차시설, 수하물 컨베이어벨트, 엘리베이터(에스컬레이터), 입항 후 수하물 수취 공간, 갱웨이(터미널-선박 간 링크브릿지) 등이 있다.

승객편의시설에는 스낵바 또는 식음료 판매시설, 흡연 라운지, VIP 라운지, 우체국 및 기념품점, 면세점, 관광안내소, 환전소 등이 있다. 기타 시설에는 항만시설, 행정시설, 유관시설 등이 있다.

〈표 12-4〉 **크루즈 터미널 관련 용어**

관련용어	내용
터미널 기본 시설	• CIQ시설, 선사 테스크 • 승객대기실, 주차시설, 입항 후 수하물 수취 공간 • 수하물 컨베이어 벨트, 무료 수하물 트롤라 엘리베이터 • 대기 라운지 • 갱웨이(터미널 – 선박 간 링크 브릿지)
승객편의시설	• 스낵바 또는 식음료 판매시설, 흡연 라운지, VIP 라운지, 안내전광판 시스템 • 유로라커, 우체국, 약국, 전화(국내 및 국제), 은행 또는 환전소 • 기념품점, 면세점, 관광안내소
기타 시설	• 항만시설(접안시설, 에어프런, 지게차, 마리나) • 행정시설(CIQ관련 사무소, 항만청사무소, 경찰사무소) • 유관시설(호텔, 환영 및 환송용 야외 데크, 대형 택시 스탠드, 여행사 데스크, 선박대리점 사무실, 컨퍼런스 시설, 극장 및 위락시설, 쇼핑센터)

(3) 객실관련 용어

① Cabin, Stateroom: 객실, 호텔 룸과 같은 용어로 쓰이고 있다.

② Category: 객실 등급을 말한다. 객실은 보통 Suite(스위트), Balcony(발코니), Ocean View(오션뷰), Interior(내측 선실)로 나뉘는데, 카테고리마다 위치, 크기, 손님 편의를 위해 제공되는 서비스에 따라 다시 등급으로 나뉜다.

③ Single supplement: 두 사람이 자는 방을 혼자 사용하는 것으로, 추가요금이 부과된다.

④ Double: 2인용 객실

⑤ Triple: 3인용 객실

⑥ Quad: 4인용 객실

⑦ Family Friendly Accommodations: 가족이 머물 수 있는 객실(성인 2인, 어린이 3인)

⑧ Suite: 스위트라고 해서 일률적으로 모두 같은 것은 아니며, 스위트는 스위트와 미니 스위트로 나뉘고 위치와 객실 크기에 따라 가격이 다르다. 일반 객실보다 크기가 넓고 손님의 편의를 위해 격조 높은 서비스를 제공하고 있다.

⑨ Balcony: 객실에 전망을 볼 수 있는 유리 미닫이문(sliding door)이 있고, 유리 미닫이문을 열고 나가면 개인 발코니가 있는 객실을 말한다.

⑩ Ocean View: 창문으로 전망을 볼 수 있는 객실이며, 창문은 열 수 없다.

⑪ Interior: 창문이 없는 객실로, 객실의 위치와 크기에 따라 가격이 천차만별이다.

⑫ Porthole: 선창(船窓) 배의 창문
⑬ Upgrade: 낮은 등급에서 높은 등급으로 이동하는 것을 말한다.

(4) 식당관련 용어

① Dinner Seating: 예약이 필수이며, 만찬을 위해 줄을 서면 웨이터가 자리를 정해주는 고급 레스토랑이다.
② Open Seating: 예약 없이 자유로이 자리를 선택해서 앉는 식당이다.
③ Alternative Dining: 캐주얼한 옷차림으로 드나들 수 있는 식당으로, 주로 뷔페식으로 서비스 된다.
④ Galley: 주방
⑤ Room Service: 룸서비스로서, 고객이 주문한 음식을 객실로 식사를 가져다주는 서비스이다.
⑥ Executive Chef: 총주방장
⑦ Maitre d'Hotel: '메트르 도텔' 웨이터이다.
⑧ Head Waiter: 레스토랑 내에서 서비스를 효율성 있게 계획하고 전체를 총괄하는 책임자
⑨ Waiter or Waitress: 손님에게 서비스를 제공하는 종업원
⑩ Assistant Waiter: 웨이터 보조원
⑪ Dress Code: 복장규정, 매일 배달해주는 선상 신문에 당일 드레스 코드가 적혀 있다.
ⓐ 드레스 코드는 라이트 캐주얼(light casual), 스마트 캐주얼(smart casual), 포멀(formal)로 나뉘는데, 캐주얼은 그다지 신경 쓰지 않아도 된다(물론 청바지나 반바지, 슬리퍼 착용은 허용되지 않음). 하지만 Formal(정장)은 선장 주최 만찬 등 정장을 입는 날은 특별히 소식지에 정장을 갖춰 입어 모두 즐거운 저녁이 되기를 바란다는 부탁이 적혀 있다.
ⓑ 그날의 드레스 코드가 Formal일 경우 여자는 이브닝 가운(evening gown)이나 칵테일 드레스(cocktail dress) 혹은 우아한 코트와 팬츠를 입어야 한다. 각 나라의 전통의상으로 우리나라는 한복까지 포함한다. 남자는 턱시도나 다크 계열의 신사복 혹은 만찬 정장을 입어야 하며, 반드시 긴바지를 입어야 한다.
ⓒ 스마트 캐주얼은 정장과 캐주얼의 중간 단계로 세미정장 스타일이다. 남자는 넥타

이 없이 셔츠에 재킷을 걸치고, 여자는 블라우스나 셔츠에 치마나 바지를 차려입으면 알맞다.

(5) 크루즈 선상 용어

① Forward: 선수(船首) 뱃머리

② Midship: 선체 중앙

③ Afterward(Aft) 선미(船尾): 배의 후미

④ Beam: 배의 폭으로 가장 넓은 수치를 말하는데, 일반적으로 배 가운데가 가장 넓다.

⑤ Length: 배의 길이

⑥ Bridge: 선장과 선원이 배 운항을 지휘하는 장소

⑦ Draft: 배가 수중 지면에 닿지 않기 위해 물 깊이를 재는 것.

⑧ Gangway: 배가 선착장에 닿았을 때 승객이 타고 내리는 입·출구

⑨ Tender: 항구에 선착장 시설이 없을 경우 배를 바다에 정박해놓고 작은 구명정으로 승객을 육지로 실어 나른다. 작은 구명정을 텐더(tender boat)라고 부른다.

⑩ Knot: 배의 속력, 1노트는 1초에 2m를 가는 속력을 의미

⑪ Promenade Deck: 크루즈를 한 바퀴 돌아볼 수 있는 데크로, 걷거나 조깅하는 데크를 말함.

(6) 기항에서 쓰이는 용어

① Port of Call: 기항지

② Shore Excursion: 크루즈에서 기항 후에 관광할 사람들을 안내해 주는 것.

③ Embarkation: 승선

④ Disembarkation: 하선

⑤ Starboard: 우현

⑥ Portside: 좌현

7) 크루즈 승무원

크루즈는 망망대해를 가로지르며 바다 위를 항해하는 럭셔리 메가시티이며, 관광의 새로운 트렌드로 자리 잡고 있다. 관광·휴양 등 다양한 용도로 이용하는 관광객이 많다. 크루

즈선에는 다양한 분야에 종사하는 종사원이 탑승하고 있다.

(1) 크루즈 오퍼레이션

다음은 크루즈선에 탑승하고 있는 승무원의 역할에 대해 설명하고 있다.

Marine 부서 크루즈 오퍼레이션은 크루즈선이 안전하게 항해할 수 있도록 승객들에게는 직접적으로 보이지 않는 곳에서 기계조작이나 운영 등을 담당하는 부서이다. 크루즈 운행의 중심 역할을 하는 크루즈 내 마린 부서의 승무원이다. 크루즈선의 항해·안전·기계 관련 운영을 담당하고 있으며, 승무원의 비율은 30~35% 정도를 차지하고 있다.

마린 오퍼레이션에서 근무하기 위해서는 해양대학에서 항해·기관 등의 학업을 수료해야만 해당 분야로의 취업이 가능하다.

Hotel 부서 호텔 부서는 선상에서 활동하는 호텔리어라고 볼 수 있다. 호텔을 베이스로 한 크루즈에서 손님들에게 직·간접적으로 제공되는 모든 서비스를 운영하는 부서이다. 손님들과 직접적으로 마주하고 소통하는 직무이기 때문에 서비스 마인드를 지니는 것이 매우 중요하다. 승무원의 비율은 70% 정도 차지하고 있다.

대형 크루즈선에는 무수한 위락시설이 있기 때문에 크루즈 승무원의 포지션은 이 외에도 매우 세분화되어 있다.

(2) 크루즈 승무원 필수요건

전 세계 크루즈 승객들을 응대하고 서비스를 제공하는 직업이기 때문에 영어는 필수 항목이며, 제2외국어는 큰 장점으로 작용하게 된다. 하지만 공인어학 점수는 필요하지 않으며, 일상 회화능력과 직무와 관련된 전문용어 활용능력을 갖추면 된다. 이 외에도 크루즈 승무원으로 취업하기 위해서는 관련 분야에서의 유사경험을 최소 6개월 이상 쌓는 것이 유리하다. 또한 관련 역량을 강화할 수 있는 국비지원 크루즈 승무원 교육을 받는 것도 좋은 방법이다.

(3) 크루즈 승무원의 이점

크루즈 승무원으로 일하게 되면 다음과 같은 많은 이점들이 있다.

① 돈도 벌고 여행도 하는 일석이조의 이점이 있다.

② 국경을 뛰어넘는 프렌드십을 형성할 수 있다.
③ 계약 후 긴 휴가기간 얻을 수 있고, 자유롭게 사용할 수 있다.
④ 숙식비용 부담이 전혀 없다.
⑤ 진급 및 인사이동의 기회가 많은 편이다.

하지만 오랜 승선을 하는 만큼 강한 체력은 필수이다. 변화하는 환경에 잘 적응하고 다양한 국적의 사람들과 어려움 없이 소통할 수 있는 성격을 가지고 있는 사람이라면 크루즈 승무원으로 근무할 수 있는 사람이라고 할 수 있다.

(4) 크루즈 산업과 승무원의 비전

① 일반 관광산업보다 두 배 이상 빠른 속도로 발전할 수 있다.
② 아시아 시장 규모의 거대화로 지역 출신의 크루즈 승무원의 수요가 증가한다.
③ 크루즈 승무원 경력을 살려 다양한 글로벌 업계로 진출이 가능하다.
④ 해외의 대형 크루즈 선사에서의 업무경력을 갖춘 전문인력의 수요가 증가하고 있다.
⑤ 크루즈 승무원에 대한 정부의 관심이 증대되고 있다.

13

관광정책

www.daewangsa.net

13장

관광정책

제1절 관광정책의 이해

1. 관광정책의 개념과 분류

1) 관광정책의 개념

관광의 고전적인 개념은 이동 · 체재 · 정주지 귀환 등을 강조해 왔으며, 그 이후에는 이동의 개념과 더불어 광범위한 문화적 활동 내지는 관광의 시스템적인 특성을 강조하는 정의가 대두되고 있다. 관광은 기계문명 속에서 사람들이 인간답게 살고 건전한 정서함양으로 건강한 사회를 유지하는 데 결정적인 역할을 한다. 따라서 관광을 통제하고 육성하며, 발전 방향을 잡아주기 위해서는 공공정책의 수립이 필요하다.

관광정책은 관광의 부정적인 영향은 극소화하고 그 혜택은 극대화하는 역할을 해야 한다. 21세기 관광경쟁력은 관광자원의 우수성과 관광시장의 효율성, 그리고 이를 통합화하는 것이 효과를 극대화시킬 수 있는 정책추진이 중요한 역할을 한다.

세계관광기구(UNWTO)에 따르면 세계관광시장은 지속적으로 성장하여 2030년에는 국제관광객이 18억 명에 달할 것으로 전망하고 있다. 따라서 관광산업에도 많은 변화가 예상되고 있는데, 신흥시장의 등장과 시장점유율 변화로 시장판도에 변화가 생기게 될 전망이다. 소비자들의 여행수요와 패턴, 관광상품의 내용과 품질, 유통구조에도 큰 변화가 예상된다.

스페인의 알리라가(Arrillaga)는 관광정책의 목표를 국가의 여러 가지 이익추구에 초점을 두고 있으며, 관광정책을 "관광을 통해 국가의 이익을 촉진하거나 보호하기 위해 행해지는 여러 활동"으로 정의하고 있다. 관광정책은 한 나라의 관광행정활동을 종합적으로 조정하고 추진하기 위한 기본 방향을 명시하는 여러 가지 방책이며, 관광을 촉진하기 위해 조직체가 취하는 여러 가지 방안이라 할 수 있다.

관광정책은 관광문제에 대한 정부의 공적 개입이라 할 수 있으며, 관광과 정책의 복합어로 관광 개념과 정책 개념에 대한 정의를 종합함으로써 개념적 정의를 내릴 수 있으며, 관광의 목적과 목표를 달성하기 위해 고안된 지침이나 결정이라 할 수 있다.

관광정책은 거시적 측면과 미시적 측면으로 구분할 수 있다. 거시적 측면에서의 관광정책은 국가의 다양한 시책들을 청사진으로 작성하여 총체적으로 파악하는 것이며, 미시적 측면에서는 관광을 통하여 국가의 경제적 이익을 위해 관광산업의 발전을 도모하려는 것이다.

한 국가의 관광정책은 관광발전을 촉진하기 위해서 추진되는 많은 계획들을 종합·조정·압축해놓은 최상위 계획으로서, 국가의 관광이익을 증대하고 보호하기 위해 취해지는 국가적인 활동이다.

관광정책은 국내외 시장현황 및 전망, 관광환경 및 관광객들의 니즈 변화 예측, 경쟁국 동향, 자국의 역량, 국력에 비춰 본 관광 부문에 대한 기대치 등에 대한 조사·분석 결과를 토대로 도출된 장기적인 비전, 목표, 방향 전략 등을 담아내며, 통상 법률이나 공식문서 또는 선언문 같은 형태로 존재한다.

관광정책의 내용을 종합해보면, 국가와 지자체가 추구하는 관광산업의 목표를 이루기 위해 기본방향을 설정하며, 현재와 미래관광을 계획하고 실천하려는 청사진이다. 관광은 국민이 가장 선호하는 여가활동이며, 관광산업은 경제활력 제고와 일자리 창출효과가 높은 저성장 시대의 성장동력이라 할 수 있다. 관광시장은 양적으로 크게 성장하고 있으나, 관광시장

〈표 13-1〉 **관광 개념의 범주**

범주	내용
행위자로서의 관광	사회간접시설* + 일상권 거주자**
인프라로서의 관광	사회간접시설* + 관광수용태세* + 관광 콘텐츠** + 관광상품**
산업으로서의 관광	관광핵심산업* + 관광연계산업** + 관광융합산업**
가치로서의 관광	경제적 가치* + 비경제적 가치**(문화적 가치 + 정치적 가치 + 사회적 가치 + 복지적 가치)

주) *전통적 관광개념에서 강조되는 가치, **관광환경변화를 고려하여 강조되는 가치.
자료: 심원섭, 미래관광환경 변화 전망과 신관광정책 방향, 한국문화관광연구원, 2012.

의 불균형이 지속적인 해결과제로 남아 있다.

미래의 관광 개념은 관광현상 그 자체로서, 일상 생활권과 비일상 생활권에서 벌어지는 여가 또는 여행적 행위 및 관광객의 행위와 관련되는 모든 사회서비스 요소의 총합, 관광객의 소비행위와 관련되는 모든 산업을 포괄하는 등 광의적 관점에서의 관광 개념이다.

관광정책의 개념은 정책의 목적이나 관점 등을 종합해보면 다음과 같다.

첫째, 관광정책은 그 주체가 개인이나 사적 집단이 아니라 공공기관이다.

둘째, 관광정책의 목표는 관광문제에 대한 해결이나 공익을 달성하는 것이다.

셋째, 관광정책은 주로 정치적 · 행정적 과정을 거쳐서 이루어진다.

넷째, 관광정책은 이루고자 하는 관광목표로서의 성격과 관광에 대한 미래지향적인 성격을 지니고 있다.

2) 관광정책의 분류

관광정책을 크게 분류하게 되면 한 나라의 정부가 국내관광 진흥을 위해서 실시하는 각종의 정책인 국내관광정책과 국제관광 진흥을 위한 국제관광정책으로 나누게 된다.

최근에는 관광에 대한 개념적 정의가 확대되면서 관광정책의 개념도 재정의 되고 있으며, 전통적 개념을 강조하는 관광정책 이 외에 거버넌스적 관점, 정책주체적 관점, 권력적 관점 등을 들 수 있다.

첫째, 거버넌스적 관점에서의 정책은 정책의 행위와 활동에 영향을 미치는 비정부적 행위와 활동을 의미한다.

둘째, 정책주체적 측면에서는 관광정부의 행위와 활동뿐만 아니라 관광연관 정부의 행위 활동을 범위로 확대하고 있다.

셋째, 권력적 관점에서는 권위적 및 비권위적 행위와 활동을 포함하는 개념으로 관광정책의 개념이 확대되고 있다.

거버넌스(governance)는 공식적 · 비공식적 정책행위자들의 네트워크를 기반으로 이들의 상호작용 및 협력을 통해 사회문제를 해결하는 정부의 운영방식으로 정의된다. 따라서 거버넌스는 정부와 사회와의 관계를 새롭게 설정하는 운영제도이다.

관광 거버넌스 관광정책은 협업정책, 네트워크 정책의 특성을 지니며 이를 고려할 때 거버넌스는 관광정책 발전에 중요한 운영제도로서의 의의를 갖는다.

관광정책 거버넌스(tourism policy governance)는 관광정책영역을 대상으로 하는 기능적 거버넌스를 의미한다. 관광정책 거버넌스에서는 쿠이만(Kooiman)의 정부와 사회 간의 중심성을 기준으로 하는 협력적 거버넌스가 가장 일반적이다. 거버넌스를 구축하기 위해서 정부는 거버넌스를 구성하고 운영할 수 있는 역량 확보가 요구된다. 관광정책 거버넌스의 구축은 관광정책 발전에 반드시 필요한 시대적 과제라고 할 수 있다.

2. 관광정책의 특성

관광은 다른 산업에 비해 공간적으로나 계절적으로 많은 영향을 받게 되는 특성이 있으며, 관광 상품과 서비스는 수명주기를 갖고 있어 쇠퇴해가는 노후화된 관광지가 점차 중요한 과제로 부각되고 있다. 이것은 관광산업이 관광변수에 의해서 많은 영향을 받고 있다는 것이다. 따라서 이를 극복하고 지속적인 정책을 추진하기 위해서는 관광행정을 비롯하여 관광마케팅, 홍보, 관광교통, 관광개발 등과 같은 기본적인 인식과 대책이 필요하다.

관광정책의 특성은 다음과 같다.

첫째, 관광정책은 목표지향적인 성격을 가지고 있다. 관광정책은 미래를 예측하고 달성하고자 하는 추진목표를 세운다. 또한 이러한 목표를 달성하기 위한 일련의 프로그램을 수립하여 합리적인 분석을 통한 대안선택이 이루어진다.

둘째, 관광정책은 공공적인 성격을 가지고 있다. 관광정책은 공공적인 성격 때문에 가치분배에 있어서 권위를 갖게 되고, 절차와 방법에서도 공식적인 결정권을 갖게 되며, 대상집단에 대한 강제적인 권한도 갖게 된다. 관광정책의 핵심주체는 한마디로 정부라고 할 수 있다.

셋째, 관광정책은 실제적인 성격을 가지고 있다. 관광정책은 현안문제를 해결하고자 하는 문제해결적 접근을 시도한다. 그리고 환경변화와 관련하여 변화에 대응하는 환경 대응적 특성을 지니고 있다. 여기에는 이해관계 집단들과의 협상과정도 포함된다.

또한 관광정책은 다음과 같은 특성도 있다.

첫째, 관광정책은 지역정책의 일환으로서 주민생활의 향상을 꾀할 뿐만 아니라 인간의 창조적 활동을 위한 여러 조건들을 정비하기 위한 종합적인 시책이다.

둘째, 관광정책은 관광대상이나 관광관련시설을 단독으로 정비하기보다는 지역 전체 또는 관광의 다면성을 배려한 조치를 취하고 있다.

셋째, 관광정책은 여러 관련 부처(예: 문화체육관광부, 국토해양부, 기획재정부 등)들이 관련되어 있기 때문에 정책의 실효를 거두기 위해 각 부처 간 상호 협조가 필요하다.

제2절 관광정책의 목표와 필요성

1. 관광정책의 목표

정책을 통하여 이루고자 하는 바람직한 상태의 정책목표이며, 인간 삶의 가치 향상에 있다. 따라서 관광정책은 정책개발을 필요로 하는 이유에 의해 설정되며, 대부분 문제점의 해소나 보다 나은 상태로의 개선을 하기 위함이다. 관광정책의 목적이 관광정책의 이념을 실현하기 위해 설정되는 수단이라면, 관광정책의 목표는 관광정책의 목적을 보다 구체화한 것이다.

관광정책의 목표는 관광정책의 이념과 상관되므로 관광정책 이념의 윤리성과 목적 및 목표의 윤리성이 전제되어야 한다. 관광정책 목표를 달성하기 위해서는 대안의 규범성이 확보되어야만 바람직한 정책으로 받아들여질 수 있다.

정부기관이 어떤 목표를 달성하기 위한 관광정책 목표는 관광정책 과정 전반에 걸쳐 핵심적인 기능을 한다. 따라서 관광정책은 관광목적지에서의 관광개발 혹은 관광활동으로 인한 부정적인 효과를 최소화하는 동시에 이해관계자들에게는 편익을 최대화하는 것이며, 관광객들에게는 질 좋은 여행 경험을 제공하는 것이다.

관광정책의 목적은 관광정책으로 하여금 다양한 기능을 수행하는데, 다음과 같은 기능으로 관광정책의 목적을 설명하고 있다.

첫째, 관광정책은 관광사업자가 이행해야 할 규칙을 제공한다.

둘째, 관광정책은 관광객들이 수용할 수 있는 행위나 행동을 규정한다.

셋째, 관광정책은 관광목적지 내의 모든 이해당사자들을 위해 공통적으로 추구해야 할 방향과 가이드라인을 제시한다.

넷째, 관광정책은 관광목적지의 구체적 전략이나 목적에 대한 합의를 유도한다.

다섯째, 관광정책은 관광의 경제적 · 사회적 영향과 역할에 대해 공적이고 사적인 토론을 위한 개념적 틀(framework)을 제공한다.

여섯째, 관광정책은 경제의 다른 영역 내지 주체들과 상호작용을 효과적으로 할 수 있도록 돕는 역할을 하고 있다.

관광정책은 궁극적으로는 삶의 질이 향상되어야 하고, 국민이 즐겁게 놀고 쉴 수 있는 생활의 품질관리, 관광환경의 조성, 관광의 품질관리 그리고 지역균형 발전을 중심으로 이루어져야 한다.

1) 생활의 품질관리

관광정책의 목표는 국민생활의 질 향상에 있다. 생활의 질(quality of life)이란 국가발전정책을 수립하고 평가하는 개념의 틀로서, 지역사회의 수요와 욕구에 대한 실질적인 만족정도를 의미한다. 이는 생활수준의 정도가 복지와의 연관성이 있다는 포괄적인 표현이라 할 수 있다. 대부분 국가정책의 목표는 실천적인 의미에서는 양적인 혜택보다는 질적인 여건조성에 역점을 두고 기회균등을 통한 인간다운 삶의 보장에 맞추어져 있다.

선진국가에서의 국가정책 목표는 양적인 혜택을 중시하기보다는 질적인 여건조성에 역점을 두고 기회균등을 통한 인간다운 삶의 보장에 중점을 두고 있다. 이는 국민생활의 품질을 향상시키기 위한 수단으로 복지관광을 균등하게 제공하는 것이다. 복지관광의 사각지대에 있는 사람들에게 균등한 기회를 제공하고 생활의 질 향상에 기여할 수 있는 정책이 필요하다.

2) 관광환경의 조성

관광정책은 관광객의 욕구충족과 체험의 질을 창조하는 관광객 만족의 방향으로 수립되어야 한다. 인간은 기본적인 욕구충족과 의식주가 해결되면 그 다음단계는 새로운 욕구와 기대를 가지게 되는 속성이 있다. 관광을 인간활동 차원에서 보면 개인의 잠재능력을 발견하고 실현하고자 하는 자아실현의 욕구와 관련된다. 관광욕구는 어떤 동기가 부여되지 못하면 구체적인 관광행동으로 발전하지 못한다.

관광동기는 관광행동을 일으키게 하는 중요한 요인으로서 인간이 관광을 통하여 만족을 얻으려 할 때 발생된다. 따라서 관광정책은 관광객의 욕구충족과 경험에 대한 만족감을 제공할 수 있는 관광환경을 제공해야 한다.

관광은 인간의 활동 차원에서 보면 개인의 잠재능력을 발견하고 실현하고자 하는 자아실현의 욕구와 많은 관련이 있다. 또한 관광정책은 사회구성원들에게 관광에 대한 욕구를 발생시킬 수 있어야 한다. 이러한 관광욕구는 관광객이 지향하는 관광환경의 완성에서 관광실천으로 이루어지면서 관광만족으로 마무리되는 정책으로 이루어져야 한다.

3) 관광품질관리

관광정책의 목표는 관광환경의 품질을 창출하는 데 있다. 관광이 성장하는 과정에는 불가피하게 환경변화가 생기고 환경의 질이 나쁘게 되면 관광체험의 질도 떨어지게 된다. 따라서 관광과 개발은 상호 의존적이며 공생적인 관계를 유지하면서 환경의 질을 창출해야 한다. 물론 관광이 환경을 개선한다는 주장에서와 같이 다른 산업에 비해서 공해를 유발하지 않는다는 무공해 산업이라는 견해도 있다.

관광환경이 조성되고 관광객이 증가하게 되면서 시간이 지나면 관광매력물의 품질저하와 식상함으로 관광객의 관심도 줄어들게 마련이다. 이런 불가피한 환경을 개선하고 관광객을 유지하기 위해서 관광개발과 품질관리 그리고 지속가능한 개선이 필요하다. 따라서 관광정책의 목표가 경제적 편익만을 강조한 개발이 아니라 자연적·문화적 가치를 충분히 반영한 관광개발을 해야 하는 것이다.

4) 지역균형 발전

관광정책은 지역 간의 균형적인 발전을 위한 목표가 되어야 한다. 지역 간 균형 발전의 중요성은 경제적 측면과 사회적 측면의 불균형 요소를 해결하게 되면서 인간다운 삶의 조건과 동일한 기회를 제공한다는 권리를 가질 수 있게 된다.

관광정책은 지역주민의 소득증대, 고용기회 확대, 재정수입의 증가 등 경제적 편익과 여가공간 확충, 이미지 향상, 지역주민의 자부심 고취 등 사회·문화적 편익을 제공할 수 있다.

〈표 13-2〉 **관광정책의 국내 · 국제적 목표**

목표	구체적인 내용
국내적 목표	• 국민단합 및 국민주체성의 인식 고취 • 국가의 제도 및 국민의 정책적 책임에 관한 국민의 이해 • 국민위생 및 복지 향상 • 경제성장의 균형 및 국민소득 재분배 • 환경에 관한 국민의 관심 제고 • 지역 및 고유 민속의 보존 • 여가에 대한 개인의 권리 보호
국제적 목표	• 수출 수익의 증대는 국제수지의 개선효과 • 경제개발은 고용기회의 증대 • 국민소득의 증대, 세수 증대, 간접투자시설 확대 • 국외 이주자들처럼 외국에 살고 있는 동포들의 보다 친밀한 관계 결속 • 국가가 문화적 업적 및 기여에 대한 타 국가의 인식 고취 • 국가문화유산 보존 • 국위선양 및 국제친선도모

2. 관광정책의 필요성

관광산업은 지역과 국가의 경제 속에서 중요한 부분을 차지하고 있으며, 국민생활의 여유와 풍요로움을 주는 관광에 대한 기대는 점차 높아지고 있다. 또한 지역의 자연, 역사, 문화 등을 소재로 한 관광진흥은 국가나 지역의 경제발전을 가속화하고 지역의 주민이 관광에 참여하는 중요한 계기가 된다.

관광정책의 필요성을 요약하면 다음과 같다.

첫째, 관광정책의 목표를 효율적으로 달성하기 위해서는 관광정책을 체계적으로 설정해야 한다. 과학기술의 발달과 새로운 자원의 발견 및 개인의 창의력 발달로 인해 민간영역에서의 조직이 활성화되기 시작했다. 이러한 추세와 더불어 관광산업에 대기업 참여와 다국적기업의 출현은 정책의 필요성이 더욱 중요함을 인식시켜 주었다. 따라서 관광정책은 중 · 장기적 관점에서 체계적으로 설정하고 진흥시켜야 한다.

둘째, 관광은 하나의 정책으로서가 아니라 정치 · 문화정책 · 사회정책 · 교통정책 등과 복합적으로 다루어져야 한다. 따라서 관광정책 간의 조화가 이루어지고, 국가의 관광행정활동을 종합적으로 조정하고 추진하기 위한 틀을 갖추게 할 필요가 있다.

셋째, 지속적으로 성장하고 있는 관광활동을 국민생활의 안정과 향상에 도움이 되도록 하는 관광정책을 펼쳐야 한다. 이는 국가의 발전을 위해서는 관광행동을 제한하는 것보다 관광을 장려하는 정책이 바람직하다.

넷째, 관광정책에는 사회과학은 물론 인문과학・자연과학의 기여가 필요하다. 따라서 정부뿐만 아니라 관광업계가 관광정책 연구의 필요성을 인식하고 발전적인 관광정책을 만들 수 있도록 노력해야 한다.

또한 관광정책에 있어서 주민참여의 의미가 정치학적 관점의 접근뿐만 아니라 경제적・사회적 관점으로부터의 접근이 요구되고 있으며, 지역주민이 관광정책 주체로서의 역할이 새롭게 부각되고 있다.

제3절 한국 관광정책의 변화

1. 한국의 관광정책사

한국 관광산업의 시대별 변화는 1960~1970년대를 관광입국시대, 1980~1990년대를 관광흥국시대, 2000~2010년대를 관광부국시대, 그리고 2010~2020년대를 관광강국시대로 구분하고 있다. 이에 대한 내용은 [그림 13-1]에서 보여주고 있다.

[그림 13-1] 한국 관광산업의 시대별 변화

관광입국시대	관광흥국시대	관광부국시대	관광강국시대
1960~1970년대	1980~1990년대	2000~2010년대	2010~2020년대
관광산업기반 확충과 관광수입 확대를 통한 경제성장 지원	올림픽, 해외여행 자유화, 세계화 시책을 계기로 국운상승 기여	월드컵, 한류확산 계기로 경제위기 극복과 산업의 고도화 기여	융・복합 기술과 서비스 고도화로 세계관광 트렌드 선도

1) 1950년대 관광정책

1950년대는 6·25전쟁으로 인하여 관광정책에 대한 뚜렷한 관심대상이 되지 못했다. 전쟁 이후 1954년 교통부 육운국에 관광과가 설치됨으로써 한국관광을 육성·지도하는 기능을 수행하게 되면서 한국관광의 기초를 다지는 계기가 되었다. 1957년 교통부가 지금의 세계 관광기구(UNWTO)의 전신인 국제관설관광기구(IUOTO)에 정회원으로 가입하여 세계관광의 흐름에 편승하게 되었다. 1958년에는 중앙에 교통부장관의 자문기관으로 중앙관광위원회, 지방에는 도지사 자문기관으로 지방관광위원회가 설치되었지만 실질적으로 관광행정이 이루어지지는 못했다.

2) 1960년대 관광정책

1960년대 우리나라의 관광정책은 관광산업진흥을 위한 제도적 기반을 구축하고 외래 관광객 유치를 위한 체제를 정비하는 시기였다. 1960년대에는 관광의 경제적 효용성에 대한 정책결정자들의 인식전환과 관광사업진흥법(1961년 8월 22일, 법률 제689호)의 제정·공표로 정책기반이 조성되었다고 할 수 있다.

1961년에는 한국관광의 획기적인 발전의 전기가 된 관광산업진흥법을 제정·공포하고 이어 동법 시행령과 동법 시행규칙을 제정하여 관광산업발전을 위한 제도적 장치를 마련하였다. 1962년에는 국제관광공사법이 제정되어 현재의 한국관광공사가 설립되었다. 그리고 특수법인 대한관광협회중앙회가 1963년에 설립되면서 한국관광의 해외 선전, 관광객 편의 제공, 관광객 유치업무를 수행하게 되었다. 또한 뉴욕에 최초의 해외 선전사무소를 설치하였다.

1965년에는 한·일간 국교정상화를 계기로 일본관광객이 대폭 증가하게 되었으며, 제14차 아시아·태평양관광협회(PATA) 총회가 개최되어 해외에 대한 한국관광의 홍보는 물론 관광에 대한 인식을 우리 국민들에게 인식시키는 계기가 되었다. 관광업계 종사원의 양성 및 배출을 위해 1962년 관광통역안내원 시험 실시에 이어 1965년부터 관광호텔종사원 자격시험제도를 실시하였다.

1967년에는 '국제관광의 해'로 지정되어 국제친선과 외래 관광객의 방한을 촉진하기도 하였다. 우리나라 최초의 국립공원으로 지리산이 1967년에 제정·공포되었다. 또한 경주·계룡산·한려해상의 4개 공원이 지정되었으며 태종대, 송도유원지, 강릉, 수안보온천, 단양팔경, 부여, 무주구천동, 변산반도, 오동도, 백양사, 해인사 등의 관광지를 지정하였다.

3) 1970년대 관광정책

1970년대 들어 정부는 관광산업을 경제개발계획에 포함시켜 국가전략산업으로 지정되어 관광수용시설의 확충, 관광단지의 개발 및 관광시장의 다변화 등을 추진하여 획기적인 발전의 전기를 맞이하게 되었다.

1970년대에는 관광산업을 국가전략산업으로 지정하여 외래 관광객 유치정책을 실시하고 외화획득을 관광정책의 목표로 하여 외래 관광객 유치 중심의 관광정책을 추진하였다. 1972년에는 관광진흥개발기금을 설립하였고, 1975년 정부는 국제관광진흥의 기본방향을 경제개발계획에 포함시켜 국가전략산업으로 지정하였는데, 그 주요 내용은 다음과 같다.

첫째, 관광시장의 다변화와 관광진흥 장애요소를 제거하여 관광객 유치를 촉진하였다.

둘째, 관광을 통해 국제유대를 강화하고 외래 관광객을 국위선양 홍보요원화 하였다.

셋째, 국제적 시장성과 중요도에 의한 우선순위에 따라 중요 관광지를 집중 개발하였다.

넷째, 수출산업에 준하여 금융・세제・행정 면에서 지원하였다.

다섯째, 관광시설과 서비스를 국제수준화 하여 국민의 관광의식 고취를 위한 계몽운동을 전개하였다.

여섯째, 능률적이고 강력한 관광행정을 위해 관광기구를 강화한다는 것이다.

또한 1975년에는 관광산업진흥을 위한 국가시책의 기본방향을 설정하는 관광기본법이 제정되었고, 체계적인 관광지 개발을 위하여 관광단지개발촉진법이 제정되었다.

관광진흥의 적극적인 추진에 의해서 우리나라 관광이 규모와 질적인 면에서 크게 성장함에 따라 종래의 관광법규를 재정비함과 아울러 관광행정조직도 강화할 필요성을 느끼게 되었다.

우리나라 관광사업이 양적으로 확대되면서 1972년 8월에는 교통부직제를 개정하여 '관광국'의 업무과를 폐지하고 기획과・지도과・시설과를 신설하여 관광행정기구를 보강함과 동시에 지방자치단체인 서울・부산・강원・제주도에는 '관광과'를, 기타 7개 도시에는 관광운수과 내에 '관광계'를 두어 관광업무를 보게 함으로써 관광진흥을 위한 행정력을 보강하게 되었다.

1975년 12월 31일에는 우리나라 최초의 관광법규인 '관광사업진흥법'을 폐지하였으며, 동시에 폐지되는 법의 성격을 고려하여 '관광기본법'과 '관광사업법'으로 분리 제정하였다. 특히 '관광기본법'은 우리나라 관광진흥의 방향과 시책에 관한 사항을 규정함으로써 국제친선의 증진과 국민경제 및 국민복지의 향상을 기하고 건전한 국민관광의 발전을 도모하는 것을 목적으로 제정되었다.

1979년 9월에는 관광국을 '관광진흥국'과 '관광지도국'으로 확대 개편하고, 관광지도국 내에 '국민관광과'를 신설하여 관광지의 지도 및 개발은 물론 국민관광에 대한 본격적인 정책수립을 하게 되었다.

1970년대 후반에는 국민관광발전을 위한 계도·개발을 본격적으로 추진하였으며, 한국관광공사의 해외조직망을 대폭 확장하여 관광시설의 저변 확대에 역점을 두었다. 정부의 적극적인 국제관광시책으로 인해 1978년에는 외래 관광객이 100만 명 이상이 우리나라를 방문하였다. 또한 1인당 국민소득이 약 1,000달러에 이르면서 국민관광의 여건이 조성되자, 지금까지의 국제관광 우선정책에서 벗어나 국민관광과의 병행발전정책으로 진화하게 됨으로써 새롭게 발생하는 관광수요에 능동적으로 대처하기 위해 관광법규의 전면적인 개편이 필요하게 되었다.

4) 1980년대 관광정책

1980년대는 건전한 국민관광의 조성과 관광시장구조의 다변화 등 국제관광과 국민관광의 조화 있는 발전을 이루는 성장과 도약의 시기였다.

국제관광 진흥정책을 펼쳐왔던 시대에서 1980년대부터는 국민관광과 국제관광 진흥을 위한 정책을 동시에 추진하였다. 1981년부터는 국민관광지를 개발하기 시작하여 전략적 국제관광단지로서 경주 보문관광단지 및 제주 중문관광단지 개발에 이어 1983년에는 충남 도남관광단지와 1984년에는 남원관광단지 개발을 추진하였다.

관광정책을 관광시장구조의 다변화, 전국 국토 공간의 관광생활권화, 건전한 국민관광조성을 기본방향으로 설정하였다. 1980년 이전에는 국민의 해외여행이 제한되었는데, 1980년부터는 50세 이상 국민에 대해 부분적으로 해외여행자유화를 실시하였으며, 1988년 서울올림픽을 계기로 하여 1989년부터는 전 국민의 완전한 해외자유여행을 실시하였다. 1983년 ASTA 총회, 1985년 IBRD / IMF 총회, 1986년 ANOC 총회 등 대규모 국제행사를 성공적으로 개최함으로써 우리나라 관광산업을 촉진시키는 계기가 되었다.

1986년 5월에는 올림픽 대회 등에 대비한 '관광숙박업 등의 지원에 관한 법률'이 제정되었는데, 이 법은 제10회 서울아시안 게임(1986년)과 제24회 서울올림픽 대회(1988년)를 원활하게 개최하기 위한 법으로 올림픽이 끝나는 1988년 12월 31일까지만 유효한 한시법(限時法)으로 제정되었다.

대규모 국제행사 유치에 따른 국제화와 대형화된 호텔기업의 탄생으로 총지배인 자격시험제도(1986년)가 신설되었고, 국외여행안내원 자격시험제도는 관광통역안내원으로 통합되었다.

1987년에 관광진흥법과 관광단지개발촉진법을 관광진흥법으로 통합 · 개정하여 관광진흥을 위한 법체계를 일원화하였다. '86 아시안게임과 '88 서울 올림픽을 성공적으로 개최함으로써 우리나라 관광산업이 획기적으로 발전할 수 있는 기회를 제공하였다.

1980년대의 관광정책은 국제관광 위주에서 국민관광과 국제관광의 조화로운 정책으로 전환되는 시기였으며, 관광정책 내용은 다음과 같다.

첫째, 우리 국민의 해외여행 자유화를 실시함으로써 국민관광을 활성화하여 해외의 문화와 관습을 배우도록 하고, 국제관광정책에 대한 우호적인 정책을 실시하였다.

둘째, 관광사업체의 설립에 관한 규제를 완화하는 제도로서 여행업 설립을 허가제에서 등록제로 전환하고, 관광숙박업에 대한 인 · 허가 사항을 시 · 도에 위임하였다.

셋째, 우리나라를 일일 생활권으로 바꾸게 되면서 국민들이 전국의 관광지와 여가를 즐길 수 있도록 도로와 교통을 편리하게 하여 전국을 관광의 생활권으로 실현시키는 정책을 추진하였다.

5) 1990년대 관광정책

1990년대는 한국방문의 해, 문화관광의 진흥, 관광비전 21의 수립 등으로 인하여 우리나라 관광산업의 성장잠재력을 축적한 시기로서 21세기 관광선진국으로 발돋움할 수 있는 시대였다. 관광정책은 관광수지 개선, 건전한 해외관광, 출입국절차 간소화, 문화관광진흥정책 등의 기본방향을 설정하였다.

1991년에는 제9차 세계관광기구(WTO) 총회에서 우리나라가 WTO 집행이사국으로 선임되어 국제관광협력의 기반을 다지게 되었으며, 방한 외래 관광객이 300만 명을 넘어서는 해이기도 하였다. 1993년 대전 엑스포와 1994년 한국방문의 해를 성공적으로 수행함으로써 우리나라의 전통문화를 세계에 알리는 역할을 하였다. 대전 엑스포 기간에는 일본인 관광객에게 무비자(visa) 입국을 허용하여 일본인 관광객 유치 증대에 기여하였다. 1997년에는 관광숙박시설을 확충하기 위해 '관광숙박시설지원 등에 관한 특별법'과 대규모 관광수요를 유발하는 국제회의산업을 관광과 연계하여 발전할 수 있도록 컨벤션 산업 육성을 위해 국제회의 산업육성에 관한 '국제회의산업 육성에 관한 특별법'을 제정하였다.

1998년 2월에는 정부조직의 개편으로 문화체육부가 문화관광부로 명칭이 바뀌었는데, 이 과정에서 '관광(觀光)'이라는 단어가 정부부처 명칭에 처음으로 들어가게 됨으로써 정책입안 및 추진에 있어 관광산업에 높은 비중을 차지하게 되었다.

6) 2000년대 관광정책

2000년대는 뉴밀레니엄을 맞이하여 21세기 관광선진국을 준비하는 시기였다. 관광정책의 기본방향은 남북연계 관광상품 개발, 중국 관광객 출입국 자유화, 21세기 관광선진국 도약, 그리고 국제행사 개최의 활성화로 설정하였다.

2000년에는 아시아·유럽정상회의(ASEM) 개최, 국내관광교류 증진과 국내관광 수용태세 개선에 주력하였다. 2001년에는 동북아 중심의 허브 공항 구축의 일환으로 인천국제공항이 개항하였으며, '2001년 한국방문의 해' 사업을 통해 관광의 선진화를 위한 제반 사업이 수행되었다. 또한 관광산업의 국제화를 위하여 제14차 세계관광기구(UNWTO) 총회를 성공적으로 개최하였다.

2002년에는 한·일 월드컵 대회와 부산 아시안게임의 성공적 개최로 인하여 우리나라 관광 이미지가 크게 상승하였다. 2003년은 동북아 경제중심국가 건설을 위한 원년으로 아시아 관광허브 건설기반 구축과 개발중심의 관광정책에서 문화예술 및 생태적 가치지향의 관광정책으로의 전환과 국제적 관광인프라 확충을 추진하는 데 집중하였다. 2004년에는 '관광진흥 5개년 계획(2004～2008)'이 수립되었고, 주 5일근무제의 확산, 고속철도(KTX) 시대의 도래 등 관광환경이 변화되었으며, 제주에서 개최된 아시아·태평양관광협회(PATA) 연차총회는 참가인원에서 역대 최대의 성과를 거두기도 하였다. 2005년 8월부터는 저소득 중소기업체 근로자들을 위한 '여행바우처' 제도가 시행되었는데, 관광진흥개발기금 20억 원을 활용해 시행되는 여행바우처 제도는 외국인 근로자를 포함하여 월소득 250만 원 이하의 중소기업체 근로자 1,500만 명 내외에게 여행경비의 40%를 15만원 이내에서 지원하였다.

2006년에는 외래 관광객의 감소가 심화되면서 정부차원에서 관광수지 적자개선을 위한 대책 마련에 정책역량을 강화하였다. 따라서 12월에는 관광산업 경쟁력 강화대책에서 관광산업에 대한 조세부담 완화, 신규투자 및 창업촉진을 위한 제도 개선, 해외관광시장의 획기적 확대여건 조성, 국민 국내관광 활성화, 관광자원의 품격과 부가가치 제고 등 획기적인 범정부 대책을 발표하였다.

정부는 남북관광 교류협력사업을 지속적으로 확대하여 남북을 단일 관광권으로 조성하고 동북아 관광의 중심지로 발전시키기 위한 기반을 마련하였다. 2007년 10월 남북정상회담에서는 남북 간 사회문화 분야 교류협력의 일환으로 금강산 관광에 이어 직항로를 통한 백두산 관광에 대한 협력을 추진하기로 합의하였다.

2008년에 정부는 관광산업의 국제경쟁력 강화를 위해서 '관광산업 선진화 원년'으로 선포하고 '서비스산업 경쟁력 강화 종합대책' 등 범정부 차원의 대책을 본격적으로 추진하였다. 2008년 4월에는 서비스산업 선진화 방안의 일환으로 '관광진흥법,' '관광진흥개발기금법,' '국제회의산업 육성에 관한 법률' 등 이른바 관광 3법상의 권한사항을 제주특별자치 도지사에게 일괄 이양하기로 결정하는 등 적극적이고 지속적인 노력이 추진되었다.

정부는 2008년을 '관광산업 선진화 원년'으로 선포하였으며, 이를 위한 일련의 계획들을 지속적으로 추진하였다. 2009년은 정부의 관광산업 경쟁력 강화와 지역관광 활성화 방안의 세부추진 방향은 '혁신적인 규제완화 및 제도개선'과 '고부가가치 관광산업 육성' 그리고 '시장 친화적 민간투자 및 신규시장 확대'로 구분하여 가능한 한 모두 추진 완료하기로 하였다.

이러한 노력의 결과로, 전 세계 대다수 국가의 관광산업이 침체상태를 면치 못하였으나 우리나라는 환율효과 등 외부적 환경을 바탕으로 하여 적극적인 관광정책 추진으로 관광객이 증가하여 9년 만에 관광수지 흑자로 전환하였다. 가장 큰 성과로는 관광산업 정책여건 개선 및 도약의 밑거름이 되었다.

7) 우리나라 시대별 관광정책의 변화

한국의 관광정책은 발아기 · 형성기 · 확충기 · 성장기를 거치면서 경제적 가치 중심에서 경제 · 사회 · 문화적 가치로, 소극적 국제관광 진흥정책에서 적극적 국제관광 발전정책으로, 중앙중심의 관광정책에서 지방 · 분권 정책으로, 규제중심 정책에서 탈규제 · 지원 정책으로 변화해오고 있다.

이에 대한 자세한 설명은 다음과 같다.

첫째, 발아기는 박정희 정부의 수출 위주의 경제성장 중심의 국정가치에 영향을 받았으며, 관광 분야는 외화획득을 위한 산업적인 측면에서 정책이 수립되었다. 이 시기에는 관광정책 기반이 마련되었으며, 관광정책 추진을 위한 법·제도가 정비되었던 시기였다.

둘째, 형성기에는 관광산업에 대해 금융·세제적 규제를 하는 반면에 관광 분야의 양적 성장을 위해 관광산업의 수용태세를 확충하기 위해 노력하였다. 이 시기의 관광정책은 소극적 국제관광 진흥정책에서 국민관광 진흥정책으로 정책의 기조가 변하였다. 또한 소득수준 향상에 따라 급증하는 관광수요에 대응하고, 관광의 경제적 가치를 극대화하기 위해 대규모 관광자원개발에 역점을 두었다.

셋째, 확충기에는 관광의 '경제적 효과'뿐만 아니라 '사회·문화적 효과'에 관심을 가지는

[그림 13-2] **한국관광정책의 변화**

시기	발아기	형성기	확충기	성장기
제도 맥락 환경 요인	• 수출위주 경제성장정책 • 국제교류 중요	• 정치(사회주의 몰락), 경제(자유무역대두), 사회(정보화 사회)의 급격한 환경변화	• 삶의 질 중요 • 세계화, 개발화, 지방화, 분권화	• 세계 경기 침체 • 공정한 사회
정책 변화	외화획득 국제관광진흥	국제관광에서 국민관광으로 수용태세 확충	관광경쟁력 지역관광 국민관광	규제 개선 국내관광 복지관광
	1960년 1970년	1980년 1990년	2000년	2010년
정권	박정희 정부	전두환 정부 노태우 정부 김영삼 정부	김대중 정부 노무현 정부	이명박 정부
주요 추진 정책	• 법제도 기반 마련 • 관광수용태세 정비 • 해외 홍보기능 강화 • 관광산업 환경 개선 • 국제회의 지원	• 국제관광과 국민관광 진흥정책 추진 • 대규모 관광자원개발 • 관광 담당 주무부처 확대 • 대규모 국제행사 유치 및 지원을 위한 인프라 확충	• 관광을 신성장 동력산업으로 육성 • 관광산업 경쟁력 강화를 위한 법제도 개선 • 국민관광 활성화 정책 추진 • 남북관광정책 추진 • 지역관광정책 추진	• 관광산업 규제 개혁 • 인프라, 콘텐츠 육성 정책 • 국내관광 활성화 • 민관협력 방안 제시 • 차별화된 해외마케팅 전개 • 공정관광 정책 추진 • 복지관광 정책 추진

등 관광정책의 대상범위가 확대되고 제도정비가 이루어진 시기였다. 이 시기에는 관광을 신성장 동력산업으로 육성하여 관광산업의 경쟁력 강화를 위한 제도개선을 시작하는 등 관광산업의 환경을 개선하기 위해 노력하였다.

넷째, 성장기에는 관광산업의 외면적 성장뿐만 아니라 관광산업환경의 질적 개선이 이루어진 시기로, 국제관광정책과 국민관광정책이 균형적으로 추진되었다. 이 시기에는 관광산업환경 개선을 위해 관광산업 규제를 완화하려고 노력하였으며, 세제감면 등 적극적인 지원정책을 펼쳤다.

2. 우리나라 역대 대통령의 관광정책

대통령은 국가를 운영하는 최고 결정자이며, 행정부와 국민의 리더이다. 관광정책의 변수로서 대통령의 리더십은 국가정책의 최고 결정자로서 많은 영향을 미치게 된다. 각 정부에 다라 다양한 관광자원 개발정책이 수립되어 추진되었으며, 일부 정책은 정부와 상관없이 지속적으로 유지하고 발전되고 있다. 따라서 대통령의 관광정책에 대한 관심과 의지에 따라 정부 관광정책의 방향이 달라질 수 있다. 본 절에서는 우리나라 역대 대통령의 관광정책에 대한 성과에 대해 설명하고자 한다.

1) 박정희 대통령의 관광정책(1963~1979)

박정희 대통령은 관광산업진흥을 '경제개발 5개년 계획'에 포함시켜 관광산업을 국가의 즈요 전략사업의 하나로 육성함에 따라 경제적 측면을 강조하였다.

주요 정책과제로는 외래 관광객 유치를 위한 대외 홍보 및 선전활동 강화, 관광객 유치활등 강화, 관광행정체제 완비(관광기본법 제정 등), 관광지 및 관광단지 개발, 국제관광 수용시설 확충 등을 들 수 있다. 예를 들어, 관광사업은 외화가득률이 높은 산업이므로 우리의 찬란한 전통문화를 세계에 널리 소개하고 국위를 선양할 수 있는 경주지구의 관광사업을 추진하였다.

집권 후반기 관광정책관은 관광자원을 개발할 때 국가의 이미지와 환경보전을 하면서 관광개발을 해야 하며, 서비스 질을 향상해야 관광이 발전한다는 점을 강조하였다. 또한 하드웨어의 발전뿐만 아니라 소프트웨어에도 많은 관심을 보였다.

① 관광진흥개발기금법 시행령이 제정되는 등 관광에 대한 일반적인 법체계를 정비하여 관광행정 수요에 대응하였다.
② 1960년대 관광정책으로는 계획적인 정책수립에 의해 정책이 집행되는 데 한계가 있었으며, 정책이 관광산업 발전에 큰 선도적인 역할을 하지 못했다.
③ 1970년대는 제1차 국토종합개발계획에서 10대 관광권을 설정하고 국토의 용도별 이용 구분에서 자원과 문화재 보존지역을 설정하는 등 관광에 대한 정책결정자들의 관심이 고조되었다.

2) 전두환 대통령의 관광정책(1980~1988)

전두환 대통령의 관광정책은 주로 특색 있는 관광상품개발, 관광단지개발, 제주도 관광종합개발, 권역별 관광종합개발계획 수립 등 관광개발사업이 중점적으로 추진되었다. 관광사업의 체질개선에 대한 전략이 추진되어 관광호텔 등 숙박시설의 확충을 유도하였으며, 휴양콘도미니엄업 지도체제를 정비하였다.

재임기간 동안 제주도의 중문관광단지 개발을 위해 투자업무 재조정, 민자를 유치하는 방안을 검토하였다. 관광개발은 민간자본을 유치하고 외국 관광업자와의 합작과 전문가들의 조언을 통해 외국 관광객을 유치하기 위해 노력했다.

전두환 대통령의 관광정책관은 경제적 기능을 기초로 하고 있지만, 종합적인 국토개발이라는 관점에서 국가발전을 위한 정부의 기능을 강조하는 정치적 기능이 접목되어 있다고 평가할 수 있다.

하지만 복지행정 실현 및 국제수지 개선이라는 정책명분 하에 국제관광과 국민관광의 조화 발전이라는 기본방향을 설정하고 정책을 추진했으나, 외래 관광객 유치 및 관광외화획득에 초점을 맞추고 있다는 점에서 한계를 가졌다.

3) 노태우 대통령의 관광정책(1988~1993)

노태우 대통령의 관광정책관은 관광산업에 대한 규제가 강화되는 등 관광정책에 대한 정치적・경제적 기능이 크게 강조되지 못했던 시기였다. 집권기간 동안 '88 서울올림픽의 성공적 개최, 1989년 1월 1일 해외여행 전면 자유화, 1993년 대전무역박람회(EXPO)의 성공적 개최, 1994년 한국방문의 해 선포 등과 같은 관광정책이 시행되었다.

노태우 대통령의 관광정책관은 관광산업 중에서도 일부 관광업을 향락산업으로 규정하고 각종 세금의 부과는 물론이고 규제를 강화하는 등 부정적 인식을 지니고 있었던 것으로 평가할 수 있다. 그러나 전통적인 민속보전과 환경보전을 통한 관광자원화 그리고 제주도에 대한 관광자원의 방향제시 등은 환경과 관광을 접목시킴으로서 지속적인 관광산업의 성장에 대한 기반을 구축했다는 긍정적인 평가를 할 수 있다.

하지만 국민관광과 국제관광의 조화를 추구하고자 노력하였으나 관광자원의 개발, 관광시설, 관광단지 건설, 관광기반시설의 조정 및 확충, 교통체계, 숙박 · 식음료, 통신 등 국제관광정책에 초점이 맞추어지는 한계점을 가지게 되었다.

4) 김영삼 대통령의 관광정책(1993~1998)

김영삼 대통령은 관광정책의 정치적 기능을 활용한 첫 번째 대통령이라고 평가할 수 있다. 역대 대통령 선거 역사상 처음으로 제안된 '관광산업의 재도약 추진'이라는 공약을 이행하기 위해 다양한 정책들을 제시하였다.

1993년의 관광진흥 종합대책, 1994년 12월 정부조직 개편에 따라 교통부의 관광정책기능을 문화체육관광부로 이관하였다. 2000년대의 각종 국제행사(ASEM, World Cup) 유치 등의 정책을 시행하였다. 통치기간 동안 관광농원이 육성되었고, 카지노업이 국제공항과 국제여객선 터미널이 있는 시 · 도의 특1급 관광호텔 중 외국인 관광객 유치실적이 많은 호텔에 한해 허용되었다.

김영삼 대통령은 별다른 관광정책관을 보이지 않고 일반적인 수준으로 관광정책관을 말한 정도에 지나지 않았다. 교류를 통해 새로운 기술, 새로운 사상, 새로운 문화를 창조함으로써 인류문명의 보편적 발전에 기여하는 세계화의 요구에 국가의 발전전략이 새롭게 정립되었으며, 이에 따라 관광에 대한 관심도 증대되었다.

5) 김대중 대통령의 관광정책(1998~2003)

김대중 대통령의 관광정책관은 김영삼 대통령시기에 발생한 외환위기를 극복하기 위해 임기 초에는 경제적 기능에 초점이 맞춰져 있었다. 이후 햇볕정책을 기조로 하는 대북정책의 일환으로 금강산 관광 등을 추진하면서 임기 중반 이후 국제관계의 긴장완화라는 측면으로 전환되었다.

김대중 대통령은 통치기간 동안 경제위기를 해결하고 실업인구를 줄이기 위해 문화를 바탕으로 하는 다양한 기초적인 관광정책 사업을 집행하였다. 또한 여전히 논란의 여지를 남기고 있지만 남북관광도 시행하였다. 이러한 측면에서 김대중 대통령은 적응주의적인 관광정책관을 기반으로 일부 지식기반형이 가미된 관광정책관을 가졌다고 할 수 있다.

① 관광산업 부문에서는 관광산업의 21세기 국가전략산업화를 위해서 관광담당 행정기구의 확대 개편과 관광관련제의 효율적 정비를 목표로 문화체육부를 문화관광부로 명칭을 변경하였으며, 관광국의 정원도 10～12명이 증원되었다.

② 관광단지 관련해서는 제주권・설악권・경주권・백제권・부산권・수도권의 6대 관광문화권을 세계적 관광단지로 조성하였다. 남북한 관광교류 및 공동투자 추진을 목표로 남해안 관광벨트개발계획, 유교문화권 관광개발사업을 추진하고 금강산 관광 활성화에 노력하였다.

③ 관광복지 측면에서는 관광소외계층의 관광기회를 확대 및 선진적인 관광환경을 조성하고 관광수용태세의 개선을 위한 정책을 추진하였다.

김대중 정부는 관광자원개발 활성화를 위해 7개 문화관광권 조성, 남북한 관광교류 및 공동투자 추진, 남해안 관광벨트 개발계획, 유교문화권 관광개발 사업 등을 추진하였으며, 총 214건의 관광정책과제를 추진하였는데, 이 중 지역관광개발 정책이 48건으로 22.4%를 차지하였다.

6) 노무현 대통령의 관광정책(2003～2008)

노무현 대통령의 관광정책관은 정치적・경제적 기능에 대한 충분한 이해를 바탕으로 실시된 것으로 볼 수 있다. 또한 지방분권과 지역균형 발전이라는 측면에서 지역경제와 지방자치에 초점을 맞춘 관광정책을 활용하였다고 평가할 수 있다.

노무현 대통령의 관광정책은 노무현 대통령의 상징이라고 볼 수 있는 윤리적인 측면을 반영하기도 하였으며, 개성 관광과 백두산 관광 허용 등 남북관광을 확대하기도 하였다. 노무현 대통령은 명목상 지역균형을 겨냥한 개발 중심적인 옹호주의적 관광정책관과 윤리적 인본주의를 생각하는 지식기반형 관광정책관을 동시에 가졌다고 할 수 있다.

이에 대한 관광정책은 다음과 같다.

① 지역의 균형적인 관광개발 및 지역연계 강화
② 외래 관광객 유치를 위한 수용태세 개선
③ 여가시간 증대에 따른 국민관광 수요에 대응하기 위한 국민관광활성화 정책 추진
④ 동북아 및 남북관광교류 협력 강화
⑤ 관광산업의 경쟁력 강화를 위한 법・제도적 개선

노무현 정부에서 본격적인 주 40시간 근무제 실시에 따른 여가시간 증대와 국민소득 2만 달러 돌파 등 관광제반 여건 개선, 관광을 통한 삶의 질 향상 등 관광에 대한 가치관이 변화하였으며, 국내관광 활성화에 중점을 두기 시작한 시기였다. 관광자원개발 활성화를 위해 관광레저도시 개발, 남북교류 증진에 따른 금강산・개성・백두산 관광자원 개발지원 및 남북관광교류를 확대하였다.

노무현 정부에서는 총 113건의 관광정책과제를 추진하였는데, 이 중 지역관광개발 정책이 26건으로 23.0%를 차지하였다.

7) 이명박 정부의 관광정책(2008~2013)

이명박 대통령도 관광정책의 추진을 위해 관광업계에 대한 감세 등 세제지원과 민간의 산업구조 개편을 통한 경쟁력 강화를 유도하는 정책을 시도하였다. 또한 구체적인 사업계획의 특징으로는 해외관광객 유치를 위한 홍보와 마케팅, 안내표지판 등 편의시설 확충 그리고 남해안 클러스터 개발계획을 통한 관광자원 개발 등의 정책을 추진하였다.

이러한 정책목표를 달성하기 위한 중점과제로 7가지가 있다.
첫째, 관광산업 규제완화와 세제지원 등을 통한 가격경쟁력 강화이다.
둘째, 한국 고유의 가치와 문화를 활용한 관광상품(only one) 개발이다.
셋째, 핵심시장(중국과 일본)에 전략적 마케팅을 집중하는 것이다.
넷째, 광역권 관광개발 확대로 지역 간 연계발전 유도이다.
다섯째, 외래 관광객 눈높이에 맞춘 관광수용태세 구축이다.
여섯째, 국내관광 활성화를 통한 해외수요의 국내전환이다.
일곱 번째, 외식산업 육성 및 한식의 세계화이다.

이명박 대통령의 관광정책관은 관광의 경제적 기능에 집중되어 있으며, 관광의 정치적 기

능과 사회·문화적 기능에 대한 고려는 담겨있지 않은 것으로 볼 수 있다.

정부의 관광산업 경쟁력 강화와 지역관광 활성화를 실현하기 위해 규제 개선, MICE·관광산업을 신성장 동력산업으로 선정, 고부가가치 관광산업 육성기반 구축, 관광콘텐츠의 경쟁력 확보 노력, 중국 관광객 유치환경 조성, 인바운드 성장기조 마련 등을 주요 정책으로 추진한 시기였다.

이명박 정부에서는 총 500건의 관광정책 과제를 추진하였는데, 이 중 지역관광개발 정책이 146건으로 29.2%를 차지하였다.

8) 문재인 정부의 관광정책(2017~2022)

문재인 정부는 '국민의 나라 정의로운 대한민국'이라는 국가 비전을 바탕으로 20대 국정전략과 100대 국정과제를 제시하였다. 이 중 관광 분야에 해당하는 국정과제로는 국민이 자유로운 휴가문화를 영위하고 내외국인이 편안하게 관광할 수 있는 여건을 조성하는 융·복합 고부가 관광산업 육성을 제시하였다.

문재인 정부에서 제시하는 관광정책의 전제사항은 다음과 같다.

① 양적 성장지표만으로 국가관광 비전 제시에 한계상황에 직면하였으므로, 국민 삶의 질 관점에서 관광을 바라보는 시각과 확장의 필요성이 있다.

② 경제적 가치 중심의 관광정책의 경로의존성을 탈피한 새로운 정책담론 형성이 필요하다.

③ 전통적 관광의 개념이 사라지고 기존 관광산업의 틀이 해체된 시점에서 여행과 관련된 모든 요소를 관광으로 전환하는 시각이 필요하다.

④ 관광발전의 혜택이 특정한 지역과 사람에게만 국한된 것이 아닌 모든 국민, 모든 지역을 다함께 누리게 하는 인식의 대전환이 필요하다.

⑤ 남북분단의 상황이 섬 관광에서 통일시대 대륙관광으로 나아가기 위한 미래통일 시대 한반도 관광발전 구상이 필요하다.

문재인 정부의 관광정책 추진방안 제안사항으로는 새로운 관광비전 "관광의 신성장 동력화, 관광을 통한 여유 사회실현"을 하기 위해 다음과 같은 추진전략을 제안하고 있다.

① 여행·관광을 통한 여유사회의 실현

② 관광산업의 국가주력 산업화 추진

③ 한반도 및 동북아 관광발전구상의 추진

④ 통일 한반도 관광발전기반 구축 차원에서 조사, 연구, 전문가 교류 확대

⑤ 관광에 대한 새 정부의 인식과 정책중심성 확보

문화체육관광부는 국민들이 한 달에 한번은 여행을 떠날 수 있는 환경을 조성해 1인당 국내여행 일수를 2016년 9.4일에서 2022년 12일로 증가시키고, 재방문 외래 관광객을 2016년 665만 명에서 2022년 1,500만 명으로 증가시키는 2배의 계량적 목표를 제시하였다.

9) 윤석열 정부의 관광정책(2022~2027)

윤석열 정부는 관광산업 위기 타개를 위해 '여행으로 행복한 국민, 관광으로 발전하는 대한민국'을 명시했다. 관광산업 규모를 2019년 108조 원에서 2027년까지 180조 원까지 올리겠다는 것이다.

관광업계 재건을 위해서는 ① 금융 및 재정지원, ② 법·제도·협의체 정비, ③ 관광활성화 프로젝트 기획을 추진한다.

비전을 위해서는 지역특화 관광자원 개발과 스마트한 디지털 관광기반 조성 등을 이행한다는 것이다.

참고문헌

1. 국내문헌

관광지식정보시스템(2023), 관광자원 보유자료 현황.

김난도・전미영・최지혜・이수진・권정윤・이준영・이향은・한다혜・이혜원・추예린(2022), 트렌드 코리아 2023, 미래의 창.

김철원(2022), 2022년 국내 MICE 산업의 발전방향 제언, 부산관광공사.

김혜인・김연진(2018), 2020 문화예술 트렌드 분석 및 전망, 한국문화관광연구원.

문화체육관광부(2019), 제4차 국제회의산업육성계획.

박병기(2006), "강원랜드 카지노 개장이 지역에 미치는 영향 및 발전방향에 관한 연구," 고려대학교 정책대학원 석사학위논문.

박영제・김광우・천정흔(2019), 호텔경영론, 한올출판사.

______・김영규・박준범(2022), 문화관광여가론, 한올출판사.

______・우경진(2021), 문화관광정책론, 한올출판사.

______・홍경완(2023), 융합관광론, 한올출판사.

박주영(2018), 오버 투어리즘 현상과 대응방향, 한국문화관광연구원.

삼정KPMG경제연구원(2018), "관광 트랜스포메이션: 관광 新소비 트렌드와 초융합 관광시대 도래," 삼정인사이트, Vol. 60., 삼정KPMG경제연구원.

송지안(2022), "하이브리드 MICE 참가자의 심리적 거리인식이 참가동기와 행동의도에 미치는 영향 연구," 경희대학교 대학원 석사학위논문.

송진아(2021), "여행상품 라이브 커머스의 특성, 사회적 실재감, 몰입, 구매의도에 관한 연구," 경기대학교 대학원 박사학위논문.

연 천(2021), "도시 브랜드가치 제고를 위한 문화관광상품 디자인개발 전략 연구," 대구대학교 대학원 박사학위논문.

오수철(2001), 카지노경영론, 백산출판사.

이선철(2022), "지역문화관광에 기여하는 로컬크리에이터," 웹진 문화관광 4월호, 한국문화관광연구원.

이수일(2019), “관광산업의 도약, 무엇을 어떻게 할 것인가?,” 선진국형 서비스산업 발전방향 정책토론회 발표자료.

이영주(2019), “관광혁신의 시대, 밀레니얼 관광객 그들은 누구인가?,” 정책메모, 강원연구원.

이원희 · 박주영 · 조아라(2019), 관광트렌드 분석 및 전망: 2020～2024, 한국문화관광연구원 기초연구.

이정학(2021), 관광학원론, 제6판, 대왕사.

이혜영 · 윤유식 · 윤영혜(2021), “온라인 컨벤션 기획, 운영 시 고려요인에 관한 연구,” MICE 관광연구, 21(1), pp. 11～29.

정광민 · 송수엽 · 한희정 · 박문수 · 변재문(2021), 관광산업의 디지털 전환 수준 진단과 정책 대응방향, 한국문화관광연구원 기초연구.

정보통신산업진흥원(2018), “미래 교통수단의 혁신, MaaS: ICT 융합 동향 리포트,” 2018-06호.

조아라 · 황유연(2021), “위드 코로나 시대 문화관광분야 국민인식,” 2021년 한국문화관광연구원 개원 19주년 기념 세미나 자료집.

진보라 · 조아라 · 김진영 · 김현정(2022), 관광 트렌드 분석 및 전망 2023～2025, 한국문화관광연구원.

최경은 · 김현주 · 강지수(2021), 포스트 코로나 시대 관광산업의 성장 아젠다와 정책과제, 한국문화관광연구원 기초연구.

______ · 안희자 · 오유라(2018), 온라인 개별관광상품 시장분석 및 정책방향, 한국문화관광연구원.

컨슈머인사이트(2019), 2018년 국내여행행태 조사결과.

통계청(2022), 국민 삶의 질 2021 보고서.

한국관광공사(2015), MICE 산업통계 조사 · 연구.

__________(2021), 빅데이터를 활용한 2022년 관광트렌드 분석.

한국국제문화교류진흥원(2022a), 2022 글로벌 한류 트렌드 보고서.

__________________(2022b), 2022년 해외 한류 실태조사.

한국문화관광연구원(2021), 위드 코로나 시대 문화관광콘텐츠의 미래.

______________(2022), 국제관광동향, 제7호.

한국직업능력개발원(2005), 호스피탈리티 산업의 직업구조 특성과 인적자원 개발전략.

한국카지노업관광협회(2019).

황명선(2015), “여행상품가격 결정 및 재고통제에 관한 연구,” 한국항공대학교 대학원 박사학위논문.

경향신문(2019. 8. 12.).

데일리팝(2022. 1. 20.), “2022년 프리미엄 여행 · 국내 여행 · 워케이션 관심 지속될 듯.”

머니투데이(2022. 7. 19.), “휴양지가서 일한다, 워케이션 열풍, 회사도 직원도 만족.”

부산IN신문(2017. 9. 5.).

시정일보(2019. 2. 19.).
제주인 뉴스(2022. 9. 8.).
항공이슈(2023. 1. 17.).
부산관광공사 홈페이지.
서울관광재단 홈페이지.
한국관광공사 홈페이지.
한국문화유산위원회 홈페이지.

2. 국외문헌

Albrecht(1988), At America's Service: How Corporations can Revolutionize the way They Their Customers.

Amsterdam Smart City.

ATBA(2019), Travel Trends Report 2019.

ATTA(2018), 20 Adventure Travel Trends to Watch in 2018.

Australian Government & Tourism Australia(2021), CORPORATE PLAN 2021/22-204/25.

Euromonitor International(2019), Top 10 Global Consumer Trends 2019.

Expedia & Skift(2018), Five Trends That Will Shape Experiential Travel in 2019.

Gossling. S., D. Scott & C.M. Hall(2020), "Pandemic, Tourism and Global Change: a Rapid Assessment of COVID-19," *Journal of Sustainable Tourism*, 28(online), 1–20.

Gretzel et al.(2015), Smart Tourism; Foundation and Developments," *Electronic Markets*, 25, pp. 179~188.

ITB BERLIN(2019), World Travel Trends 2018 / 2019.

Jos Lelieveld et al.(2019), "Cardiovascular Disease Burden from Ambient Air Pollution in Europe Reassessed Using Novel Hazard Ratio Functions," *European Heart Journal*, Volume 40, Issue 20, pp. 1590~1596.

Kamargianni, M. & M. Matyas(2017), "The Business Ecosystem of Mobility as a Service, 96th Transportation Research Board(TRB)," *Annual Meeting*, Washington DC, 8–12, January.

Langford, G. & A. Weissenberg(2018), 2018 Travel and Hospitality Industry Outlook, Deloitte.

McKinsey & Company(2020), "Make it Better, Not just Safer: The Opportunity to Reinvent Travel."

Tams, S.M.(2017), *The Changing Face of Tours and Activities*, EyeforTravel Ltd.

The Guardian Weekely(2022. 9. 4.), "K-everything: the Rise and Rise of Korean Culture."

Travel & Tourism Development Index(2020), Rebuilding for a Sustainable and Resilient Future.

Tripsdvisor, Trip Barometer 2017 / 18 Global Report.

UNWTO(2008), Global Meeting Initiative.

_______(2017), New Platform Tourism Services(or the so-called Sharing Economy)–Understand, Rethink and Adapt, Madrid, Spain.

_______(2018), Overtourism?: Understanding and Managing Urban Tourism Growth beyond Perceptions.

VisitKorea: http://www.visitkorea.or.kr.

WEF(2022. 2. 22.), It's no longer about the virus-remote workers simply don't want to return to the office.

World Travel & Tourism Council(2018), The New Traveller on the Block: Gen Z.

WTTC(2021), *Trending in Travel 2021*.

https://www.mcst.go.kr/kor/s_policy/dept/deptView.jsp?pSeq=1319&pDataCD=0417000000&pType=.

저자소개

[박 영 제]

〈학력〉

• 계명대학교 대학원 관광경영학 박사
• 수원대학교 대학원 호텔관광경영학 석사
• 용인대학교 호텔관광경영학 학사
• 미국 University of Nevada, Reno. 대학원 과정

〈경력〉

• 호텔신라 서울 근무
• 부산 코모도호텔 근무
• 호텔신라 서울 서비스교육센터 수료
• 한국국제대학교 산학협력단 연구원
• 국립경상대학교 평생교육원 문화관광해설사 강사
• 계명대학교 외래교수
• 진주보건대학교 외래교수
• (사)한국관광학회 특별회원
• (사)한관광경영학회 이사
• 현, 문화관광 콘텐츠연구소 연구소장

〈저서〉

• 호텔경영론(제2판)
• 환대산업 서비스경영(제3판)
• 문화관광여가론(제2판)
• 문화관광정책론
• 융합관광론

〈논문〉

• "한국형 호텔 브랜드 자산 가치 구성척도 개발"
• "영화 또는 드라마속의 PPL이 호텔브랜드 이미지와 만족도에 관한 연구"
• "간접광고에 노출된 호텔브랜드가 기업이미지와 고객선도호에 미치는 영향"
• "간접광고가 호텔레스토랑 브랜드 이미지와 만족도에 미치는 영향 연구"
• "호텔마케팅 커뮤니케이션이 브랜드 인지도, 이미지, 충성도에 미치는 영향"
• "커피전문점의 문화마케팅활동 브랜드 이미지와 재구매의도에 미치는 영향"
• "피자전문점의 물리적 환경이 서비스품질과 행동의도에 미치는 영향"
• "확장된 한국형 호텔 브랜드 자산 가치 구성 척도 개발"

[홍 경 완]

• 미국펜실베니아 주립대학교 관광여가학 석사(1999년)
• 미국펜실베니아 주립대학교 관광여가학 박사(2003년)
• 현, 계명대학교 경영학부 관광경영학전공 교수

관광학원론

초판 1쇄 인쇄 2024년 2월 10일
초판 1쇄 발행 2024년 2월 15일

저자 박영제 · 홍경완 | **발행인** 박성진 | **발행처** 대 왕 사
등록 1976년 11월 30일 제5~54호
주소 서울시 동대문구 외대역동로 133-1
물류 경기도 파주시 소라지로 176-25(송촌동 414-12)
전화 (031)947-5471(代) | **팩스** (031)947-5470
홈페이지 http://www.daewangsa.net | **이메일** dws74@hanmail.net
값 27,000원

ISBN 978-89-456-9301-3 93320